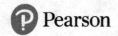

/ 教育治理与领导力丛书 /　　王定华 总主编

［美］

布鲁斯·乔伊斯
Bruce Joyce

玛莎·韦尔
Marsha Weil

艾米莉·卡尔霍恩
Emily Calhoun

著

兰英 等

译

教学模式

Models of Teaching

(Ninth Edition)

华东师范大学出版社
全国百佳图书出版单位
上海

第9版

图书在版编目(CIP)数据

教学模式:第 9 版/(美)布鲁斯·乔伊斯等著;
兰英等译.—上海:华东师范大学出版社,2021
(教育治理与领导力丛书)
ISBN 978 - 7 - 5760 - 1240 - 8

Ⅰ.①教…　Ⅱ.①布…　②兰…　Ⅲ.①教学模式—研
究　Ⅳ.①G42

中国版本图书馆 CIP 数据核字(2021)第 032603 号

教育治理与领导力丛书
教学模式(第 9 版)

总 主 编　王定华
著　者　[美]布鲁斯·乔伊斯
　　　　　[美]玛莎·韦尔
　　　　　[美]艾米莉·卡尔霍恩
译　者　兰　英　等

策划编辑　王　焰
责任编辑　曾　睿
责任校对　时东明
封面设计　膏泽文化

出版发行　华东师范大学出版社
社　　址　上海市中山北路 3663 号　邮编　200062
网　　址　www.ecnupress.com.cn
电　　话　021 - 60821666　行政传真　021 - 62572105
客服电话　021 - 62865537
门市(邮购)电话　021 - 62869887
地　　址　上海市中山北路 3663 号华东师范大学校内先锋路口
网　　店　http://hdsdcbs.tmall.com

印 刷 者　青岛双星华信印刷有限公司
开　　本　16 开
印　　张　30.25
字　　数　521 千字
版　　次　2021 年 8 月第 1 版
印　　次　2023 年 1 月第 2 次
书　　号　ISBN 978 - 7 - 5760 - 1240 - 8
定　　价　128.00 元

出 版 人　王　焰

(如发现本版图书有印订质量问题,请寄回本社客服中心调换或电话 021 - 62865537 联系)

上海市版权局著作权合同登记 图字:09 – 2018 – 201 号

总　序

人类社会进入 21 世纪第 3 个十年后,国际政治巨变不已,科技革命加深加广,人工智能扑面而来,工业 4.0 时代渐成现实,各种思想思潮交流、交融、交锋,人们的学习方式、工作方式和生活方式发生很大变化。中国正在日益走上世界舞台中央,华夏儿女应该放眼世界,胸怀全局,不忘本来,吸收外来,继往开来,创造未来。只是,2020 年在全球蔓延的新冠肺炎疫情,波及范围之广、影响领域之深,历史罕见,给人类生命安全和身体健康带来巨大威胁,给我国和各国的经济社会发展带来巨大挑战,对世界经济与全球治理造成重大干扰。教育作为其中的重要领域,也受到剧烈冲击。这是一次危机,也是一次大考。教育部门、各类学校、出版行业必须化危为机,抓住机遇,迎接挑战,与各国同行、国际组织良性互动,把教育治理及各项工作做得更好。

一切生命都需要新陈代谢,否则必然灭亡;任何文明都应当交流互鉴,否则就会僵化。一种文明只有同其他文明取长补短,才能保持旺盛活力。①习近平总书记深刻指出:"改革开放已走过千山万水,但仍需跋山涉水,摆在全党全国各族人民面前的使命更光荣、任务更艰巨、挑战更严峻、工作更伟大。……必须坚持扩大开放,不断推动共建人类命运共同体。……我们必须高举和平、发展、合作、共赢的旗帜,……维护国际公平正义。"②这些重要

---

① 习近平:《深化文明交流借鉴　共建亚洲命运共同体——在亚洲文明对话开幕式上的主旨演讲》,光明日报,2019 年 5 月 16 日。
② 习近平:《在庆祝改革开放 40 周年大会上的讲话》,新华网,2018 年 12 月 18 日。

指示为新时代各行各业改革发展、砥砺前行、建功立业指明方向、提供遵循。

在我国深化教育改革和改进学校治理过程中,必须立足中国、自力更生、锐意进取、创新实践,同时也应当放眼世界、知己知彼、相互学习、实现超越。我国教育治理的优势和不足有哪些?我国中小学校长如何提升办学治校能力、打造高品质学校?① 美国等西方国家的教育是如何治理的?其管理部门、督导机构、各类学校的权利与义务情况如何?西方国家的中小学校长、社区、家长是如何相互配合的?其教师、教材、教法、学生、学习是怎样协调统一的?诸如此类的问题,值得以广阔的国际视野,全面观察、逐步聚焦、深入研究;值得用中华民族的情怀,去粗取精、厚德载物、悦己达人;值得用现代法治精神,正视剖析、见微知著、发现规律。

现代法治精神与传统法治精神、西方法治精神既有相通之处,又有不同之点。现代法治精神是传统法治精神的现代化,同时也是西方法治精神的中国化。在新时代,现代法治精神包括丰富内涵:第一,全面依法治国。各行各业都要树立法治精神,严格依法办事;无论官民都要守法,官要带头,民要自觉,人人敬畏法律、了解法律、遵守法律,全体人民都成为法治的忠实崇尚者、自觉遵守者、坚定捍卫者,人民权益靠法律保障,法律权威靠人民维护;做到有法可依、有法必依、执法必严、违法必究,自觉守法,遇事找法,解决问题靠法。第二,彰显宪法价值。宪法是最广大人民共同意志的体现,规定国家和社会的根本制度,具有最高法律效力。全面贯彻实施宪法是建设社会主义法治国家的首要任务和基础性工作。第三,体现人文品质。法律是治国之重器,良法是善治之前提。法治依据的法律应是良法,维护大多数人利益,照顾弱势群体权益,符合社会发展方向;执法的行为应当连贯,注重依法行政的全局性、整体性和系统性;法律、法规、政策的关系应当妥处,既严格依法办事,又适当顾及基本国情。第四,具有中国特色。坚定不移地走中国特色社会主义法治道路,坚持党的领导、人民当家作主、依法治国有机统一,不断促进国家治理体系和治理能力现代化,为实现"两个一百年"奋斗

---

①2018 年 1 月《中共中央国务院关于全面深化新时代教师队伍建设改革的意见》提出"提升校长办学治校能力,打造高品质学校"。

目标、实现中华民族伟大复兴的中国梦提供有力法治保障。第五，做到与时俱进。顺应时代潮流，根据现代化建设需要，总结我国历史上和新中国成立后法治的经验教训，参照其他国家法治的有益做法，及时提出立、改、废、释的意见建议，促进物质、精神、政治、社会、生态等五个文明建设，调整公共权力与公民权利的关系结构，约束、规范公共权力，维护、保障公民权利。

树立现代法治精神，必须切实用法治精神推进社会治理创新。过去人们强调管理(Management)，现在更提倡治理(Governance)。强调管理时，一般体现为自上而下用权，发指示，提要求；而强调治理，则主要期冀调动方方面面积极性，讲协同，重引领。治理是各种公共的或私人的机构，或者个人管理其共同事务的许多方式的总和，是使相互冲突的或不同的利益得以调和并且采取联合行动的持续过程。① 治理的实质是建立在市场原则、公共利益和认同之上的合作。它所拥有的管理机制不单是依靠政府的权威，还依赖合作网络的权威，其权力是多元的、相互的，而非单一或自上而下。② 治理是公共利益最大化的社会管理过程，其最终目的是实现善治，本质是政府和公民对社会公共生活的合作管理，体现政府、社会组织与公民的新型关系。

政府部门改作风、转职能，实质上都是完善治理体系、提高治理能力。在完善治理体系中，应优先完善公共服务的治理体系；在提高治理能力时，须着力提升公共事务的治理能力。教育是重要的公共事物，基础教育又是其重中之重。基础教育作为法定的基本国民教育，面向全体适龄儿童少年，关乎国民素质提升，关乎中华民族伟大复兴，是国家亟须以现代法治精神引领的最重要的公共服务，是政府亟待致力于治理创新的最基本的公共事务。

创新社会治理的体系方式、实现基础教育的科学治理，就是要实行基础教育的善治，其特点是合法性、透明性、责任性、适切性和稳定性，实现基础教育治理体系和治理能力现代化。实行善治有一些基本要求，每项要求均

---

① 李阳春：《治理创新视阈下政府与社会的新型关系》，中共中央党校学报，2014 年第 5 期。

② Anthony R. T. et al. : *Governance as a trialogue*：*government-society-science in transition*. Berlin：The Springer Press，2007：29.

可给改善基础教育治理以一定启迪。一是形成正确社会治理理念,解决治理为了谁的问题。基础教育为的是全体适龄儿童少年的现在和未来,让他们享受到公平而有质量的教育,实现全面发展和健康成长。二是强化政府主导服务功能,解决过与不及的问题。基础教育阶段要处理好政府、教育部门、学校之间的关系,各级政府依法提供充分保障,教育部门依法制定有效政策,学校依法开展自主办学,各方履职应恰如其分、相得益彰,过与不及都会欲速不达、事倍功半。三是建好社区公共服务平台,解决部分时段或部分群体无人照料的问题。可依托城乡社区构建课后教育与看护机制,关心进城随迁子女,照顾农村留守儿童。还可运用信息技术、人工智能,助力少年儿童安全保护。四是培育相关社会支撑组织,解决社会治理缺乏资源的问题。根据情况采取政府委托、购买、补贴方式,发挥社会组织对中小学校的支撑作用或辅助配合和拾遗补缺作用,也可让其参与民办学校发展,为家长和学生提供一定教育选择。五是吸纳各方相关人士参加,解决不能形成合力的问题。中小学校在外部应普遍建立家长委员会,发挥其参谋、监督、助手作用;在内部应调动教师、学生的参加,听其意见,为其服务。总之,要加快实现从等级制管理向网络化治理的转变,从把人当作资源和工具向把人作为参与者的转变,从命令式信号发布向协商合作转变,在加快推进教育现代化进程中形成我国基础教育治理的可喜局面。

2019年初,中共中央、国务院印发了《中国教育现代化2035》。作为亲身参与这个重要文献起草的教育工作者,我十分欣慰,深受鼓舞。《中国教育现代化2035》提出推进教育现代化的指导思想:以习近平新时代中国特色社会主义思想为指导,全面贯彻党的十九大和十九届二中、三中全会精神,坚定实施科教兴国战略、人才强国战略,紧紧围绕统筹推进"五位一体"总体布局和协调推进"四个全面"战略布局,坚定"四个自信",在党的坚强领导下,全面贯彻党的教育方针,坚持马克思主义指导地位,坚持中国特色社会主义教育发展道路,坚持社会主义办学方向,立足基本国情,遵循教育规律,坚持改革创新,以凝聚人心、完善人格、开发人力、培育人才、造福人民为工作目标,培养德、智、体、美、劳全面发展的社会主义建设者和接班人,加快推进教育现代化、建设教育强国、办好人民满意的教育。将服务中华民族伟大复兴作为教育的重要使命,坚持教育为人民服务、为中国共产党治国理政服务、为巩固和发展中国特色社会主义制度服务、为改革开放和社会主义现代化建设服务,优先发展教育,大力推进教育理念、体系、制度、内容、方法、治理现代化,着力提高教育质量,促进教育公平,优化教育结构,为决胜全面建成小康社会、实现新时代中国特色社会主义发展的奋斗目标提供有力支撑。

《中国教育现代化2035》提出了推进教育现代化的八大基本理念:更加注重以德为先,更加注重全面发展,更加注重面向人人,更加注重终身学习,更加注重因材施教,更加注重知行合一,更加注重融合发展,更加注重共建共享。明确了推进教育现代化的基本原则:坚持党的领导、坚持中国特色、坚持优先发展、坚持服务人民、坚持改革创新、坚持依法治教、坚持统筹推进。

《中国教育现代化2035》提出,到2035年,我国将总体实现教育现代化,迈入教育强国,推动我国成为学习大国、人力资源强国和人才强国,为到本世纪中叶建成富强、民主、文明、和谐、美丽的社会主义现代化强国奠定坚实基础。建成服务全民终身学习的现代教育体系、普及有质量的学前教育、实现优质均衡的义务教育、全面普及高中阶段教育、职业教育服务能力显著提升、高等教育竞争力明显提升、残疾儿童少年享有适合的教育、形成全社会共同参与的教育治理新格局。

立足新时代、推进教育治理体系和治理能力现代化,应当积极推进教育治理方式变革,加快形成现代化的教育管理与监测体系,推进管理精准化和决策科学化。提高教育法治化水平,构建完备的教育法律法规体系,健全学校办学法律支持体系。健全教育法律实施和监管机制。提升政府综合运用法律、标准、信息服务等现代治理手段的能力和水平。健全教育督导体制机制,提高教育督导的权威性和实效性。提高学校自主管理能力,完善学校治理结构。鼓励民办学校按照非营利性和营利性两种组织属性开展现代学校制度改革创新。推动社会参与教育治理常态化,建立健全社会参与学校管理和教育评价监管机制。要开创教育对外开放新格局。全面提升国际交流合作水平,推动我国同其他国家学历学位互认、标准互通、经验互鉴。扎实推进"一带一路"教育行动,加强与联合国教科文组织等国际组织和多边组织的合作,提升中外合作办学质量。完善教育质量标准体系,制定覆盖全学段、体现世界先进水平、符合不同层次类型教育特点的教育质量标准,明确学生发展核心素养要求。优化出国留学服务。实施留学中国计划,建立并完善来华留学教育质量保障机制,全面提升来华留学质量。推进中外高级别人文交流机制建设,拓展人文交流领域,促进中外民心相通和文明交流互鉴,鼓励大胆探索、积极改革创新,形成充满活力、富有效率、更加开放、有利于高质量发展的教育体制机制。

立足新时代、推进教育治理体系和治理能力现代化,应当全面落实立德树人根本任务。广泛开展理想信念教育,厚植爱国主义情怀,加强品德修养,增长知识见识,培养奋斗精神,不断提高学生思想水平、政治觉悟、道德品质、文化素养。树立健康第一理念,防范新冠病毒和各种传染病;强化学校体育,增强学生体质;加强学校美育,提高审美素养;确立劳动教育地位,凝练劳动教育方略,强化学生劳动精神陶冶和动手实践能力培养。① 建立健全中小学各学科学业质量标准和体质健康标准。加强课程教材体系建设,科学规划大中小学课程,分类制定课程标准,充分利用现代信息技术,丰富创新课程形式。创新人才培养方式,推行启发式、探究式、参与式、合作式等教学方式,培养学生创新精神与实践能力。建设新型智能校园,提炼网络教学经验,统筹建设一体化智能化教学、管理与服务平台。利用现代技术加快推动人才培养模式改革,实现规模化教育与个性化培养的有机结合。创新教育服务业态,建立数字教育资源共建共享机制,完善利益分配机制、知识产权保护制度和新型教育服务监管制度。

立足新时代、推进教育治理体系和治理能力现代化,应当特别关注广大教师的成长诉求。百年大计,教育为本;教育大计,教师为本。教师是人类灵魂的工程师,是时代进步的先行者,承担着传播知识、传播思想、传播真理

①王定华:《试论新时代劳动教育的意蕴与方略》,课程·教材·教法,2020年第5期。

的历史使命,肩负着塑造灵魂、塑造生命、塑造新人的时代重任,是教育改革发展的第一资源,是实现中华民族伟大复兴的重要基石。当前,工业化、信息化、新型城镇化、农业现代化迅速发展,国际竞争日趋激烈,国家经济社会发展对高素质人才的渴求愈发迫切,人民群众对"上好学"的需求更加旺盛,教育发展、国家繁荣、民族振兴,亟须一批又一批的好教师。所以,必须从战略高度充分认识教师工作的极端重要性,优先规划,优先投入,优先保障,创新教师治理体系,解决编制、职称、待遇的制约,真正加强教师队伍建设,造就师德高尚、业务精湛、结构合理、充满活力的高素质专业化创新型教师队伍。广大教师和教育工作者需要学习了解西方教育发达国家的新的教育理念和教育思想,并应当在此基础上敢于超越、善于创新。校长是教师中的关键少数。各方应加强统筹,加强中小学校长队伍建设,努力造就一支政治过硬、品德高尚、业务精湛、治校有方的校长队伍。

"教育治理与领导力丛书"是华东师范大学出版社为适应中国教育改革和创新的要求、推动中国教育现代化进程,而重点打造的旨在提高教师必备职业素养的精品图书。为了做好丛书的引进、翻译、编辑,华东师范大学出版社相关同志做了大量扎实有效的工作。首先,精心论证选题。会同培生教育出版集团(Pearson Education)共同邀约中外专家,精心论证选题。所精选的教育学原著均为培生教育出版集团和国内外学术机构推荐图书,享有较高学术声誉,被200多所国际知名大学广泛采用,曾被译为十多种语言。丛书每一本皆为权威著作,引进都是原作最新版次。其次,认真组织翻译。好的版权书,加上好的翻译,方可珠联璧合。参加丛书翻译的同志主要来自北京外国语大学、北京师范大学、华东师范大学、浙江大学、南京大学、西南大学等"双一流"高校,他们均对教育理论或实践有一定研究,具备深厚学术造诣,这为图书翻译质量提供了切实保障。再次,诚聘核稿专家。聘请国内相关专业的专家学者组建丛书审定委员会,囊括了部分学术界名家、出版界编审、一线教研员,以保证这套丛书的学术水准和编校质量。"教育治理与领导力丛书"起始于翻译,又不止于翻译,这套丛书是开放式的。西方优秀教育译作诚然助力我国教育治理改进,而本国优秀教育创作亦将推动我国学校领导力增强。

华东师范大学出版社王焰社长、曾睿编辑邀请我担任丛书主编,而我因学识有限、工作又忙,故而一度犹豫,最终好意难却、接受邀约。在丛书翻译、统校过程中,我和相关同志主观上尽心尽力、不辱使命,客观上可能仍未避免书稿瑕疵。如读者发现错误,请不吝赐教,我们当虚心接受,仔细订正。同时,我们深信,这套丛书力求以其现代化教育思维、前瞻性学术理念、创新性研究视角和多样化表述方式,展示教育治理与领导力的理论和实践,是教育现代化进程中广大教师、校长和教育工作者所需要的,值得大家参阅。

王定华

2020 年夏于北京

(王定华,北京外国语大学党委书记,国际教育学院教授、博士生导师,国家督学、国家教师教育专家咨询委员会副主任委员,曾任教育部基础教育一司司长、教育部教师工作司司长、中国驻纽约总领事馆教育领事。)

献　词

献给那些高举烛台、为教育带来新光亮的人。

借用银行街教育学院①的,由露西·斯普拉格·米切尔(Lucy Sprague Mitchell)写于一百年前的信条:

孩子、教师以及我们自己想发展的人类潜力是什么?

- 源于五种官能感知世界所激发的生活热情。
- 把世界当作一个实验室并有一颗能永远求知的好奇心。
- 有随机应变和舍弃僵化模式的变通力。
- 在充满新需求、新问题和新观点的世界里无所畏惧且具有高效工作的勇气。
- 判断他人时能秉持公正,充满仁慈。
- 不仅有尊重他人正式权利的敏感性,也有尊重他人依照自己的标准寻觅美好生活权力的敏感性。
- 不管是在校内还是校外,都努力以民主方式生活,这是兑现我们民主观念的最好方法。

我们希望书中呈现的教学模式不负露西·斯普拉格·米切尔的殷切期盼,并能使她的智慧之光长明。

---

①银行街教育学院成立于1916年,位于纽约州,是一所专门开设教育领域研究生专业的私立学校,其比较著名的是使用进步主义教育方法,并以其在纽约提供的最佳私立及公立学校教师培训而广受好评。

致读者

真挚期待《教学模式(第9版)》一书可以激励和帮助您关注并且切实培养学生在生活和学校中的学习能力,亦希望此书可以激发您创造出更为多样化的教学方法,并与我们以及更多的国际学者进行分享。

我常与来自美国之外的朋友和教育者们讨论交流教学方式,常为彼此间存在的高度相似性而惊讶。这种发现令人为之兴奋,然而它又是如何发生的呢?

我很赞赏法国人类学家克劳德·列维—施特劳斯(Claude Levi-Strauss)所主张的:"所有的文化和语言皆出自同一个大脑,即'人类大脑'。"我可以学习源自他国的教学模式。同理,其他人也可以学习我所发现的教学模式。更重要的是,我们可以通过合作建立共同的概念,甚至共同的语言。我曾在一些国家工作,使我感到幸运的是,这些国家的科研人员邀请来自不同国家的科研人员访问,并使用各自的学科语言开展交流。诚如有人所说"我可以在工作期间整天谈论科学,但亦可在回到家后说着母语亲吻我的丈夫"。因此,拥有一种文化并不妨碍我们从另一文化中汲取营养。

每个社会的教育者都为寻找一种真正最佳的教学方法而努力。即使他们的文化中本身就存在着通过不断创造多样化的方式以帮助他们的学生和儿童释放自身潜力的教师和父母。我们也希望《教学模式(第9版)》一书能不断激发此种创造性。

此书中包含的所有模式不仅可以巩固教育的传统目标,也可以帮助教师和学生以一种全新的、重要的途径不断成长。

我们诚挚感谢西南大学兰英教授以及她的研究团队,尤其是姜文静博士和毕业于麦考瑞大学的马康博士为翻译此书所做的卓越努力。

布鲁斯·乔伊斯

圣西蒙斯岛

美国佐治亚州,31522

2021 年 3 月 28 日

本书使用说明

《教学模式》这本书是多媒介教学方法探究系统中的核心部分,它以研究为基础来探讨教学方法的形态。而该系统的另外两个组成部分也很重要,分别如下:

第一是 www.modelsofteaching.org,该网站提供了使用书籍的指南和课程视频,包括线上和自我指导的资源。另外,该网站上还有每种教学模式的幻灯片和各种其他材料。这些材料既是为教学者也是为学生设计的,它们能为学校学习和线上课程以及自学提供辅助。

第二是我们的视频网站(YouTube channel),有许多教学模式的展示视频和关于教学模式及其如何使用的讲解,网址是 www.youtube.com/user/BooksendLab. 网站上大概提供了 25 个教学模式的展示视频以及使用它们的小贴士。

前　言

教学模式把教育者与存放提炼好和研究过的方法的"储藏库"联系了起来。这些教育者是：初任和经验型教师、学校和学区管理者、学校与读写指导教师、专业发展的促进者以及大学教师。这些教学模式依托严谨的理论逻辑，采用了不同的研究路线，清晰地呈现了学生的学习形态。所有模式在成百上千名教师的使用基础上提炼而成。教学模式是"以研究指导实践"的专业化教学的基础。

很多年以前，许多教育者期望教学研究能找到一个简单且对所有学生都适用的模式。然而，那并不是我们探究教学模式的初衷，现在也不是。出色的教学会用到有益于特定教学目的的系列模式，这些模式需要重新整合以生成最优于学生学习环境的新形态：即优质教学不是单一模式的操作，而是多重教学策略与模式组合运用的结果。这是因为教学指向不同的学生，涉及多重要求，从而生成了系列具有针对性和多种属性目标的缘故。

时至今日，一些政策制定者依然指望教学研究者可以基于有效教学的特征提炼出一些操作性定律。事实上，作为教师，有些事情应该去做，如运用好各种蕴含教学策略或模式的教学技能；最大限度地因材施教；教给学生们终身学习的技能等等。然而，有些事情应尽量避免去做（如对操作性定律的渴望）。

尽管把不同的专业与医学进行比较有些老套，但是它们之间的确存在极大的相似之处。在医学上，没有固定的一剂抗生素、一套治疗程序和一种测试方法。的确，有些药物是专门针对预防和治疗分别使用的。然而，预防与治疗之间存在复杂的评估和判断，这意味着二者之间的关系是或然性的。肥胖对健康有害，但一些瘦型人也有心脏类疾病。在教育中，有可以帮助学生如何思考得更加清楚明白的模式，有如何把信息组织得更好的模式，也有如何让学生变得更加自信的模式，如同药物的疗效一样，有各自的功能。教育的整体效果与各模式运用的结果也只具有或然性。教育的效果类似打台球的情形，一个恰当的击打不总会走向预定的方向。在我们的案例中，这种情形较为常见。

在过去的 30 年间,有三项重大的发展促进了教学。一是对特定教学模式的持续研究以及对新教学模式的开发。这些教学模式的运用增强了教学效果;二是模式与高品质课程的结合;三是电子科技的发展使线上和线下的图书规模扩大,大量信息带入教室,甚至给到最小的孩子们。成千上万的实体书籍(小说或非小说)和具有百科全书和词典功能的电子媒介服务于现代课堂,它们的确比纸质媒介先进。互联网把现代教室联结到了全球化的网络之中。历史研究现在可接触到难得的文献,如在对一些地理资料的搜集中,可使用国会图书馆(www. loc. gov)馆藏的一百万张图片和美国宇航局(National Aeronautics and Space Administration, 简称 NASA)提供的空间探索的信息。在十几年前只有很少的内部人士可以获得这些信息。"科学星期五"(ScienceFriday. com)是一个令学生和教师激动的网站,它有与单元和课程同步的可用信息。世界上任何国家的班级与班级之间都可通过网络方式取得联系。小朋友可以跟随简·古道尔(Jane Goodall)的脚步,了解她的早期研究,以及后来她组织世界范围内的儿童和成人共同为所有的生命(包括人类)创造更好的环境。

也有对信息与通信技术(Information and Communication Technology,简称 ICT)运用方面的一些担忧。人人都可以通过阅读《浅薄》(The Shallows)(Carr,2010)和《比你想象的更聪明》(Smarter Than You Think)(Thompson,2013)获得启示。在《浅薄》这本书中,卡尔(Carr)提到他担忧信息与通信技术可能对某些技能和习惯产生消极影响。例如,GPS 导航系统的应用是否会消减地图的识别和应用能力? 习惯性的网上冲浪,在推特上发博客,以及网友聊天是否会生发漫无目的、即刻满足的思想? 或者,新活动会相应地激发新技能和智慧吗? 这些担忧还将持续下去。

就我们这代人的情况看,经历过在黄色笔记本上撰写手稿,用沾满涂改液的手打字汇总收集到的资料,后来又发展到用图文编辑器处理交流信息。现在,纸质书籍也有了电子版本,还可通过教学模式网站(www. modelsofteaching. org)备份。这个网站可以为教师和学生提供便携教材。浏览者可以观看到模式运用的细节,通过视频讲解或者幻灯片等掌握学习的要点。今天,你不能只会录入,还需重新学习如何更好地录入。

作为教师,我们需要传授给学生学习的模式,以便他们可以理解和充分利用网络,采用交流的方式丰富自我,创造全球化联系以形成与其他社会和文化交流的新常态。

新的科学框架和读写标准较以前大为改观,为 K-12 提供了更加明确的教学方向。无论是印刷版还是电子版的资源都在变得更加丰富,因此,先前教学模式的运用将更加广泛而有效。

然而,当前教育领域正受到猛烈的抨击。政府机构正以前所未有的姿态向学校施压,因为当前学生的学业考试成绩已出现严重问题,特别是从国家层面来看。如:有三分之一,甚至更多的学生没有有效地学会读写。在教学策略和学习资源如此丰富的今天,这一问题是如何产生的呢?

一个主要原因是许多教育工作者并未接触到这些高效的教学模式。这些教学模式还需要被了解、学习和使用。这本书和与之相关的资源可以使新教师和有经验的教师扩大知识储备,开发丰富的课程资源,并使所有学生成功。英语语言和背景知识欠缺的学生也能从这些模式中受益。教育事业是激励人心的。教育不仅针对现在的,也指向未来的生活。随着时间的推移,所有这些教学模式将发生根本性的改变,或被更好的模式替代。现在,让我们把最好的带给学生。

学生今天所学的东西从长远来看会影响到他们未来的生活。当我们教孩子读书时,我们是在帮助他们成为终生的阅读者。当他们学习如何合作时,就正在成为懂得民主与合作的公民。当他们学习科学时,就正在养成自己的探究技巧和习惯,以便能解决当前和未来的问题。教学的功能是帮助人们创造自己。在对学生正式教育形成的半个多世纪以来,教师的工作正在趋于成熟。

本版有许多变化:扩充了书面内容,增加了图片从而展示了具体的教学/学习活动,添加了多媒体维度使视频录像与印刷书籍结合了起来。

增加的多媒体包括:

• 录像呈现教学模式。这些录像都是在教室中对专家型教师与他们的学生使用教学模式时的准确记录。教师和学生都可根据需要选择利用。

• 教学模式网以幻灯片演示、应用指导和视频讲解的方式对教学模式的学习给予了补充。

文本更新部分包括:

• 对于研究和应用教学模式的新发展的分析。本版大约30%的文本是新增内容。

• 引用了当前学校发展方面的政策描述。书中的模式有助于新的共同核心课程州标准(Common Core State Standards)的实施。

• 通过更新使本书成为专业化学习和学校提升计划(Professional Learning and School Improvement Initiatives)的核心文本。

• 对形成教育领域的研究路线的参考指导,这可以在文本和教学模式网站中找到。第9版为教育领域的研究生提供了研究的扩展性指导。

鸣谢:

丽萨·穆勒尔(Lisa Mueller)已然成为一个不可或缺的专业伙伴。她提供了专业学习的机会并且很完善地呈现了模式。我们把她所呈现的大量模式制作成视频,并且这些视频可以用于更多的专业学习项目。她为本版教学模式做出了贡献。

布兰登·乔伊斯(Brendan Joyce)是一个很亲力亲为的同伴,他慷慨地为我们提供技术指导。教学模式网站涵盖了文稿、同伴互助指导、个人传记和与此文本相关联的主题大量文章。这个网站是拥有大量的视频和链接的宝库。在布兰登的贡献下,读者与我们的交流得以实现。

罗伊·肯德兰胡克(Lori Kindrachuk)、拉尔夫·肯德兰胡克(Ralph Kindrachuk)、玛丽琳(Marilyn)和沃尔特·和莱考克(Walter Hrycauk)、艾迪维奇(Edwitchen)、金·朱塔斯(Jin Jutras)以及金姆·纽乐夫(Kim Newlove)都是我们出色的同伴,他们帮助我们组织了加拿大短途旅行,通过专业学习,增进对学校的了解。

格兰特·道格尔(Grant Dougall)、莎伦·查姆普(Sharon Champ)和玛丽·百斯普(Mary Bishop)是非常有趣的朋友和同事,他们帮助我们制作了视频和其他材料。玛丽出版的书籍为《时间隧道》(Tunnels of Time)(2000)。

毛琳·白赞逊(Maureen Bezanson)、乔丹·卡尔逊(Jordon Carlson),翠西·波里尔(Tracy Poirier),以及尼克尔·西蒙(Nicole Simon)在研究的一些新模式以及《通向成功的阅读》(Read to Succeed)课程的运用带给我们许多启发。与他们一起工作我们的理解得以丰富,这有助于我们向几百个教师介绍新成果。

因为培生(Pearson),我们从负责此版的众多编辑那里得到诸多支持。琳达·百斯普(Linda Bishop)和麦莉迪斯·佛希尔(Meredith Fossel)接管了编辑工作并如新知识般看待《教学模式》。简奈特·多明戈(Janet Domingo)用她的知识、技能、耐心和决策为《教学模式》成果的产出做出了贡献。她与电子出版服务公司的凯特·沃特森(Katie Watterson)之间保持着密切的联系。编辑海瑟尔·高恩·胡特斯(Heather Gauen Hutches)已然成为内容体系方面以及编辑结构的设置方面的专业编辑。她是一个名副其实的编辑。

布鲁斯·乔伊斯(Bruce Joyce)

艾米莉·卡尔霍恩(Emily Calhoun)

圣西蒙斯岛,佐治亚州

教育的传统概览

通过对 2000 年以及之前大众教育的概览，我们需要特别说明的是：教育是近现代的事情，确切地说是一个还没有发展完结的事情。教育的发展建立在众多社会人士努力的基础上，他们促进了学习机会平等意识的形成。

正式教育的发展依赖于语言的发展，尽管语言发展以前就已经存在着教学。父母、亲属以及部落成员将工具和他们的文化习俗流传了下来，甚至是禁忌，如近亲通婚。但是利用文字，许多文化以更统一的方式记录和传承。即使大部分人不具备识字能力，所写下的文字也可以读给他们听。书吏们记录政治和宗教领导者们的谈话，这些记录不仅对当时的公民有用，而且也可以使后代受益。

阅读、写作和一些正式的学校形式在很久之前就已经开始发展了，尽管只有小部分群体能接触到文字。埃及的字母可以追溯至公元前 3500 年，中国的书法大约在公元前 1200 年就已包括 2500 个汉字，印度广泛的书面应用可追溯到公元前 800 年，希伯来人于公元前几个世纪开始有书面文字。

正式的西方教育著作可以追溯到古希腊和古罗马的教育家。一些有用的技能模式已经发展了几个世纪。柏拉图和亚里士多德都提出了一些可以沿用至今的模式：一是苏格拉底问答法，二是归纳式探究。研究从他们的时代一直到现在的著作，你会发现许多在教学和学习的概念上做出杰出贡献的教育改革者。在各个时代，只有少之又少的教育者留下了书面作品，但是我们还是有办法从中了解一些当时的实情。在他们的时代，他们对当时社会中的教育需求进行了反思，并就如何去实现形成了自己的思考，这些思考仍是当前讨论的话题。来看看以下的例子：

约翰·阿莫斯·夸美纽斯(John Amos Comenius)(1592—1670)是一位捷克的宗教和教育领导者，他倡导普及教育以提高个人生活质量，以储备知识促进社会进步。

让雅克·卢梭(Jean - Jacques Rousseau)(1712—1778)是法国哲学家，提倡教育应该使所有公民受益，这为社会的进步奠定了基础。尽管他的著作《爱弥儿》描写的是他那个时代的状况,但在今天仍然具有代表性。与他同时代的作家伏尔泰的讽刺作品《老实人》推动了小说的发展。他们都如同音乐家一般,具有影响力和创造力。

约翰·洛克(John Locke)(1632—1704)是英国杰出的社会学家、哲学家、政治家。在采用实证、逻辑思维和科学方法探寻知识和检验观点方面,他是极富影响力的倡导者。他对于教育的主张与他的信念紧密相关,他认为民主而非独裁的进程建立在社会契约的基础上,而普及教育可以巩固民主规范和制度。

在美国倡导独立和起草宪法期间,有些规模不大但极具影响力的组织对普及教育的呼声日渐高涨。本杰明·富兰克林(Benjamin Franklin)和托马斯·杰弗逊(Thomas Jefferson)就是其中的重要代表,他们的言论和著作所引发的讨论延续至今。二人都坚信应该普及教育。杰弗逊提出了一个非常有针对性的框架,在此框架中德行是整个教育过程的基础。有趣的是,我们所提及的所有人都有机会向那个时代拥有最高教育水平甚至是跨越国界的人学习。他们坚信普及教育是实现民主的基本条件,并认为要建立真正的民主社会离不开这种教育信念。他们基于自身的立场提出知识应该是基于理性探讨和实证探究而不是基于迷信、腐朽的传统或者诡辩。这些观点是创建国家和社会教育体系的政治行动的基础。最终,普及教育由此一步一步产生,事实上,它仍在不断发展中。

一种能传授给教育者的,发展起来的正式教育文献产生于19世纪。当美国公立学校最早于1830年开始时,大部分的公立教育是在对儿童采取严厉教育的观念主导下施行的。在"不打不成器"的信念原则下,训练—练习模式盛行。早期大部分正式教育文献反映出了那段令人不愉快且无效的教育实践。贺拉斯·曼(Horace Mann)(1796—1859)倡导更积极的观点和教学方法,这些观点和方法可以使教育更适应知识的生成过程,并使得社会进程更靠近民主型的社会生活。

亨利·詹姆斯(Henry James,1842—1910)与约翰·杜威(John Dewey,1859—1952)推动了现代教育的研究和发展。詹姆斯是一位医生也是一位生理学家,他被公认为是心理学学科之父。杜威综合了他自己和其他人的观点,形成了独特的教育视野,尤其强调学习者要参与合作性团体,采用科学探究和训练演说作为学习的基本工具以进行未来的公民教育。这两位教育家的思想代表了正式的探究性教育的开端并影响至今。

现代实证主义教育研究:课程与教学模式的建立与检测

20世纪20年代,一批教育研究者和哲学研究者把教育建成为一门科学化研究的学科。到 20 世纪 50 年代晚期，涌现了一批课程与教学模式的研究者和开发者，他们采用实证方法去验证所创制的课程与教学模式。社会学科和行为科学贡献的方法使新模式的开发者能更加有效地评估和提升新模式。我们当前承继的大部分教和学的方法得益于过去 90 年间这些理性的实证方法的运用，尽管它们大都源于先前的观点和探究。

我们当前的教学模式产生于 20 世纪 30 年代中期并发展成今日的基础与应用性研究。我们称这段时期为现代教育研究时期。一大批研究围绕学术型学科（特别是科学与数学）的改革运动创建了教学模式，其中归纳思维模式的发展形成了一条线，贯穿至今。我们选择探讨这条发展线是因为有诸多的模式都提炼于此，尽管每个模式都具有其独特的探究特征，对此，我们会在具体的章节中介绍。

因为大量课程与教学研究与学术型学科相联系，特别是生物学、生理学以及社会科学，我们可以由此看到革新性活动的进发以及三个时期的学术改革运动的研究内容，其中科学的概念和科学的过程是教育的中心。第一个阶段发生在 20 世纪 50 年代后期直到 1985 年；第二个阶段发生在 1985 年到 2008 年间，建立在第一次运动成果的基础之上。我们现在经历的是第三个时期，开始于国家研究委员会（The National Research Council）(2012)，组成成员包括学科国家科学研究院（National Academy of Science）、国家医学研究院（National Academy of Medicine）以及医学研究所（Institute of Medicine），他们发布了 K - 12 的科学标准框架（www. nap. edu）。国家科学研究院最初在 19 世纪 60 年代向政策制定者提供了基于学科知识的建议并向大众提供了相关信息。第一阶段教育课程改革运动的成果促成了第三阶段学术改革运动的兴起。

第一阶段的学术改革运动

中等教育阶段的研究

科罗拉多大学（University of Colorado）进行了一系列对 300 多个科学课程和教学的元分析研究（Anderson, Kahl, Glass, Smith, & Malone, 1982）。考虑到学科教学研究的复杂性以及学科教学研究对象变化的多样性，他们持续地进行着合作/归纳探究。该研究尤其关注学生是否获得信息，是否建立了信息库并学习了其中的内容，是否能通过组织和分析信息库中的信息形成概念，是否能参与调查研究（形成

— 3 —

问题、设计方法以及研究结果)。换句话说,学生们使用了实证方法进行科学内容的探究,参与了贯穿课程领域的归纳过程,学会了解决问题的学术内容和程序吗?

罗纳德·D.安德森(Ronald D. Anderson)(1983)是科罗拉多大学(位于博尔德)的一位科学与数学教育研究实验室的资深研究员,他简略地总结了这些研究的结果:"大体上,这里讨论的四个元分析的相关信息表明探究教学具有积极作用。"值得注意的是,安德森关注到了探究方法在长期的课程实施中的实际扩展运用。他指出在斯克曼斯克(Shymansky)、凯勒(Kyle)和阿尔伯特(Alport)(1983)的105项(保守估计包括1000个班级和150000名学生)元分析研究中,探究方法的使用程度没有产生差异影响。即使是在控制组,所有的课程研究也都基于学科内容和过程,大部分的研究长达六个月或更久,但差异并不显著。

初等教育阶段的研究

在科罗拉多大学的其他研究中,布莱德曼(Bredderman)(1983)收集了在初等教育中将以探究为中心和动手实践的科学课程相结合的研究。

布莱德曼选取了三个基于活动的项目进行研究,这三个项目由联邦政府提供资源,教育学者、学区科学课程的顾问和学者以及教师参与其中。这三个项目在对结构的考虑上极其不同,其中,"初等科学研究"(Elementary Science Study)采用了最开放的结尾,"科学:过程研究法"(Science:A Process Approach)更具有结构性特征,但没有一个项目依据初等教育中科学课的教材设计结构。学生们获得的信息大部分是通过观察和实验。这三个项目花了长达5年的时间,包括对57个控制组的研究,保守地讲,涉及了900个班级和13000名学生。三分之二的研究涉及10个或者更多的班级,一半的研究花费一年或者更长,并且大部分持续了两年或者更长时间。

学生学习科学探究的效应量是0.52,学习科学内容的影响量是0.16,学生对待科学和科学探究的态度量是0.28,一小部分子项测验出的对创造性的效应量为0.42和智力测数为0.48,计算和数学理解有适度增加,汇总后的平均量是0.30。

基于思考、归纳、科学探究、智力能力以及创造力为目标的课程理念与以基本的信息和技能传递为目的的基础教育课程理念有极大的区别。一种经常耳闻的说法是基于活动的课程会使学生在科学探究学习中耗费太多时间,导致内容获得减少。然而,当把以活动为基础的课程与传统的科学课程在标准化学业成绩测验中进行比较时,又证明了这些担心是没有根据的。内容的获得并不是依靠一种消极的教学方式来完成的。即使只有把以教科书为课程内容和以活动为课程内容进行比较的子项研究也能证明事实的确如此(p512)。

第二时期的学术改革运动

在接下来的 20 年间,对于探究教学的研究仍在继续推进,在 2010 年,曼娜(Minner)、莱芙(Levy)和赛特勒(Cetury)提供了1984—2002 年间覆盖138 项研究的综合研究。接近 2000 个班级和 40000 名学生参与其中。

如同 27 年前安德森的研究一样,曼娜、莱芙和赛特勒的研究也能够佐证在第二时期的学术改革运动中,以探究为基础的科学课程的效果:

研究发现……以探究为基础的教学实践,特别是那些强调学生的积极思考以及以数据归纳的教学能显示出非常明确的、积极的效果。

让学生积极参与到科学调查的探究学习教学策略相比于被动机械式的教学策略更能加深概念理解。

总体而言,曼娜、莱芙和赛特勒的综合研究所产生的效果在某种程度上要比其他关联学术改革运动的研究产生的效果大。这可能是他们更注重对课程与教学研究结果的提炼所致。我们可以期待更多的相关研究。

第三时期的学术改革运动

美国国家科学研究院提出的《K - 12 科学教育框架:实践,概念和核心理念 》(National Research Council, 2012)为下一代科学核心课程提供了概念基础并促成学术改革运动的第三个发展期。工程与科技内容的增加应该能显著地巩固内容和过程方面的学习。通过对先前 40 年的研究总结,我们可以预见的是不仅教/学过程会升级,而且学生的学习也会提升到一个新的水平上。该框架的作者与之前的学者相比,提出了更有力的课程设计。由于信息与通信技术和校内外电子媒介的应用,发展混合课程应该把调查作为课程的一部分。有充足的证据可以证明信息与通信技术教育的成功与否取决于其所实施的教学与学习模式。

目　录

第一部分　教学模式：高效的专业化技能系列 ……… 1

教学模式简介，怎样将班级和学校作为整体建立学习共同体。

第一章　教学模式的来源 ……………………………… 3

——建构知识和技能

　　教育研究者在教学模式上取得的成果足以保证教师创建最适合学生的学习环境。自古希腊和罗马时代的学术研究起，教师们就已经在创造一些革新方式去学习和教学。在随后的时代中，帮助学生学习的其他方式也随之产生。因此，作为教师，我们应该对这些成果予以重视，使用它们来帮助学生成为更高效、更有创造力的学习者。

第二章　建立专家型学习共同体 ………………………… 19

——充分利用我们学生的能力促进学习

　　我们赞美学习，赞美社会推崇的学习美德。我们要把班级学生建成一个学习共同体，教会他们一些学习模式，促使学生们成为专家型学习者。我们研究如何建立这个共同体，包括在教与学方面发展一些混合渠道，比如信息与通用技术（ICT）资源和学校教学的混合。随着电子通信带来的与教学日渐紧密的联系，我们可能有不止一个渠道来组织学生建立学习共同体。

第二部分　基本的信息加工类教学模式 ……… 33

　　我们与学生们如何才能最大限度地获取、加工和解读信息呢？新课标框架包括教会学生基本的学科学习方法,本部分内含一些与新课标框架直接关联的教学模式。正如我们不断强调的那样,这些模式主要是使学生自信地学会收集、分类信息的能力,帮助他们形成一个学习团体。这些收集和整理信息的工具也促成了社会类、个体类以及行为类教学模式的形成。用信息加工类教学模式加工的内容可作为社会类教学模式的学术性材料,信息加工类教学模式也可为个人探究类教学模式提供思考方式,为许多行为类教学模式提供教学目标。

——最基础、最根本的教学模式

人类生来就会建构概念。婴幼儿会通过到处爬行、磕磕碰碰来感知概念所指事物,通过观察效仿成人的举动并听命于他们,以此获得筛选后组织起来的信息,形成指导生活的概念结构。归纳模式能增强人类与生俱来的建构环境的能力,并有助于建立和检验分类概念,以使世界可理解、可预测。

这类模式放在这一部分是因为许多其他的模式与它有前后的衔接性,也因为它与其他模式结合,尤其是一些社会类模式(如小组调查模式),能使学生的学习变得更有趣。

——围绕调查事项建立起学习

从亚里士多德时期开始就有一些教育者通过动手做而非教事实来上科学课,他们期望会做得更好的。我们介绍的是一种如何进行科学探究的教学模式。当下,学生们可以列出系列研究问题,自己组织调查,可以接触网上相关的研究。虚拟的调查与模拟实验有助于缩短时间,使学生们犹如走进实验室和研究场所,在那里,他们可以使用复杂的设备并研究远离他们的东西。

——通过探究发展读写能力

建立言语体验法上的图—文归纳模式能使初级阅读者储备一些常用的词汇,学会探究文字和句子里的结构,写好句子和段落,从而成为优秀的语言学习者。

第二部分中的教学模式适用的目标非常广泛,包括在设计课程、单元、课时以及远程教学时都可用。第三部分则是一些指向特定目标的模式,特别设计指向:

- 教授概念。

- 教导学生更高效地记忆事实、概念以及一些核心的哲学观点。

- 教会学生通过提喻法发散思维,以创造隐喻比较,打破定势,从而更好地学习不熟悉的材料,找出更多问题解决的办法,并建立更丰富多彩的社会联系。

- 通过先行组织者,包括课件、媒体和远程资源来设计讲授。
- 教授基本的探究技能。

第六章 概念获得 ······················· 117

——重要概念的显性教学

学生不仅可以创建概念,还可以习得他人创建的概念。概念获得模式建立在对人类如何分类概念所进行的研究上,它教会学生如何学习、使用概念并提出和检验假设。模式的创制者们不断发展这种模式并把它广泛用于课程领域中。这个模式对各个年级的教师和学生而言都十分重要,对于以概念为中心的线上教学而言,这种模式设计得非常有趣。

第七章 共同研讨法 ······················· 139

——教左脑以趋动右脑工作

有时我们觉得创造性思维好像是遗传性地赐予了某些人,我们"剩余的人"是无法企及的。其实不然,共同研讨法是教所有学生发展比喻联想,这能为创造性思维的发展打下基础。该模式仍在持续发展中,这是因为我们会获得更多的关于如何创建类比的资料,从而能打破定势思维,会更好地理解和解决问题。更重要的是,这种模式会给学生带来长期的有效的影响,比如学生们可能学会如何生成新颖的想法,如何解决在未来生活中遇到的问题。

第八章 记忆术 ······················· 161

——直接获取事实,短时长期存留

或许因为死记硬背的练习、乏味的书本设计和讲授,记忆术已经是带贬义的词了。然而,现有的研究和有创造性的教师们已经创制了一些不仅可以提升记忆效率,还能使过程更加有趣的方法。该研究提供了大量的方法来设计陈述性知识、阅读性知识、远程学习资料、校内探究所获,使关键信息的长时记忆变得更加容易。

第九章 用先行组织者设计讲授教学 ············· 181

——支架教学与支持系统

从讲授中学习就跟用记忆法学习一样已经名声不好了。奥苏贝尔发展了一系列的创造性学习模块和其他讲授内容以促进学习者探索和进一步学习。支架教学旨在为学生提供一个组织学习和促进进步的认知图式材料。这是一个特别有利于设计用远程学习包的模式,学生可学习把发展性支架作为他们探究的一部分。

第十章 探究训练模式 ······················· 195

——直接训练探究技能

这是一个非常好的结构模式,它开始于创建令学生疑惑的情境,并通过教学生提问和验证答案的方式持续进行练习。

第四部分　社会类教学模式

共同工作会使我们所有人变得更强。社会类教学模式可增强我们合作共事的能力，并且或多或少激发民主关系和美德的形成。另外，学习团体的创建可以显著增进所有学生的学习。有意思的是，正如崛起的社交媒体所见证的那样，不同情景中的合作都能带来令人满意的结果。就学术性合作而言，在巨大网络系统的快速发展的支撑下，人们能找到拥有相同兴趣的同伴。

第十一章　学习中的伙伴

——让每个人都参与进来

如果两个学生合作，他们的学习会有所提升吗？是的。如果他们在活动中相互协作会更好地发展他们的社会技能和学术技能吗？是的。大多数的学生会在合作性训练中受益吗？是的。班级合作能丰富学习内容、延长学习时间，并降低无效的课堂捣乱行为吗？是的。合作性学习模式适用于 K－12 学段以及各类课程吗？是的。本章关注的是这些最基本的和容易实施的合作学习形式。

第十二章　小组调查

——民主程序下的严谨探究

学生们可以组建一个民主的学习团体以学着把科学的方法贯穿于他们的学习中吗？他们肯定可以。小组调查可用于重新设计学校的学习，提升所有学生的个性、社会性和学术性学习，同时满足学生和教师的特殊需求。项目式方法是最近出现的，一个可以组织学生触及具体社会问题的教学方式。大量的网络资源成为社会类教学模式运用的新驱动力。此外，线上课程不仅可以是讲授和亦步亦趋的练习，也可以与各种合作模式混合设计，尽管是远程的。

第十三章　角色扮演

——价值观探索

价值观是指导行为的中心，它让我们找到方向，理解他人。政策议题中涉及如何理解价值观、选择或舍弃某些解决方案的得与失。在其中，价值观是中心。想一下我们当今社会所面临的问题——关于细胞的研究、国际和平、我们在中东的角色、与艾滋病的对抗、贫穷、关于生育与流产的决定权，甚至把它们放在一起思考。

第五部分　个体类教学模式

学习者一直会做着与学习相关的事。学习者的个性与学习环境相互作用。为帮助某位学习者成长，当我们让他完成我们认为能促进他成长的任务时，我们该怎样给这个学习者规划一个中心点呢？另外，网络联系应该如何设计才能避免学生仅在线上闲聊，还能反思与成长？一些远程的个别辅导非常有用。这种虚拟辅导是一个正在发展的领域。

——学习者居中

当我们作为学习者时我们怎么看待我们自己？当我们作为人的时候又怎样看待我们自己？我们可以怎样组织学校教育以使学生的个性与情感需要受到重视？让我们来询问一下处于教育过程中心的人。

非指导性教学可以通过一些远程的方式实现。在学校期间或在离校之后，学生都可以很好地与他们的老师和辅导员联系。当他们反思自己，采取行动发展自尊和与他人交往的能力时，也可以得到老师和个别辅导员的帮助。当学生在做调查，涉及包含线上课程以及其他远程课程的网络资源时，提供非指导性教学是非常契合的。

——找寻内在的自我，学会自我实现

如果你觉得自己还不错，你就有可能成为一个更好的学习者，慢慢地你会生活得更有质量。但是你需从自我实际出发。发展自我概念是一个很好的途径。堪萨斯的 SIMs 组合出色地给我们展示了怎样帮助学生提升自我形象和他们的成就。

我们所做的事情成就了我们。我们怎样才能学会更加高效地实践呢？本章探索的内容来自一些心理治疗师研发的主题，特别是心理学创新全盛时期的亚伯拉罕·马斯洛、卡尔·罗杰斯、埃里希·弗罗姆、凯伦·霍尼研发的主题。

我们处在一个充满任务、行为以及积极与消极反应并存的世界中。行为习得的研究引发了更宽泛多样的训练方式。这里我们主要解读一些重要的行为模式。

——阅读时理解，写作时创构

虽然缺乏理解的阅读实际上不能算是真正意义上的阅读，但在很长一段时间里，如何进行阅读理解教学一直是件令人困扰的事。为此，研究者开始研究专家型阅读者使用的技能并据此开发出了教学方法以教给学生阅读技能。研发出的模式慢慢指向了显性策略教学。

—— 一点一点地，一步一步地，我们攀爬在掌握学习的路上

这是一个基础性的训练模式，它蕴含着对新内容和技能的介绍，对它们的模型化和实践化并把它们纳为高效的技能。计划和评价是该模式中比较复杂的环节，但对这种

复杂环节的投入会得到可观的回报。

——运用心理学推动工作

为什么在能直接处理的某些事情上你要顾虑徘徊? 直接去面对它! 但是,策略是必需的,这就是本章主旨。这里的基本模式来源于社会学习理论。许多远程模式,包括大量的线上模式是可以直接使用的,但少许仍需要更好的设计,学生需要学习如何使用这些学习策略以最大化地获得收获。

即使是小孩子也会养成与他们所处环境相交互的学习风格,包括对用于他们的各种教学方式。主要的学习类型,如认同和完善新的学习方式,会让学生产生某种程度的不适感。学习新材料是学校环境中学生的成就所在,学生需要学会去调节这种不适感,否则他们肯定会逃避学习新内容。我们会解释如何使用概念系统理论来让学生适应这些模式,用支架推动他们去整合信息以促进其成长。

我们总结了研究的发展路线,并且就每个教师如何以行动研究来改善教学给出了一些建议,我们实施了将罗伯特·加涅的经典理论框架应用于课程任务设计的应用性研究。

——学习的条件

罗伯特·加涅的理论框架可用于指导我们开发高效课程。他突破性地将有关学习层级和类型的研究与教学设计中的问题进行结合,其研究支撑着我们如何思考和建构知识。

——变不适为成效

根据定义,学习包含理解、思考和实践,这是在学习发生之前我们不会做的事情。我们需要设计课程和教学促使学生发展。关键是我们要形成一个最佳错位搭配,那样我们就可以推动学生而不是压迫学生学习了。维果斯基的最近发展区理论涉及了相关内容,如概念理解、技能和我们当前发展中所面临的问题等。这样的观念非常重要:大多认知内容和过程都处于我们的舒适区中,如果总在这样平顺的环境中,我们很难迎接挑战,取得进步。

第一部分

教学模式：高效的专业化技能系列

第一章开启了我们的探究。在这章中,我们将阐释教学模式和学习模式的概念以及本书中的模式是如何被挑选出来的。我们开始研究模式的来源(简而言之,就是来自有天赋的教师创新者),并且我们将学习如何使用这些有趣和高效的模式。

在第二章中,我们将深入探究学习中的社会关系维度,因为有效的教学不单涉及发展学生的社会生活力,还要让学生学会拥有高质量的校内外生活的方法。

第一章 教学模式的来源
——建构知识和技能

帮助新手教师掌握促进学生学习的技能，其价值是无可估量的，它具有师承意义。当教师认识到工作中仅有的那点障碍只不过是虚构和自我预设时，内心的愉悦感就难以抑制了。那种激动堪比目睹新物种的诞生。

——弗里茨·佩尔斯(Fritz Perls)致布鲁斯·乔伊斯

组织理念

有效教学像一个装满方法的工具箱，可以帮助学生储备起他们自己的知识、技能和价值观。

教学情境

西蒙斯小学 3A 组的一天

8:30 翠西·波瑞尔(Traci Poirier)带领她的三年级学生来到教室，同学们发现他们的课桌被排列成了马蹄形。本周他们被分成若干小组，每组三人。每个小组成员需要与组内其他成员分享昨天放学后做的事情或思考的问题。有的同学介绍了他们读的书或者看的电影、电视节目，有的同学讲述了他们去的地方、与家庭成员的谈话等。所有人都分享了一些近期的新闻大事件。

8:45 翠西问是否有同学愿意在大班级中分享刚刚从小组成员那儿听到的事件。南希(Nancy)分享说：比利(Billy)收到了他笔友的电子邮件，他的笔友在中国香港的大埔区老市场学校(他们最近通过选修课程来了解美国人的生活，美国的学生也通过选修课程来了解香港人的生活)。比利的笔友想知道比利的同学有多少个兄弟姐妹，于是每个同学都写下了自己兄弟姐妹的数量并交给比利，这样他就可以回复他的笔友了。安迪(Andy)分享说:莎伦(Shron)说她的姐姐会在周六结婚,所以安迪想知道班里的同学是否可以送给莎伦的姐姐一张祝福卡片,同学们同意了。安迪还主动要求到打印店做一张祝福卡。

9:00　班级开始读写练习,首先是从中国台北市场中心的照片中获取信息。班级成员轮流辨识照片中的物体。翠西在照片周围用线将物体与图表连接起来,并分别写出它们的名称,由安迪把它们输入电脑,之后这些信息会以卡片的形式打印出来分发给班级中的每个成员,他们列出了大约30个物体、12个问题。

之后,他们把这些词与自己所在城镇照片上的物体进行比较,令他们惊讶的是,每张照片里大约有20个单词是一样的,相比于差异,它们具有更多的共同属性。中国台北市场的照片中只有6个物体是他们不熟悉的。有些尽管名称可能有区别,但物体是相同的(将有中英文的标志和只有英文的标志进行比较)。翠西同意把它们在数码图像中圈起来并发给中国香港的学生进行辨认。

9:30　班级进行独立阅读。对于大多数学生而言,这意味着阅读翠西为他们标注的网站上的信息,查阅百科全书记笔记,回答问题,发现新的需要探究的问题。翠西用格雷朗读测试(Gray Oral Reading Test)对两个学生进行了测试,探究他们的语言流畅性和阅读的综合理解力,以此探索接下来提高所有学生理解能力的方法。

10:00　班级进行写作练习。学生利用他们描述两张图片信息的单词进行写作,以此来比较两个市区的异同。翠西为他们做口头的示范,重点讲了怎样把标题和开始的几句话联系起来确定主题。她接着上一节的内容,让学生对贸易课本中的开头进行分类。第二天,他们继续收集和讨论资料,将中国香港与他们自己的地区进行比较,并采用共同研讨法(见第七章)来研讨作文结构的相似性。刚过10:30,翠西就已经运用合作学习策略、图—文归纳模式、小组调查以及归纳思维模式等设计了一系列活动,并用共同研讨法准备下一节课的内容。随着时间的推移,她会基于学生的已有基础采用科学探究(见第四章)开始一个新单元的学习,并会持续关注数字系统特征。

翠西有较好的教学模式运用技能,她明白学生的成功取决于他们自己对包含在每个教学模式中的学习模式的掌握程度。

关于教学的经典定义是创建促进学习的环境。教学模式是一种方式,通过这种方式建立一个利于学生成长且具有激励性的生态系统,学生可以与这个生态系统的组成部分互动，以此实现学生的自主学习。不同的模式把学生置于不同的内容（知识、价值观和技能）中，通过能力的提升，去促进他们个性、社会性以及学术性方面的发展。在很多情况下，我们可以使用教学模式来设计教学，包括多媒体教学，比如设计某节课、某个单元、某个课程等。这个概念替代了教育作为"加油站"的概念，在"加油站"中，学生被动载满"认知的汽油"，这种教育方式历史悠久，人们通过讲授、劝诫、训练来进行知识输入，导致学生陷入痛苦不堪的处境之中。有时候，我们需要采用传统的讲授和输入方式，但是当我们这样做的时候，我们应该选用最合适的教学模式设计教学过程，同时警觉每种模式是否能实现的目标。

在过去几十年间强化学习环境的方式层出不穷，然而，在我们写作第一版教学模式时，它们还只能存在于我们的梦幻中。但那时电影、视频记录和回放、模拟、幻灯片等十几种教学模式，以及一系列的其他科技媒介都已出现在我们学校和教师教学项目之中了。这些媒介很重要，但其中一些仍未在基础学校和大学中充分使用。早期最好的教学模式在今天仍然有效，也有一些新的模式出现，它们都通过信息与通信技术和可用的数字教育工具得以升华。

我们的个人和专业化承继

我们很荣幸能与那些 20 世纪 90 年代就开始研发和实验一系列教育方法并有大量著作的现代学者一起进行模式探究。或许你对他们有所耳闻。我们走访学校和班级进行实践研究，也把握当前教与学方面的理论研究状况；我们不仅研究 K–12 学校的教学状况，也研究诸如工厂、军队和运动员的治疗和训练状况。

我们已经创建了丰富的教学模式，其中一些已得到广泛的应用，也有一些教学模式只适合于特定目的，这些模式既有可以产生即时效果的简单直接的程序，也有需要学生在有耐性和技能性的指导中才能逐步获得知识的复杂策略。

就本书的教学模式而言，我们是围绕学校所需要培养的基本教学技能来选择相应的教学模式的。在这些教学模式的应用下，我们通常可以达成学校的大部分目标——甚至达成更高标准的目标，从而不仅仅局限于那些出色学校的出色学生，使任何学校的学生都能达到普遍化和综合化的运用程度。采用合并的模式，可以设计学校、课程、单元和具体的教学课程。我们选择的模式中大部分是以哲学和心理学的取向来设计教和学的。所有的模式都有一个固定的理论基础，也就是说，模式的创制者们为我们提供一个逻辑依据,这个依据能解释为什么我们使用他们所设计的模式可以实现目标。被选择的教学模式背后都有大规模实践的历史:这些模式已经过长期的提炼,能在教室或其他场所高效使用。另外。这些教学模式也能适应学生的学习风格以及许多课程领域的需求。教育中的新核心课程标准也能找到丰富的教学模式与之对应,这些模式也有助于实现新课程标准期待的新要求。

除了以经验来检验教学模式外,所有的模式还以正式研究和学科行动研究为支撑来检验其理论的合理性和能否产生积极的效用。大量的相关研究在不同的模式中开展,有些模式有少量的研究支持,而有些则以几百个项目的研究为支撑。当我们在讨论每个模式时,我们都提供了关键的参考和链接,包括获得研究文献的方式和有一页左右的含有更多相关研究的描述。这些教学模式以激发学生积极学习为目的,我们尝试尽可能地对研究中陈述的效用进行论证(证据和理论分析)。

所有模式的共有属性

在介绍模式和我们的模式分类之前,我们需要讨论所选模式的一些共有属性。学习是创制所有模式的起因,但其他属性是共通的,并且与模式所代表的教学立场是不可分割的。

帮助学生学会学习

从本质上看,每一个所选择的模式都包含帮助学生提升学习能力的策略。然而在使用任何一个模式时,教师都要研究如何促进学生学习并帮助他们通过学习拓展能力。

• 让学生承担起学习的责任并对他们的努力给予鼓励。尽管扩展性指导被誉为是学生获得新型学习方式的重要途径,但我们强调的是他们需要增强自身能力以应对不断增加的学习重任。我们从为学生提供扩展性指导转移到使学生可以形成自我指导的能力。

• 帮助学生获得新的知识、技能和自我理解。无论是校内还是校外,学习的本质是获得新的认知、能力、情感和价值观。教学的一个主要任务是帮助学生学着去超越他们的现有处境。当一个 6 岁的孩子说"我不喜欢阅读!",其中的潜在情绪是这个孩子想逃避学习阅读，也有可能是想摆脱战胜困难前的窘迫感。

建构主义取向

事实上，所有的这些模式都是在努力帮助学生建立知识、技能和价值观。一些教学模式的教学目标几乎是纯粹偏向建构主义的学业内容（见维果斯基〔Vygosky，1962〕），例如，归纳探究模式（第三章）所设计的教学环境可以使学生去建构分类、检测分类并从分类中产生结论和假设，从而再检测更多分类。一个非常特别的模式，非指导性教学（第十四章）计划帮助学生更好地理解他们自己，以建构自我知识，设定个人的、社会的和学习的目标。

支架教学

从教学过程上看，我们选择的所有模式都为教师提供了路径以"推动"学生战胜困难并进入下一个学习阶段。维果斯基描述的这一程序是在追寻"最近发展区"，其中的学习任务高于学生现有水平，但不能高到学生难以企及的程度。概念系统的理论者们，包括当前的一些作者，把这个描述成为"最佳的错位搭配"，即在教授新技能时，要把学生们置于原有能力之上（见第二十章）。以"训练"模式为例（第十八章），要先向学生解释和描述该技能，然后再让学生尝试此技能。此时，如果有学生逃避，鼓励性质的支架足以支撑他们去尝试。也许更多的解释或者其他的描述会随之而来，但是动机的激发可能是决定成功与挫败的关键。在大学校园里，学生参与远程教育时，如部分或者全部采用在线课程时，教师所提供的支架教学可能会受到挑战。

对比以往的学生，现在的学生需要更多地学会从提供的远程材料中获益。学生们下载和游戏中所学的高超技能会对他们下载大量学习材料有帮助。

形成性评价和判定

与支架教学紧密相关的是形成性评价的应用，据此可以决定学生是否需要更多的或其他方面的引导，有时转换不同的教学模式可以帮助学生找到一种新的学习的途径。信息与通信技术对于班级整体而言是一个越来越重要的资源，同时，它能为那些可以冲刺到前面而需要额外帮助的学生提供犹如加速器般的作用。帮助学生变得对他们自己的学习进程和需要有意识，是形成性评价的一个关键性作用。

父母一般需要在他们可以提供帮助的情况下融入其中,而且是经常性地融入。

所有的教学模式都为教师和学生提供了机会以反思整个过程,并鼓励将应用良好的部分继续下去,而将应用不顺利的部分进行修改或增加。

21 世纪所需技能

21 世纪所需技能引发了改善教育的热潮。随着全球化、数字化时代的到来,各种专业技能层出不穷。"必需的知识和能力域"相比于"技能"可能是更加确切和有用的描述,但其中一定有专门技能(见 Kay, 2010; Joyce & Calhoun, 2012)。

一些 21 世纪技能已经被视为一种能力存在了一段时间,一些已经在新的核心州立标准中予以强调,还有一些已经在数字时代呈现。他们不仅仅是计算机或者 ICT 技能的聚集。尽管 ICT 能力是重要的,但最重要的技能还是认知:学会探究,建立和检测观点,分类和总结。这些技能已伴随我们很长一段时间了,而它们仍会是必要的,且有机会扩大发展。不管怎么说,每个人都需要掌握运用软件进行文字处理、生成可视化图像、编辑图片和视频、网络搜查以及定位和使用远程教学指导的技能。对于教师而言,掌握互动式电子白板教学越来越重要。我们来看一下 21 世纪的到来所引发的其他能力的变革。

文化能力和全球意识

信息与通信技术的普及致使全球化、跨国文化及与之相关效应的影响增加,这些效应改变了我们的社会属性,提升了人们的相互依赖性并促使跨文化理解的需求产生,其影响是显著的:国家及人民已经变得更加相互依赖;经济更加一体化;我们作为个体几乎需要与每个人互动;一个狭隘观点在今天可能导致毁灭性的后果。

合作与协作技能

人与人之间互相需要。我们通常都有不能成功地与他人合作的体验,这或多或少让人不适。学校需要丰富其校园文化,以此教会学生们一起工作和玩耍。事实上,在未来,大学校园对年轻人而言将是一个很重要的地方,因为它将成为一个主要的社会实验室。学生进入网络空间,接触来自全球网站的信息和观点,这需要学生之间的相互合作。简单化的合作学习模式必须在学校普遍推广,而复杂化的模式,即合作/探究模式和小组调查,应该在探究教学中运用。社会媒介已经大量应用合作与协作技能,它们甚至已影响到了世界范围的生活。

我们敦促教师参与到教育合作研究的国际协会之中,并很高兴从他们的通讯简报中获取信息。

创造性

聚合思维使学生能够集中精力,并从外部推动对知识和技能的掌握。发散思维则运用信息、概念、图片、声音和物体。不同的事物被来回捣鼓,惊喜就会出现。这个过程被伟大的比尔·戈登(Bill Gordon)称为"严肃的嬉闹"(Serious Playfulness),这是一种自相矛盾的说法,但抓住了隐喻思维的本质。产生于不同认知层面的想法彼此相邻,相互叠加,相互渗透。充满类比的环境吸引学生进入一个不同的状态。观念发生了。

本书中所选择的模式具有这些属性和目标。

模式的分类

我们将教学模式分为四类,这些模式都指向人类及其如何学习,它们是:

- 信息加工类;
- 社会类;
- 个体类;
- 行为系统类。

我们现在来了解这四个组类,了解它们强调的内容、模式,以及发明、研究并支持这些模式的人。作为一名教师,你在读这本书时要注意,你可以从有广泛应用性的一些方法着手,然后逐步增加其他方法以更好地实现特定的目标。

信息加工类模式

信息加工类模式旨在强调通过获得和组织信息、感知问题并生成解决办法以及为了表达问题去发展概念和术语等来增强人们的内在建构过程。有的模式给学习者提供信息和概念,有的强调概念的形成和假设的检验,有的强调形成创造性思维,还有的旨在提高学生的一般智力。许多信息加工模式都有助于自我和社会性学习,因此有利于实现个人和社会的教育目标。

在第二部分和第三部分中我们将讨论八个信息处理模式,第二部分聚焦于三个广泛应用的模式,第三部分聚焦于应用有限的"特定目的"模式,表1.1展示了模式的名称,最初的发展者以及后续的发展者,一些案例显现出许多研究参与者对该模式的创制和在对特定教学方法的更新中所做出的贡献。

归纳思维(第三章)

分析信息和形成概念的能力通常被认为是基本的思维能力,尽管其程序在古代就已生成,但归纳思维模式则是在希尔达·塔巴(Hilda Taba,1996)和其他人研究成果的基础上修订而成,他们做了大量如何教学生发现和组织信息以及提取、验证数据之间关系的假设研究。该模式不仅用于科学研究,在课程领域和在所有年龄段的学生中都得以广泛地应用。语音、语言结构与语法规则一样,都依赖于概念学习。基于分类的学科领域的结构,对团体、国家和历史的研究也都需要概念学习,即便概念学习对于思维发展不起关键作用,但由于信息的组织对于课程领域具有基础性作用,因此,概念学习是归纳思维模式的重要组成部分。归纳思维对于学校科目的学习和教学是一个重要的模式。本书呈现的归纳思维模式是基于乔伊斯(Joyce)和卡尔霍恩(Calhoun)(1996,1998)的最近研究发展而成的,乔伊斯、莱考克(Hrycauk)和卡尔霍恩(Calhoun)(2001)利用该模式促进学生多学科学习能力的发展。

这个模式之所以被列在首位是因为归纳思维是认知和认知能力中的一个重要节点,其不可避免地能融合合作研究和行动,也因为它与其他模式之间具有前后的衔接性。

科学探究(第四章)

国家科学课程委员会出台了许多文件促使具有前瞻性的K–12科学课程的标准与教学框架的形成,其范围的综合性和表述风格的可读性使其对于所有年级和所有科学课程教师而言都是获取指导的好资源。

表1.1 信息处理模式

模式	开发者(再开发者)	目的
归纳思维 * (分类)	希尔达·塔巴 (布鲁斯·乔伊斯)	分类技能的发展、假设的建立与检测,以及对于怎么对内容领域进行概念化的理解
科学探究 *	约瑟夫·施瓦布(Joseph Schwab)等	学习研究体系的学术准则——知识是怎么生产和组织的

模式	开发者（再开发者）	目的
图—文归纳 *	艾米丽·卡尔霍恩	学习阅读和写作，对语言进行探究
概念获得 *	杰罗姆·布鲁纳（Jerome Bruner），弗雷德·莱特豪尔（Fred Lighthall）（布鲁斯·乔伊斯）	学习概念并研究获得和应用这些概念的策略；建立和检验假设
共同研讨法 *	威廉姆·高尔顿（William Gordon）	帮助学生打破解决问题的固定思维并就一个主题获得新的视角
记忆法 *	米歇尔·普莱斯（Micheal Pressley），乔伊·莱（Joel Levin）（以及相关联的学者）	增强获取信息、概念、概念化体系的能力，以及对于信息生产的元认知能力
先行组织者 *	大卫·奥苏贝尔（以及许多其他人）	提升吸收和组织信息的能力，特别是在讲课和阅读中学习
探究训练 *	理查德·萨齐曼（Richara Suchman）（霍沃德·琼斯）	因果关系和对怎么收集信息、建立概念以及建立和检验假设的理解
认知发展	简·皮亚杰（Jean Piaget）欧文·西杰尔（Irving Sigel）康斯坦斯·卡米伊（Constance Kamii）艾德芒德·苏力万（Edmund Sulivan）	提升一般智力发展并为了适应智力成长而进行教学调节
* 表示在本书中有一个完整的章节或者完整部分的介绍		

工程和科技的材料使应用科学相比过去更加突出，此外，它们跨学科性的"横切性概念"对于课程思想是一个重要的贡献，可在这个网站中查阅到更多相关信息：http://nextgenscience.org。

社会科学也在课程与教学中采用了相似的方法。

图—文归纳模式（PWIM）（第五章）

此模式由艾米丽·卡尔霍恩（1999）设计，用来研究学生是如何习得识字能力，特别是阅读和写作，以及词汇的听—说能力的，图—文归纳模式包含学生在研究文字、句子和段落时要用到的归纳思维和概念获得模式。该模式无论是对幼儿和小学生的阅读学习，还是对年龄稍大学生在"安全网"项目中的阅读和写作训练课程学习的有效性来说，都是一种核心的教学模式。（见乔伊斯，卡尔霍恩，朱特拉斯〔Jutras〕，纽乐夫〔Newlove〕，2006；乔伊斯 & 卡尔霍恩，2010，2012）。ICT 提供了大量的图片储备以用于图—文归纳模式并为该模式的推广提供了支持。

概念获得模式（第六章）

概念获得模式最初以布鲁纳（Brunner）、古德诺（Goodnow）和奥斯汀（Austin）的思维研究为指导出现,再由莱特豪尔(Lighthall)、乔伊斯等人将之归纳成型并应用到教育之中,它与归纳模式紧密相连。归纳过程要求学生形成概念,概念分析可以促使学生通过调动其他的概念去获得新概念。教师可提供一个包含一类概念和条目的数据群去展示尚未形成的类属概念,之后学生可以据此探究几对具有明显差异的条目直至他们最终可以对该概念有清晰的认识。概念获得模式对每一个学生的概念形成都是一个有效的方法,它能有助于学生在概念形成的各个发展阶段从一个广泛的主题范围过渡到有组织地呈现信息。详情可见 www.modelsofteaching.org.

共同研讨法(第七章)

该模式首先应用于工业情景——"创造性群体"的形成中,威廉·戈登(William Gordon,1961)将其改编并用于中小学教育。这一模式旨在帮助人们在问题解决和写作活动中"打破集群",从更广泛的领域中获得更新的视角。在课堂上,它是通过一系列的课程介绍给学生的,直到他们能够单独或小组合作地应用这些程序。该模式设计的初衷是为了直接启发创造性思维,但后来发现它也能促进学生的合作学习和研究能力的提升,也能使学生之间的关系更加融洽。最近,凯斯(Keyes,2006)和格罗丁(Grolin,1994)的一些研究使该模式有了进一步的发展。

记忆术(第八章)

记忆术是记忆和同化信息的教学策略,教师可以使用记忆术来呈现材料(以此种方式教学可以让学生轻松地掌握信息),学生可以更容易地收集信息,也可以在个体学习和合作学习中提高获得信息和概念的能力。这个模式也在许多课程领域以及不同年龄阶段和个性特征的学生中进行过检验,该模式经过了普莱斯利(Pressley)、德莱尼(Delaney)(1982)和莱文(Levin)(1990)的改进和发展,由洛拉尼(Lorayne)(1974)和卢卡斯(Lucas)(1974,2001)等人广泛应用。由于人们往往把记忆术(辅助记忆法)与重复和死记硬背相混淆,因此,普遍认为记忆术只能应用于低水平的信息记忆,这是错误的认识,记忆术不但可以帮助人们掌握有趣的概念,而且它本身也是很有趣的。

先行组织者模式(第九章)

先行组织者模式是大卫·奥苏贝尔(David Ausubel)(1963)创制的,在过去的50年里,该模式承载了大量的研究。该模式用来为学生提供通过讲义、阅读和其他媒介呈现复杂材料的认知结构。它几乎能被用于所有的认知内容和所有年龄段的学生中,该模式可以轻易地与其他模式结合——例如,当呈现的内容混合了归纳活动时,它就可与归纳思维模式合并使用。

探究训练模式(第十章)

该模式是训练学生寻找变化间因果关系的直接和有趣的方法,具体可见 www. modelsofteaching. org 中对一个来自印度的学生的描述。

社会类教学模式

当我们一起工作的时候,我们会产生一个称为协作效用的合作机能,教学中的社会模式即是通过利用这个团体的协作效用来建立学习团体的。事实上,课堂管理就是在课堂中发展合作关系。积极乐观的校园文化就是要发展互动式的人际关系,构建充满活力的人际交往过程。表1.2 显示了社会类教学模式和它们的一些创制者。

表1.2 社会类教学模式

模式	开发者	目的
学习中的伙伴	大卫·约翰逊 罗杰·约翰逊 艾利兹巴斯·科恩	社会互动中互相依赖策略的发展;自我—他人之间关系和情绪的理解
结构化社会探究	罗伯特·斯莱文及其同事	学术探究和社会及个人发展;学术研究合作策略的方法
小组调查 *	约翰·杜威 赫尔巴特·赛伦 肖尔莫·沙兰 理查尔赫兹-拉萨罗维茨	发展参与到民主进程中的技能;同时强调社会发展、学术技能和个人理解
社会探究	布莱恩·马斯爱拉斯 本杰明·寇克思	通过合作学术研究和逻辑归因解决社会问题
实验法	国家训练实验室 (许多贡献者)	对于团队运作、领导的理解,以及对于个人风格的理解
角色扮演 *	范尼耶·沙福特尔 乔治·沙福特尔	社会互动中的角色和价值的研究;对于价值和行为的个人理解
法学、法律学探究	詹姆斯·沙沃尔 多纳德·欧丽文	通过法律学的框架分析政策因素;数据收集,价值问题的定位的分析,个人信念的研究
* 表示在本书中有一个完整的章节或者完整部分的介绍		

学习中的伙伴(第十一章)

近年来,合作学习研究已取得很大的进展,在帮助学生更有效地相互合作方面,大量的策略正在开发中,罗杰·约翰逊(Roger Johnson)和大卫·约翰逊(David

Johnson),罗伯特·斯莱文(Robert Slavin)以及肖尔莫·沙兰(Shlomo Sharan)这三个团队的研究是其中最具代表性的。但是所有合作学习团队的研究都主要集中在信息和技术的交流以及对研究的实施和分析上(例如,约翰逊和约翰逊,2009)。

其结果是产生了大量的把学生组织在一起工作的有效方式,包括如何教导学生在小组中完成学习任务,如何组织较复杂的班级学习团队,甚至如何把全校组织成为一个学习团体。

合作学习过程适用于所有学科领域、所有年龄段的学习,能促进课程学习目标的达成,也可以提高学生的自尊、社会技能和独立性。

小组调查(第十二章)

约翰·杜威(1916)倡导民主社会的教育应该直接进行关于民主发展的教学,这一观点得到广大教师的响应和提炼,之后赫伯特·赛伦(Herbert Thelen)(1960)形成了颇具影响力的认识。即认为:在重要的社会问题和学术问题的学习上应采用合作探究式学习,它应是学生教育中的一个持续性的部分。小组调查模式提供了一个社会型组织形式,其他的模式在运用中,涉及相关需要时也可以采用该形式。小组调查已经被用于所有的学科领域,各个年龄段的儿童,甚至作为学校全部社会类模式中的核心(凯姆柏林,1943;乔伊斯,卡尔霍恩和霍普金斯,1999)。小组调查用以引导学生定义问题,探索问题的多种视角,以及共同掌握信息、观点和技能——与此同时发展学生们的社交技能。教师或教育促进者组建小组并规定其活动规则,帮助学生发现和组织信息,以确保活动和讨论过程充满活力。沙兰(Sharam)和他的同事们(1988)以及乔伊斯和卡尔霍恩(Joyce and Calhoun,1988)拓展了该模式并把最近的新发现与其他探究团队的进展进行了整合。

角色扮演(第十三章)

接下来的角色扮演可以引导学生去理解社会性行为,理解在社会互动中他们自己的角色,以及掌握解决问题更有效的方式。凡尼(Fannie)和乔治·沙福特尔(George Shaftel)(1982)认为该模式有助于学生研究社会价值观及其对自身的影响,角色扮演也能帮助学生收集和组织对社会认识方面的信息,培养与他人的共情能力并尝试提升他们的社会技能。另外,模式要求学生将冲突"付诸行动",借此学会从他人角度看待社会问题,观察社会行为。若在恰当情况下实施,角色扮演可以被用于所有年龄段的学生。

个体类模式

从根本上讲,人的现实性源于我们个体的自我意识,我们通过自身经验和所处境遇形成独特的人格和分析世界的异样视角。共同理解是一起生活、工作和组建家庭时个体之间协商的产物。

这是从个人发展角度提出的学习模式。这些模式试图通过教育的变革使我们更好地认清自我,为我们自身的教育负责,学会超越自我的现实状态而使自己变得更坚强、更敏锐、更富于创造,进而提升生活品质。

个体类模式注重发展个体的独立性,从而使人们更清晰地意识到自我对自身的责任。表1.3展示了这些模式及其开发者。

表1.3 个体类模式

模式	开发者	目的
非指导性教学＊	卡尔·罗杰斯	建构个人发展、自我理解、自治能力和自尊的能力
积极的自我概念/构思＊	阿巴拉海姆·马斯洛	发展个人对于发展的理解和能力
有意识训练	弗里茨·皮尔斯	提升自我理解、自尊和发展人与人之间感知和同情的研究能力
班会	威廉姆·格莱瑟尔	自我理解和自我与他人之间责任的发展
概念化系统	大卫·汉特	提升在处理信息和与他人互动中的柔和性和灵活性
＊表示在本书中有一个完整的章节或者完整部分的介绍		

非指导性教学（第十四章）

30年来,心理学家、咨询专家卡尔·罗杰斯(Carl Rogers,1961,1982)一直被公认为是"将教师视为心理咨询者"模式的代表人物。该模式源于心理咨询理论中的非指导性心理治疗方式,强调学生与教师之间的伙伴关系。教师要帮助学生成为自我教育中的主角,比如自己如何确立目标并为此而努力,教师应使学生了解自己已取得进步的程度并帮助解决关涉的问题。运用非指导性教学模式的教师必须积极地与学生建立良好的伙伴关系,并在学生解决问题时提供必要的帮助。

该模式有多种使用方式,首先,它可以成为全部教育运行中最基本的模式(Neill,1960);其次,它可与其他模式结合以确保建立师生间的联系,营造良好氛围;再次,该模式可用于学生们独立思考和合作学习;最后,可以不定期地用于学生的心理咨询,分析他们的思想和情感状况,帮助解决面临的问题。该模式的主要功能是促进学生的自我理解和独立思考能力的养成,同时也可以很好地促进其他学业目标的达成。科尼利厄斯·怀特(2007)对以学习者为中心的师生关系对学生认知情感、行为表现影响的研究进行了总结,其中包括了涉及30万学生的119项研究。重点是,这些研究还包含学术内容的应用,内容相关的情感上的收获,也包含自我概念。

发展积极的自我概念(第十五章)

在教学过程中,一个最困难的任务就是帮助那些因为失败而失去信心,并需要获得帮助的学生,他们害怕甚至逃避普通的、他们能够完成的课程任务。为此,我们呈现了一个多维度的方法以帮助四到十二年级的学生们去直面他们所害怕的事情——学习阅读——并把这些学生引导到成功的世界之中。阿巴拉海姆·马斯洛(Abraham Maslow)用了50年时间致力于建构自尊和自我实现能力的指导项目。它启发我们探索可以指导学生的原则,帮助他们尽可能地发挥个体认知能力。

最近,有教师提出了一种能够研究学生学习风格和学习过程的方法(Joyce & Showers,2002)。教育的个人、社会和学术目标是相互联系的,个体类的教学模式是教学模式系统的基本部分,与其直接相关的是学生对自尊、自我理解的需要及获得其他同学支持与尊重的需要。

行为系统类模式

这一种类中的模式设计都由一个通用的理论基础做指导。这一理论通常被称为"社会学习理论",也以"行为纠正法"、"行为疗法"和"控制法"著称。该理论认为人类具有自我修正调节系统,可以根据如何成功完成任务的信息对自身行为进行调整。例如,一个人在黑暗中走一段不熟悉的楼梯(任务),当他的脚触及楼梯踏板时,最初的几步是试探性的,如果抬得过高,他得到的反馈是踏空,只能降低步幅,后脚才能踩住楼梯踏板;如果抬得过低,反馈的结果是脚会碰到楼梯踏板。任务与反馈之间会帮助人不断调整行为,直到上楼梯的步幅达到适宜的程度。

通过分析人们对任务及反馈结果的反映方式,心理学家们(具体参见斯金纳[Skinner,1953])已经证明了人类如何组织任务和反馈结构以使自我调节能力更加容易发挥出来。具体内容包括减轻焦虑、学习阅读与计算、发展社会和运动技能、通过放松代替焦虑,学会综合运用智力、社会和身体技能等。这些模式聚焦于可观察的具体行为,学生能拥有交流过程中清晰的任务和方法,因此,这个类别的教学模式具有确定的研究基础,其行为策略适用于所有年龄段的学生和各种教育目的。表1.4列出了这些模式和他们的开发者。

显性教学(第十六章)

没有理解的阅读不是真正的阅读,尽管基于理解的显性教学在美国学校中还不够普及,然而,经过研究、发展、实践以及提炼,我们已经形成了一个可供参考的模式,每一个教师都会发现这个模式的益处。

掌握学习(第十七章)

掌握学习是行为系统类模式用于学科教学中最常用的模式(布鲁姆〔Bloom〕,1971)。该模式要求教师首先要将学习的材料分成由简单到复杂的多个单元,然后以适当的媒介(阅读、磁带和活动)逐步呈现给学生。教师在每个单元学习之后对学生进行测验,帮助他们了解知识掌握的程度。如果发现学生没有掌握某部分,教师可以重复该部分的内容,或者采取调整学习内容的办法来加强该部分的学习,直到学生掌握为止。

基于此模式形成的教学体系已经应用于各个年龄阶段的学生和各种学习内容中。经过适当修改后的这一模式也适用于有天赋、有心理问题的学生以及体育和航空专业的学生。

直接指导(第十八章)

从对高效与低效教师之间的差异和社会学习理论的研究中,可以建构出一个直接指导的教学范例。该模式的许多程序,如直接陈述目标、确定与目标相关的活动、对过程的谨慎掌握、对取得的成就以及策略运用效果的反馈等都与促进学习的指导模式相类似。

表1.4 行为模式

模式	开发者	目的
社会学习	埃尔伯特·班杜拉 卡尔·瑟罗森 维斯·贝克尔	行为管理: 学习新形式的行为,降低恐惧和其他与社会规范相悖的型式,学习自我控制
显性教学*	P.大卫·皮尔森和玛格丽特·佳乐赫尔 路斯·加纳 罗拉·罗荷乐以及其他人	学习成为一个有策略的阅读者

模式	开发者	目的
掌握学习*	本杰明·布鲁姆 詹姆斯·布洛克	掌握所有类型的学术技能和内容
程序学习	B.F.斯金纳	掌握技能、概念和真实信息
直接指导*	托马斯·古德 杰乐·布洛菲 维斯·贝克尔 西格弗里德·英格拉曼 卡尔·贝乐特	在一个宽泛的研究领域里掌握学术内容和技能
模拟学习	许多开发者： 卡尔·史密斯 玛丽·弗洛兹 史密斯在设计成熟后的20世纪整个60年代开始提供指导	在一个宽泛的研究领域里掌握复杂技能和概念群
消减焦虑	大卫·里尼 约瑟夫·沃尔普 约翰·马斯特斯	控制厌恶反应；回避性治疗和自我治疗、回应功能障碍模式的应用

*表示在本书中有一个完整的章节或者完整部分的介绍

行为控制论者提出了两种训练方法,一个是从理论到实践模式,而另一个是模拟模式,前者是将有关描述、实践、反馈和指导结合起来,例如要想让学生掌握一项算术技能,就要通过讲解、演示、练习并给予学生正确的反馈,同时让学生在同伴及教师的指导下运用该项技能。这种方法通常运用于体育训练。

模拟模式根据真实情景建构起来,它创造一种接近真实生活的环境,并将其应用于教学情境中。有时创设这种情景是相当复杂的,例如飞行和对太空飞行的模拟、对解决国际关系问题的模拟等。学生通过参与活动来实现真实情境下的模拟目标(例如使飞机起飞或者开发一片城区),直到达到学校教育目标。

总　结

以上是从众多模式中精选出来的一些模式的简要介绍,我们确定的是这些模式可以用于教室和网络教学之中,它们的效用已经被经验和正式研究所证明。正如我们在之后能看到的,掌握它们需要付诸实践。小组教师可以通过一起掌握一个模式来分享各自的感受,从而实现由一个新手到可以出色掌控那些模式的过渡。

第二章　建立专家型学习共同体

——充分利用我们学生的能力促进学习

学校教学须考虑三个方面：教什么，怎么教，在哪里教。

——劳伦斯·唐尼（Lawrence Downey）（1967）

在一个理想的世界中，我们只要长大成人就能有成熟的智慧知道该怎么养育孩子，懂得如何教导孩子成人。至少我们会以为这方面的知识和技能是潜伏着的，它们随时准备着被激活和浮现出来，只等我们有了孩子或从事教师职业之时。但在现实的不完美世界中，我们却没有那么幸运，大部分人不得不学习如何为人父母，如何教学。然而，我们不是完全没有准备，我们所需要的就在我们体内，只要我们愿意让它们走进我们的意识中。教学模式就是用来让这种觉醒做一次刺激而主动的冒险。信息和通信技术也可以提供相应的帮助，特别是可以利用它向我们自己、我们的孩子和全世界的学习者传递信息和观点。

人与生俱来的东西：
天生的学习能力、好奇心和创造性

从出生开始，我们就被推动着接触有生命的和无生命的事物，想想我们曾多爱我们的枕头、我们的毛毯以及一些填充玩具。我们不但爱它们，还向它们倾注从它们那里得到的爱。在偏僻的环境中，孩子会珍惜手中仅有的一根木棍或一块石头。养宠物的人都知道宠物有助于提升人爱与相伴的能力。有一天布鲁斯为了与我们的猫说话中断了一个电话交流，电话另一头的女士则说："没关系，我一直在跟我的狗说话。"

知道如何爱和关心身外之物是我们应对现实人生的重要工具，我们知道我们和其他生物一样需要感情和受到关注。我们也知道怎么把它们赋予他人,虽然我们与生俱来以自我为中心,但我们天生并不具有刻薄或卑劣的品性,这些品性是在一些不恰当的环境中习得的。

人也是天生的科学家。我们生来就会探索,观看和触摸事物,倒腾它们看会发生什么。我们忍不住会这样做,因为我们想要知道世界是如何运行的。那个时候的我们很难管,在我们快要接触到电或炉子时,监护我们的人不得不一次次地抱起我们。但我们会继续探究这个世界,绕着事物爬行和触摸以探究将发生什么。

孩子不仅能收集信息,也会组织信息。他们是天生的学习者。从这点上看,人与生俱来地拥有一种能力,即区分事物并把所有的事物组织分类。当我们还是婴儿时,我们把事物分为硬的和软的、舒适的和不舒适的、粗糙的和光滑的、吵闹的和安静的,我们学着告诉妈妈,再告诉爸爸,猫在这里,猫在毛绒玩具下面;我们也学习语言,当我们可以呼喊接近于"Dad"的"Da"、为了"bottle"而呼喊"Bzz",以及为了"Juice"而发出"Ju"时,就可以很快地通过获得控制并做出相应的选择,以此对世界分类;我们想要学习语言以便更流利地听和说。当耳聋的孩子发现存在符号语言时会很欣喜。当他们在听力上有所提升进而能在大脑和心灵之中感受到世界的声音时,没有什么比这更让他们激动的了。

早期语言习得是很容易的,因为我们是天生的语言学家。一旦我们习得50个词汇后,我们就可以造句了,最初句子仅仅是两三个词汇的长度。当我们的思想开始赋予世界意义时,我们就可以分辨每个词的所指之物。无论在哪儿,我们都会倾听,然后学习表达。在希腊,我们学习希腊语;在泰国,我们学习泰语;在阿根廷,我们学习西班牙语;在瑞士,我们可能会学习法语、德语和意大利语。到了我们大约4岁的时候,我们意识到语言的结构并能理解和说出几千个词汇时,我们就形成了一个在生活中可以倾听、加工和输出的语言储蓄库。

语言发展研究者总会很惊讶孩子的语言发展速度。婴儿一旦迸出第一个词后就会迅速进步,到2岁的时候,大多可以说出500—600个词;到5岁的时候,大多可以说出大约5000个词。到那时,孩子就可以运用语言的基本结构(如句法结构),并且语音结构和音系意识已经在大部分孩子中建立起来了。一般情况下,小孩们习得的词汇量从2500增到7500个时,他们的语言发展会出现一个相当大的变化。(比艾米乐〔Biemiller〕,2010)

我们开始理解为什么家庭和学前教育对孩子的发展具有相当大的影响力了。

家庭、保育院和幼儿园里是否存在大量对话交流是一个主要的影响因素（巴奈特〔Barnett〕，2001；迪金逊〔Dickinson〕，麦凯比〔McCabe〕和埃塞克斯〔Essex〕，2006；海特〔Hart〕和瑞斯李（〔Risley〕，1995）。如果环境中语言是密集而丰富的，那么，孩子天生的语言系统就得以迅速发展，他们可以在所处环境中习得更多的词汇，掌握更多的语言结构。学前班和幼儿园可以依据语言环绕与吸纳状态对孩子们进行适度的分层教学。这样，到5岁的时候，如果采用恰当的教学模式，即使是来自语言最贫乏家庭的孩子也可以学会阅读。早期（K－2）的课程需要增加听说读写的词汇量，二年级学生的词汇量预示出他们在十一年级时阅读理解力百分之三十左右的差距（见库宁海姆〔Cunningham〕，2009；格瑞伍〔Grave〕，2006）。

如同学习语言是天生的能力，人们也是天生的人类学家。我们通过观察和模仿我们身边的人可以很迅速地学习到我们的文化形式。如果族人吃某个东西，我们也会跟着吃这个东西；如果在我们的生长环境中族人避开吃某个东西，我们也会跟着远离它。大多数人都是先模仿，后传习自己所在环境中的习俗。如果我们身边的人通过摇手以示问候，我们也会摇手；如果是拥抱，我们也会跟着拥抱；如果是鞠躬，我们也会跟着鞠躬。在中国，我们会学习中国习俗；在英国，我们很快就像英国人一样表现和谈吐。

作为父母、亲戚、邻居、预备教师、正式教育者以及有经验的学校教师，我们能够做什么以增强、培养、引发这些奇妙的人类能力？我们的角色是什么？我们的工作是什么？第一原则就是学着顺应自然而不是背道而驰。如果我们学会以顺应自身、顺应人类本性的方式来创建班级和学校环境，那么孩子就能发挥天然的学习能力，我们也就由此成为伟大的教师和父母。归纳教学模式以及其他有效的教学模式的内在机理不是要我们给学生灌输语言、科学、社会研究和数学方面的知识，而是让我们帮助学生增强学习能力。如果我们创设特定的学习环境把学生引入学科探究中，帮助学生以概念化的方式掌握所学，那么，学生将会自己学会任何学科规定的学习内容。相比于我们给定的课程主题，他们会学到更多，学会更高效地学习，因为他们是在实践自己的思想，也因为学习与理解是互通的。（参见专门为此设定的《新科学和英语语言艺术标准》，2010年最佳实践的全国州长协会中心和首席州立学校理事会，2010；2012年，国家研究委员会）。

关爱和激励性的环境能使我们的学生在自我学习中具备丰富的自我教育能力，让我们来到学习者共同体的建立上。

创建专业学习共同体

——艾米莉·卡尔霍恩致布鲁斯·乔伊斯

我们将在开学第一天的9:00探访两个一年级和两个十年级班级,所有的教师都在使用教与学模式,每一个教育情境描述的都是学校里的教与学模式,也就是说,每一个模式都发生在某个学校的某个班级里。之后我们增加了网络资源,在信息的获得和管理方式上,学校和网站同时保障了模式的高效运用。

教学情境

一年级学生的第1个小时

一年级的孩子们聚集在一个放着蜡烛和广口瓶的桌子周围,婕凯·威斯曼(Jackie Wiseman)老师点燃了蜡烛,在其燃烧了一到两分钟后,她小心地用广口瓶倒扣上蜡烛,蜡烛变得昏暗、火光闪烁直至熄灭。之后,她拿出了另一支蜡烛和一个更大的广口瓶,并重复此实验过程,蜡烛熄灭了,但是相对缓慢。婕凯拿出了另外两根蜡烛和不同大小的广口瓶,又重复了这个过程,火苗再一次地慢慢熄灭。

婕凯说:"现在我们就刚刚所发生的事情进行讨论,我希望你们提出一些与这些蜡烛和广口瓶以及你们刚刚所观察到的情况相关的问题。"学生们开始提问,她耐心地复述着学生们的问题并对实验程序进行更合理的修正,一个学生问道:"是不是广口瓶越大,蜡烛燃烧的时间会越长?"婕凯回应道:"我们怎么才能证明呢?"慢慢地,她要求学生口述他们所了解的内容以及他们产生的问题,然后把他们所说的话写在纸上。学生们的自我描述成了他们首次读写课的学习内容。

婕凯告诉孩子们,她已经准备好为他们提供更多的信息。她采用互动式电子白板作为显示屏,给他们展示一个叫作"科学新发现"的网站(www. thenakedscientists.com),在此网站上,进入"厨房科学"页面之后点击一个称作空气泄漏的条目。

她从所需材料开始给学生们读了关于这个演示的说明,这个说明内容是在刚刚准备实验时就演示和讨论过的。

具体材料包括:

● 一个透明的玻璃盘;

● 一支设计用来漂浮的蜡烛;

- 一个没有盖子的 1 夸脱大小的广口瓶；
- 三个重量足够能沉入水中的杯垫。

之后婕凯在盘子中倒入 1.5 英尺高的水,把杯垫放在盘子的底端,在水中放置蜡烛,并点亮蜡烛,在确定其可以燃烧得很好之后,她把广口瓶放下直到它可以放置到杯垫的边缘。从图 2.1 中,你可以看到具体的放置情况,就好像你的视线水平就在盘子的顶端。

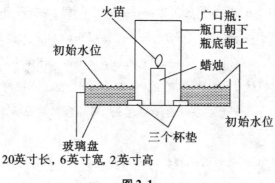

图 2.1

会发生什么呢? 首先,气泡从广口瓶中冒出,经过水面上升,之后,蜡烛熄灭而广口瓶中水面上升。

婕凯要求学生描述具体的材料、他们的放置情况以及在蜡烛点燃后所发生的事情,她把他们的答案写在白板上并注意有顺序地记录学生所辨识的材料和所描述的事件。在婕凯逐个阅读后,学生们齐声阅读这些描述。

之后,她要求他们试着为所发生的事情(气泡冒出与水涌向广口瓶)提供解释。

我们称婕凯所开展的教学模式为探究训练(见第十章),它是从我们所提及的科学探究这一模式中提炼出来的。

这个模式首先将学生置于一个很困惑的情形之中,之后,通过提问和引导性实验,如尝试更大或更小的广口瓶,使学生们建立观点并对之进行验证。

科学探究继续引导学生们去到图书馆,图书管理员凯西·罗德赫米尔(Cathy Rodelheimer)向他们展示由娜塔莉·露尼斯(Natalie Lunis)和南希·怀特(Nancy White)写的《成为一名科学家(*Being a Scientist*)》,它是一本大书(大约 14 英尺×20 英尺),有大量的图片描述,这样婕凯就可以阅读给学生们听。当婕凯阅读此书时,她要求学生们描述他们在配有文本的大量图片中看到了什么,她也会在互动式电子白板上标记出一些他们会在之后的阅读中学到的词汇,包括"you","yes"和

"scientist",她把这些词汇按书写顺序在黑板上拼写,要求孩子们跟着朗读以拼写出来。

每页结束之后,她还会要求学生们口述概要或者为文本中的问题提供一个答案,她把它们写在黑板上,再读出来。例如,有一张图片就讨论了测量的概念。在下页的图片上展示了一个小女孩用混合的材料做了一个蛋糕,并用实验室的烧杯去测量面粉,文本中的问题是:这个小女孩怎样知道她需要多少面粉?(路尼斯,怀特〔Lunis,White〕,1999)

这个探究又引导我们来到"巨大的新兴全球图书馆",它是一个提供参考信息和观点的网站,计算机与白板相连,里面包括英卡塔(Encarta)①、康普顿(Compton)②和大英百科全书(Britannica encyclopedias)(见 http://kids. britannica. com),在这些资源的帮助下,学生们可以从探究中获益。更重要的是,在这个探究以及其他教学活动中,婕凯建立了一个学生可以一起学习阅读、写作和探究社会、科学和数学的学习者共同体。

蜡烛课程如何与新的核心课程标准的精神契合呢? 科学课程的标准建议学生的学习内容应是他们能体验到的,是关于知识是如何生成的。科学课程的核心也是与连续不断的动手经验的形成相统一的。所有的 K–12 的学生都应该进行科学调查,参与应用了科学概念和方法的学习。实验性学习可以为理解更复杂和抽象的原理提供坚实的基础,尤其当所学内容蕴含在学生们的生活体验和应用中时。《英语语言艺术和识字能力通用的核心州标准(The Common Core State Standards for English Language Arts & Literacy)》强调科学的读写能力,里面记录了婕凯如何从书本、网站和亲身经验中进行信息的混合收集,这些是第一章所呈现内容的基本依据。

社会性学习与此相似,比如在研究当前社会环境时,学生会学习如何建构知识和观点。详见国家社会研究委员会发表的《社会教育(Social Education)》和《针对青年学习者的社会教育(Social Education for the Young Learner)》。

在婕凯的班级,会以多种方式贯穿于一天的学校生活。一位来自"电子书(Tumblebooks)"(www. tumblebooks. com/liberary)网站的作者会给孩子朗读她的一本书,并且会通过"生活在太空"的片段剪辑介绍国际空间站(www. discoveryeducation. com)。

---

①英卡塔(Encarta)是微软出版的电子百科全书,婕凯有一个 CD 复制版。
②康普顿(Compton)是另一种电子百科全书。

本学年隔壁班级以电磁调查为开端

隔壁班级里，孩子们分成小组坐在一起，每个小组前面有一大堆小物件，还有一个大钉子、一团导线和一节电池。简·费希尔(Jan Fisher)老师向他们解释将要进行的电磁研究："我要求每组同学做的第一件事情是把钉子依次放到你们面前的每个物件旁边，然后，我们再一起讨论从中能学到什么。"

学生们按照老师的指示轮流进行试验，每一小组都报告说当钉子靠近或接触物体时没有任何反应，这些物体是许多中等大小的纸屑。简在白板上记录了他们的陈述。

之后她展示了如何用绝缘的电线包裹铁钉，即通过一个开关把非绝缘的导线末端与电池连接起来，再打开开关。"现在，观察一下当你们让它靠近或者接触到放置在你们面前的物件时会发生什么，同时依据所发生的现象进行分类。"学生们不一会儿就把他们前面的东西分成两堆：一堆是刚刚被铁钉吸引过去不能动弹的纸屑，另一堆是没有反应的纸屑。一个学生汇报道：他的钉子可以吸附一连串的回形针，另一个学生对此进行了验证，最终的共同意见是一个钉子大约可以吸住6个左右的回形针。简记录下他们的陈述并让他们跟着她阅读，如同婕凯一样，简也在网站上找到了"科学新发现(The Naked Scientists)"的实验，她找的是"制作你自己的电磁"。她解释这个网站中的资源演示了如何用普通的材料探索不同的科学主题，并且提供了解释和进一步探究的方向。

简使用了被我们称之为归纳性思维的教学模式(见第三章)。这种模式先给学生呈现数据结果或者让学生构建一个可以帮助他们学习这一主题的环节。一旦他们学会了分类(在这个案例中，一些物件在电磁场有反应)，他们会做出假设，然后去测试。老师就根据学生看到的和没看到的现象，分析学生的思维过程，从而帮助学生进行归纳，并使学生形成一个归纳性思维者群体，学会处理其他领域的问题。

如同婕凯一样，简也读了《成为一名科学家》，他们也讨论了文本和图片的内容，紧接着讨论了纳塔勒·路尼斯写的《发现电》，包括其中关于电磁的一部分以及之后怎么去使用它。最终，简和学生就网站内容做了简单回顾，婕凯带着学生浏览了文本中的第一个自然段——关于200年前电磁发展的描述。

两个教师都开始建立学习共同体并向他们的学生介绍学习模式，他们的行为明显指向探究性团体的建立。通过写下学生的陈述和问题，并与学生一起朗读，教

师从一开始就很明显地强调了阅读和写作。

两位教师会把学生的陈述保存下来,并选择一些词打印出来,以便每一个学生有一份包含独立卡片的资料。之后,我们会再次对这些班级观察并看看他们会用这些词汇卡片做什么。

如同婕凯的班级一样,简也让学生们看了"电子书",也正如其探究过程一样,鲜活的主题也会通过"探索教育"被带入真实的生活中。

教学情境

以一个当代的社会话题开展一堂高中课程

大约在距婕凯和简所教的小学一英里以外,玛丽琳·和莱考克(Marilyn Hrycauk)的10年级社会研究课程以发生在加利福尼亚一个法庭里的视频录像开始,法庭上的民事诉讼案正在审判一个母亲是否可以阻断父亲和他的12岁儿子在一起的时光。这对父母虽然已经离婚了,且都具有孩子的监护权,但是孩子与母亲生活在一起。

录像中呈现了这个案子中父母最初的争论,玛丽琳要求学生分别就他们所看到的内容进行个人观点的阐述,同时做进一步的思考。她之后要求学生们分享彼此的观点,并让每个学生在标有"要素"和"问题"的列表中分别写下对应的观点,学生们发现很有必要在他们所分享的观点中增加另一个叫作"社会与价值"的问题。

学生们仔细地观看了录像带,也分析了教师为他们收集的若干个相似的案例,这节调查课由此深入地展开。其中的一个案例成为学生的第一份家庭作业。教师循序渐进地引导学生了解政策方针和各种可能的政策背后所蕴含的价值。随着练习的进展,她研究了学生在多大程度上能分清事实与假象,能否从对立的角度去判断事物的价值,同时讨论这些看起来相反的价值观和政策立场之间的不同点。在深入开展学习探究的同时,教师自己也成为和学生们同样的学习探究者。探究必然会用到网站资源(www. courts. ca. gov/selfhelp - custody),他们也会去查阅詹姆斯·W. 斯图尔特(James W. Stewart)法官写的《监护权(The Custody Book)》以及布莱克(James C. Black)和唐纳德·康托尔(Donald Cantor)撰写的《儿童监护权(Child Custody)》。

玛丽琳运用的是法理学教学模式,此设计用来引导学生学习公共政策,并形成自己的价值观。

十年级的另一节社会话题课程

当玛丽琳班级的学生来到雪莉·米尔(Shirley Mill)的英语课时，他们观看了电影《豆田战役》(The Milagro Beanfield War)，学生们看到电影的场景、活动和人物特征时反应各异。随后，他们各抒己见。当他们为坚持自己的观点而与别人争论时，雪莉说他们可以保留自己的观点并作进一步探讨。她之后把约翰·尼克劳斯(John Nichols)所写的同名小说的复印本分发给学生并让他们开始阅读。

在这一周之内，雪莉一直鼓励学生们去探讨小说和电影中所表达的社会问题，同时对照作者和电影制作人的表现手法。在构建探究性共同体时，她密切关注学生发现和未发现的问题以及表现手法。该研究引导学生们调查西南地区人们的生活，通过网站(www.50states.com/newmexico.htm.)，从人口结构信息开始了解新墨西哥的城市和发展。学生们惊讶地发现新墨西哥的平均海拔是 5700 英尺，两百万人口中大约有三分之一的人把西班牙语作为他们的第一语言，纳瓦霍人和印第安人合计达 30 万人。

雪莉已经向她的学生们介绍过小组调查研究模式(见第十二章)，她曾以此设计了一种非常有效的合作学习课程。这种模式首先让学生直面需要调查的信息，然后开始探究自己能够知觉的世界，并随着探究的深入感知其中的异同。

理解我们的学生并去建立学习共同体

教育持续不断地丰富学习者的思想并完善他们的情感。丰富的人类意识使教育的过程富有鲜明特色，也使教和学成为一个丰富多彩、不断变化的过程。当学生走进学校时，他们的头脑已经存储了一些经验，其中也包括一些随着年龄的增长而形成的复杂的行为模式。教学模式是许多教师探究的结果。正是在他们探究的基础上，我们才能开展这样的研究。所有的教师都通过与学生接触，创造教育学生的环境来积累丰富的实践经验。有的教育实践已经成为正式的研究课题。研究者通过对这些实践进行研究和改进，使其发展成为教学工作中提高教师专业技能的模式。

一所人人都可以学习的学校

想象一下有这样一所学校，在那里运用各种各样教学模式的目的不仅仅是完成一系列的课程目标(使学生学习阅读,计算,理解数学理论,理解文学、科学和社会科学,精学艺术和体育),并且还可以帮助学生提升学习能力。随着学生对信息和技能的逐步掌握,他们收获的不仅仅是学习内容,还有不断增长的应对未来学习任务和设计学习过程的能力。

在我们的学校中,教师使用教学模式能使学生获得一系列的学习策略。学生们通过学习记忆策略,学会如何去获得概念以及如何形成自己的概念;他们建立假设和推理,并用科学的工具去检验它们;学生们还能学习如何从课程和陈述中获取信息,如何研究社会问题,以及如何分析他们自己的社会价值。

我们的学生也知道如何从训练中获益,如何在体育运动、表演艺术、数学和社会技能方面训练他们自己。比如怎样更加灵活地进行创造性写作以解决问题等。可能最重要的是:他们知道如何主动规划学习,如何更主动地与他人合作探究。教育学生既具挑战性又令人振奋,各不相同的学习风格需要我们采用各式各样的方法,以实现教育目标。

当我们重新回到运用这四个教学模式的班级时,发现这些教师和学生已经在他们学习的这一年中建立起了学习共同体。学生们集合在一起去探索世界并学习如何更有益地去探索。我们对这些学习团体寄予很高的期望。我们希望他们具有较高的文化水平,他们可以如饥似渴地阅读,并能够写出结构完整、辞藻华丽的作品;我们希望他们可以理解他们所处的社会,致力于改善社会,发展个人尊严、自尊和效率感,以此实现高品质的个人生活。

这些目标是教学探究的重心,它们也能指导可以产生丰富的教学模式的研究。这些模式能为学生们提供学习工具并激发我们的探究。我们能够设计出这样的学校和班级吗? 我们一定可以! 那么我们能把所发展的教学策略作为公式来用吗? 不,我们不能! 我们必须研究孩子们的反应并不断地调整我们的教学方式吗? 肯定应该如此! 那我们继续调查吧! 在我们准备这样做的时候,让我们再次访问一些开始组建学习共同体的教师。

教学情境

阅读! 仅仅是阅读! 已经被确定的基调

在课堂的最开始几分钟确定一个基调。

伊芙琳·伯恩海姆（Evelyn Burnham）所教的五年级学生在第一天入学走进教室的时候发现所有的电脑都开着，在每一个屏幕上都显示着同样的信息："请从班级图书馆中找出一本书，挑选一张课桌坐下来，之后开始默读这本书。如果遇到生词就写在卡片上，放进你的生词盒里，或者在'语音词典（Talking Dictionary）'里查找这个词汇。"

孩子们有一点困惑，但是环顾教室之后，他们发现在书架上标注着"班级图书馆"，他们在书柜上找到一些卡片并在上面写上书名，然后坐在他们的位置上，开始阅读。伊芙琳在教室里走动，向学生们作了自我介绍，并记下学生们的名字。

第一天调查词汇

邦尼·布瑞格曼（Bonnie Brigman）所教的二年级学生，在开学第一天走进教室后发现课桌上已经贴上他们的名字，黑板上的通知写着要求他们找到自己的课桌，然后开始阅读课桌上的一组句子。邦妮让它们记下不会拼读或不解其意的词汇。

如同伊芙琳一样，邦尼也在教室里走动，向孩子们介绍她自己，邀请家长们留在教室里，并请他们浏览"开始阅读（Just Read）"项目的内容简介。

15分钟过后，邦尼要求学生们分享他们在阅读中遇到的拼读困难的词汇，当某个孩子指出一个词后，邦尼问是否还有其他同学也不懂这个词，她在腿上放一张写有学生名单的金属板并记下这些词。所读句子都由一些复合词组成。在每个句子中，她都确信有一个学生不会的新词，学生必须通过上下文来理解。

以电影《甘地》导入课堂

布鲁斯·霍尔（Bruce Hall）给八年级学生上社会研究课。在入学的第一天，进入教室后，学生们找到标有自己名字的桌子后坐下。布鲁斯给学生一分钟的时间安顿下来，然后进行了自我介绍。随后，他打开录像机，电影《甘地》的片段呈现在屏幕上，甘地在进行著名的非暴力不合作演讲，当片段结束后，布鲁斯要求学生们写下他们的感想："咱们的课从对社会的研究开始，不过我还想看看你们的写作水平怎么样。"

"难道这是一堂英语课吗？"其中一个学生问道。

"哦，这堂课叫社会研究课，但是所有的课程都与写作有关，今年我们要进行很多这样的训练。"

一般性原则

这三位教师面对的是不同年龄的学生,却做了一些相似的事情。他们通过给学生布置任务,让学生们意识到他们处在一个学习环境中。教师们提供指导并让教学顺利进行,他们没有在告诉学生们如何去做上花费时间,而且认为学生都会按照教师的指导进行实践。事实证明这种做法是正确的,学生们也马上开始学习。他们不仅及时引导学生,而且对学生态度温和,并对他们的学习及时给予肯定。

三位教师都认为学生能安排自己的活动:找出图书、独立阅读、按要求写作。三位教师都希望学生能独立阅读和写作,在开学第一天就进行了"开始阅读"(见(乔伊斯,卡尔霍恩和莱考克,2003)。

学生们每周都阅读书籍并就他们所要读的文本类型和数量设置目标,班级同学对书本阅读数量和目标设置进行记录并在他们实现目标的时候制定庆祝的计划,这个项目增加了学生四倍的阅读数量,对学生们在标准化的常模参照测验中取得的阅读理解分数产生了很大的影响。

这三位教师都对他们自己和他们的学生充满信心,他们让孩子们知道他们只是教与学转换过程中的成年人,但并不是什么都会。如果学生在哪个地方遇到了困难,教师们会说"好了,让我们来看看还有没有其他的办法",在学生的眼中,教师也是一个学习者。

形成性评价

与使用支架教学紧密相关的是形成性评价的应用,并以此决定学生是否需要更多的或其他方面的引导。一般来说,教师通过近距离地观察学习可以就某个任务给学生以鼓励或设计一些引导环节。有时候转换一下教学模式也可以帮助学生找到一种更合适的学习路径。我们会在呈现每个模式时举例说明。

教学情境

教师通过收集数据确定教学设计

让我们来看看一个五年级教师(翠西·波瑞尔,见第一章)如何设计她的教学的。她在做年度教学计划时研究了她的学生在数学知识方面的学习情况,她对学生进行了一个关于乘法和除法的测试,学生们计算出的乘积和商数各不相同。尽管测试没有规定时间,她也没有对做题速度提出要求,但结果是慢的学生计算结果错误还更多。翠西决定对学生们再进行一个关于乘法方面的测试,她在白板上呈现例题并要求学生们各自在自己的桌位上写下结果。她收集了学生们的试卷并打分,25 个学生中有 10 个学生的答案是完全正确的,8 个学生的正确率是 60%—70%,另外 7 个学生的分数在 40—59 之间,学生们大部分的错都出在乘法表中关于6—9 的乘法上。

翠西决定在接下来的两周里根据学生们的分数把他们分为 3 组。所有答对题的学生组(她称之为"10 分"组)会进入提升知识和发现不足的探究之中。她要求这组学生解释"9 被整除"的现象,即 9 和任何其他数的乘积都可以被 9 整除,没有余数。她还让该组学生推导出原因并在全班进行阐释。另外,她还给学生们展示了芝加哥大学的"每日数学小组"中"乘法和除法的数字故事"这一单元,学生们可以学到如何运用算术解决现实生活中遇到的问题。详见 http://everydaymath.uchica-go.edu/parents/4th–grade/em–at–home/unite_5。

"差不多掌握"的小组被分为两人一对,每对的任务是自己选择方式来互相帮忙以掌握乘除法。翠西带着这组学生们浏览 PBS 网站(www.pbslearningmedia.org),引导他们去看"数字的地盘",这是一个非常重要的内容,它可以帮助学生们复习和学习计算。

"勤劳的蜜蜂"小组也被分成两人一对,学习他们需要学的算术,并且他们以及他们的父母都被要求观看 PBS 网站的内容。

翠西让所有同学进行乘法口诀练习,让他们去发现乘积的规律(如在乘法表的"3"这一行中,乘积是"3、6、9"的形式)。

一周后她对学生们的算术知识进行重测,并给"10 分"小组增加了计算方面的问题;"差不多掌握"小组提升到原来"10 分"小组的程度了,翠西为该组增加了"每日数字练习"故事,要求学生去学习乘法算术并着重强调数字体系特征的关联。为达到 95% 的学生都可以掌握的班级目标,对于"勤劳的蜜蜂"小组而言就是掌握一些算法,她设计了让"10 分"小组的学生每天与"勤劳的蜜蜂"小组的学生一起学习一些乘法算术的环节,她给"勤劳的蜜蜂"小组学生的父母发邮件,其中包含了一份每个学生需要掌握的算术清单以及每日数学网站的链接(http://everydaymath.uchi-cago.edu)。

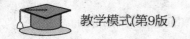

支架教学旨在跟踪学生的学习进程,然后调整学习内容以保证学生可以掌握重要的基本信息和技能。学生可以意识到他们自己的进步和需要,并且父母也可以在他们能够提供帮助的时候参与到孩子的学习进程之中。对于学生来说。这些都很重要。

总　结

所有的教学模式都为教师和学生提供了探究具体学习进程的路径,他们可以继续保留做得好的方面,并可以通过增加或替换不起作用的内容而改进学习进程。教师要教得好就要接受这个历险,去探究学生们的知识、认知和情感如何与环境相互作用,以及在这一过程中两者如何发生变化。教得好意味着永无止境地探究。我们永远不会结束这场历险,永远不满足于对人文和科学的推理。学与教模式的建构不能建立在我们对这些内容的猜想之上。我们现在转述给教师们海明威在谈论写作时所说的:"我们都是学徒,谁也成不了师傅。"

第二部分

基本的信息加工类
教学模式

人类的概念性思维或始于胎儿孕育期。自出生始，人类即可以通过识别和串联日常对话中的概念而迅即开始语言学习。进而，开展对所处环境的学习，并对其进行分类处理。在对所处环境进行概念建构中，人类获取不同的类概念，诸如植被、物体和姿势。事实上，千百年来，学者们一直尝试超脱自然限制而对所处环境做出自身的认知。

因此，信息加工教学和学习模型具备深远的哲学基础。此外，有关教学的科学研究在过去的 80 年所取得的显著成果，这些研究为试图通过提升人类这种与生俱来的环境认知能力而促进学生学习的实践，积累了坚实的理论基础和新方式。

归纳和信息加工模式理当成为学校课程实施的核心方法。它们常常成为对信息与通信技术融入学校中"混合"课程的试验田，也被应用于设计多样化的远程课程。这种将信息与通信技术融入校园和课堂的尝试十分必要。因为互联网向我们教师和学生推送大量信息，进而促使现代课程有效地处理更多的信息。这意味着信息加工模型，尤其是在合作性和透明性的探究之中势在必行。

信息加工模型独特之处在于其对信息搜寻和处理的凸显。这类模型中的绝大多数将数据集的建立和使用置于至关重要的位置。在具体的探究活动中，信息往往被划分为学生所搜集的信息或呈现于学生的信息。学生通过信息处理，分析其特征，并对其进行对比，实现对数据的组织、分类和内部关联探寻。学生可以像在归纳性和科学探究模型中那样，通过提出问题和开展调查来建立假设。本书将这些模型以及图—文归纳模式一同呈现在第二部分的原因是它们均可以在设计教学、课程、教材，甚至学校等层面得以广泛应用。第三部分将具体讨论一些指向特定目标的模式。

这类模型亦为学生处理海量网络信息提供了有力工具,为设计包括融信息、创意和程序于学校教学的网络课程和项目提供了思路。直至过去几年,学生参与的绝大多数教育活动依旧限于课堂,而课堂在很大程度上依赖于学校图书馆,诸如影像资料的支撑。而今,教育则可以被视作面授教学与信息和通信技术资源(即"混合"式教育)以及远程教育项目的一种综合。

个体差异正得到前所未有的重视,诸如学生们正获得越来越多的帮助并得以超前于对同年级学生的普遍预期。今天我们可以看到移民学生在学习英语的同时自学数学。而在以往,这种现象在进入大学之前,是不存在的。从另一角度而言,晦涩的旧教科书势必得到改革。因为学生可以同时从教师和网络获得帮助,实现支架式教学在教学环境中的融合。例如,一名在算术运算方面存在困难的学生,可以在网络上获取相应教学资源;学术能力超前于所在年级通常标准的学生,可以提供远程教学满足自身需求。

教育的精髓始终在于实现学生的自我教育,即教师如扮演"教"的角色一样,同样地承担起"导"的角色。当今时代背景下,培养学生的学习能力比在任何时代都更应成为教育者应当担负起的使命。

第三章　学会归纳学习
——最基础、最根本的教学模式

不论是新手型还是资深型研究者,都会努力在信息中植入疑惑。信息的特点随着其被组织的方式而改变。建立分类丰富了数据及组织数据的想法。

长时记忆也好,短时记忆也罢,能否保持信息的新鲜与活力取决于是否对其进行了合理的分类。

——我们的反思型观察者

组织理念

建立能容纳信息且便于操作的分类项,这是我们所认为的有智慧的基本能力。观察一个场景,并透过具体物品做抽象归类……好的,想想那对我们意味着什么。

教学情境

个性化研究:什么产生电?

8 岁的谢默斯(Seamus)正在厨房里玩。他面前放着许多盘子。其中一个盘子里放着一个切成四块的土豆,另一个盘子里放着同样切成四块的苹果,其他的盘子里放着其他各种水果和蔬菜。谢默斯把许多与灯泡连在一起的铜片和锌片插进土豆块中。当灯泡发光时他满意地点了点头。他拆下灯泡接上电压表,简单地检查后重新接上灯泡。接着他用苹果重复了这一过程,再一次检查了灯泡和电压表。然后又换成覆盆子、柠檬、胡萝卜等等。当父亲进入房间时,谢默斯抬起头说:"我猜对了,我们可以用覆盆子当电池,但是另外那些……"

显然,谢默斯对水果和蔬菜进行分类的标准是能否与金属相互作用产生电流。

一年级学生开展的一项研究

在加拿大的一间一年级教室里,丽莎·穆勒(Lisa Muller)正在对着学生们讲解即将进行的针对植物繁殖机制的研究学习项目。她先提供给学生一个装有不同植物种子、球茎和块茎的桶,再让学生根据它们的特点将其分类装入有隔挡的盘子中,即种子、球茎和块茎三个类别。最后,丽莎会发给他们泥土和容器,学生将种子、球茎或块茎种在各种不同的成长条件下,并观察它们发芽、长出干和叶的过程。图3.1展示的是丽莎在解释桶和分隔盘的用法以及学生在进行分类和报告。

图3.1 a. 解释材料和分隔盘 b. 进行分类

然后,在图3.2中,我们看到一块白板,老师在上面记录下学生们关注的植物特性和提出的问题,如"大的种子就会长出大的植物吗?""紫色球茎就会长成紫色植物吗?"

当学生们开始计划他们的实验和检验他们的假设时,他们也在考虑可以改变各种条件的提供方式:

· 更多或更少的阳光就会产生不同的结果吗?

· 水量多少也会产生不同吗?

· 种植深度也会影响植物生长吗?

丽莎记录下这些问题,并提供给每个学生一本小册子以记录他们将要创设的条件。学生们也开始给各自的植物容器贴上标签。以园艺为爱好的校长助理还提供给班级一盏紫外线灯,以提供不同强度的"阳光"。

图3.3展示了种植瞬间。在图3.4中你可以看到一些贴了标签的植物容器。

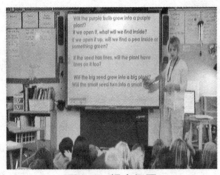

图 3.2　提出问题

图 3.3　正在种植种子、球茎和块茎

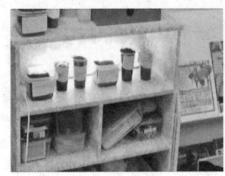

图 3.4　种好的种子、球茎和块茎

当孩子们在照料和观察他们的植物时,老师则帮助他们寻找相关的网上资源,这些网站可以提供有关种子植物、球茎植物和块茎植物的分类选择信息,如"更好之家与园艺植物百科全书"(www. bhg. com/gardening/plant – dictionary)和"美国农业部植物数据库"(http://plants. usda. gov)。

重要提醒:如果没有亲手操作体验,仅靠翻阅网络资源或印刷资料的话将会是一种肤浅的学习——只是寻求别人已经发现的答案而不去探寻这些答案产生源头的信息,将会导致误解和浅层理解。学生的科学探究应该提供给他们一种知识是如何产生的意识。我们完全同意美国科学院的相关说法,即研究者的实验室经历提供给了呈现在教科书及其电子资源上最源头的材料(National Research Council, 2012)。

合作探究和归纳探究在各年级和各学科之间都是相似的。丽莎在一年级的做法多少有点儿类似于我们可以想象的小学高段或中学的学习方式。英语课中的诗歌分类和植物分类也没有什么大不同。

教学情境

在上学第一天种球茎

与丽莎·穆勒和她的一年级学生的探究项目类似的另一个项目上,戴安娜·舒茨(Diana Schuetz)也为她的一年级学生(在上学第一天!)提供了一些不同的郁金香球茎进行分类。学生们根据外形对球茎进行分组,有的两个合在一块(球茎上还有宝宝),有的穿着"外套",有的看起来像是根的开始部分。现在,学生们开始种球茎,尝试发现他们认为的属性变量是否会影响郁金香的生长。("那些大的球茎会长得更大吗?""宝宝会独立生长吗?"等等)她已经围绕建立分类、提出假设和检测有效性的基本过程设计出科学课程。

我们强调,学生是天生的概念生成者。人类总是通过不断地组织信息,对事物、事件、情感等各个方面进行比较和对比。为了把握这一自然趋势,我们通过创设学习环境、布置任务来提高他们形成和应用概念的有效性,并帮助他们有意识地提高自身在这些方面的能力。多年来,我们已经形成了一些指导方针,通过塑造环境和设计任务来促使学生形成概念。随着学生越来越熟练地使用归纳学习方法,我们也不断调整自身的行为,为他们设计更适合的环境和任务。学会归纳思维是一个关键目标,学生们需要不断地练习,而非走马观花、浮于形式。幸运的是,当我们在塑造归纳教学的当代模式时,有大量的研究案例。

其结果是相当清晰的,即通过许多学校教育的研究,使一些原本至关重要的复杂的过程以相当直接的方式进行。设计这些探究的指导方针也应该简单直白。

第一条指导方针是聚焦研究,即帮助学生专注于一个熟知的领域(研究范围),当然也不能过于限制和干预,要让他们充分发挥能力,形成自己的想法。我们向学生提供本课或本单元范围内的几组材料,然后让他们研究材料中事物的特征。举一个简单的例子,给幼儿园或一年级学生发一些卡片,每张卡片上都有几个字母,让学生仔细观察这些字母并描述它们的特征。当然这个范围就是字母表,它包括字母形状和字母名称。另一个例子是给五年级或六年级的学生提供一组材料,这些材料包含着世界上某一区域各个国家的统计数据,比如拉丁美洲,让他们仔细研究各国的数据。这里的范围就是拉丁美洲各国,子范围就是统计数据。

第二条指导方针是具备概念限定的意识,即帮助学生在一定范围内掌握概念。

在学习字母的案例中,教学目的是让学生识别不同的字母,并对具有相似特征的字母归类,这样学生就能够根据字母的异同来看字母表。这些字母和包含着这些字母的单词一起被放在教室里的词汇表上,当学生把形状相同的字母归类后(比如把几个含有字母 B 的单词放在一起),他们就能够在单词中找出这些字母并掌握这些字母的名称。而在拉丁美洲国家的案例中,学生可以根据人口统计数据给国家分类。先从单一特征进行分类,如人口数量或人均收入;进而根据多个特征分类,如教育水平、生产力和收入水平等变量是否与其相关。学生能够根据这些分类来认识拉丁美洲。而后随着更多信息的加入,在学生心理结构中就会形成更高级别的分类,最终通过生成概念层级获得元控制来掌握特定范围内的信息,这时就形成了概念控制。

第三条指导方针是把概念理解转化为技能。在学习字母的案例中,要转化的技能是找出字母和发音之间的关系及如何在拼读中运用它们,进而有意识地在单词识别中加以应用。在拉丁美洲国家的案例中,要转化的技能是根据国家的多个特征进行分类,生成并检验假设的正确性(比如研究人均收入水平是否与人口出生率和教育水平相关)。

学习共同体的形成、材料组和学习任务(分类、再分类)的创建以及假设能力的培养构成了一个整体学习环境。教师观察学生并通过帮助他们扩展和完善概念来支撑他们的探究。在字母案例中,教师会提出"哪个字母最像 A?哪个字母最有可能与它相混淆?"之类的问题。在拉丁美洲的案例中,教师会提出"还有哪些因素可能与受教育水平相关?"之类的问题。

随着学生逐渐学会形成和扩展类别(概念),他们在过程中就会承担起越来越多的责任。比如,他们需要学着创建与学习领域相关的材料组。幼儿园大班或一年级的学生会使用单词卡片来完善材料组,开始时他们需要有明确的指导("这里有三个首字母相同的单词,把它们加到词汇表里好吗?"),后来他们就可以通过观察词汇表并根据单词的首尾字母来独立地给单词分类。我们的拉丁美洲年轻学者刚开始学着使用统计资源和百科全书式的资源给数据库添加变量,而随着他们对这些国家研究的进一步深入,他们就能够自己创建以地区为单位的材料组,从而进行地区间的比较分析。

归纳模式能使学生自觉地收集信息并进行细致的观察,再把信息组织成概念,最终学会处理这些概念。经常使用这一策略可以有效地提高学生形成概念的能力,并拓展他们分析信息的视角。

智力成长、社会成长与个性成长

归纳探究的学习增强了学生天生的归类能力(Klauer & Phye,2008)。学生构建知识(Vygotsky,1986),老师促进和支撑他们的探究。学生学习如何形成概念的同时,信息、概念和技能的学习也得到增强。概念水平,即搜集和整合信息的能力也得到增强(Hunt & Sullivan, 1974;Joyce, Weil, & Calhoun, 2009)。

亚里士多德早就明白这个道理:人类可以通过有训练的探究来学习。当课程与教学充分利用人类天生的研究环境、组织信息和研究能力时,人类的认知能力就会增长。其他类别的模式只要是有效的,并能达成部分相同目标的,我们也可将它们纳入我们的模式体系中。

学生在研究某个主题或解决某个问题时学习如何搜集材料。他们还要学习组织材料,并研究其本质,即他们搜集的信息属性。他们还需进一步组织材料进行分类,并为这些类别赋予名称,然后建立假设并检验,还要经常寻求更多材料以丰富其探究。这些任务没有哪个是复杂的,但必须都学习到。浅层的分类不但不能促进探究,反而会起阻碍作用。我们从丽莎·穆勒的一年级探究中可以看出,即使在一年级也有很多具备多重属性的有价值的概念。

归纳探究在小学、中学及大学的不同更多体现在所研究材料的复杂程度和学生的成熟度,而不是探究过程。让一年级学生去给国家分类是不可行的。给他们所处环境中的植物分类则完全在他们的能力范围之内,就像给词语、句子、段落分类的能力一样。但是,我们不想低估我们的学生,一、二年级的学生就可以进入全球信息的世界,如通过使用网络获得的材料来比较他们的街区和另一个国家的街区,后期还可以通过找到来自那些国家的被调查者来比较。在之前那个案例中给种子、球茎和块茎分类的学生们,还与来自印度德里一所学校的一年级学生联系上,来自不同背景的双方各自搜集彼此文化中关于生命与繁殖的信息,并尝试理解其意义。

利用网络和印刷资源开展归纳探究

人们普遍同意信息与通信技术(ICT)使师生的信息获取达到一个前所未有的高度。网络代表了图书馆的革命,我们称之为"伟大的新兴图书馆",将自学机会提高到一个显著位置,但也有两个附加说明。首先,除非师生们建立起一套工具,以此组织和运用他们所检索材料的信息,否则他们的思想将被淹没在大量的资料中。提升教育质量的可能性从未被如此期许,但学生如果不知道如何去建立概念和组织探究的话,机会也会悄然溜去。帮助学生充分利用新技术就要依靠学习如何识别信息和将其组织成概念,这是基本的归纳工作。归纳探究允许我们不用顾虑这个首要担忧,因为建立概念使我们能管理、保持和运用信息。这极有可能是 21 世纪技能,许多高级思维技能,绝大多数智力类型的基础(Joyce & Calhoun, 2010, 2012)。

归纳思维是充分利用各种神奇手段学习的一把主要的钥匙,这些神奇手段包括电子图书馆、远程教育和从学校课程向混合课程的转变,而混合课程可以充分利用学校交流和网络资源两者优势,尤其是网络资源在全美的学校被建立起来和贯彻执行。

有关信息与通信技术的第二个附加说明是想获得数字世界的丰富信息需要高水平的阅读技能。教师可使用归纳模式教学生形成词汇库和各种概念以克服这个障碍。但是,所有其他信息加工教学模式和其他种类模式(如社会模式、行为模式、个人模式)都尊崇建构主义教学观,学生被要求搜集和运用信息,建立和运用概念。不论什么模式被采用,学生仍然不得不建立和检验想法以获得针对内容的认知限定,并在学习同时形成学会学习的能力。

学生的任务是学习,我们的任务是教学。我们创设环境以使其有可能让学生学习。我们组织学生,汇集资源,并提供任务。我们教学生在那些课堂组织活动中学习,使用那些资源(包括我们自己),对那些任务做出反应。我们利用各种不同教学模式帮助我们创设环境,组织学生,安排材料,决定提供何种任务和按照何种顺序进行。我们总是在脑海中设好目标:某种我们希望的学习将会发生。归纳模式可被用于设计拓展性的大单元、简洁聚焦的一节课或系列短课。但有些重要的长期目标总是被提出来以引领探究过程:

归纳思维。每次归纳体验应该帮助学生更加高效地学习——搜集和组织信息,形成分类和假设,发展技能,恰当运用知识和技能。通过这些体验,他们学习如何建立和运用信息,同时有意识地发展技能。因此,这个模式给了学生一个强有力的学习工具,从他们入学伊始就可使用,并将为他们服务终身。当我们教学时,想要学生通过思维将学习变得更棒,本质上,我们是想要帮助他们增长智力。

合作探究。当类别被划分出来,它们就是个体思想的成果。我们在自己的脑袋里分析材料和划分类别。但是,我们的思想并不是存在于社会的真空中。学习环境需要大家共同营造以便学生学习如何与他人一起形成和检验想法,互相帮助,对比他人想法、检验自己的想法。因此,我们想要在教室里建立一个学习共同体,以便个人学习如何分享各自探究成果,小组和全班一起有计划地学习。

运用学习资源中的思想。书籍和电子媒体将学习者与各种形式信息和思想的资源链接起来。学生必须学习挖掘那些信息资源,并运用其内容检验自己的思想和发现可供检验的思想。探究者是借入者,那么网络就是热切的借出者。

建立基于研究领域的概念控制。归纳过程要求学生通过组织、分组和重组信息以形成概念,那么研究领域就会变得清晰,假设和各种技能也得以形成和检验。想要掌握某一领域的目标需要始终保持在头脑中——快速、肤浅的种类信息不是成功的研究过程。

获取与保持信息和技能。归纳是建立在搜集和组织信息与建立概念结构的基础上,建立概念结构就可以长期保持信息。组织材料、建立假设和转换信息到技能的过程被设计用以增加称之为"保持学会状态"的可能性。在整个暑假里信息遗忘令人扼腕,也容易解释——信息没有找到它们进入长期记忆的通道。短期记忆的材料迅速消逝。

归纳过程的结构体系

不同教学模式有其独特的结构体系,包括主要元素、模式阶段和组成方式。有些模式,如概念获得有相对固定的结构,其中的主要元素或阶段需要按序排列以达到最大有效性。其他模式有一种滚动的或波浪形的结构,其中的阶段是循环性的。归纳模式有一个滚动结构,即使在相对简单的探究中也会这样演进。归纳过程由几种经常相互交叉重叠的研究类型组成:

确定研究领域——将要被探索的概念性或现实性的领域。在本章开篇部分的个案中,"植物繁殖机制"的领域是由老师选取的,她还花时间去保证每个学生都理解。

搜集和筛选与研究领域相关的信息——建立材料组。在先前个案里,种子、球茎和块茎分别构成各自的材料组。

形成想法,尤其是分类,以提供关于某个或某些主题的概念限定。外形、颜色、组成部分数量和材质在先前的个案中都出现过。

生成想法,要么是随意的假设,以期接下来去努力探究,要么是理解研究领域中的各种关系,要么是为问题提供解决方法。在先前的个案中引出的想法诸如"小的(种子)会长出小的植物吗?""光照量会影响生长吗?"等等。

检验那些想法或假设,包括知识向实践应用技能的转换。丽莎班上的例子就包括种种子、球茎和块茎并观察它们成长的特点。

形成概念和技能,再实践,并培养基于它们的"可执行控制",以便运用。至少,学生应该对归纳过程变得更加得心应手,研究内容应该影响学生看待植物生命的方式——如提出这样的问题"那个大南瓜是从小种子长起来的吗?"走廊尽头的图书馆与网络上的图书馆都等着学生去拓展探究。

在这个认知操作流程里,我们发现了归纳的定义。在这些类型的探究中,学生建立知识,然后通过亲身经历而不是专家的知识来检验那个知识。归纳,根植于信息分析,经常与演绎相对,后者指人们一开始就提出想法,并通过逻辑推理推断出更多的想法,以此来建立知识。

尽管想象一个研究蓝本是很容易的,即从材料搜集与组织开始,进展到提出分类和生成假设与检验,可能然后是技能的培养,但是,归纳过程可以在任何一个阶段开始,探究者还可以退回去,可能是为了增加材料或重新分组。接下来,让我们对归纳程序的各个阶段予以重演和再现。

归纳模式各阶段

阶段一:确认研究范围

从某个探究点开始,我们引导学生先接触与概念相关的信息。因此,我们自己建立或帮助学生建立专注研究的领域。我们称这些领域为"研究范围"。研究范围形成研究的主观边界并各自迥异:可能从地理学角度进行界定(如"咱们来看看市中心情况");或者通过学科来界定(如所有国家的经济体制、亚洲各国的政体、中国女性去年创作的诗歌);可能来自学生作品("我们需要学习如何更加清晰地组织信息片段里的想法")。它们可能是非常广的,如当今在北美地区生活的哺乳动物;或是相当窄的,如某个具体的文学手法(如拟人或伏笔)。研究范围可能是实用主义和直接应用的,就像小学生研究书面语的结构,抑或是抽象的,就像同样的学生接着去研究世界宗教的教义。

当我们思考如何选择内容和组织教学时,我们试着选择研究范围。如果深入研究,它能提供给学生对于世界更强的概念限定技能。例如,理解通信技术带来的改变,它如何影响我们各种工作或如何培养写出条理有序的文章的能力。本质上讲,我们努力引导学生选择一些符合学术标准或对他们实践运用有意义的研究范围。

从这点来说,教师在关于课程的知识和值得个体与班级作为学习共同体进行可持续研究内容的知识中,扮演了重要的角色。课程和资源知识在归纳模式的其他阶段也很重要;但是,如果被选取作为专注研究的主要研究范围是可持续的,且如果有价值的资料被选作分析,那么(就像作者在过去这些年已经经历过许多次一样)老师可以与学生一起学习。如果执行得好,归纳模式可以引导澄清多年以来困扰我们或学生们想法的一些悬而未决的不连贯的概念和关系。

学术研究范围或领域经过多年发展,已成为各学科课程的一部分,如语音分析,数字属性,写作质量研究,地理、气候与自然资源的关系,浪漫诗人,光学,代数方程,不胜枚举,它提供给各年级学生丰富的资源以进行深入的学术探索。

选择研究范围需要我们从课程的视角去思考。当我们组织某个课程领域全年的研究时,那就确认了我们想要学生研究的领域。随着时间推移,虽然其他领域也会出现,在大的研究领域里出现了小的研究领域和线索,但是全年的长期规划是其他研究领域产生的背景。

划分材料组也可导向研究。我们可以开发写作研究,如通过让学生对书的前几行进行材料组划分,寻找作者采用的写作风格和策略,最终,让学生思考如何将那些手法用于他们在自己的作品中写作文章开头部分的句子和段落。

阶段二:搜集和列举材料

搜集材料

随着研究的进行,我们将学生引向形成某个研究范围的信息或已在某个研究范围(领域)内的信息。我们可以通过呈现信息给学生开始,也可帮助他们搜集或制造材料开始,这是因为归纳操作牵涉为了寻求材料中的思想而进行的组织材料、拆分材料和重组材料。因此,搜集材料很早就发生了,当研究推进时,新的材料可能被添加或放弃。

什么信息将被搜集用来分析,来自哪个学科,以何种形式? 学生要借用什么材料进入他们的研究? 它会是一组单词吗? 一组诗歌吗? 一套绘本故事书吗? 一组书籍或杂志文章中的开放段落吗？一套卡通吗？一组算法问题吗？一组绘画吗？一组地图吗？一组关于不同种类动物的信息吗？

在归纳模式内，我们称呈现或搜集的信息为"材料组"，这些材料组是信息的聚集。材料来自不同形式：实物、文学作品、实验结果、直觉，以及不同形式的组合，全部都可搜集进材料组。几乎任何成组的相关信息都可变为材料组：数字1—100，各种交通方式，几个大城市和它们的位置，几座发电厂和它们的位置，事故发生率和位置数据，特定工种与种族歧视的关系，星球与它们的位置。在模式的这个阶段，我们将学习者和材料放在了一起。

当学习者和材料交互作用，期待的和非期待的结果都会发生。我们天生具有能分类所观察到的事物的本性和能力，我们对所有事物都能找到联系。我们称之为"星座"这一事物的产生就来自人们对光点与生物和传说的联系，从某些角度看似不太可能的联系其实代表了人类理解事物需要的一种天生的能力。你的学生将创设许多不太可能的联系；他们经常会以一种你看不到的方式看待材料中的事物或创设没有什么功用的联系。例如，在一组诗歌中，学生可能注意到大量诗歌有"黄色"这个词，或大量诗歌提到了外国，或大量以单词"何时"开头。在很多时候，学生将注意到你忽视的信息，或建立你没看到的有用的联系。

尽管我们不想抑制学生天生寻求不可能联系的能力，当我们组织他们研究时，我们还是要设定信息搜索的边界。因此，我们自己建立或帮助他们建立为了学术研究而选出的符合研究范围的材料组。例如，如果我们决定帮助中高年级学生学习在写作中使用比喻手法，那么他们将不得不理解比喻的种类，并能在他们写作时运用，还要评估这样做的效果。因此，材料组需要包括比喻和其他修饰手法的范例，以便学生能将两者区分开来。为了建立材料组，我们要利用好写作范例（可能是句子），作者在其中已经使用了比喻和其他修饰手法（如拟人或夸张）。

类似的还有，如果我们想要学生能够生成介词短语，他们将需要理解这类短语的本质并去练习运用——我们的高级目标。本材料组将需要包含许多介词短语和其他结构（如从句），并需要将其他结构与介词短语区分开。

让我们看看到目前为止我们讨论的两个阶段（研究范围确定阶段和材料搜集阶段）可以如何在小学低年级段、小学高年级段和中学中开展。

小学低年级

在一年级，我们可以引导学生进入语音结构的研究范围并提供给他们一组"字母 c 在单词里发音"的子研究范围的材料。本教学目标是学生能理解"支配字母 c 发音的规则",并能够在认读和拼写中运用这些规则。本材料组可能如下：

cat	city	cake
catch	canyon	cotton
ice cream	October	nice
Carl	ceiling	cable
Christine	choo – choo	cement
race	accident	act
face	duck	cold
mice	bookcase	luck
chicken	coat	actor

或者我们可以让学生在浏览绘本故事书时找出其中包含字母 c 的单词。或者利用其他手段,如图—文归纳模式(见第五章),我们可以让学生从一大组单词中选取包含字母 c 的单词。

类似的还有,我们可以通过呈现一组名词引导学生研究复数形式,这组名词中一些是复数,一些是单数。本教学目标是学生能对单数和复数单词进行分类并形成在读写活动中运用这些类别的技能。本材料组可能如下：

book/books	word/words	library/libraries
city/cities	sentence/sentences	window/windows
girl/girls	boy/boys	crayon/crayons
woman/women	church/churches	lady/ladies
story/stories	farmer/farmers	slipper/slippers
cat/cats	teacher/teachers	table/tables
child/children	principal/principals	kitten/kittens
face/faces	man/men	bookcase/bookcases
desk/desks	chair/chairs	blouse/blouses
pan/pans	party/parties	cake/cakes

与先前的活动类似,我们可以让学生从包含许多词类的一大组词语中去获取这样的词或让他们去归类。(顺带提醒,我们也可和更大些的学生做完全相同的事情,他们在语音和结构分析中也需要这样的活动。)

小学高年级和中学

引导学生进入"美洲土著部落"的研究范围,并从中理解部落类型、部落差异、由于欧洲殖民导致对不同部落的影响,我们可以呈现包含许多部落信息的材料组。该材料组应包含欧洲殖民开始前各部落居住地、当时和现在的数量、他们的生活类型(狩猎、采集或耕种,游牧或定居,领导结构),以及其他能获取的任何图片或人工器物。或者,我们还可以呈现给学生各部落名字,加上他们自己发现的其他任何好的资源,让他们将信息放到相应部落并建立材料组。

列举和标记材料

在材料组里的材料需要被标记和计数,那么我们就能对他们进行持续追踪。在小学高年级和中学,材料组被事先描述,条目被计数,那么它们就可以被方便地参考。图片和实物可以被计数、用颜色标记或提供有意义的名字。例如,如果小学生参观了许多当地商店并做了相关笔记,每个商店的材料可以用商店名标记:烘焙店、熟食店、鞋店等。来自海滩的岩石可以被标记为蓝色标签,来自大山的岩石用黄色标签,来自草原的岩石用绿色标签,以此类推。来自不同诗人的诗歌选段可以根据数量、诗人名和诗的标题来标记。

列举和标记是极其重要的。在一个无论多大的材料组里,我们肯定不能用类似"在中间偏左的那个"这样的术语来进行交流。当我们分类时,将条目按组放在一起,交流才容易推进,因为我们说:"4、7 和 17 条在一起,他们有相同的 X。"听者可以参考那些数字,追踪那些条目,并跟随我们的推理路线。

阶段三:检查材料

一旦材料组被集合和列举,我们就准备好让孩子们去非常仔细地检查数据组里的条目,尽量多地理清其中的属性。材料组的检查应该彻底;否则研究将会是肤浅的。

回到先前的例子:对于小学低段字母 c 的材料组来说,学生需要仔细观察每一个词,注意它们的拼法:c 的位置、字母 c 是单独还是与其他字母在一起,以及发音。对于小学高段的有关美洲土著部落研究的材料组来说,学生需要注意每个部落的每一点材料。对于中学的有关国家的材料组来说,学生需要确定他们对可变因素及其含义非常清楚,并对每个国家的信息非常熟(如面积、人口、受教育水平等)。

我们发现许多教师往往对材料检查匆匆而过,这样做几乎总能造成失误。充

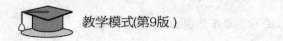

足的时间必须被保证以便学生开始将各条目区分开来,看看它们的属性是类似还是不同。

阶段四:通过分类形成概念

就像我们先前说过的,并将在本书中经常复述的一样,分类是一个天性活动,就好像它是被建立在我们的头脑中。归纳模式建立了一个学习环境,它能促进和规范这一天性趋势,使这一过程变得正式和有意识。

在探究中的这一节点上,材料已被搜集和组织以用于检验,材料组中的各条目属性也已被研究,学生对相关材料也已熟悉。他们的思想也开始在各条目上运转,注意到相似性和差异。现在,我们让学生根据共同特点重组这些条目以形成分组。使用归纳模式的语言,当学生将有共同特点或属性的条目放在一起时,这些分组或种类帮助学生形成概念。

在阶段四,我们像这样对刚刚熟悉归纳过程的学生说:

> 对小学低段学生说:"让我们研究这些词语并给他们分组。通过它们的拼法和字母c在单词里发音的共同特征来对单词分组。"

> 对小学高段学生说:"我们知道关于每个部落的一些事情。现在,让我们根据一些共同属性将它们进行分组,看看我们能发现些什么。"

> 对中学生说:"运用目前为止你所知道的关于这些国家的知识,根据共同特征给它们分组。"

当学生对正式的归纳过程变得更加熟悉后,即使没有什么激励,他们也能顺移到下一阶段。在我们提建议之前他们就知道将要干什么,学生个人和小组(与全班一起)能继续接下来的阶段,而教师只充当向导和资源。当学生对该模式过程变得有意识,并获得对该模式的元认知控制,他们将变得更加强大和高效。但是,对于目前来说,让我们继续以学生对模式过程几乎没什么经验的情况来说。

原初分类

因为分类阶段是最高产的,所以我们一般要对数据多次分类。原初分类很重要,但我们通常趋向于按总的特征或仅用一两条属性进行分类,将我们自己限制在单向分类。例如,当分类诗歌时,我们依靠的是主题、语气、写作手法这些明显的差异。

我们的小学低段学生可能会根据字母 c 的位置来对单词进行首次分组,如有 c,cl 或 cr 在开头的单词,而不用管发音上的不同。因此,cook,certain,clank 和 crack 最终进入相同类别,back,race 和 reclaim 进入另一类别。这对一个开头来说是很好的。

我们的小学高段学生和中学生可单纯根据位置来进行首次分组,分为东部、西部和平原印第安人三组。那也是一个很好的开端。

分享种类

一般来说,我们在这个节点让个人或小组来分享划分的种类,叫他们指出使用的属性并解释将条目分组的原因。

数据补充

信息加工是归纳研究的本质,没有合适的信息,研究就会停顿。新增的信息在研究过程中的任何节点都是需要的。例如,当根据材料组建立种类时,你可能会发现不得不搜集更多信息,因为数据组太薄弱了。有时,在原初分类后,我们发现必须补充更多材料到材料组中。有时,我们开始以一种在最初搜集材料和检查材料时没有注意到的方式看待事物。在这些情形下,我们需要转回去,重新搜集材料或检查材料,或两者皆做。

高阶分类

继续深究材料,我们的学生可再次划分类别,改善或推翻原初分类,细分或建立子类别,尝试双向和三向划分计划。种类进一步产生并得以分享。学生逐渐获得信息控制。

我们让学生再次检查材料看是否能发现更多用于条目分组的依据。我们甚至可以给他们一些明确的建议:

- 可以让我们的小学低段学生在重新检查材料时,特别关注发音。
- 可以让我们的小学高段学生运用可变因素而不是位置来拓展他们的分类。
- 可以让我们的中学生建立双向分类,鼓励他们探索尺寸大小是否与其他特点有联系。

新的或修正的类别的出现

我们的小学低段学生可能会发现 cl 不论在单词里的位置如何一般都具有相同的发音。他们可能会发现 c,ck,k 全部都可以代表相同发音。他们必然学习到在 o 或 a 的前面时 c 将有一个"硬"音(即读/k/),如在 cone 和 cake 里。完全掌握 c 在英语中发音的方式为学生们提供了一个机会去学习和应用大量的发音归纳。

我们的小学高段学生和中学生可能发现搜集食物方法和部落居住地区两者之间的关系,或者发现由于战争和疾病导致部落内人口减少的情况有其突出特点。他们肯定能拿出一张由欧洲殖民者造成的全景式的美洲土著部落变更图。

重新分类可进行多次,这取决于材料组的复杂程度和学生对归纳模式的经验。更丰富的经验可引导学生建立更加完善的类别。他们将会更好地掌握何时建立类别或瓦解类别,什么时候分散类别以建立更多的子类别。

阶段五:决定关系和调查有因果关联的假设

在研究的本阶段,学生从材料中建立假设,形成应用概论和技能使用概论。他们继续分析信息,但研究重点是不同概念的功能与用法,以及如何应用它们。

当然,单是分类本身也是有教育作用的,它带给我们对于周围世界更强的概念控制。当我们为来自长篇和短篇小说中的人物描写分类时,我们也发现了作者介绍角色的写作方法;知道了这些方法使我们能以一种更加细致的眼光来阅读。但是,如果我们继续推进种类研究,我们可以形成关于它们的假设并将其中一些假设转换为有用的技能。如果我们发现在介绍角色时女性作家比男性作家更加频繁地使用类比:我们可以假设女性作家在她们的所有创作阶段中使用了更多的类比。我们可以建立一个新的研究项目去检验这个假设。如果我们继续追踪这个主题,检验我们的假设,并发现它是真的,我们可以尝试寻找其原因。

从分类中培养技能需要学生学习如何创作出符合种类的东西;要利用好不断增长的知识和准确地运用,学生必须能解释自己的作品。例如,我们发现比喻是诗人们使用的一种写作方法。如果我们想要产出比喻,我们需要练习创作,并把我们的作品与优秀作家进行比较。

总体来说,我们需要至少半打例子用于概括种类,另外半打用于巩固种类,还有半打来将种类转换为技能。因此,如果最初的数据组包含半打比喻,学生需要找到10或15条更多的比喻条目以做学生尝试练习创作之用。本质上讲,学生要将自己的信息也放进可操作的种类,以便转变为行动,在学生自己的书面和口头交流中有效使用比喻。于是,学生从确认比喻特点进展到建立一种公式(各种属性之间的关系),以此告诉他们如何创作比喻。

例如,我们的小学低段学生需要将种类转换成在阅读和写作中运用的技能。我们可以呈现更多的单词,如以 co 开头的词、以 ck 结尾的词,以此类推,让学生拼读出来,使用他们学到的有关字母 c 的发音规则。我们还可以让学生通看自己的课本以寻找更多的例子,并将这些例子放进之前的分类中。我们还可以让他们拼写出口语词汇库中的单词,并将它们归入正确的种类。我们的目标是学生能够运用多产的种类,主要通过识别所属条目和创作符合属性的新条目等方式。

我们的高年级学生和中学生需要权威资源帮助他们解释所学。他们可将所学在写作中表达,讨论各部落的相似性和差异,构想出与这些相似性和差异相关的假设,并解释事情是如何进化到现存状态的。

在本阶段,学生继续分析数据,聚焦不同种类的相似性和差异,寻求理解这些相似性和差异的原因和意义,创作属于不同种类的新条目,或是将他们形成的假设与其他场景、事件或情境联系起来。

阶段六:巩固和转化

归纳过程产生的概念和技能必须在学生的思想中是可运用的。它们须得到巩固和应用。要想如此,思维必须准确和清晰。如果你的定义理解是模糊的,你就不能确认比喻这个概念并在一个最适合的表达水平上使用它们。我们的学生一想到比喻,必须能在头脑中浮现出几个例子,明白它们的属性,并用于分析阅读材料,确认比喻并将它们与其他想象形式区分开来。另外,当写作时,学生在创作比喻时仍然需要运用到事物在头脑中的原有映像。他们需要在恰当的运用中实践,探索什么时候比喻可以增强信息,什么时候不能。他们需要实践,实践,再实践。

再看看我们的小学低年级段、小学高年级段、中学学生,他们实现了从"功课和作业"到终身拥有的知识与技能的转变。

我们的小学低年级段学生可使用字母 c 的各种组合来拼读和拼写出许多单词。

我们的小学高年级段和中学学生可使用他们建立的有关美洲土著部落的概念,尤其是当他们思考其他人群分组方法和遇到当代美洲土著的讨论时。这里,我们作为教师的责任和学生作为学习者的责任是保证运用我们的所学去实践,实践,再实践。

研究学生学习:创作,诊断和后续步骤

在探究的语境中,我们研究学生对信息、概念、假设和技能的学习。在每个研究领域的探究中,我们研究学生如何推进对于归纳过程本身的掌握。我们通过以下方式研究学生:观察他们,检查他们在每个阶段的作品,给他们需要将所学加以应用才能解决的问题。我们将在第四章和第五章再次讨论本过程。回到当前,让我们看看关于学生学习的研究在我们的小学低年级段、小学高年级段和中学的教室里是怎样进行的。

小学低年级段学生

当我们的小学低年级段学生划分他们的单词时,我们注意到他们所做的区分和聚焦的属性。我们要找出他们是否能同时"看到"声音和字母。他们会将"硬"c(即/k/)和"软"c(即/s/)发音混在一起还是区分二者?我们要注意他们能否理解辅音字母和紧跟的元音字母之间发音的关系。我们要注意他们能否总结出关于字母 c 在单词中的位置与发音的关系。我们要探索他们怎样处理 ch,cl,cr 和 ck。我们要看看他们能否通过阅读找到属于这些类别的新单词,能否解码它们的读音。我们向他们呈现口语单词,看看他们能否拼写。总之,我们努力发现他们是否已经掌握了字母 c 的研究范围。

说到归纳过程和学习转换,我们现在提供给学生另一材料组及其研究范围,如含有字母 t 的单词,我们观察他们是否比在第一次探究阶段中更加高效。一旦他们遇到麻烦,我们就再示范研究过程。事实上,我们可以选取另一研究范围并将所有步骤展示给他们:搜集单词,列举条目,检查属性,分组,重新划分,提出和检验假设,分享我们在阅读(拼读)和写作(拼写)中如何运用不同种类的例子。

小学高年级段学生

小学高年级段学生的行为已与我们成年人类似。我们可以发现他们在划分部落时关注了哪些属性,并根据我们观察到的内容,还可以对材料组里的条目进行更加细致深入的种类划分。我们可以教他们如何超越一次一个可变因素的划分方式,如果必要就做展示,如"这是一个我建立的种类,是要去发现游牧或定居部落是否居住在国家某个特定区域。这是我如何建立这些种类的方式"。我们观察到他们建立的充满好奇心的假设类型是:探索当部落被限制在保留地的情况下,狩猎者和采集者是怎样表现的。我们还将提供给他们另外一些假设用作检查和观察他们探索的技能。

当我们为小学高年级段学生准备下一个研究时,我们将用自己所观察到的来准备接下来的研究设计,这样做将增加他们的知识基础和归纳思维技能。当我们为他们呈现一个新的研究范围时,如美国 40 个人口最密集的中心,我们将观察他们是否能够更加熟练地运用所学,并在此观察基础上,决定下一步需要为提升他们的能力做些什么。

中学学生

你现在很可能预测到我们会在中学生中寻找什么。当他们为国家划分类别时,我们将关注他们聚焦的可变因素和他们在多维变量基础上如何处理好分类。我们将研究他们建立的假设和问题,如:"为什么在阿富汗、埃塞俄比亚和安哥拉的平均寿命是如此短?"我们将给他们一些问题去处理,如探索世界上一些小而富的国家是怎样形成的。根据我们发现的,我们将展示给学生处理材料的技巧和让他们利用这些技巧建立新的材料组。当然,他们的下一个研究范围将是另一个让我们观察他们技能发展的机会。表 3.1 总结了归纳模式。

表 3.1 归纳教学模式

结构体系

阶段一:确定研究范围
- 建立最初研究的重点和界限
- 划分长期目标

阶段二:搜集和列举材料
- 集合和呈现最初材料组
- 列举和标识材料条目

阶段三:检查材料
- 彻底研究材料组中的条目并确认它们的属性

阶段四:通过分类形成概念
- 分类材料组里的条目并分享结果
- 增加材料到组块
- 再分,可能多次

阶段五:生成和检验假设
- 检查种类间差异的含义
- 划分恰当类别
- 按双向矩阵再分,或按恰当的相关性再分

阶段六：巩固和转换
 ·在资源材料里寻找补充材料条目
 ·通过相关范围内的写作练习和种类的运用进行综合
 ·将种类转换成技能
通过练习与应用检验和巩固技能

教学模式

结构体系

归纳模式通过严谨规范的探究调动学生并形成知识和技能。在这个过程中发展起来的长时记忆的保持与使用知识技能的能力是我们的课程目标。它所带来的学习并不随当前课堂体验和单元评价而结束，而是要应用于更加长远的学校学习、校外学习，甚至是生活中。另一个目标是归纳过程本身的学习，那样学生就有意识地掌握了一种强有力的学习工具。

最好的归纳探究自然而不僵硬地滚动进行，就好比现实世界里成功地解决问题所做的一样。因此，它被设计用于促进、规范、拓展思维天性：检验信息，发展概念，生成假设，采取行动，评价结果。

因此，我们有意创设学习环境——通过组织教室、选择内容和提供任务。于是，归纳推理产生，学生学习事实，学习概念，并学习如何学习。

学习的脚步需要与彻底研究的重要性相对称，重要的是不让学生们匆匆进行肤浅的探索，因为那样的话就不能帮助他们巩固知识或转换与使用。保证充足时间来对内容进行彻底研究和对思维方式进行学习，对于许多教室里的标准练习是背道而驰的，因为在那里快速但肤浅的学习非常普遍。一些老师分配许多时间在相似的话题单元或内容单元，因为它们适合归纳探究，但这些内容仅是"涉及"，而非拿来探索知识和进行课外应用。归纳探究对于肤浅的研究是一剂良药。

社会系统

这个模式有高级而温和的结构。它是合作性的，但教师是非常积极的，持续性教学需要技巧和必要时温和的讨论。当教育者建立材料组并将它呈现给学生时，高级别的控制就被建立起来。

反应原则

教师调节任务以照顾学生的概念水平和是否准备好开始某一阶段,并且重要的是,当需要时为探究过程提供支持。

应　用

以下个案提供了行动中的此模式例子。

教学情境

印度植物学:一个中学例子

在印度哈里亚纳邦(Haryana)的莫提拉尔·尼赫鲁体育学校(Motilal Nehru School of Sports),两组高一年级的学生正在进行植物学中的植物生理结构方面的研究。其中一个小组主要研读课本,教师以校园里植物的结构为例对他们进行指导。我们把这一组称为讲解举例组。另一组被称为归纳组,由新德里大学的教师贝弗加夫人指导,这个组面对的是大量标有名称的植物。学生两人一组根据根、茎、叶的结构特征对植物进行分类,所有小组定期对植物的分类和类别名称进行交流。

贝弗加夫人(Mrs. Baveja)偶尔使用概念获得模式(见第六章)引入某种概念来扩展学生的参考范围并启发他们做出更复杂的分类,她还为学生的分类提供了科学的名称。接着贝弗加给学生一些新标本,看他们能否在观察植物的某一个部分结构时推断出植物另一个部分的结构(如从观察叶推断根部结构)。最后,她让学生收集更多标本并将其添加到已有的类别中去,看看自己分类的覆盖程度。学生发现大部分新添加的植物都能在已有的分类中找到合适的位置,但他们也必须做出新的分类,以容纳一些新的样本。

学习两周之后,两组学生共同进行了一次测验。测验内容是分析一些标本,并根据它们的结构特征命名。归纳组在知识测试方面的成绩是讲解举例组的两倍,而在正确识别标本结构方面的成绩则是讲解举例组的八倍。

单词识别技能

杰克·威尔逊(Jack Wilson)是英国剑桥的一位小学一年级老师。在日常阅读教学中,他发现班上的学生进步很快。这一时期他在研究学生们如何攻克生词。他发现当学生识别出的单词属于口语词汇时,他们就能够记得很好。例如,当遇到

war 这个词时他们可以记得很好,而 postwar 这个单词就难住了他们。因此,他认为学生在词法结构上存在障碍,学生不知道词根加上不同的前缀和后缀会形成意义不同的新单词,于是他设计了以下的系列课程。

杰克准备了一副卡片,每张写有一个单词。他挑选了一些带有特殊前缀和后缀的单词,并有意把词根相同但前后缀不同的单词卡片放在一起。他挑选前后缀是因为它们的构词结构具有显著的特点,所以很容易识别(之后他还会选择一些具有更加明显特征的单词)。杰克使用这副卡片作为材料组,为接下来几周设计了一系列的学习活动。下面是其中一些单词:

set reset heat preheat plant replant

run rerun set preset plan preplan

星期一上午学生到校时,杰克发给每个学生几张卡片,并保留了剩余的卡片,打算逐渐给学生增加信息量。他让每个学生读其中一张卡片上的单词,并对这个单词予以描述,其他同学可以进行补充。这样,单词的结构特征很快就引起了学生的注意。他们讨论分析出了诸如首字母为辅音、以 s 开头的音、元音、辅音连缀(p1)等之类的共同特征。

在学生对单词的各种类别逐渐熟悉后,杰克让他们给单词分组:"把单词分成几组吧。"学生们开始研究他们的卡片,反复观察单词以便归纳出它们的共同特征。起初,学生们分出的卡片组仅反映首字母或单词的含义,比如它们是否与运动或温度有关。逐渐地,他们注意到了前缀以及拼写规则,并在词典中查找前缀的意义,懂得了如何通过增添词缀来影响词根的意义。

当学生完成单词的分组后,杰克让他们通过讨论找出这些卡片的共同特征。慢慢地,因为学生熟悉了杰克挑选资料的方式,所以他们能够辨认出主要的前缀和后缀并指出它们的意思。然后,杰克给学生一些句子,句子中使用的新单词是他们的卡片组上所没有的,但有着卡片上学过的前后缀。杰克让学生运用他们已经形成的概念去推导出这些新单词的意思。但是他发现还是需要直接教学生识别词根的意思,然后再加上前缀和后缀的意思,才能让学生掌握新单词。

通过选择不同的单词资料,杰克引导学生们掌握了他们需要攻克的生词里辅音和元音的发音及构词法,并给学生提供很多归纳性学习的机会。杰克通过研究他们的学习过程,调整分类任务,使学生获得更透彻的理解,从而形成了他们运用新方法攻克生词的能力。

该模式的基本应用是发展思维能力。但在发展思维能力的过程中,这些策略显然需要学生吸收和处理大量的信息。该模式可以应用于从幼儿园到高中的任何课程领域。教师应有意识地引导学生使其思维超越所给材料的范围,有目的地发展学生的丰富多产的思维或创造性思维。归纳过程包括对信息的创造性加工,以及如何应用这些信息去解决问题。

　　在这一模式中,学生们收集信息、仔细地检验信息,然后把它们组织成概念并学会运用。经常使用这一策略能够增强学生有效形成概念的能力并拓宽学生审视信息的角度。

　　例如,要是一组学生经常进行归纳活动,这组学生就能掌握越来越多的材料资源,他们就会从多角度检验资料并仔细分析事物的各个方面。可以想象起初他们收集的资料会很浅显,但是随着研究能力的逐步提高,他们会依据越来越多的特征给材料分类。而且,如果一个班的学生分成若干小组,那么各小组之间相互交流分类结果将会促使大家从更多的角度分析信息。学生还可以学习对类别进一步归类,还能将这些类别进一步概括从而得出其上位概念。

　　另一个例子可以帮助我们体会这些想法的实用价值。正如我们所讨论的那样,有时候我们提供材料让学生去分类,而有时候我们帮助他们去组织材料。下面例子里的材料就是学生自己写的。

教学情境

从电影场景的反应建立材料组

　　学生看了电影《走出非洲》(Out of Africa)中的一幕,其中有三个新朋友以诙谐幽默的谈话和讲述趣闻故事来自娱自乐。此时教师要求他们就这一场景造句,每一句都使用副词开头。(因为他们正在学习副词的用法,教师发现他们使用副词时没有像使用形容词时那么灵活。)

　　他们以下列的方式开始造句(为了突出句首的副词用法,我们省略了句子其余部分):

　　1. Profoundly looking into one another's eyes...

　　(深情地彼此注视着……)

　　2. Intently listening to one another's words...

(专注地相互倾听着……)

3. Wonderingly and as if by magic the love began to flow...

(神奇如魔力一般,爱情开始流露……)

4. With relaxed and forthright honesty they shared a part of themselves...

(他们彼此放松而坦诚地分享……)

5. Anxiously the husband watched as his normally taciturn wife...

(丈夫担忧地看着平时不爱说话的妻子……)

6. Passionately I gazed at my two companions...

(我热切地注视着我的两个同伴……)

7. Playfully at first, but with growing intensity...

(起初很好玩,但是随着渐渐增加的紧张情绪……)

8. Tentatively, like three spiders caught in the vortex of the same web...

(暂时地,像是三只被困在同一张网中的蜘蛛一样……)

9. With heated anticipation, the three formed a web of mystery and emotion.

(带着热切的期望,三个人织出了一张神秘的情感之网。)

10. Quietly listening they were engulfed by the tale.

(静静地听着,他们沉浸在故事中。)

11. With awe and a certain wonderment...

(带着畏惧和几分惊奇……)

12. Tenderly, in the midst of warm candlelight, they...

(在温暖的烛光下,他们温柔地……)

13. Skillfully she met the challenge...

(她熟练地迎接挑战……)

14. Boldly they teased one another with their mutual love of language.

(他们大胆地用彼此爱慕的话语挑逗着。)

15. Effortlessly her practiced mind...

(她那训练有素的头脑毫不费力地……)

16. Awkwardly, like children just learning to walk...

(笨拙地,像刚刚学步的孩子……)

17. Softly, slowly, but glowing like the candles about them, they negotiated...

（柔和而缓慢地，就像弥漫在周围的烛光一样,他们商量着……）

18. Boldly she drew them into the fabric of her story.

（她大胆地把他们编进自己的故事中。）

19. Suspended by the delicate thread of her tale. . .

（被她故事中精心构造的线索所牵挂……）

20. Instinctively she took his cue. . .

（她本能地以他为榜样……）

在继续往下读之前,请重读这些句子并记下它们的特征,然后给句子分类。（如果你是一个人或在一个很小的小组里,可以独自做出分类。如果你的小组人数在8人以上,就与其中一个同伴合作进行分类。然后你们可以相互交流分类结果,讨论分类时使用的原则和关注的特征。）

现在我们来看看学生做出的分类。

一个小组以副词的形式给句子分类,单个词为一类（比如第1句的profoundly和第5句的anxiously）,短语为一类（比如第4句的with relaxed and forthright honesty）,从句为一类（比如第19句）。另一个小组分类的依据是句子的语气和它所唤起的情绪。例如,第3、7、11、12、17和19句为一类,因为小组成员一致认为他们从中感受到了温柔的爱意。而第5和16句则强调了异乡人的艰辛。

然后学生们使用他们的分类进行写作实验,把单个词、短语和从句相互转换,或是更换单词来改变句子的语气等等。例如,一个小组试着把第6句的passionately变为with passion（带着热情）和passion flowed as I gazed（热情洋溢地）。另一小组把第8句改成了"tentatively and spiderlike"（暂时地,蜘蛛似的）。并且认为这同时也改变了句子的语气。还有一组把第18句的"boldly"换成了"skillfully"（熟练地）,并认为句子的语气也发生了变化。

接下来研究的是几本短篇小说。学生们把作者使用副词的句子摘录下来。他们通过分类进一步整理出专业作家常用的副词分类表,并尝试在他们自己的写作中加以运用。

因此,该模式的各个阶段相互依存,引出越来越复杂的智力活动,从而增加了通过语言研究来提高写作技能的可能性。当学生们开始对专业作家进行研究并试图从中学习时,第二阶段归纳活动就在第一阶段归纳活动的基础上开展起来了。

这一模式适用于各种学习方式（见第二十章）。作者们和他们的助理们探索了相对呆板和比较灵活的两组学生的归纳过程,他们发现两组学生都能够运用归纳方法,但是比较灵活的学生一开始就有很大进步。更重要的是,他们发现练习和训练能够提高效率,学生也学会了独立地进行归纳活动。

单元开发

本案例是围绕萨斯卡通公立学校(Saskatoon Public Schools)一位英语教师沙兰·钱普(Sharon Champ)提供的一系列资料而形成的。沙兰准备收集一些关于句子句法结构的资料,以便学生们在进行分类时能发现这些结构。其目的在于提高学生学习句子的能力,以及弄清楚句法结构是怎样组织起来以表达某种特定含义的。我们来看看这21个句子的结构特点。

1. In the grass, the spider patiently weaves her web.

在草丛里,蜘蛛耐心地织网。

2. In the trees, birds gather to eat berries.

在树上,鸟儿一起吃浆果。

3. In the forest, a squirrel leaps from tree to tree.

在森林里,一只松鼠在树上跳来跳去。

4. In the space shuttle, the astronauts complete their experiment.

在航天飞机里,宇航员完成了实验。

5. In the furrow, the rabbit family nestles together to keep warm.

在洞穴里,兔子们依偎在一起取暖。

6. In the cockpit, the pilot carefully checks his instrument panel.

在驾驶室里,飞行员仔细地检查仪表盘。

7. In the icy water, a penguin dives and splashes.

企鹅跳进冰冷的水里,弄得水花飞溅。

8. Under the sea, large sharks circle the school of fish.

在海底,巨大的鲨鱼围绕着鱼群。

9. Near the trees, lion cubs scamper in the tall gratis.

在树林旁边,小狮子们在深深的草丛里奔跑。

10. Under the water, the diver silently searches for a dolphin.

潜水员在水底悄悄地搜寻着海豚。

11. Under the snow, a hungry mouse burrows deep looking for food.

一只饥饿的老鼠在雪下打了很深的洞寻找食物。

12. Beside the school, two small boys play catch with a bright red ball.

两个小男孩在学校旁边追着一个鲜红色的球玩儿。

13. Behind the mountain tops, dark storm clouds are gathering.

山顶后方乌云密布。

14. Between the trees, a small monkey wrestles with its mother.

小猴子和妈妈在两棵树之间摔跤。

15. Beside the river, a bear cub scrambles on the rocks.

一只小熊在河边的岩石上蹦蹦跳跳。

16. Between the rocks, a snake slithers to search for food.

一条蛇在岩石间爬着寻找食物。

17. On the surface of the pond, a loon floats peacefully.

一只潜鸟安静地漂在池塘的水面上。

18. Hidden under leaves, a spotted frog hides from the sun's brilliant rays.

一只花青蛙在树叶下躲避着烈日。

19. Deep in the forest, a black panther patiently waits to pounce on her prey.

一只黑豹在森林深处耐心地等待着偷袭猎物。

20. High in the sky, the lone eagle glides gracefully.

一只孤鹰在高空中优美地滑翔。

21. Far below the earth's surface, molten lava rumbles and boils.

熔岩地表下的深处翻滚着,隆隆作响。

从形式上看,每个句子都包含着一个关于动作发生地点的介词短语。沙兰推论,如果学生能建立一个含有这些特征的分类(介词短语及其特征、短语所指内容"在哪里"),那么他们在阅读时就能使用这些类别找出具有特定意义的结构,在写作时也能掌握给读者提供有关"在哪里"这一信息的方法。

下面的资料中没有关于地点的介词短语:

22. Penguins have huge appetites.

23. This bird is a rockhopper penguin.

— 63 —

24. You would not want to fight a grizzly bear!

25. Clouds come in all shapes and sizes.

26. A blue whale is not a fish.

27. This tough bird is an emperor penguin.

28. The small dog yapped impatiently.

29. In the day, bats sleep upside down.

30. At twilight, bats' sharp cries fill the air.

31. At night, the owl hunts silently for mice and rabbits.

32. In the winter, most bears hibernate in caves.

33. Some frogs lay their eggs on land.

34. A duck makes its nest in the reeds.

35. The young penguin stays beside his mother.

36. Many desert animals live underground.

37. Many plants and animals live beside lakes.

38. A woman is standing between her children.

39. The woodpecker searches for insects under the bark of the aspen tree.

40. They build their nests on steep, rocky cliffs and hillsides.

41. Snow leopards live high on snowy mountain sides.

42. Yaks live on some of the tallest mountains in the world.

莎伦把这些句子和最初的 21 个句子混在一起呈现给六年级学生。她让学生观察句子的特征及其所表达的意思。她还让学生不要把注意力集中在特定字符上（如牦牛生活在哪里），而要集中在句子的详细特征所传达的综合信息上。

显然这不是"句子结构和意义"的第一课，而是研究"阅读理解和写作表达"这一大单元中的一部分。

你对此有何看法呢？在学生的探究活动中你认为他们会形成哪些分类呢？

归纳教学的建议

下面是布鲁斯·乔伊斯几年前写给教师的关于归纳教学的一些建议：

1. 练习,练习,练习,练习能减少焦虑,充满兴趣地放手去练习吧。最好围绕教学模式组建一个学习共同体。同时,应该制定出完整的课程计划,仅仅做出周课时计划是不够的。

2. 研究学生是怎样思考的,这种研究能打开一扇通往他们心灵的窗户。对他们的思维特征了解得越多,我们就能越好地调整教学方法。

3. 首要的问题是要尽力帮助学生学会学习。教学中出现的一个共同问题是教师只顾提问而忽略了指导学生怎样回答,或者怎样让学生提出更深层的问题。阅读理解教学是一个很好的例子。很多教师只是就学生读过的内容进行提问或者让他们做出解释,以了解他们是否已经理解。然而这两种方法都教不会学生怎样理解或在理解的基础上做出解释。他们需要能展现成人如何理解和解释的思维模式进行模仿。

4.当一个学习共同体努力去掌握某个范围的知识时,归纳过程可以带学生进入这一范围的研究中。假设一些初学者正在研究词首辅音,他们需要研究许多词首辅音,并且逐个区分这些字母及其发音。如果教师仅仅给他们一套"本周学习字母"的材料并希望他们专注于此,那么这只会导致学习的失败。我们往往是通过比较字母及其发音来学习语音的,不进行比较,一次只学习一个单词会让学习变得很困难。请记住,传统的教授阅读的方法实际上致使30%的学生学不会阅读,他们需要的是积极进行语音和结构分析探究以及理解技巧。

5.除了特别关注语音元素和新学单词外,单词还应该出现在句子中,为单词提供了上下文的语义线索。

6.要在正式的课程领域里使用归纳模式来讲授教学内容的主旨,而不要把它当作一个雨天打发时间的活动。

7.无论是在概念形成阶段还是在概念获得阶段,都要确保提供给学生的材料具有当前概念的特征。这里再次引用"食物组"这个例子,学生们能够记住哪些食物属于哪一类,并且接受我们对它们的营养价值的看法。但学生不可能使用归纳法去发现这些类别,只有生物化学家才可以。然而,如果我们能提供足够丰富的资料,那么他们就可以做到,小学四年级的学生也能够根据人口统计资料对世界各国进行分类,因为这不需要多么高深的科学知识或方法。

8.注意你怎样教"完整"和"不完整"的句子。先教主语和谓语,因为一个完整的句子都有着明确的或暗含的主谓语。

9.在短期内对客观事实和主观见解做出明确区分可能难以实现(只有在学生已经知道哪些是事实哪些是见解的情况下,包含事实或见解的材料才会起作用),在这种情况下,将不会有新的学习。做出这种区别需要对课文进行推论,但更常见的方法是从权威资源中查证。

10.在科学课中,要努力聚焦在孩子们可以收集原始资料的领域。例如岩石,学生可以观测岩石的密度、硬度、pH 值以及同质性。但是如果想弄清楚岩石是如何形成的,则必须查阅权威资料。只有当他们已经知道了事实或从权威资料中获得了信息时,他们才会知道岩石不是由火山形成的。

11.学生的确能够创建或者形成多重特征的分类!

12.在教副词、形容词、短语、从句之类的概念时,要记住每一个概念下面还含有许多子类别。如果一组资料含有五六种副词的类别,那么这对于学生来说就太难了。所以应当考虑把学生能够找出的不同子类别的材料组作为教学内容。

13.对于诗歌之类较复杂的材料,应当尽力挖掘其含义。学生希望通过学习这类材料的各个方面来了解它们。

14.研究事物的特征(比如故事中人物的特征)会产生很多有趣的问题。而研究一个人物的特征通常需要对文章脉络进行挖掘。你可能要仔细回想介绍该人物不同特征的许多材料,比如外貌和性格描写等。再次提醒,要注意教学生如何回答问题。

15.如果打算给人物分类,一组材料中需要的人物数量是 20 个左右。

16.一开始就要确定一个高层次的目标。学生研究关于云的一项作业记录就是一个很好的例子。学生们把云的图片分类,然后学习一些根据云的形状而命名的科学术语。经常出现在归纳思维模式中的一个问题是"我怎么知道什么时候我们成功了?"答案是要确定他们想要用新知识做什么,并设计一个需要动手的应用型任务。例如,让学生在刚开始的几天花几分钟时间观察天空,并记录下来或进行口头描述;或者让他们查找有关天气的信息或研究一些天气预报,并从中归纳出云的概念。

教学效果和教育影响

归纳模式设计的目的在于指导学生形成概念、学习概念以及应用概念。它培养学生关注逻辑,关注语言和词义以及关注知识本质的能力。图 3.5 说明了归纳模式的教学效果和教育影响。

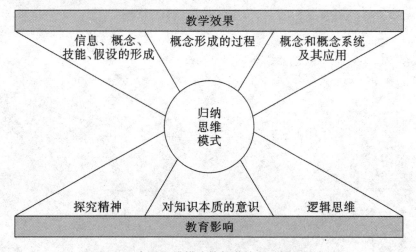

图 3.5　归纳思维模式的教学效果和教育影响

人们有时认为高层次的思维只有到学生的成熟期才会出现,事实上并非如此。各个年龄段的学生都可以很好地处理信息。虽然初等教育内容的学习需要丰富的具体经验,但是小孩子也能够学会正确的思维。而对于那些学习吃力或者成绩较差的学生来说,复合型的、以探究为取向的教学模式已经成为教育良方了。

良好的思维方式总是原则性与灵活性相结合。如果我们想要帮助孩子成为更强大、更灵活的思考者,我们必须掌握这一要义,创设出能够为他们提供充满挑战且有强大支持力的环境,而不是压制我们想要培养的这种思维品质。

第四章　科学探究
——围绕调查事项建立起学习

现代科学不只是少数幸运和有天赋的人的秘密领域。它是一种使我们走出愚昧时代的思维和学习方式。

——我们的反思型观察者

来自国家科学院(NAS)、国家工程院(NAE)和医学协会(IM)的全国研究委员会(NRC,2012)成员提出了一个重要的报告,科学教育的课程改革可以它为基础,该报告明确指出新的科学标准应该用于所有学生而不是部分学生。与之前的课程大纲和大多数有关课程标准的文件相比,科学课程大大增加了物理科学、生命科学、地球与空间科学以及科学应用等内容。所有学生应该理解这些学科领域的基本概念和了解知识是如何得来的,即科学家采用的探究方法。所有学生应该学习这些概念在日常生活和周围环境中的应用以及在全球中的发展。

组织理念

科学课程是通过不断的动手操作体验统一起来的。从幼儿园大班到十二年级的所有学生应该进行科学探究并参加项目学习,让科学方法和概念得以应用。

全国研究委员会明确指出科学教育在任何年级都应该只聚焦每个学科领域中的一些重要概念,并且学习过程也应该围绕深入探究和精选主题而建立,因为它们包含了那些重要概念。这种建议与肤浅地尝试接触大量主题的课程完全相反,就像千米宽和毫米深的两种方法。例如,想想在市场上可以买到的许多教科书中几乎令人绝望的浅层的覆盖范围;或与此类似的"跳级"课程的大纲。

美国研究委员会制定的从幼儿园大班到十二年级学生(K-12)的框架还强调"横切"概念——即各学科的通识概念,学习它们可以更好地理解各个学科,因为它们有很强的组织作用。这样做,不仅可带来对科学更加统一的理解,而且可帮助优化学生的学习过程,因为在某一领域学到的概念在另一学科又可重新沿用。

框架也被不断的动手操作体验要求统一起来。从幼儿园大班到十二年级的所有学生应该进行科学探究并参加项目学习,让科学方法和概念得以应用。体验式学习为学生在遭遇更加复杂抽象的原理理解时提供了坚实的基础,对生活中其他领域的应用也是如此。探究时使用的参考框架将使学生终身受益。

所有学生意味着每个学生,不仅是那些要上大学的或志向在科学或与科学相关领域的学生。但是,知道核心概念和探究方法以及如何将它们应用于理解当下和遥远的环境却肯定会成为那些追求科学职业生涯学生的基础。

美国研究委员会课程框架(NRC,2012)和下一代科学标准(NGSS Lead States,2013)的三个维度将会通过一些教学模式逐渐活跃起来,包括在第一章和第三章中的合作与归纳探究过程以及在正式课程中提出的其他研究方法。在本章中,我们大量关注的是生物学研究委员会(BSSC)的教育者们在过去50年里提出的课程或教学模式。

在本章中我们将科学视为一种教学策略。我们会先讲解一般模型并用一些案例来进行阐释,然后是来自生物学的拓展案例。让我们从教室开始。

教学情境

金妮的学生问:"我们的邻居在种什么?"

金妮·汤森德(Ginny Townsend)老师的二年级学生正在开始一项针对学校所在街区植物的研究。该探究缘于一个讨论,在该讨论中他们意识到自己对每天都路过的植物知识知之甚少。他们只知道其中一小部分的名字,对施肥、生长和繁殖的认识也很肤浅。金妮知道研究之初学生只有极少相关研究主题的知识,但是他们在从小到大的生活中积累了很多植物生长的经验,并且比他们意识到的要多得多。

资源

金妮的课是混合的,即校内学习和远程体验是交织在一起的。校内维度可引导学生一起学习并提供给他们学习策略。在这种情况下他们将学习一种合作与归纳策略,开始从他们街区活生生的植物那里搜集材料。

比起任何人类教师可能拥有的知识来说,数字资源能提供更大量的信息。例如,http://knowplant.org 网站就是一条学生可使用大量数据库的途径;相当一部分资源就是为孩子们设计的,并且很多还是为支持科学教学而特别建立的。纸质资源,如教材、百科全书和其他参考书也是非常重要的。金妮的班上装备有相关书籍的纸质图书馆、电脑、电子邮件、数字照相机和摄像录像机。她还建立起一个班级网页,她和她的学生可以在上面发布想法和信息;网页上还包含有 http://knowplant.org 网站的链接。作为研究手段或设备,许多学生对便签本和智能手机比对笔记本电脑更熟悉,其中大多数并不经常使用文字处理软件或制作多媒体报告。

所以,她知道将引领学生进入一个相对不熟悉的主题,并不得不帮助他们学习搜集和分类来自纸质的和数字的(以及当地专家的)资源信息。他们将需要学习如何产生和检验想法,还需要学习如何制作吸引眼球的准确的探究结果报告,随着探究的开展,还需要学习如何提高使用电脑和网络等常见技能。

主要过程

金妮开始引导学生搜集在9月份第一周观察到的街区周围植物的信息。因此,探究以绕着街区散步开始,给某个类别植物的整体和叶片拍特写。照片被打印出来,并被钉在墙上用作研究。发给每个学生小些的8寸×10寸的复制品,就形成了他们笔记的开始部分。

金妮让学生根据对树叶的观察来分类植物。他们使用互动式电子白板展示和解释他们的分类,同时可任意移动其中的照片并讨论。照片被装进这个单元的文件夹,以便师生能轻易移动它们。其中一些种类是"好像戴着手套的手形叶","沿着细枝条两边排列的叶","椭圆形叶"。学生同意这些种类划分后,再重组这些照片并继续展示。

下一步,他们检验草本植物、灌木和乔木的图片并且对它们进行分类,使用一般种类和叶的属性建立更多的种类,再次在白板上移动照片。逐渐得出大多数人同意的分类术语——手套形叶的高树、椭圆形叶的高树,以此类推,并重新划分种类以反映新的种类。他们的观察将变得更加具体和精炼,因为他们开始关注细节,如叶脉。

然后,金妮展示 httt://knowplant.org 网站在互动式电子白板上,并引导学生研究数据库清单,选择一些可以提供给他们的植物相关的描述性信息。

他们从"马里兰州植物协会"网站(www.mdflora.com)开始,该网站由志愿者运营。在标有"橡树年"的特色网页上,他们获得了马里兰土生土长的橡树的各种名字和照片。他们下载了一张掉光大多数叶子的黑橡树的图片。孩子们看着在他们拍摄时有树叶的一些照片,记得有一张在散步时拍下的照片在组内已被确定是黑橡树。下个任务是看他们能否在网上找到一棵有树叶的黑橡树的照片,如果可能的话,找到有它树叶的特写照片。"更好的家与园艺植物百科全书"网站(www. bhg. com/gardening/plant – dictionary)上包含一张满满树叶的照片,与他们的照片看起来很像。"美国农业部植物数据库"网站(http://plants. usda. gov)上的一张有树叶的照片,也与他们的照片高度吻合。孩子们放大了这张照片并与一片从树上剪下的树叶比较。他们得出的结论是90%确定他们认到了一棵黑橡树,并继续阅读有关它的知识,如繁殖方式、生长地点等。

探究继续进行,一棵树一棵树地研究,一丛灌木一丛灌木地研究,一朵花一朵花地研究。团队被组织起来去寻找确切的依据和特定的种类。种类被重新建立和命名,如"带花的灌木"。两人一组合作,学生们自制幻灯片汇报他们自己生成的种类,描述类别里的植物。他们建立了一种名为"虚拟植物环游"的讲解模式,并与其他班级和自己的父母分享。

一些学生建议将自己研究过的街区的许多植物用口语的与科学的两种名字给他们标识。金妮引导他们去市政厅取得许可。他们下一个要讨论的是标识上要包含多少信息;只有名字看来是不够的。

在本案例中,搜集某一探索领域的信息(当地植物)和划分种类成员(树,灌木,等等)驱动单元学习。电子照片和展示扮演了重要角色并且基于网页的材料资源将本研究的专家们得出的信息也卷入其中。最后,公民权在此过程中也找到一席之地。

反　思

概念的形成使我们能管理信息,记住信息,使用信息。它极可能是21世纪技能的基础,以及总的来说是大多数高级思维技能和大多数智力类型的基础(Joyce & Calhoun, 2010, 2012)。

其带来的意义还有:高水平的阅读能力使学生能够接触到大量网络世界中蕴藏的财富。金妮的学生就能够探索电子数据库,因为她给他们搭建了平台,并且学生们还会相互支持(见本书第六章,Joyce & Calhoun,2010 和 Joyce、Calhoun、Jutras & Newlove,2006)。

教学情境

遗传学在五年级课堂里的"碰撞"

2002年6月25日,约翰·奥尔(John Orr)所教的五年级学生已经开始浏览《纽约时报》"科学时代"板块的内容和来自冰岛的基因图谱项目的深度报告(Wade, 2002)。约翰的学校订阅了电子版的报纸,这在他的课堂上得到了很好的使用。他引导学生通过了解其中关于全国的和世界的报道来研究自己比较熟悉的国家和其他地区的新闻。各组同学浏览报纸的全部内容,并寻找感兴趣的栏目。通常,约翰会像今天一样用投影仪显示器把文章的目录打到屏幕上,并向全班朗读这篇文章。最终,这些报纸上的信息和文章要点会被学生写成"今日头条"。

最后,教师要求学生把每天的"今日头条"整理成档案。这些信息中有对收集到的关于基因图谱项目所进行的概括,他还要求学生对6月25日之前的内容进行总结。对基因图谱项目感兴趣的学生惊奇地发现:地球上每个人都分享着99.9%的人类基因组。利用网络这一便利资源,就像教室里摆放着的百科全书光盘一样,约翰可以带领学生进行种族和性别的概念研究,从中认识到有多少差异性是由社会化所导致的。

今天的故事吸引学生有三个原因:

1. 在冰岛,研究人员通过家谱信息可追溯到1100年前那个阶段某个极少迁移的群体。因此,本研究策略与其他基因学项目不同。

2. 本项目是以疾病为导向的,在哮喘病例中,一位当前正在治疗的哮喘病人可以追溯到在1710年出生的一位祖先的身上。

3. 在公元800年左右,10000—15000个古代挪威人发现了冰岛。他们袭击了北爱尔兰和英格兰,捕获的年轻女人就成了他们的"奴隶妻子"。他们总共奴役了40000—50000位年轻的女性。

第三点事实激发了学生的兴趣。他们知道这是有难度的,研究方向转向冰岛和斯堪的纳维亚半岛。他们开始收集资料,在百科全书和数据库中寻找材料。他们了解到维京人实施的"妻子掠夺"行为极大地减少了北爱尔兰和英国北部的女性人数,学生们希望知道这可能会产生或已产生什么样的影响。最后,他们将与一个在牛津大学的学者联系,请他提出有关这个研究主题的意见。

学生不但学习科学的原理,也学习其发现。约翰·奥尔想让他们知道科学是怎样的以及科学是什么。他继续让学生回想卡尔·萨根(Carl Sagan)说过的话:"科学的方法,尽管看上去乏味并且杂乱,却比它的发现重要得多。"

冰岛项目接下来的经历变得困难,主要因为隐私考虑。那段经历也说明科学是一个社会—文化活动且不会脱离现实而发生。见吉勒姆(Gillham,2011)在http://www.ftpress.com/article网站上的文章以获取更加细致的分析。

你可以好好想象一下,约翰和他的学生们也许正从最近在格鲁吉亚这个国家发现的一颗古代头颅(头颅5)的一份报告中建立探究,并生成有关这些早期化石的有意义的问题(Wilford,2013)。

研究声音

在伦敦的安大略小学,亨德里克先生(Mr. Hendricks)的四年级学生吃过午餐后进入了教室。房间里面散布着一些东西:一堆眼镜、瓶子、铃铛、大小不同的有孔木盒、调音叉、木琴和小木笛。学生们狂呼一声,扑过去拿起来开始玩,亨德里克先生则在旁边观察。

数分钟之后,学生开始安定下来,一个学生问:"这些东西是用来做什么的,亨德里克先生?看起来你已经将这个地方变成了一个管弦乐队。"

"嗯,在一定程度上是,"亨德里克先生微笑着说,"实际上,在以后的几星期,这里就是我们的音响实验室。"他在教室里走动,并且拿起一把琴拨动一根弦。同时,他使用一个勺子击打着书桌上紧邻着这把琴的一个饮料瓶。"从这些声音中,你听出什么了?"他问道。同时重复了他的动作。

"嗨,"一个女孩说,"它们听起来一样,但是实际上却不同。"

"再做一次。"一名学生建议道,亨德里克先生又做了一次。很快所有的学生都注意到这些声音是在同一音高上的。

亨德里克先生说:"你们的任务就是发现什么东西能使声音变化并描述这个变量。考虑到教室设备有限,我希望你们组织起来,利用现有的设备进行调查实验,呈现给我能够描述出声音变化的规则。当你们完成时,我希望你们能讲解一下你们设计的乐器实现了哪几种功能,然后告诉我如何制作。之后我们将检验大家的想法。现在,我想我们应该决定分成几个小组和怎么开始,还有其他的建议吗?"

萨莉勇敢地开了一个头:"我注意到这些东西都是由五种不同的材料做成,或许我们可以分成五个组。每组用这些东西进行实验,然后所有人再交流一下体会,听听别组的意见,然后再决定我们下一步怎么做。"

　　其他同学也提出了另外一些建议,接下来的半小时同学们讨论出了一个如何开始的计划。

　　就像我们在扉页里讨论的"教育的传统概览"部分,从20世纪50年代初到70年代,美国的学术改革运动开始推动教育改革的发展。科学家尝试从一些主要的教育观念和学科研究方法两方面入手来改变传统的学校课程并使其现代化。例如,在数学领域里,课程设计者试图从基本概念和数学探究方法两个方面来影响学生们对于数学的思考方式,同样地,科学课程也同时反映了科学的主要概念和科学团体的研究方法与态度。换句话说,这一课程是围绕着学科的信息系统加工而建立的,类似的其他课程研究也在继续开展,可以看出这种课程的研究和发展十分活跃,尤其是在科学和社会科学教育领域。

　　新的主要课程被建立在物理、化学、生物和科学通论以及社会科学中。重要的是,美国科学教师协会有许多成员继续进行教学设计和课程建设并在网上分享。该组织的杂志《科学教师》(Science Teacher)提供了许多高质量且容易获得的想法和资料。同样地,美国社会科学委员会(NCSS)的成员也是积极的建设者。他们的杂志《社会教育和儿童社会学》(Social Education and Social Studies for Young Children)充满了相关想法和教学材料。如果你是一位新教师,如果可能的话我们强烈推荐你加入这些组织。来自公共广播公司(PBS)"新星与自然"(Nova and Nature)项目的视频集也是无价的,因为它使我们自己能同时与大范围的科学调查和四年级及以上的学生相熟识。对有经验的教师,我们也会做出这些相同的推荐。

　　因为我们不能在本文范围内涉及所有的科学、工程和技术,我们就只能选取生物科学课程探究(BSCS)作为课程领域的代表(见Schwab的概念指南,1965)。顺便说一下,BSCS组织目前仍然存在,运行良好,并继续生成创新的课程(见www.bscs.org网站)。

模式导向

　　生物科学课程探究的实质是帮助学生在处理信息的同时学会使用类似于生物

学家进行研究时所使用的技巧,也就是说,使用具体方法来解决研究问题。它强调的是内容和过程。其强调的第一个重点是地球生态中人的行为:

政府需要采取明智之举来解决由于人口增长、资源枯竭、污染和片面发展等所引发的问题。这些问题从某种程度上来说属于"生物—生态"问题,每个公民都应该意识到这种情况。(Schwab,1965,p. 19)

第二个重点是科学的探究:

经过各种标准的衡量,科学已经成为并将继续作为我们社会中的权威力量。然而,此时出现了一个难题。如同斯诺在《两种文化》(Two Cultures)一书中所表述的那样,这一难题产生于这样一个事实:虽然许多人能够理解科学的产品,但他们却可能对于科学的本质及其探究方法一无所知。以下的理解应该不会有什么大错:如果不理解科学过程,就不可能理解科学产品。很显然,维系像我们这样的自由社会在很大程度上需要依靠公民的整体科学素质水平。(Schwab,1965,pp. 26 – 27)

为了帮助学生理解科学的本质,生物科学课程委员会提出的策略是向学生讲授生物学概念和事实,同时引导他们掌握生物学的研究方法。委员会相当严肃地指出:仔细观察传统的中学课本就会发现,这些课本主要或全部是由一系列未加限制的肯定式的陈述句构成的:"有那么多种哺乳动物。""器官A由三种组织构成。""呼吸按以下步骤产生。""基因是遗传的单位。""A的功能是X。"

这种提供结论的表述方法长期以来一直是教科书的编写标准,甚至大学课本也是这样。它有许多优点,至少可以说较为简洁明晰,然而这一表述方式也遭到一些严厉的批评,它的简约性和权威性给人们描绘了一幅虚假且具有误导性的科学本质图像。

权威性、结论性的表述给学生带来了两种不好的影响。首先,它给人们造成这样一种印象,即科学是由不可更改的已确定的真理组成。然而事实并非如此。近年来知识的迅速发展告诉我们这样一个明确的事实——科学知识在不断地变化着。科学知识的规则只是暂时的,它会随着新材料对旧材料的取代而不断地被修改。

结论性的表述还会传达这样一种观念——科学是完善的。然而,科学探究仍在继续,而且以日新月异的速度进行着,这就容易给学生造成困扰。

我们可以这样来说明这种具有总括性和简略性的表述中所隐含的错误:它没有显示出科学知识并不是一份关于所观察事物的简单报告,而是从原始材料中经过尝试和千锤百炼得出的结果;它也没有显示出这些原始资料来自人们遇到的问题,这些问题又来自对早期知识概念的总结;最后,很重要的一点是,结论性的表述没有显示出科学家也像其他人一样会犯错误,大部分的科学探究都是与纠正错误分不开的。

总之,结论性的表述没有显示出那些总结出来的概念总是会被科学家们自己提出的丰富的问题所检验,并根据检验结果继续被修改或代替。

因此,科学应该被当作一种探究过程来讲授,重点是要在科学结论产生并被检验这一背景框架内揭示这些结论的发现过程。因此,这就意味着教师要帮助学生提出自己的观点,开展亲自动手的实验操作,阐明实验发现的材料,解释如何将这些发现材料转换为科学知识(Schwab,1965,pp. 39 – 40)。

生物科学课程探究在把科学当作探究活动来讲授时使用了几种技巧:第一,使用了许多表现科学探索性本质的表述,例如"我们不知道","我们不能确认这是怎么发现的"以及"关于它的证明是矛盾的"(Schwab,1965,pp. 40)等。它指出,目前的理论随着时代的发展可能被新的理论所替代。第二,生物科学课程探究使用了被称为"叙事研究"的方法来取代结论性表述法。该方法表述了生物学中主要观点的发展史以及在这一领域所进行的探究过程。第三,用实验室工作来引导学生辨别是非,而不是仅仅举例说明课本中的内容。正像科学家们所说的那样,"他们处理的是课文中没有提供答案的问题。他们创造的是学生能够参与其中的探究条件"(Schwab,1965,p. 40)。第四,精心设计实验程序,使学生能够进入一种解决实际生物学问题的环境,最初学生面对的可能是科学家们早已熟知的资料以及已有确定答案的问题,然而"随着问题的逐步推进,他们越来越接近知识的前沿"(Schwab,1965,p. 41)。这样,学生们就模仿了科学家的研究活动。最后,他们使用了一种被称为"参与探究"的方法。类似于实验室的功能,"参与探究"鼓励学生参与活动,从而使他们能够学习并参与触及前沿问题或是高端生物学方法论问题的探究。在这一章里,我们把"参与探究"作为生物科学课程探究的教学模式来讨论。为了准备本章的撰写,我收集了当代的生物科学课程探究资料并欣喜地发现,它秉持了科学探究的精神,正是这种精神创造了这一课程和教学模式。通过阅读"布卢"(Blue)版高中生物课的介绍(Greenberg,2006),我学到了很多,有些更新了我的科学知识,有些则为我们打开了我先前在常春藤联盟求学时未曾涉猎的领域。基本内容包括大约100页为学生提供探究操作指导的研究成果,这些内容持续不断地开拓着读者关于信息收集与整理以及解释性理论的生成与检验的思路。

参与探究

施瓦布(Schwab)如此设计这一策略:

> 让学生懂得知识是怎样从对材料的解释中产生的,让学生懂得如何对材料进行解释——的确,甚至材料的寻找都是以概念与假设为基础来进行的,而它们是随着知识的增长不断变化的……让学生懂得原则和概念变了,知识也会变……让学生懂得尽管知识发生了变化,却仍是向好的方向发展的。因为我们获得了比过去更好更多的知识,此外需要强调的是,现有知识在未来总会有所改变,但这并不意味着它是错误的。现有知识是以现在我们拥有的、经过实验完全证实的事实和概念为基础的科学,是人们所能得到的最可靠最合理的知识(Schwab,1965,p. 46)。

每一项参与探究(一堂课)都是一个旨在说明某个主要概念或学科方法的个案研究。每一次参与都会"针对过程本身不断提出新的例子,并且保证所有学生在过程中的参与"(Schwab,1965,p. 47)。

每一个案例都描述了一个来自现实生活的科学探究。然而,其中被有意识地安排了一些遗漏、空白或者令人感到不解的地方,等着学生们把它们填补出来:"这种遗漏可能是一个实验计划,可能是实验中控制某一因素的方法。可能是从所给材料中得出的结论,也可能是用来解释所给材料的一个假设"(Schwab,1965,p. 46)。换句话说,参与探究的形式保证学生可以看到生物学探究的操作过程,并保证他们参与其中,因为他们必须去完成缺失的实验或得出漏掉的结论。

参与探究是按照难度逐步递增的方式进行排序的,这样可以引导学生一步步过渡到更复杂的概念。研究最重要的是坚持不懈。即使在参与探究的第一组研究中,其主要涉及的都是与方法论有关的主题——在科学探究中常识、资料、实验、控制、假设和问题的作用与本质。表4.1给出了第一组参与探究的内容和主题。

表4.1　参与探究,第一组,简单研究

在科学研究中常识、资料、实验、控制、假设和问题的本质与作用

参与步骤	内容	主题
1	细胞核	对简单资料的解释
2	细胞核	对变量资料的解释
3	种子发芽	对资料的误解
4	植物生理学	对复杂资料的解释
小结1:知识与资料		
5	一般性评价	系统性和随意性错误
6	植物营养学	实验计划
7	食肉动物及其食物	实验的控制
8	自然人口学	"次级"资料
9	人口增长	取样问题
10	环境和疾病	假设的观念
11	光和植物生长	假设的构成
12	维生素缺少	"如果……就……"
13	自然选择	练习做出假设
小结2:假设的作用		
14	植物生长素与植物运动	假设;非正常的解释
15	心脏的神经激素	科学问题的起源
16	青霉素的发现	探讨中的意外发现
16A	过敏性反应	探讨中的意外发现

来源:Joseph J, Schwab, supervisor, BSCS, *Biology Teachers' Handbook* (New York: John Wiley & Sons, Inc., 1965); p. 52. By permission of the Biological Sciences Curriculum Study.

让我们来看一看第一组参与探究3中的内容与过程是如何引导学生处理对资料的误解的。

参与探究3

内容:种子发芽

主题:对资料的误解

在解释资料时预先估计到风险是一回事。而在没有证据支持的情况下做出解释则是另一回事。后者产生的原因可能是对现有资料的错误理解,也可能是对证据的漠视。这一参与探究中的资料主要为了说明其中最明显的误解之一。它还介绍了一个完全成形的问题所扮演的角色,即它能够引出实验并从中得到资料,然后再予以解释。

对学生说:(a)一个研究者对种子最易发芽的条件产生了兴趣。他把几粒谷物放在两个玻璃盘潮湿的吸水纸上,然后将其分别放在湿度相同的两个房间里。一间见不到阳光,另一间则阳光充足,四天后他检查了种子,发现两个盘子里的种子都发了芽。

你会如何解释这个实验产生的资料? 不要考虑用自己从别的地方已经获得的事实来解释,而要限制在仅对这一实验予以解释。

当然,实验设计的目的是检验光线这一因素的作用。但是,参与探究却希望给学生提供机会说出"实验表明:湿度对谷物的生长是必要的"。或许还有人会说"一定的温度是必要的"。但如果没有人提出这些结论,那就试着给他们引入一种。所以我们要积极地鼓励学生做出别具一格的解释。

如果有人提出这种结论,那么你可以指出其中一些缺点,比如:提问学生是否可以从资料中得出生物发芽需要玻璃盘子的结论。当然,极有可能出现没有人认可这一观点的现象。这时你应该毫不费力地指出,他们提供的用来证明温度或者湿度必要性的资料与证明玻璃盘子必要性的资料之间并没有什么区别。因为,无论在哪种情况下,这些资料都无法得出这一结论。

对学生说:(b)在这两个盘子的周围环境中,哪些因素具有明显的不同? 在思考答案时,请记住这是一个精心设计的实验,你应当尽量准确地陈述引出这一实验设计的具体问题。

如果这一假设一直没有被学生提出,那么教师应当很明确地告知,实验的设计目的在于检测光线这一因素在植物发芽中的必要作用。表述这个问题时,参与探究常以一个笼统的问题开始:"在什么条件下种子最易发芽?"在进行科学探究时,这并不是一个阐述问题的最佳方式,因为这一方式并不能指出到哪里寻找资料以及如何寻找。下一个问题只有足够具体，并能够告诉人们回答它需要什么资料时，才会成为一个有用的科学问题。例如："在什么情况下种子发的芽更好些，光线充足时还是没有光线时？"这就是一个具有明确指向的问题，它要求对不同光线条件下的发芽状况进行比较。因此，我们说，疑惑如果十分具体，以至于导出某一疑问，使得用实验加以解决或者由某些具体资料加以解释成为一种必要时，它就立即转变成了一个有用的科学问题。这里我们并不是说一般的疑惑是没有用的，正相反，它们是必不可少的，关键在于它们必须能够对一些别的东西起到导向作用，即引出一个可以解决的问题。

对学生说：(c)根据你陈述的问题，再看一下资料，我们能做出什么样的解释呢？

现在很明显了，资料表明，对于某些种子，光线并不是必要的发芽条件，你可以指出，对于一些种子来说它是必要的，例如速生莴苣（Grand Rapids Lettuce）；然而对于另外一些种子，光线可能会起到妨碍作用，例如某些种类的洋葱。

注意：这种参与探究将继续讨论与资料、证据和解释有关的观念。它还从崭新的角度指出了在(b)中讨论过的"问题"的观念，并举例说明一般的好奇心必须变成具体的问题。

它还表明，探讨中提出的问题应不只有一个作用。首先，问题产生实验的设计，把疑惑变成研究计划。此外，它还引导我们去解释资料。在(a)中，我们不太清楚是什么问题把我们引向这些具体资料，相比而言，在(c)中做出一个正确的解释就容易得多了。

如果你的学生认为这种参与探究比较容易或对其特别感兴趣的话，你就可以开始进行下一步的讨论，并且可以在某种程度上提前接触参与探究第6阶段的主题——设计实验。以下的附加内容就具有这一用途。（Schwab，1965，pp. 57-58）

这种研究的形式相当典型。学生们接触的是生物学家正在攻克的问题，面对的是一些已有调查结果的信息。因此，他们被引导着去解释资料，并处理一些有根据或无根据的说法。接下来，学生们会被引导着设计实验，用不易被误解的资料来检验某一因素。而贯穿这一项目的结构体系为：首先提出涉及某项研究的问题，然后引导学生努力生成某些研究方法，从而逐步克服该领域中的具体难题。

让我们看看另外一个参与探究吧！这次的主题与概念导向的关系更加密切。下面的例子引自参与探究中关于功能这一概念的研究成果。这一主题的设计使其能够被当作方法论的问题来研究。我们怎么从某一事物的各种可观察到的特征中找出它的功能呢？这一功能的证据是什么？在这种模式中,问题并不是被简单直接地提出来的。取而代之的是,学生们被引至一个涉及方法论并充满探究精神的研究过程中。然后,问题被提了出来,学生们自己确定问题的难度,进而寻找解决方法。

围绕推测本质的问题浮出水面。施瓦布指出在研究过程中可合理猜想:

肌肉的运动、附着体以及形状这几点综合在一起,可以说明肌肉能带动它所附着的身体的一部分或所有的肌肉。这种对于功能的推测仅仅是种可能。但实际上所有的科学推测也是如此。在以后的疑问中,我们将对功能性推理的可疑特征做出论述。(Schwab,1965,pp. 174 – 176)

这样的例子在这一结构中很多。

应用于其他学科

依据探究程序进行教学的模式有很多种,它们都是围绕特定学科的概念和方法而建立的。但首要原则是进行研究的方法要居于中心地位。这必然意味着课程比教科书倾向的"结论修饰"法包含更少的研究领域。

一个社会科学案例

接下来,我们讨论一个社会科学研究项目,它也遵循生物科学课程研究的精神。研究者采用了社会心理学的结构和研究方法,该课程围绕学生自主进行的研究而建立。

由罗纳德·利皮特(Ronald Lippitt)和罗伯特·福克斯(Robert Fox)指导的密歇根州社会科学课程项目就是以一种非常简单但又极具发展潜力的方法为基础的。这一课程直接教孩子们运用社会心理学的研究技巧来考察各种人际关系(包括孩子们自己的表现),从而使社会心理学成为一门生动的学科,它的概念和方法在对人类行为的不断应用中自然地显现出来,它的另一个结果是直接说明了社会科学与人类行为的相互关系。这个课程展现了小学生使用科学程序来考察社会行为的方法与过程。

这些课程制定者提出的"社会心理学"及其"教学策略"(实质是教孩子们实践社会心理学)两个概念可以通过他们提供的材料和推荐的活动得以充分了解。他们根据一本资料或教材以及一系列项目书籍准备了七个"实验单元"。这七个单元开始于对社会科学的本质即对"学习使用社会科学"的探讨,之后再进行后续单元的学习,把社会科学的程序和概念应用于人类行为,即"发现不同"、"友好和非友好的行为"、"生存与适应"以及"相互影响"等。第一单元主要是向学生介绍社会科学的方法,例如:

1."什么是行为样本?"(我们怎样获得行为的样本?)

2."三种观察方法。"(向学生介绍描述、推理、价值判断并指出三者之间的区别。)

3."原因与结果。"(介绍原因的推断,首先从自然现象谈起,然后再转到人类行为这一方面。)

4."多重原因。"(介绍怎样同时处理几种因素。例如,让孩子们阅读一个故事,其中,核心人物的某一活动不只有一种动机。)(Lippitt, Fox, & Schaible, 1969a, pp. 24-25)

学生们比较自己对样本的分析结果,互相检查对方的观察和推理,并从观察所获得的结果中分析出自己所面对的问题。他们也学着如何通过循环分析来认识交互作用。最后,教师通过一系列活动引导学生进行社会心理学的实验,这些实验已经形成了关于友好和非友好行为、合作和竞争等有趣的理论。

这种方法使学生的研究集中于对人类的交互作用方面,从而为他们提供了一个推理的学术框架、一种计划以及实行社会心理学探究的技巧,并且引导学生观察他们自己以及周围人的行为。其总的目的是让学生呈现社会科学家所具有的一些特征,因此这一教学的价值既体现在人际关系方面,又体现在学术领域。

这种模式具有很广泛的适用性,但遗憾的是它的使用必须要有与这一探究密切相关的资料。但由于标准的教材都是对话式的,因此在大部分课堂上这种资料都很少,不过,每一个主题都应至少准备有一个与探究相关的或者比较适合该模式的系列课文。一个彻底把握了这一模式精神实质的教师很容易挑选出材料并把它们重新组织起来,使其适用于研究,他甚至还可能会构建自身用于教学的材料。

前景展望

近来,一系列的研究正在取得进展,其结果可能会从帮助学生进行分析、做出推理、掌握进行因果推理和综合分析的更加有效的技能等方面促进学生的思维发展。关于"多元智能"的理论也可能会引起人们对思维的多种认识。

计算机技术的发展使得学生可以获得大量的资料,这将帮助他们比较容易地形成比以前更加复杂的概念,同时也可能形成一种更加复杂但更为有力的支持系统。在社会研究领域里《社会教育》(*Social Education*)这一杂志是研究主题和资源的源泉。

利用真实档案的教学长期以来一直处在社会课教学的创新前沿,电子媒体的出现使它变得越来越有趣。例如,12座总统图书馆提供的20世纪美国总统的相关数字化资源(见 Resta、Flowers & Tothero,2007)可以模拟并归纳出原来难以研究的领域,这是一个方兴未艾的领域(见 Berson & Berson,2007)。

研究一直在进行。一个特别突出的例子是菲利普·阿迪(Philip Adey)和他在英国的同事(Adey、Hewitt、Hewitt & Landon,2004)曾专注于研究使用科学调查来促进学生的认知发展,并研究了教师如何能够掌握复杂的基于科学学习的教学模式。学者们继续研究基于探究的科学教育对于学生的科学知识和推理技能的影响,因为有关如何支持教师和院校去培养青年科学家和科学思维等方面还有很大的研究空间。(Minner、Levy & Century,2009;Wilson、Taylor、Kowalski & Carlson,2010.)

生物科学探究教学模式

模式的实质是引导学生对实际问题进行探究,方法是面对某一领域的研究,帮助他们在该领域内确定一个概念性的或方法论的问题,并鼓励他们设计出解决这一问题的具体方案。由于他们体验到了知识产生的过程,因此可以说他们已经加入到了学者的行列中。与此同时,他们获得了对知识的正确认识。而且很可能既了解到了现存知识的局限性,又看到了它的可靠性(Schaubel、Klopfer& Raghaven,1991)。

结构体系

这一结构体系有多个阶段,但他们的顺序并不是严格排列的。在第一阶段,提供给学生研究的范围以及研究时所使用的方法;在第二阶段,学生确认研究中的困难并把它转变成问题,在这个阶段遇到的困难可能是资料的解释、资料的生成、实验的控制或参考文献的提供;在第三阶段,要求学生对问题进行思考,以便确认探究中可能遇到的困难;在第四阶段,学生应通过重新设计实验,以不同形式组织材料、生成材料以及发展结构等方法来澄清问题。

社会系统

研究氛围应当是合作的、严谨的。欢迎学生加入利用最佳科学技术进行探索的队伍中，还应融入一定程度的大胆和谦逊。一方面，学生要有敢于大胆假设、挑战证据以及批评研究的勇气等；另一方面，要形成严格而谨慎的科学作风，学生就必须认识到自己的知识与技能还有许多需要提高的地方，在此过程中也可以培养一种探索更高层次的科学知识与技能的谦虚态度。

教师作用的原则

教师的任务是通过强调探究过程并引导学生对其进行反思来培养他们的探究精神。教师应当注意，自己的中心任务并不是确定某一事实，而是鼓励学生从事严谨的科学探究。应当努力引导他们提出假设、解释资料并形成构想，而这些正是解释现实的基本方法。

支持系统

这一模式需要一个熟练且灵活掌握探究过程的教师。灵活掌握探究过程的教师。课程可以通过远程呈现，但与教师更多的接触也很重要；包含校内教学的混合课程极可能是最好的。

总结图

小结：生物科学探究模式

结构体系

第一阶段：向学生提出研究范围。

第二阶段：学生构想问题。

第三阶段：学生确定研究的问题。

第四阶段：学生猜测找出解决困难的方法。

社会系统

这一模式的结构温和，保持着合作和严谨的智力氛围。

教师作用的原则

教师教学的重点是科学探究，要把学生的注意力引向探讨的过程而非结果。

支持系统

这一模式需要一个熟练且灵活掌握探究过程的教师以及较为宽泛的研究问题的选择范围。

以概念和探究为导向的课程的
教学效果和教育影响

科学探究适用于从学龄前直至大学的所有年龄阶段的学生。在金妮的二年级班和约翰的五年级班,学生通过结构化研究来学习科学内容与过程。生物科学探究(见图4.1)的目的在于向年纪较大学生传授研究生物学的内容与过程。

影响学生处理信息的方式。并且,在培养他们的科学探究精神同时,也能培养学生虚心的态度、不轻易评判和平衡选择的能力。通过对集体效应的强调,它还能培养学生的合作精神以及与他人协作的能力。

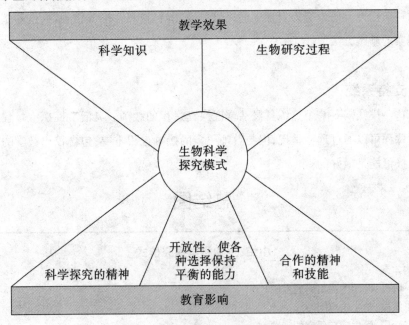

图4.1 生物科学探究模式的教学效果和教育影响

第五章　图—文归纳教学模式
——通过探究发展读写能力

探究、探究、探究！我的这句话听起来是否像一段破损的录音？

西伦是正确的！这是探究活动，而不是一般性的活动！

——艾米莉·卡尔霍恩对布鲁斯·乔伊斯强调过上千次的话

这是图—文归纳教学模式正在进行中的一个教室情景。图 5.1 显示丽莎·穆勒正在引导她的学生学习一张考古学家进行考古发掘的图片，并从中找出物品、动作和观点的标签或单词。从某种意义上说，他们在把单词从照片中"抖"出来。

图 5.1　一次参与探究

　　图5.2 显示的是学生已经完成几个研究周期"图—文归纳教学模式"（PWIM）后的教室墙壁。如果你盯着那只弓背跃起的野马周围看，你会看见学生已经从照片中抖出的单词，因为他们已经研究过照片并开始确认物品、动作和情感。单词被写在卡片上以做进一步研究之用。学生学习这些单词，对它们进行对比和区分，并组织分组，就像学生在所有的图—文归纳教学模式研究周期中所做的，是从一张图片的学习开始的。

图5.2　丽莎教室里的一面墙壁

模式总览

　　图—文归纳教学模式是探究导向的，融合了语言教学法以培养学生的读写能力。该教学模式的每一研究周期都要用一张大照片来作为让孩子们生成词语和句子的一般刺激物。教师与全班学生或小组学生一起学习，使用全周期（2—6 周）的图—文归纳教学模式去促进学生的口语和词汇、语音意识和单词分析技能、阅读理解和字词句段篇构成、观察能力和研究技能的发展。

　　图—文归纳教学模式每个周期通常以一张包含了许多具体事物的图片作为开

端,而这些具体事物则是学生能够用其已经发展较为成熟的听说语言能力来进行描述的(见图5.3)。学生通过研究图片找出图片中事物所对应的词汇,把他们在图片上看到的事物用词汇表达出来。教师从图片中的事物到图片外的某个地方画一条线,重读该单词,并书写和大声拼写该单词或者短语。学生们再重说该词和它的拼写。这就形成了一种"看,说,拼,说"的范式:教师指着照片中的事物(看);学生发出该单词读音(说);学生和教师一起拼出该单词(拼);学生再发出该单词读音(说)。这个范式提供了一条记忆链以帮助学生牢牢锁定该单词的读音和拼写。由学生辨认出的事物和活动组成的清晰明了的"图—文"词典就诞生了。

图5.3　特雷西和学生开始图—文词典学习

图—文归纳教学模式的下一个阶段需要老师为每个学生提供一套单词卡。学生们检查自己是否能够马上认出这些单词或用必要的话解码单词,如果在这一过程中学生遇到了困难,他们可以使用图—文词典。

当教师参与学生的活动时,就会很容易了解他们对于知识和技巧的掌握程度。当学生开始认读单词的时候,该模式的下一个阶段就开始运作了:学生按照音、形、义特征将单词进行分类,然后分享他们划分的类别,并探讨把特定的单词放到一起的原因。在图—文归纳教学模式周期中,分类活动会出现若干次。

为了拓展词汇和已有知识,教师搜集了一套纪实类和科学类书籍,包括他们能拿到的一些教师用大绘本，这些书都与照片和选择目的是有联系的。其中一些文本被教师用作简短的学科知识朗读，另一些则被学生用作学习学科知识和同时练习读写技能的教材。在小学低段，教师经常整理收藏一些有视频片段和其他类型数字媒体的网站以帮助学生拓展学习；在小学高段，学生则自己更多参与识别和探索网站的活动。如果照片中有对应的事物的话，其中一些来自教师朗读和学生阅读与探索的词语则被添加进图—文词典中；当学生在每次图—文归纳教学模式探究中拓展他们的词汇量和知识时，其他一些词语则在组句中发挥作用。

按照惯例，下一步是给出图片的标题和句子。学生给出反映图片事实性的句子，并口述给老师。（句子是描述性的。学生不是使用图片来说一个故事。）来自句子和标题的新单词也可加进词汇库。在学生能流利阅读句子后，就要根据内容和句法结构对它们进行分组并提供划分原因。初级写作学习者则从组句开始进行写作的学习。

接下来，教师可选择学生们句子分类中的某个类别（按照内容）写出一个结构合理的示范段落，并告诉学生老师是如何根据句子的意思组成段落的，如果需要的话，修改结构，以体现老师想要与学生读者分享的有关图片的信息。然后，教师要求学生用其他分类自己组成段落，可以是画画、写作、口述等方式的综合，无论哪种方式，都要适合学生的发展水平。当学生学会组成段落的时候，这一周期就结束了。

让我们走进一个小学低段班级，近距离观察该模式的操作。

教学情境

一年级教室的图—文归纳教学模式

现在我们在丽莎·穆勒所教的一年级课堂上。这个叙述摘自她的日志，日志中描述了一个完整的图—文归纳教学模式。在这一教学模式中，她的 23 个学生参加了 22 次训练课，每次训练课大约 50 分钟。时间是开学后的第二个月，即 10 月 2 号到 30 号。她在那年继续开展了更多的研究周期并在之后开展了针对学生学习的一系列研究。图 5.4 展示的是墨西哥的一个市场。她对学生们说道："你们已经看这张图片几天了，并辨认出了图片上的东西和正在发生的事情，现在让我们按顺序将单词和你们发现的事物连接起来。"因为每个事物都是有名称的，所以丽莎用线把图片中的事物和背景纸上打印的单词连在一起，然后她让学生们拼读这些词。

学生们频繁地复习,拼写朗读词汇,根据之前的连线找单词对应的事物,并学会了如何把图片当作词典使用。在第一次训练课中,22个词从图片中被选了出来(如香蕉、汽车、男孩、箱子)。

图5.4 墨西哥的市场情景

挑出来的单词被输入计算机中并打印在卡片上。每个学生都得到这样的一套卡片。在接下来的几天,以下三种活动依次进行。首先,按照类别复习单词:观看图—文词典,挑选一个单词,找到它在图片中对应的事物,并进行拼写,然后学习下一个单词。(丽莎说:"一张接一张地看你的卡片,如果你能读卡片上的单词,然后看图—文词典,在上面找到这个单词,并沿着线的方向在图片中找到对应的事物,并确定你所做的是正确的。")其次,每个学生都仔细看卡片,看看自己是否能正确地认出卡片上的单词,如果没有正确地认出单词,在图—文词典上找出它。最后,学生将单词分类,把具有共同特征的单词卡片分到一组。("仔细看这些单词,然后按特征对单词进行分类。")在分类的过程中,几种类别的词被呈现出来,尤其是具有相同词首的单词(如在 tree,truck,trunk 中词首的辅音连缀);"它们都有两个字母 e 在一起并读 e 的名称音",如 trees,wheels,three 这一组;"它们由两个单词组成并且都以 t a i l 开头,如 taillights 和 tailgate 两个词"。复数形式也出现了(如 umbrellas,trees, wheels)。丽莎将某些种类的单词投影在互动式电子白板上,然后让学生讨论这些单词所具有的共同特征,并且让学生思考还有哪些单词也适合归到这些类别中。于是,就增加了 12 个单词,其中一些还被加入单词墙(其中有 standing、walk-ing、learning 和 curved)。

从图—文归纳教学模式周期的第二周开始,教师要求学生们为图片设计标题。("我将给你们展示一些我已经设计好的带有标题的图片。然后我希望你们试着为图片设计一个标题,以帮助来访者从众多的图片中找到我们的图片。")丽莎示范了一些简单的标题,并且要求学生以几本书的标题作为进一步的参考。每个学生都要设计一个标题。

当学生继续讨论照片和其中注意到的内容时,单词 shadow、people 和 scale 也被加进图—文词典中;11 个单词被加入"相关词汇表"中(如 shopping、market、produce、consumers、farmers、orchard),更多词汇被加进"单词墙"(parked、scale)。在第二周,学生们继续学习单词,他们使用图—文词典并将卡片上的单词进行了分类。丽莎让他们参与到大量的教学活动中以培养他们的语音意识和使用类比法的能力。例如,她还让孩子们从已经挑选出的 taillight 和 tailgate 两个复合词中找到 tail、light、gate 三个单词的韵脚 –ail、–ight、–ate,并对其进行词首辅音、押韵词、替换和删除的语音练习。

丽莎也做了许多简短的学科知识朗读以帮助增加词汇量和世界知识,并提供一个范例给学生以鼓励他们从获得的书本和文章中去探索与学习。当使用图5.4的照片作为图—文归纳教学模式探究周期的一部分时,学生将在书本中探究世界各地的市场、社区、交通类型和目的以及墨西哥,并为一些获得的课文类别取名。一些学生读这些课文,一些学生做图片环游,一些学生搜集新单词并放进他们的图—文归纳探究模式笔记本。从图—文归纳教学模式的第一个研究周期起,丽莎就尝试建立一种学习文化,这种文化来自课文,享受课文,搜集来自口头讨论、作文和研究的各种资源信息。

在第二周要结束时,在不使用图片、标题和句子而只在卡片上给出一个孤立单词的情况下,丽莎和她的助教塞茜尔检查了学生们所学的单词。9 个学生能正确地读出 14—22 个单词,7 个学生能读 8—13 个单词,6 个学生仅能正确地辨认 1—7 个单词。

在第三周开始时,丽莎给学生们展示了她写的与图片有关的一系列句子,并示范了几种句子结构:

The man is walking into the market.

(有个男人正向市场走去。)

The scale can be used to weigh the fruits and vegetables.

（那台秤可用来称水果和蔬菜。）

Umbrellas also provide shade from the sun.

（伞可用于遮阴。）

在这一周,学生们将利用他们从图片中挑选出来的单词,再加上一些构成句子的词汇,来口述他们自己造的句子。他们的句子中很多都包含如 is, are, by 和 from 一样的高频词。丽莎也让学生至少说明一个在他们的图—文归纳教学模式笔记本上的句子。

学生们继续学习单词和朗读句子。在这一周末,丽莎和塞茜尔再次检测学生们认识单词的情况。这次他们在认识单词的过程中有相当大的收获;大多数学生能够读20个单词甚至更多。只有一个学生没有什么进展。大多数学生都能在没有帮助的情况下读出图片的标题和句子。

在图—文归纳教学模式研究周期的最后一周,丽莎和学生将一些句子根据内容划分种类,如有关场景的句子,有关市场事物的句子,有关交通的句子,有关卡车的句子。有的学生对三个轮子的车(three - wheeled cycle)感到好奇;他们认为三轮车(tricycle)这个单词并不能向读者准确传达出他们在图片上见到的。所以,丽莎用网络找到了几个图像,与学生一起决定最好的搭配,即最准确的描述应是载货三轮车(cargo tricycle)。

丽莎选择了其中一个种类,把学生们自己造的句子加以修改组成了一段话,这段话被打印在卡片上,并制成小册子,以便学生能够带回家读给父母听。

谈到阅读,全校学生都参加了学校的"读书计划"(Read program,见 Joyce & Wolf,1996;Joyce & Calhoun,1996)。这些一年级的学生需要每周记录下家长给他们读的或者自己学着阅读的书的数量,家长的任务是每周至少给孩子读5本书。到10月最后3个星期,家长平均每周给孩子读了6本书,但仍有一些例外。如在规定的任何一周时间里都有2—3名家长不能汇报任何书或者只能汇报1本。然而,在这三周期间,家长给学生读得最少的也有3本书——这表示所有学生至少偶尔也能听到读书。当然这里不存在性别差异。当学生学着阅读,他们自己阅读的书目和数量也被记录下来,丽莎和塞茜尔将保证每个孩子选对合适级别的书目并能在家阅读和分享。

研究学生学习

在这一学年,丽莎进行了几个研究,包括视觉词习得和保持,高频词在词汇表中所占比例分析,音—形分析技能培养,独立阅读书籍,阅读水平获得。

视觉词

在一年中,学生们总共遇到了1029个词汇,它们被记录在大家都能读到的地方(图—文词典,句子,段落,教室里的物品标签和单词墙上的单词)。这些词是从学生个人阅读中自己遇到的和计数的单词中分离出来的。在这1029个单词中,有377个单词来自图—文归纳教学模式研究周期的第一周。研究周期在9月开始,并在全年的不规则区间继续进行。5月我们评估了学生对这377个词汇的记忆——评估在一个单独房间进行,单词被逐个通过闪卡呈现,完全脱离图片、句子和单词墙的语境。平均起来,学生能够正确读出91%的单词。最低水平的学生也能准确读出59%的单词。

接下来的9月,学生进入了二年级,学生词汇量的保持被再次检测。平均下来,学生识别出了和5月一样的脱离语境评估的91%的单词。能准确认读的也有90%的单词。最低水平的学生也能保持之前5月份的准确读出的59%的单词。重要的是,丽莎发现学生已经将其中许多单词纳入了长期记忆,很可能要归功于学生在这一学年针对它们的很多学习活动,如将它们运用在句子和段落中,并在书中遇到它们,不仅仅因为它们是图—文归纳教学模式探究的一部分。丽莎也想知道她的学生正在学习的高频词有多少。图—文归纳教学模式研究周期生成的单词是那些代表图片中事物的单词。因此,并不全部都是系列教材和最畅销的初级水平书中能找到的高频词。丽莎使用道奇400个高频词汇表(Dolch list of the 400 high-frequency words)测验了学生对单词的识别情况。这些高频词经常在典型的三年级教材课文和基本计划中出现。平均下来,学生能认识87%的单词,个人在49%到100%的范围内。在22名学生中,有15名学生能认识90%的道奇词汇或者更多。因此,尽管图—文归纳教学模式研究周期没有根据预定的词汇表来系统介绍视觉词,这些一年级学生也能在很大程度上学好它们。

语音技巧

图—文归纳教学模式没有按照预定的教学方式——介绍拼读法技巧,而是通过教师引导学生探究图—文词典上单词首尾的读音以及单词的结构特征来教学生分析单词和培养拼读法概念。

丽莎探索了学生掌握基本语音归纳能力的程度。在 5 月,丽莎对学生进行了事物名称测试(Cunningham,1990,2005;Duffelmeyer,Kruse,Merkley,& Fyfe,1994)。在测试中,学生试着去解码不熟悉的单词,当然这些单词中包含了所有的基本字母组合。学生们都取得了理想的测试分数,这表明他们在解码单词时都正确地利用了字母和语音之间的基本关系。他们的平均得分是 81 分,最低分是 62 分,4 个学生得了 95 分或更多。图—文归纳模式运用条件下测试的这个结果远远好于一年级学生的普遍表现。

学年内所读书籍

学生所阅读书籍的数量在 60 册(大约每周两册)到 300 册或者更多。平均阅读书籍的数量大约是 200 册(记住在第一个月的其中许多书是带有图片的)。在学年末,大多数学生都在阅读年级水平及以上的书籍了。为了支持学生的学习内容,当学生在学习阅读、语音、语法同时,丽莎确保学生能接触到广泛的各种文体的文章。她做出了特别的努力以确保 50% 的教室书籍是高质量的纪实类书籍(如概念书、说明文、纪实类记叙文)。

学年末阅读水平的标准化测试结果

到学年末,对 22 名参加了一年课程学习的学生进行了艾尔伯特诊断性测试(Alberta Diagnostic Test),该测试按照年级水平对阅读成绩进行打分。19 名学生的分数远远高于一年级结束时应有的水平,分布如下:

· 六年级中期水平:2 名
· 四年级中期水平:3 名
· 三年级起始水平:6 名
· 二年级结束水平:2 名
· 一年级结束或二年级开始水平:6 名
· 一年级中期水平:3 名

基于行为的个性化标准测试

丽莎是一个使用格雷口头阅读测试(Gray Oral Reading Test,缩写 GORT)团体的成员,该测试有一套个性化的行为水平标准被用于评估全学区的阅读。该团体在学年末对 15 名学生进行了测试,他们的年级水平当量(GLE)分数在表 5.1 中。数据显示许多一年级学生能流利阅读和理解,好于年级水平。

格雷口头阅读测试结果与州成绩测验是一致的。GLE2.0 分是一年级学生学年末的跨国平均分。重要的是,在一、二年级的 3.0 分及以上显示出学生是能干的、独立的阅读者,他们积累了大量的视觉词,并很有可能还具备了单词分析技能。

表 5.1   格雷口头阅读测试(GORT−4)分数

2010 年 6 月学生评估结果

Grade 1 GLE Scores	
6.0	2.7
2.9	3.7
1.4	5.2
2.7	3.7
3.2	5.7
10.2	5.0
5.0	6.7
4.4	

小　结

丽莎·穆勒是一个非常好的研究型教师。她继续学习新的教学模式及其使用方法,与此同时,研究学生的进步并让学生参与进来让其从读者和作者的角度来探究自己的进步。在 http://modelsofteaching.org 网站,有几节丽莎上的展示课的录像。

接着市场主题的研究周期中第一张图片,丽莎决定使用另一张市场图片(图 5.5),学生又可以从中找出单词,另一个研究周期将继续。

图—文归纳模式的原理

许多教学模式的最终确立都要经历相当长的时间,需要几代人的不断改进。我们每次修订本书时,都是仅把少数具有很大影响力的新的教学模式考虑加在其中。图—文归纳教学模式是一种新增的相当有趣的教学模式,它的理论基础和应用广度已经产生了非同寻常的影响。就像名字中所说的那样,归纳学习是建立在依靠归纳教学研究和合作学习研究的巨大基础上的。

图 5.5 市场街景

这一教学模式基于对学生读写能力的研究,即学生通常是如何发展读写能力的(特别是他们如何学习阅读和写作),包括所有课程领域的读写能力和认知发展,元认知控制的发展是核心(学会如何学习包含在这一过程中)。艾米莉·卡尔霍恩用了 20 多年的时间发展这一模式,你可以看到这一教学模式的应用确实提高了学生学习成绩。

在多维课程领域中,学生建构书面语言知识(语音、结构和语境分析),发展提取与组织信息的技巧,是最重要的。在某种意义上说,这是最理想的建构主义模式,因为一般读写能力是相关课程读写能力发展的基础。

要想成为专家读者,人们需要大量阅读,扩大视觉词(整体认读词)词汇量,练习语音技巧和结构分析方面的能力,并且学会全面理解课文和进行相应的拓展阅读。当学生在课程领域内理解课文时,这些都是至关重要的,而收集信息、概念化信息、应用信息是学生取得成就的核心。

针对学生如何获取读写能力的研究,我们提出了一系列的命题。

第一,天生的社会化过程。孩子们以最自然的方式学会听说语言。在一个阿拉伯家庭里,孩子们就能学会阿拉伯语,而生活在一个法国家庭里的孩子则可以学会法语。在使用大量的词汇和复杂句法的家庭里,孩子们则能学习大量的词汇和语法结构。重要的是,这一学习过程建立在孩子们想要使用语言与他人交流的欲望基础上并努力充分利用他们这种天生的学习能力。

第二,概念连接的大脑。如第一、二、三章所描述的一样,归纳思维是在我们的头脑中建立的。孩子们从出生开始就在将世界进行归类。他们是天生的概念形成专家。

第三,理解的需要。孩子们寻求意义。孩子们想通过组织观察到的事物来理解他们的世界,他们把获得语言作为寻求意义的一种来源。

第四,互动的环境。与成年人和同龄人交流是社会化的自然途径。当年轻的读者发现书中的信息,或产生某些想法时,通过阅读进行交流是促进其社会化的重要部分。因此,社会化的程度受读写能力的影响很大。阅读能力差的小学生在学习上会处于劣势,在与作者交流的过程中也会失去乐趣。

所有这些并不是说读和写是自然的生理过程,而是说应该利用孩子们语言习得的自然方式。我们面临的挑战是设计能够利用这些自然能力的课程,帮助孩子去拓展与生俱来的读写能力。

图—文归纳教学模式就是为了迎接这一挑战而设计的,它的概念基础借鉴了我们在前面的章节中所描述的关于学生如何获得读写能力以及所研究的几种基本学习模式。

图—文归纳教学模式与读写课程

尽管这种模式在其他课程领域是非常有用的,但是我们在这里关注的是它对早期学习读写课程的应用价值。这一模式(Calhoun, 1999; Joyce & Calhoun, 1998)是语言艺术课程的主要成分,是为小学初学者和超龄初学者以及处于阅读低级阶段的读者而设计的。该模式属于信息加工类教学模式,因为教学的重点主要通过建构课程使学生探究语言,形成并归纳怎样使用字母、单词、短语、句子和文章,从而支持英语语言方面的交流。基于几种教学策略和提高读写能力的研究成果,这一模式也包含了一些帮助教师研究学生读写能力的工具。事实上,有效地使用图—文归纳教学模式需要进行行动研究,因为教师不能简单地接受或者直接使用这个模式,而需要调查它的理论和基本原理、它的结构以及它对学生的影响。最近的两项研究阐释了这一模式的优势,其中一项研究在加拿大的亚伯特省进行,另一个在加拿大的萨斯喀彻温省进行(见 Joyce, Hrycauk, Calhoun & Hrycauk, 2006;和 Joyce, Calhoun, Jutras & Newlove, 2006。又见 Joyce & Calhoun, 2012,第九章和 Joyce & Calhoun, 2010,第五、六章)。

模式的运作

我们从学前和幼儿园大班开始到整个小学高段年级使用该模式以保证在知识学科内的探究学习。在发达国家,大多数儿童到了 5 岁的时候,能够听说理解4000—6000 个单词,并且已经学会了语言的基本句法结构(Chall, 1983;Clark & Clark, 1977)。他们能够听懂并理解复杂的句子和较长的交际对话。他们说出的句子包括了介词和连词,同时也包含了因果关系,比如"如果我们现在去商店,回来的时候我们就能看托马斯的歌剧了"。这时他们会迅速而贪婪地学习词汇,玩词汇,甚至与毛绒玩具和娃娃对话,像他们将来写作那样形成思想、处理词汇。儿童对语言的自然习得是最令人兴奋的儿童文化现象之一,由此带来的是一种强烈的个人力量感和满足感。

在图—文归纳教学模式的第一阶段,我们给儿童呈现的是他们相对熟悉场景的放大照片。他们通过辨别物品、活动和特征把相应的单词从图片中挑选出来,然后用线把图片中的事物和单词连起来,这样他们在识别事物的词汇时就能和已经自然形成的口语词汇建立起联系了。你可以花一分钟在图 5.6 上挑选出一些单词。

图片中的事物以及活动和儿童语言之间建立的联系使得儿童能自然地把口语(听和说)转化为书面语言(读和写)。他们能够理解这些转换。他们会看着教师拼写单词,并和教师一起拼写。当他们把图片中的事物和一个单词联系起来时,就会看到这个单词的书面形式,而且此时他们也能够读这些单词,他们知道我们总是以同样的方法来拼读单词,因此当他们在图片中找到了一只狗,然后看到 dog 这个单词,听到这个单词被拼读时,他们自己就会读;在放学回家的路上,他们在街道拐角处看到了一只迷失狗的标志,自然而然地就读出了 dog 这个单词。

图 5.6　婴儿与狗

因此,该模式的主要原则就是要不断充实儿童的词汇库和句法形式,并且要有利于词汇从口头形式转换为书面形式。大多数儿童想要弄清楚他们周围的语言的意义,他们会积极地和我们一起解开它们的神秘面纱。要遵循的一个原则是尊重儿童语言的发展:这一模式的核心是使用儿童熟悉的词汇,并且有能力在这些词汇间建立联系。随着儿童词汇的发展,教师就要运用记忆原则,尤其要培养学生丰富的联想能力来达到长时记忆的目的。

学习读写的过程

这一不可思议的过程有很多需要研究的地方。在这个过程中,儿童需要在自然习得的语言和书面语言之间建立联系,这是一个认知奇迹。我们认为,随着儿童读写能力的发展,他们需要完成几种类型的学习。

学习读写,儿童需要拥有大量的视觉词,即一个他们能够立即拼写出来的词汇库。如果儿童要看很多简单的纪实类或故事类绘本,大约需要 400—500 个词汇。正如我们所见,即使读《狗狗快跑》(Go, Dog, Go, Eastman, 1961)和《床上的十只动物》(Ten in the Bed, Dale, 1988)这样简单的书,他们也需要掌握 100—150 个单词。当学生到达这一水平,简单的说明文可用作学习阅读和阅读学习,如《我的五种感官》(My Five Senses,Aliki,1989),《关于鸟:儿童指南》(About Birds:A Guide for Children,Sill,2013),和《生为蝴蝶》(Born to be a Butterfly,2000)。此外,学生们掌握大约 50 个视觉词,就会给他们的语音学习带来极大的好处。在学习的其他方面,包括扩大词汇量也是如此(Graves,Watts,& Graves,1994)。

　　图—文归纳教学模式与扩充视觉词汇量之间有直接的关系。首先,在学生们从图片中挑出词之后,他们需要对这些单词进行读写。然后,这些单词被放置于学生们能看到的大的词汇卡上,教师利用这些卡片来进行分组指导。学生们也会得到一套小的词汇卡片,他们将这些单词进行归类,并且用图片字典去核对他们对单词的理解,以此达到复习单词的目的。学生们把单词卡片保存在自己的单词库或者单词盒子里以供随时参考,最终他们会把这些单词变成句子。

　　儿童还必须形成关于将发音与书面形式的结构联系起来的语言惯例的概念,关于"发音—书面形式"(也称拼读法,字形—音素或字母—发音的关系),儿童需要知道的是,对于以某个特定发音开始的几乎所有单词来说,一定是以代表那个特定读音的字母开始的。一位使用图—文归纳模式的教师要求学生从词库中把所有包含字母"b"的单词找出来,并且专门学习字母"b"。在另一段时间里,他们又专门学习包含"at"的单词。当学生已经会读图—文词典上的大多数单词之后,教师要求学生把含有某个读音的所有单词找出来。

　　关于词汇的结构,学生们需要形成对词汇后缀的理解,也就是单词形式的变化暗示了数、性、人称、时态、语气和语态的变化。似乎很难想象,随着时间的推移而形成的这些结构惯例使学生们能够更快、更准确地进行思想交流,而且学生们能够注意到词的单复数之间的异同(如"book"和"books"的相似与不同)。

　　图—文归纳教学模式促使学生将新学的单词分类,学生们根据分类建立起新的概念,这将使学生能够识别出他们以前没有见过的单词。在英语中,大约有 44 个音以 200 多种形式出现,也有些人说是 250 种形式(Morris,1999)——因为某些音有多种表现形式(如 shut,nation)。当学生们整理词汇的时候,会形成很多种类:有些词汇全部以"boy"开头,有些词汇的中间含有两个"d",比如 ladder。他们把单词归类为音组或叫押韵词族(bat,cat,hat),以此来读写他们先前没有记过的单词,如 mat。他们将发现自己做的归纳概括使他们能解锁遇到的 70% 左右的单词,因为他们将学到认读单词的多种方式,如使用视觉词、类比旧单词、联系上下文语境、识别单词中的固定拼读模块并读出音,发出字母音和拼音成词(Ehri, 1999, 2005)。

学生们会被一些词的拼写方式逗得哈哈大笑(如 ate、eight),偶尔也会因我们坚持让他们学习语言的一些特性而叹气。他们会对 see、sea 这两个单词感到困惑,并且想知道它们为什么有相同的读音。有时,我们会说一些老师曾经对学生时代的我们说过的话:"你只需要记住它。"

总之,图—文归纳教学模式是利用儿童的能力进行的归纳性思考。这将使儿童形成概括的能力,而这种概括能力又是结构和语音分析的基础。这一教学模式顺应了儿童的思维能力,其主要原则就是让学生掌握语言惯例的概括能力。

读写之间的联系

当学生们在图片中去找单词对应的事物时,这些单词是被教师正确地拼写在图—文词典上的,这是为学生们进入正式读写早期阶段所做的准备工作。之后,教师要求学生根据图片造句,在教师的帮助下,他们开始写更长的句子。通过大量的反复练习,句中的单词进入学生们的知识结构中,并且自然而然地进入了他们的词库当中。逐渐地,随着学生阅读量的增加,他们也学会了分析其他作者是如何写作的,然后他们运用这些作者的策略去提高自我表达的能力。实际上,他们开始把高雅的文学和散文库(世界上的图书馆)作为学习写作的模式,以此来分享和交流思想。当他们读了更多绘本故事书以及简短但令人大开眼界的书时,他们将对这些书进行讨论,其中一些文章或部分文章将作为他们自己写作时的参考文本或模板。他们将从其中一些文本中搜集自己正在研究的主题和概念的信息,并思考为什么作者要以那样的形式分享信息和作为作者可以如何分享观点。很多学生开始意识到,只有用自己的语言讲解书的内容,在读者和作者之间实现对话、建构意义,这样才算是完成阅读。

当学生通过照片研究世界时,他们将感受到理解所见照片的必要性、思考它的目的、考虑它代表的和不能代表的。例如,当作者加入了一张如图5.7的照片时,学生不仅要认出其中的事物和活动,还要考虑它的目的、场景和语境。如果没有说明文字的话,学生将要自己提供,不论是脑海中的,还是书写出来的。当学生通过学校教育获得成长,并更深入地阅读纸质的或电子的报刊,甚至是更多的网络资源,他们将思考作者加入某一影像的目的,无论是照片、插图、图示、图表中哪一种,证据的本质和根源将通过影像呈现。

图 5.7 非洲野生动物园的一张照片

从幼儿园大班开始,学生和教师一起学习单词、句子、段落和文本。当组成段落时,他们将选择和讨论标题。教师将引导学生进行元认知的讨论思考:为什么选择这个标题而不是另一个? 哪个标题是最全面的? 哪个标题会令各位读者们最为感兴趣? 哪个句子会与某个标题相匹配? 另一个句子与哪个标题匹配呢? 而当写一段话和设想一个标题时,教师将帮助学生把注意力聚焦交流的本质:我们想要和读者说些什么? 和我们自己说些什么? 当教师帮助学生思考他们想和读者分享什么,他们最想让读者知道什么,如何帮助读者获得这些信息,以及最后评估所期望分享的信息是否实现时,学生都要使用读写之间关系来处理。教师要尽力帮助学生,直到学生作为独立的学习者能够清晰地认识并使用读写之间的联系。

这样,运用图—文归纳教学模式的另一个主要原则就显现出来了,即读写之间是自然建立联系的,并且能够同时被掌握,也可以一起使用来促进个人语言运用方面快速、有效的进步。关系概念是至关重要的,如果在口语中名词单数形式和动词第三人称单数形式联系在一起,那么在书面语中也应该如此。如果作家呈现给读者的隐含有特定内容的标题确实能在文章中反映出来,那么新手作者在形成标题时也应该学着向读者呈现与标题相关的内容。

在第一个图—文归纳教学模式案例中,我们观察了丽莎·穆勒对一年级学生的教学。现在,让我们观察萝莉(Lori)对中学生的教学,实际上这些学生是正在挣扎的初级阅读者。

教学情境

萝莉的"阅读带来成功"课程

萝莉在教一个包含六年级和七年级的学生参加的"阅读带来成功"课程。每天设计90分钟的课程用于这些在读写上需要进步的学生。在本学年伊始,这些六年级学生的平均年级水平当量分数是3.0,但一般六年级学生的总体平均为6.0。

图—文归纳模式是该课程的重要组成部分。在平常的一天,学生会花大约30分钟时间用于图—文归纳教学模式调查和研究,大约20分钟时间用于独立阅读和阅读教学,大约20分钟时间写作。萝莉每一天都会给学生读书并示范阅读理解技巧和单词处理技巧,在她读书时讨论这些技巧,并将学生还无法读懂的书中的信息和思想传授给他们。我们将跟随萝莉和她的班级追踪一个图—文归纳模式的研究周期。

阶段一:研究段落并挑出单词

萝莉将图5.8的照片呈现给学生并让他们研究。这张大约24×36英寸的照片被印在了一大张浅黄色的纸上。

图5.8 两头大象

图5.9
用图—文归纳模式学习单词属性

在学生研究了这张照片后,萝莉让学生一个一个识别照片上的事物与活动,并与全班分享。当他们这样做时,萝莉从图中的事物那里画一条线到图外一个地方,并写下学生提供的单词。她拼写出单词,学生则倾听她的拼写过程,然后她与学生一起拼写。渐渐地,一张图—文词典就被建立起来了(见图5.9)。

在接下来的几天里,学生提出了25个词,萝莉与他们一起复习这些词,自己拼写或让学生拼写。她还做了一个文件并在卡片纸上复印了多份这些单词卡片,给每个学生一套单词卡片。她让学生用阅读词卡来研究单词。如果他们在读词时遇到麻烦,可以参考图—文词典,找到与其对应的事物和活动。尽管所有单词都在学生的听说词库中,但当他们看着从图中挑出的脱离语境的单词时,仍有几个词是学生不会读的,这需要进一步研究。一个主要的目标是将这些单词加入学生的视觉词库中,也就是学生能立即识别的词。流利阅读需要一个可观的视觉词库。萝莉也搜集了大量有关大象和非洲草原的纪实类书籍,一些书的词汇量较少;本周期将增加一些单词以使阅读这些书对于学生来说变得更容易。

学生认识的大多数单词是指向某个特别的事物或其某一部分(如建筑物、花和倒影)。一些是双词—— 一个形容词和一个名词,如石头柱子(stone pillar)和坚韧的皮肤(leathery skin)。大约有 25 个单词被最先提出。当学生继续在照片中找到信息并探索其他资源以回答他们自己生成的问题时,更多的单词将被加进来。例如,在他们的第一轮中,那个不寻常的结构就仅仅被称为"建筑物"(building)。

阶段二:分析单词属性,建立种类,发展单词处理策略

分析单词属性。萝莉让学生检查单词,思考其属性,然后引导他们进行一系列练习以让他们在单词中寻找识别标志。他们定位单词中的韵脚,如在 pink(粉色)、drink(喝水)和 wrinkle(皱纹)中的"ink"。一个学生注意到了 leathery(坚韧的)里的单词 leather(皮革);另一个学生注意到 leathery 里有单词 eat(吃)和 her(她)。另两个学生认出了复合词 grassland(草地)和 toenails(趾甲)。这还引发了 pine tree(松树)是否也是复合词的讨论。

萝莉让学生在整堂单词练习课中分析词性、使用拼读和结构分析技能,问诸如"What did we do to change water lily to water lilies?"的问题。以 trunk(象鼻)为基础,他问学生拼读 skunk 和 shrunk 需要做什么,并探索"unk"词族,并以家作找出"debunk"的意思结束新课。她知道许多需要进步的读者对阅读(包括单词分析)已经有厌恶感,她想要引导他们直面自己的恐惧和不安,然后他们就可以拥有更加丰富类别的单词属性以联系和记忆各单词(见第八章中关于记忆术的讨论)。她想要他们发展出比目前更多的单词分析技巧。

建立种类。萝莉现在让学生用自己的单词卡片为单词分类,集中注意力于一些单词的共性上。他们可以基于有关联的内容建立种类,如大象的特点;或词形,可从拼写形式中看出,如 drinking(喝水)和 building(建筑物)两个都有后缀 ing;leaves

(叶子)和 leathery(坚韧的)都以 l－e－a 开头但发音不一样。

当测试学生是否掌握这些单词时,要拿开图—文词典,给他们展示单词卡片,一张一张地,他们会读的归为一摞,需要参考图—文词典的归为另一摞。萝莉让他们继续研究这些单词,目标是百分之百能识别。大约一周一次,她逐个测试学生,记录他们的进步,并对多数孩子都有阅读困难的单词做上标记。她每天都会对这些词进行快速复习并对"傻瓜"词(她对更困难词的称谓)给予特别关注。对于那些学生仍有困难的一些单词、拼读模块或自然拼读规则,萝莉可能会转向其他教学模式以确保学生掌握,如概念获得模式(第六章)和直接策略教学模式(Duffy,2009;本书中第十六章)。

阶段三:创作句子

萝莉宣布下一个任务是通过研究图—文词典创作句子。这给学生提供了机会在句子层面创作和运用他们在书中经常遇到的高频词(如 the,of,and,in)。他们详细描述所见,练习使用准确的动词、副词和形容词,抓住机会拓展英语的句法和知识。

在他们的第一个图—文归纳模式研究周期中,萝莉为学生做了造句示范。她从一个仅仅包含了两个事物的种类开始,即 building(建筑物)和 stone pillar(石头柱子)。萝莉在她造句时分享自己的想法:"我想我就从两者的关系出发——柱子(pillar)能为建筑物(building)做什么。那么,我想出了'The building sits on tall stone pillar.'(建筑物坐落在高高的石头柱子上。)注意我聚焦在建筑物其中一个特点上。我以 the 开始我的句子,它是一个很有用的单词。当你默读时,注意它在你的书中某几页出现的次数。我选择单词 sit(坐)是因为这就是建筑物看起来正在做的,也可以说栖息(perch)在柱子上。事实上,我认为说建筑物是在柱子上休息(rest)更加准确,sit(坐)或 perch(栖息)听起来好像它可能要起来离开。让我们将句子改为'The building rests on tall stone pillars.'(建筑物在高高的石柱上休息。)我加上单词 tall(高高的)和 stone(石头)是想告诉学生柱子看起来的样子和它们制作的材质。我开始疑惑为什么建筑物是在柱子上的……"

萝莉示范创作另一个句子,再让学生造一些自己的句子。她说研究照片和(或)建立词类可帮助最初的造句,因为这些词往往都是有关相同话题和活动的。

学生看着他们的分组词汇并开始创作自己的句子。几轮活动后,他们生成句子并分享句子。萝莉将它们写在图—文词典上,当增加句子时,他们一起读出上面的句条。她还添加新的单词到最初的图—文词典中并把他们写在单词卡片上,然后分发给学生添加到他们的词库中。

当她的学生创作时,我们可以轻易看到某些有用词汇的重要性。There 就是其中一个,因为它在最初的 26 个句子中的 9 个都出现了。

"There is a reflection on the water."(水面上有倒影。)

"There are leaves floating in water."(水里漂着叶子。)

be 动词形式(is, are)和几个介词(in, on, of)出现了。一些并列句和复合句也出现了。

"Two elephants with tusks stand near a waterhole; both are drinking water."

当萝莉让学生读所有句条时,其中散文的数量超过了几个学生曾经一口气读过的总量。重要的是,他们开始感受到了进步,甚至早在他们第一轮的图—文归纳教学模式研究周期中就可能发生。

阶段四:创作标题

下一步,萝莉给他们的作业是创作图片的标题:"我想要你们创作一个能抓住主要内容的标题。想象一下,某人拿到这个标题,然后走进这里,看到许多大大的照片,能径直走向那张照片。通读我们的句子,看看你想到了什么。"

几天后,萝莉将学生集合为一个圆圈并让每个人都贡献一个标题。不同类别的标题就出现了,提供给学生更多阅读材料。以下就是例子:

"The Two Elephants"(两头大象)

"A Big Drink of Water"(喝了一大口水)

"The Mystery House on Stilts"(高跷上的神秘房子)

"The Water Hole"(水坑)

"Elephants at the Water Hole"(水坑里的大象)

然后萝莉让她的学生找出可以匹配其中一个标题的句子。

约翰提供的是"These elephants seem really big."(这些大象看起来真大呀。)

玛丽说:"Their trunks are like giant gray straw."(它们的象鼻就像是巨大的灰色吸管。)

莎拉沉思"Is that round building on pillars to keep those big elephants out?"(那栋柱子上的圆建筑是不想让大象靠近吗?)

那么我们就得到更多的创意,即可阅读的句子。

阶段五:分类句子

萝莉的打印机又开始工作,句条出现了。"现在,我需要你们仔细读几遍句子,而不是一遍。"想想他们的属性。你可以想想它们的主题,如它们包含的信息内容,或想想它们的写作方式。仔细观察它们。然后对它们进行分类,就像对单词做的那样。

萝莉通过把下面两个句子放在一起来说明并分享她的理由:

Behind the elephant there are bushes and brown grass. (大象后面有灌木丛和棕色的草坪。)

Elephants live in grasslands in Africa. (大象生活在非洲的草原。)

"我把这些句子放在一起是因为一个描述了非洲大象一般的生活地而另一个描述了它们的栖息地,即那两头大象的实际居住环境,所以它们有共性的内容。一些种类可能有共性的写作方式。"图5.10展示的是其中一个学生的分类。

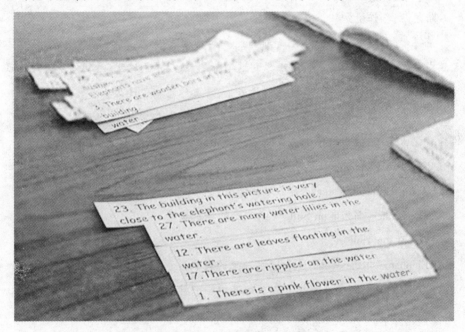

图5.10 学生给句条分类

学生每天在家完成作业,再花几分钟在课堂上。当萝莉判断每人都有几个种类可供分享和解释了,她将学生召集起来形成学习圈。

乔西说:"我把5、12和17号放在一起,因为他们都说到了与水有关的事物。"

尼恩托说:"我把2、4、12和16号放在一起。某件事发生在所有这些句子里。"

分享继续。一些种类包含了对大象的描述而另一些则是有关花的。学生学习到一些句子可归为不同的几个种类,因为这几个种类强调了不同的属性。现在,就像词的种类可带来句子的书写,那么句子的种类也可带来段落的书写。

要注意读与写是同步学习的。单词被识别是因为它们的拼写形式,知道它们的拼写形式是写作的基础。书写句子为阅读提供了材料。书写段落将为阅读提供更多的文章。语言从学生已经发展成熟的口语词汇库中流向一种新的形式,即书写形式。当学生探索他们问题的时候,新的词汇和概念被加进来,如"这是哪里? 这些是什么种类的大象? 那些建筑物是干什么用的? 那是什么类型的建筑物?"等。

阶段六:从句子到段落

在过去,萝莉的学生几乎不能写出容易辨认的东西,更何况是生成一个连贯的段落。在学年末,她希望他们能写作短文和故事,但目前我们才刚到超越句子写作的第一堂正式课。图5.11展示的就是在这堂课中利用了图—文词典的萝莉,还展示了学生生成的句子,其中一个句子种类以及一个她创作的段落。

"我们将要使用我们的句子和这张照片建立段落。首先,我会示范如何写一个段落。"

"我通看了所有句子并把发生在这个水坑周围所有事物的类别放在一起,即句条1、2、5、12、16、17和27。我脑子里有了一个标题,即'水坑',然后我从这些句子中获得灵感,创作了自己的句子,这就是我的段落。"萝莉对学生读到。

图5.11
图—文词典、句子、萝莉和段落

图5.12
萝莉在分享"有声思考"段落写作

倒　影

水坑是非洲大象们的聚集地。这些巨大的生物用它们的象鼻喝水时在水中激起层层涟漪。睡莲在水边成丛地生长。它那大大的浮叶围绕着完美的粉红色花。这些花倒映在水里,大象和花混合在了一起。

萝莉读完这段话后,她进行了一次"有声思考"分享(见图5.12),即介绍她使用的句子和原因,讲述如何将它们放在一起,解释怎样和为什么做了一些修改和添加。

"现在,我想要与你们说说当我写作段落时思考的内容。我希望这会在你们思考写作内容时帮到你们。"

"让我们从标题开始。我把所有这些句子放进一个种类因为他们描述的都是发生在水坑周围的事物,所以我想一个好的标题应该是'水坑'。在我的第一句话中我想向我的读者介绍地点和出现的事物。"

"我在第二句话中将词语'大象'换成了'巨大的生物'以避免重复和增加新词。在第三句话中,我增加了'成丛地'到句子里,因为它描述了在水边成群的花和睡莲的生长特点。"

"在我的第四句话中,我想要提供更多有关睡莲的信息,所以我使用了来自句子1、12和27的信息。我决定将其中一个句子中的'漂亮的粉红色的花'变为'完美的粉红色的花',因为我所看到的最好的睡莲是那么的娇嫩和完美。而且,我想要将辅音/p/作为头韵,于是将单词 perfect(完美的)和 pink(粉红色的)放在一起。"

"我最喜欢这张照片的事物之一是水中的倒影。所以在我的最后一句话中我想要说说倒影。我用了句子2、5和17以及整合这些信息来造最后一句话。因为我喜欢倒影在水中混杂和扭曲的样子,我决定使用单词'混合'去代表这种混杂状态。我也希望我的读者可以想象出倒影里娇嫩的花与坚韧的大象混杂的对比。"

"我的第一个标题是'水坑',然后我将它改为'倒影'。现在,我正思考是否要把它改为'水坑里的倒影'以明确地点,而且因为对我来说,倒影是我们研究照片时注意到的一个特别部分,想想我们在一些句子中就说到过。以上种种有时会发生在我们身边——你在写作时有了新点子或逐渐澄清已有想法。"

"现在,选出一个你的句子种类。想一下你会说些什么,你会用什么标题。我们将利用每天的写作时间直到你们有一个完整的段落。每一天,你们将有几分钟时间交流想法,如你们想要读者得到什么和作为作者你们正在做什么。"

小 结

这个图—文归纳教学模式研究周期持续大约三周时间。学生研究词语,萝莉观察他们的进步。他们读和写——读他们自己的段落将与读一些简短的书时间一样多。在本周期末,每个学生都将习得30个左右的视觉词和一些新的认单词的方式。萝莉正教他们用更易识别的手写印刷体书写,并开始教他们斜体的写法,这将大大影响他们书写的流畅性。这些学生在本年度将平均获得年级水平当量2.0的成绩,与全国平均水平比起来就相当于他们已经在学校学习了两年的水平,这也是他们前一年水平的四倍。

但我们已经超越自己了。

萝莉开始研究后的第四周,她向学生呈现了一张图5.13的照片,并且说:"上个月我们参观了非洲,这个月我们……"

图5.13 在内陆

当课间休息时,学生们将注意到,现在大量有关世界各地农场的书籍出现在了教室的图书角里。因此,又一新的研究周期的步骤开始了。

图—文归纳教学模式的使用

图—文归纳模式是一种探究性的教学模式。这个教学模式的构架可以帮助学生完成任何复杂的任务。希望上面的个案能够使我们清楚地认识到教师是如何利用这个模式组织学生探究英语及其使用方式的。

这个模式为教授初学读写的学生提供了一个多维的课程(Calhoun,1999)。如果想充分利用这一教学模式,那么教师每次都应该讲授清晰,通过组织并引导学生进行活动来帮助他们形成概念。对那些处于初级水平和把英语作为外语的学生来说,教学的重点是培养他们的阅读和写作技巧。另外,这一模式对于能够独立阅读且年纪大一点儿的学生学习社会科学中的信息和概念也是十分有用的(Joyce & Calhoun,1998)。

总结图

小结:图—文归纳教学模式

结构与顺序

1. 选择一幅图画,由教师完成。图的场景可以与基本的学科知识相关或不相关,这取决于教学目标和学生需求。

2. 让学生辨认图画中的事物。

3. 标记出图画中被识别的事物。(教师用线条把图画中的事物和单词连起来,说单词,拼写单词,同时学生跟随教师指着每个字母再次说单词,然后和教师一起拼写。一张图—文词典就产生了。)

*4. 教师引导复习图—文词典,强调这些单词的特点并引导学生继续拼写和认读。(看—说—拼—说)

*5. 让学生把单词分成不同的种类并与人分享他们建立的种类。(词卡被印出来并分发给每一个学生。)

6. 通常在这一步,更多的单词被添加进教室里的图—文词典和词库。

7. 学生为图—文词典生成一个标题。(教师引导学生思考图—文词典中的"证据"和信息以及对这些信息的表述。)

*8. 教师示范写出关于图画的句子,使用在第十六章(显性教学)描述的有声思考作文过程。

*9. 学生生成并分享与图—文词典直接相关的句子。教师记录下这些句子,并根据来自互动式电子白板或图—文词典的内容给学生复印件。

*10. 学生给这些分享的句子分类。

11. 教师示范将某一种类的句子放在一起形成一个有效的段落。

12. 学生练习写作段落或听写段落。这些做法还可用于让学生创作一本与父母分享的书。

有"*"这个符号的表示会在大多数图—文归纳教学模式周期中发生多次的步骤。

拼读法/语法/构成法/用法

1.学生多次准确地听单词的发音,同时直接参考图—文词典的资源,就可以把单词添加进视觉词库中了。在教师的周到安排下,几乎任何的音—符对应关系都可被强调(了解或掌握)。

2.学生多次准确地听到和看到被辨别出来的字母,而且这些字母被正确组合成单词。

3.学生多次听到单词的正确拼写,也参与到正确拼写单词活动中。

4.在写句子时,教师使用标准英语用法(在需要的情况下对学生创作的句子进行修改)并正确使用标点符号和构成法(逗号、大写字母等)。

社会系统

一个合作探究的环境被建立起来。学生们一起努力学习阅读与写作,倾听与讨论,提问与调查。

反应原则

要想知道如何应答学生和提升他们的学习,就要依靠连续性的信息流。图—文归纳教学模式的结构提供了大量的机会去研究学生对学科知识的学习和应用,因此搭建了相应的学习支架。观察学生如何识别单词特点和如何有效给单词分类,为调整复习和决定下一教学行动提供了必要的材料。检查学生听写或书写的句子有相同的功能——帮助教师决定在创作过程中多大程度地示范和互动。该模式可滚动进行——各步骤可重复且各任务可调整以适应学生的需要。

支持系统

放大的照片、大量的图—文词典用纸、制作词卡的纸,还有句条都需要。一块互动式电子白板对于归纳学习和有声思考作文来说是再好不过了。当图片是与一个学科知识内容单元相关,大量单元概念主题的书也需要找到,而且要有针对不同水平的。教师将使用大声阅读(诵读法)、大声对话(有声说话法)、大声思考(有声思考法)来帮助培养理解和作文技巧。

图—文词典需要明显地展示出来,并为学生提供一个方便的阅读和写作资源,促使学生在白纸或彩色纸上创作他们自己的图—文词典。

大多数图—文归纳模式周期要用到 5 到 15 天。也可能要花 20 到 30 天,这取决于学生生成的单词数量、照片的概念丰富性和学习目标。

图—文归纳模式的教学效果和教育影响

学生建立他们的视觉词库,学习如何探究词汇和句子的结构,生成写作(标题、句子、段落),运用读与写的联系,发展对发音和结构的分析技巧,发展表达自己的兴趣和能力,增加对说明文的阅读与学习,发展与他人一起学习时的合作技能。图 5.14 就突出了图—文归纳模式的一些教学效果和教育影响。

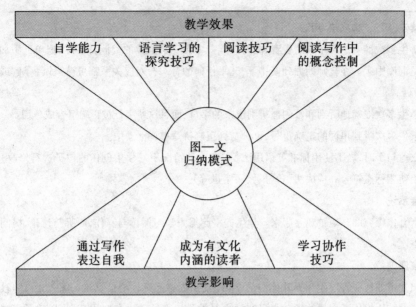

图 5.14　图—文归纳模式的教学效果和教学影响

　　教师掌握了很多教学生读写的关键要素,包括提供学习的途径和选择。学生所掌握的口语词汇越多,他们对身边的世界就理解得越多。学生掌握的读写词汇越多,他们对校内外生活的控制和选择也就越多,也就有更多的途径去学习知识和经验,更大的潜力去自学。学生对语言如何运行的理解越多,他们就会越有力量,并能变成交流者和公民。

第三部分

指向特定目标的
信息加工类模式

这些模式强调学习处理信息,在先进的教学模式中占有重要地位。其中一些模式,如先行组织者和记忆法,促进传统的概念和信息结果的形成。其他的,如概念获得模式和共同研讨法,促进特定类型的学习——前者的概念和后者的隐喻思维。探究训练模式是一项非常有趣的训练,建立士气,并旨在提高基本的思维技能。

在概念获得模式中,学生查看数据集以学习教师选择的类别。学生需要组织数据和建立概念,而教师则在概念获得模式中组织数据集,引导学生获得教师选择的概念。在共同研讨法模式中,学生们学会用隐喻思维打破陈规,发展新思想,并发现解决问题的新方法。教师围绕先行组织者进行授课——通过提供概念阶梯来构建正在研究的信息和想法。记忆模式帮助学生学习和保存信息和想法,重要的是,信息和想法会成为他们可以用来提高吸收和维护信息能力的工具。最后,探究训练模式的重点是学习提出有针对性的问题,并仔细思考答案。

正如我们不断提醒自己的那样,这些模式的主要成果是培养学习能力,自信地收集和处理信息的能力,并帮助彼此成为学习者社区,通过查找和管理信息所学到的工具也用于社会、个人和家庭行为中。信息处理模式为社会模式、个人调查的思维方式和许多行为模式的目标提供了学术内涵。

第六章 概念获得

——重要概念的显性教学

> 有个学生理解了概念获得模式，所以当他上课时，在场的听众都能领会到他所讲的内容。上周，这位学生观摩了四节由实习教师负责的概念获得课程，之后，这位学生要求给他机会教二年级同样的课程，他也期待能像实习教师一样全程录像。因此，我们安排了一些学生并由他来教同样的课程，他的课确实很出色。所以，大家都理解了这种教学模式的关键是在教给学生后，学生能通过实践训练加以运用。
>
> ——凯·范德格里夫特(Kay Vandergrift)致布鲁斯·乔伊斯

我们将从一系列的教学情境开始。萝莉是萨斯喀彻温省(Saskatchchwan)萨斯卡通市(Saskatoon)公立学校的一名语文老师，她设计了一系列关于概念获得的课程。

组织理念

我们能够通过图—文归纳模式获得某些概念，那么也能够通过其他模式获得或者学习到概念，比如概念获得模式。在这种模式中，学生首先获得一些数据集，然后教师引导他们去发现某些特定的项目。

教学情境

萝莉的第一节课

萝莉设计了一系列阅读理解课程，用来帮助有阅读和写作困难的六年级学生，这些学生在大声朗读课文时，语调平平，缺乏感情，这种情况直接反映了学生缺少对感叹词的理解。因此该系列课程主要是帮助学生掌握阅读理解策略，并把这种策略应用在写作中。下面来详细了解这一系列课程的开展。

萝莉围绕感叹词设计了第一节课,旨在通过她的课程让学生理解感叹词的概念。

定义:感叹词是在句子中表达情感的,它在句子结构中没有语法功能。感叹词通常用在引用口头语言的时候,而在商务文书中应避免使用。

标点:不管是句号还是感叹号,都可以运用在感叹词后。句号通常用在表达很平静的感叹词后,而感叹号用在强烈的感情表达中,如吃惊、情绪、感触等。

她写出了一些句子,其中有的包含感叹词,有的不包含。学生们通过比较正面例子和反面例子,来获得感叹词这一概念。

1.在她写的句子中,正面例子都以感叹词(用来表达情感的词)开头;

2.感叹词后有口语化的短语或句子。

在这堂概念获得课程中,所有的正面例句都有两个共同的特征。第一个特征是我们可按照句子的字面意思来获得信息,第二个就是我们需要思考后才能知道句子实际要表达的含义(这个句子事实上在表达什么)。而反面例句就没有这些特征。

萝莉在指明了正反例句的呈现形式,阐明怎么样理解并分析例句后,就将成对的例句呈现在学生们面前。第一组是:

哈!我们胜利了!(正面的例子)

我们赢得了比赛。(反面的例子)

在下一组句子呈现之前,学生需要思考上面每组句子的不同,并做好笔记。

啊!好痛啊!(正面的例子)

针刺到我的时候很痛。(反面的例子)

> 每一组的第一个句子都是典型的感叹句,这些句子开头都是感叹词加感叹号后面是相关的短语,短语后也是感叹号,这些句子很明显是在表达情感。

同样,萝莉要求同学们比较这些正面例句和反面例句的不同。接着,她打乱了正面例句与反面例句的出现顺序,学生就必须思考清楚这两种例句在本质上的不同时,才能弄清楚。接下来的成对句子是:

哇!牵住你的马!试着放慢速度,耐心点。

啊!好大的南瓜啊!

那是一个大南瓜。

> 这六句反面例句所表达的意思与正面例句相同,但是这些例句没有用感叹词,并且表达的情感较弱。

嘿!把它放下!

你不应该动那些不属于你的东西。

啊!烤炉着火了!

烤炉烧着了。

随后，萝莉询问学生们对于区分这些正面和反面的例句，他们是否有自己的想法。然而她并不要求学生们立即分享自己的想法。因为一旦有某个学生给出了他的想法，其他学生就有可能结束他们的思考。

现在她呈现了另外一些句组，这些句子与第一组相比区别不是很明显。

快点！车快要开了。

车子就要走了！

> 在这三组例句中的正面例子里，感叹词后面都接着感叹号，而感叹号后面的句子既没有感叹号，也没有像前面的句子一样在表达强烈的感情。

啊！我不会再那样做了。

我再也不那样做！

哦！你到了。

你终于到了！

更多的句子被呈现出来了。萝莉问学生是否有新的设想。然后她让学生试着把一些正面的句子改写成反面的句子："请改动下列句子的一部分，把它们改成非感叹句。"

哦，我现在懂了。

哎，我累了。

然后她让学生把下列反面的句子改成正面的句子。

> 下面的三句话都以感叹号结尾，也表达了情绪，但句首都没有感叹词。

你的意思是今天考试！

那是一个奇迹！

如果他们能完成这些任务，那么他们已经能获得这些概念了。

最后，萝莉给出了一个包含许多感叹词的小故事，并让学生们找出所有的感叹词。这种类型的课程会持续一段时间，当然这种课程也是学生们学习读、写的一部分。

同时，萝莉还把这门课和 Tumblebooks(www.tumblebooks.com)联系在一起，当网站作者阅读他们的著作时，学生们可观看和倾听。并且，她还挑选了几本含有感叹词的书籍，以便学生们理解作者想要表达的词语和短语的意思。

当作者多次读完以感叹词开头的一句话后，萝莉中断了阅读，把视频移回句子开头。她让学生以不带感叹号的方式阅读句子，讨论加上感叹号和去除感叹号对句意和情感变化的影响。

萝莉的第二节课

萝莉的这一单元课程是根据一部分二年级学生在结构分析/语音概念中存在的问题而设计的。例如,学生们过于泛化硬音"g",他们可能会把"page"拼写或读成"Paggey",这并不只是他们结构/语音的问题,萝莉还想让学生们在词汇的情境中获得有关单词发音的概念。

她的笔记反映了她是怎样来选择这些项目的。所有的正面例子包含两个元素:

连在一起的 ge

ge 必须发/j/这个音

萝莉首先呈现七组单词,这些单词的区别不是很明显。她要求学生们比较这些正面的和反面的例子。他们需要通过独立思考,然后找出这些正面示例的特征。这些词组是成对显示出来的。

正面例子	反面例子
1. age	ace
2. cage	came
3. page	plate
4. rage	rate
5. wage	wade
6. sage	sale
7. stage	grade

> 第一组前七个单词都是以ge结尾的,所选用的单词都有相同的元音,这样学生就更容易看到这些单词的形式,所有的单词都只有一个音节。

萝莉让学生写出自己的猜想,但不要与其他人交流。因为一旦分享观点,学生将不再独立思考,而会去揣测别人的观点。

接着,萝莉呈现另外七组单词。

8. bridge	gate
9. huge	game
10. range	gave
11. hedge	Gale
12. urge	grape
13. large	grade
14. dodge	great

> 这七个单词仍然是以ge结尾,它们还是只有一个音节,但是有不同的元音和组合。

在这些例子中字母的位置是突出的。在反面例子中,它们都有 g 和 e,但并不是连在一起的。在同学们之前的猜想中,可能是只要 g 和 e 连在一起就会发 /j/ 这个音,而这些例子正好用来修正他们的猜想。在下一节中正面例子显示了单词的开头或中间或多音节词中的 ge,是否也是发 /j/ 这个音。

正面例子

15. germ

16. gel

17. gem

18. angel

19. agent

20. urgent

21. digest

> 在前面三个单词中,ge 是用在开头,接着的四个单词中,ge 移到了中间,后面的四个单词都是双音节词,学生们都能够把这些肯定型的词改成否定型的词如 agent—angry, urgent—rent, digest—dig。

最后,萝莉呈现出一些反面例子。在这些例子中 ge 是组合在一起的,但是发硬音 /g/,那么区别在哪儿呢?

反面例子

22. getting

23. together

24. bagel

25. ragged

26. anger

27. forget

28. singer

> 这七个单词都包含有 ge 组合,但是,ge 在这里是发硬音 /g/,最后的四个单词很特别,因为这些单词很容易就可以转换成正面示例 ragged/rage, anger/angel, forget/forge, singer/singe。

在这次课程中,我们可以看出,通过让学生分析单词结构和字母组合发音来获得相关概念的方法并不是简单的事。但是,这样的训练能够帮助学生们获得概念,从而增强技能。现在,让我们来看这种模式的不同应用。

城市分类

在得克萨斯州的休斯敦市,斯特恩女士所教的八年级学生正在研究美国最大的 21 个城市的特征。学生们收集了这些城市的信息,如面积、人口、种族、工业类型、地理位置和主要自然资源等。通过小组合作,学生们把已经收集到的信息绘制成一系列图表挂在教室里。

在 11 月的一个星期三,斯特恩女士说:"今天我们试着做一些练习来帮助我们更好地了解这些城市。我选择了一些概念供分析比较,根据这些概念我把图表定为'是'或'非',当你看到我所给出的信息时,思考某个城市的人口和其他特征,猜测我的概念是什么。我将会以一个'是'的城市开始,然后是一个'非',依此类推。思考一下这些'是'的城市所具有的共同点。接着在第二个'是'出现时,把它写下来,并通过后面的练习来不断检测它。"

"现在让我们从自己的城市开始,"斯特恩女士说,"休斯敦是一个'是'。"

学生们仔细查看了有关休斯敦占地面积、工业、位置和种族构成等的信息。接着斯特恩女士指向了马里兰州的巴尔的摩市:"巴尔的摩市是一个'非'"。然后是加利福尼亚州的圣何塞。斯特恩女士说:"这是另外一个'是'。"同学们看了这些信息后,有两三个人举手了。

一个学生说道:"我想我知道是什么了。"

"先记着你的看法,"斯特恩女士回复道,"看看是否正确。"她接着选择了另一个"是"——华盛顿州的西雅图,密歇根州的底特律是"非",佛罗里达州的迈阿密是"是"。这样一直持续到所有的学生都认为自己知道了这个概念,然后她开始让学生们表述这些概念。

"吉尔,你认为它是什么?"

"所有的'是'城市气候温和,也就是说。这些城市都不太冷。"吉尔说。

"但盐湖城很冷。"反对者说。

"是的,但并没有芝加哥、底特律或是巴尔的摩那样冷。"另一个学生反驳道。

"我觉得'是'的城市都是发展很快的。在过去的十年中每个城市的发展速度都超过了10%。"这些话题又引发另一番讨论。

"所有的'是'城市都拥有大量不同类型的工业。"这时传来另一种声音。

"那没错,不过几乎所有的城市都是那样的。"一个同学回复道。

最后同学们达成共识:所有标为"是"的城市的特征是发展迅速并且气候相对温和。

"很好,"斯特恩女士表示了认同,"跟我想得一模一样。现在让我们接着再来一次。这次我想从马里兰州的巴尔的摩开始,这回它'是'了。"

这样的练习重复很多次。同学们注意到了斯特恩女士将水运、自然资源、种族构成和其他因素作为划分的依据。

同学们开始查看资料中的模式。最后斯特恩女士说:"现在,请同学们依次试着用你认为最重要的因素作为划分这些城市的依据,然后带着我们练习,直到我们确定你划分的依据为止。然后我们将讨论观察这些城市的角度以及使用的不同策略所达到的不同目的。最后,我们将使用归纳演绎模式,你就会明白自己发现了多少种联系了。"

在这个案例中,斯特恩女士教会了学生怎样看待城市。同时,她也教会了他们怎么样进行分类。这就是他们进行的教学模式,我们称之为概念获得。

分类、概念形成和概念获得

概念获得是指"在不同的种类中寻找并列出能够区别开来的特点"(Bruner, Goodnow & Austin,1967)。然而,概念形成作为归纳模式的基础,它需要学生们确定归纳的依据,概念获得则需要学生们对包含概念特征的例子和不包含概念特征的例子进行比较,以此来发掘已经存在于他人思想中的类别特征。为了设计这样的课程,我们必须在头脑中有清晰的类别。

例如,我们来思考"形容词"这个概念。我们挑选了一些形容词(正面例子)和非形容词(反面例子——即不具有形容词特点的词),并将其成对地呈现给学生。来看下面的四组词语:

triumphant(胜利的)	triumph(胜利)
large(大的)	chair(椅子)
broken(坏的)	laugh(笑)
painful(痛苦的)	pain(痛苦)

由于形容词在句子中起着重要的作用,因此,最好的方式可能是把形容词放在句子当中,这样它可以提供更多的信息。例如:

正面例子:Our triumphant team returned home after winning the state championship. (在赢得了全国冠军后,我们胜利的团队回来了。)

反面例子:After her triumph, Senator Jones gave a gracious speech. (在取得胜利后,塞纳特·琼斯做了精彩的演讲。)

正面例子:The broken arm healed slowly. (那只断了的胳膊在慢慢地恢复中。)

反面例子:His laugh filled the room. (他的笑声充满了整个房间。)

正面例子:The large truck hacked slowly into the barn. (那辆大卡车慢慢地倒入了谷仓。)

反面例子:She sank gratefully into the chair. (她很悠闲地坐在椅子上。)

正面例子:The painful separation had to be endured. (必须要忍受这痛苦的分离。)

反面例子:He felt a sharp pain in his ankle. (他感到脚踝处一阵剧烈的疼痛。)

为了实现这种模式,我们共需要 20 对词语,但如果某些概念比我们所列举的形容词还要复杂时,我们就需要更多的词语。

刚开始时,我们要求学生们仔细阅读这些句子并且注意那些斜体单词,然后指导他们比较这些积极性和消极性词语的功能。"在这些句子中,正面例子的功能是相同的,而反面例子则不同。"通过阅读这些例子我们让学生记下他们所认为的相同点,然后我们再提供更多的例句,问他们是否还持同样的想法。如果不是的话,就请他说出新想法。这样一直持续到大部分学生都认为他们能够解释这些例句的时候。这时,我们让一个学生说出他的想法以及他是怎么样得出这个结论时,他可能会说:"刚开始我觉得正面例子是长单词,但是很多反面例子也很长,所以我放弃了这个想法。现在我觉得正面例子总是跟着其他一些词,并对这些词产生作用,但我仍不能确定。"

接着有其他的学生也说出了他们的观点。我们也呈现了更多的例子。慢慢地,学生们都认为正面例子就是那些为句中表示物、人或属性的单词增添一些意义的词语。

我们接着提供更多的句子并且要求学生们辨认出属于形容词的词语。当他们能够做到时,我们就给出形容词的概念,让他们形成一致的定义。最后的活动是让学生们描述自己的思考过程以及处理信息的方法。

家庭作业是让学生们在指定阅读的简短故事中找出形容词。我们通过检查他们找出的形容词是否正确来确认他们是否掌握这一概念。

这种过程能让学生们学到构成某一概念的特点,并且能够与那些重要但不构成概念的特点区分开来。例如,所有的单词都是由字母组成的,但字母的呈现并不能构成语言。字母是所有字词句中的重要特征,但在定义形容词中却并非关键因素。学生们领会概念的本质是词的功能,而非词的含义。"pain"和"painful"都意味着创伤,但只有一个是具备形容词的功能。

我们通过这种方式教会学生更有效地获得概念,他们也因此而学会了这种模式的规则。让我们看另外一个初学者语言学习的例子。

教学情境

概念语音学

克里斯汀妮·雷诺德(Christine Reynolds)老师给6岁的孩子列出以下标有是和非的词汇表。

fat	（胖的）	是
fate	（命运）	非
mat	（垫子）	是
mate	（伙伴）	非
rat	（老鼠）	是
rate	（比率）	非

教师说:"这是一些单词,它们有的标有'是',有的标有'非'。"学生们注意观察词汇。教师随后把它放在一边。"现在,我有一个想法,我想要你们猜猜我想的是什么。请注意我给你们看的词汇表,这里的每个单词都是线索,它们将帮助你猜出我的想法。如果是'是'的单词(指着第一个单词),就代表我的想法,如果是'非',就不是了。"

教师继续这一活动直到学生们领会了这一要求,然后教师引导他们去获得概念。

过了一会儿,教师说:"你们知道我的想法是什么了吗?"学生们纷纷猜测老师的想法,而教师接着上课:"让我们来看看你们的想法是否正确,我给你们一些例子,你们按照自己的想法告诉我是'是'还是'非'。"

她给出了一些例子,这次由学生们自己判断是"是"还是"非"。

kite	（风筝）	非
cat	（猫）	是
hat	（帽子）	是

"好了,你们看起来已经掌握了。下面请一位同学说出几个认为是'是'的单词,让我们来判断是否正确,如果我们猜对了,你就告诉我们。"

这个练习一直持续到学生们能举出自己的例子,并能说出他们是怎样获得概念的。

在这次课中,如果学生们把概念仅仅定义为/at/元音与辅音结合,并能正确把

cat 与 hat 作为"是",那么他们只是在低层次上获得概念;如果能够把 at 发音的特点用语言准确表述出来,那么他们则在高层次上获得了概念。布鲁纳描述了这种不同层次的概念:仅仅区分这些例子比起用语言来表述概念的本质要简单得多,因为学生们在能够用语言表达概念的含义或本质属性之前就能够正确判断上面的例子。

概念教学为教师分析学生的思维过程以及帮助他们形成更有效的策略提供了机会,同时这种模式也能反映出学生们参与的程度和教学内容的复杂性。

概念获得的基本原理

我们已经使用了类似于"示例""特征"这类术语来描述分类活动和概念获得。依据布鲁纳对概念学习以及概念获得的研究,在所有形式的概念学习,尤其是概念获得中,每种术语都有着特殊的意义和功能。

示例在本质上是一系列资料的组合,而类别则是若干具有共同属性的例子的集合。正是通过对这些例子的分析比较,我们才能掌握概念和类别。

特 征

所有的事物都有其特点,我们称之为特征。例如,国家是拥有一定国土、人口以及能处理与其他国家关系的政府。城市也有边界、人口和政府,但它不能与其他国家进行独立交往。因此,区分国家和城市就取决于国际交往这一特征。

本质属性是我们所思考的对象的最根本特征。同一类别中的不同示例有许多其他特征,但这些特征与该类最本质的属性是不同的。例如,国家也有花草树木,尽管这些花草具有重要意义并也能够分类,然而在国家的分类上,花草并不是本质属性。

另一个重要的概念是类别属性。它指的是某一特性在特殊情况下的变异程度。例如,在一般情况下,每个人都是理性与非理性的结合体,当他表现出足够理性的时候,我们将他归为"理性"的人,反之,就是"非理性"的人。类别属性对于某些类型的概念是不需要考虑的,而对于另外一些类型的概念则是需要考虑的。

在为学生提供示例时,首先应给出一些属性价值较高的示例,等到学生们完全掌握了相关概念时,再让他们应对难度较大的问题。因此,当我们依据富裕程度来划分时,先从极富有和极贫穷的国家开始是很容易的。在分类过程中,我们要注意到某些特征会以不同的程度出现。我们必须考虑特征的代表性,即这种特征是否足以使得某些事物被列入某一类别中,同时注意这种特征的代表性程度有多高。以毒性为例,由于氯有毒,我们需要把氯精确地投入水中,因为我们可以很准确地判断这种含量的氯既能杀灭病菌又不伤害人体。自来水不在有毒的类别中,因为其氯的含量不足以伤害人体,但氯含量足够多时,它将会对我们产生影响。在这种情形下,当氯这一特征的属性价值低到一定程度时,我们就不能将水归为对人类有害的种类中去。

下面我们讨论一下"身材较矮的人"这一种类。矮到什么程度才能归入此类呢? 就像判断高个子一样,人们的判别标准总是相对的。什么时候冷? 什么时候热? 一个人什么时候是友好的? 什么时候是敌对的? 这些都是有用的概念,然而把某些事物划分到这些概念中却要依赖于其表现的程度或者所谓的属性价值。

在其他情况下,特征的属性价值并不在考虑之内。一种装置要成为一部电话,它必须具有某些特定的属性。那么这里就出现了关于质量的问题,"哪一种电话才算是精密的设备?"这类问题需要我们重新考虑特征的属性价值。

一旦建立了一种类别,我们就可以用符号来对其命名。学生们命名类别时应该按照事物的属性来进行。在萝莉的第二次课中,学生们应该把教师课程设计的类别描述为含有"ge"且发/j/音的单词,然后如果还有一个专业术语(如之前一个例子中的"形容词"),那我们就可以直接运用它。然而,概念的获得并不是猜测概念名称的过程,而是使这一类别属性变得清晰的过程,然后概念名称才会被创造出来或加以运用。因此,名称仅仅是分类的术语。水果、狗、政府和贫民区都是被用于区分某些经验、物体、结构和进程的名称。虽然同一类别中的不同事物在某些方面是不同的(例如,狗的差别就很大),但是它们的共同特征使得它们被统一归于某一名称。通常情况下,我们教给学生的是他们不知其名但能直观理解的概念。例如,小孩子经常把各种水果的照片放在一起,理由是"它们都能吃"。他们是在用事物的特征而不是名称来描述概念的。如果学生们懂得了概念,他们很容易就能学会它的名称,并且用语言很清晰地表达出来。懂得概念的一部分就是能够识别正面例子,并能够区分与之相关的反面例子,但仅仅知道名称并不能使人做到这些。许多人都知道"明喻"和"暗喻"这两个词,但从来没有通过明确判断它们的属性来区分或运用它们。如果一个人不能清楚地理解明喻的特性,他就不能运用明喻这种方法。

复合特征是另一种值得考虑的情形。某些概念只需要单个事物特征就能确定,而有些则需要多个特征才可以。"红头发男孩"这个概念需要有男孩和红头发两个条件。"聪明的、合群的、运动型的男孩"这个概念则需要多个不同的特征。在文学、社会学和科学中,我们面对的很多概念都需要多个属性才能确定,而有些特征的代表程度也需要列入考虑范围之内。就"浪漫喜剧"这个概念来说,正面例子就必须是电影或戏剧,必须足够幽默,而且还要浪漫。反面例子则应该既不幽默也不浪漫,或者是幽默但不浪漫等情况。

在教学生获得概念时,我们必须很清楚特征的定义以及特征的属性价值同时我们还要选择好反面例子,从而排除只代表局部属性的例子。

我们把包含一种或多种属性的概念定义为连接概念(conjuctive concepts),其示例由一个或多个特征属性组合而成。另外还要考虑另外两种概念:非连接概念(disconjuctive concepts),它需要某些确定和不确定的特性来定义例子。惰性气体具有所有气体的属性,但不能与其他物质发生反应。又例如单身的概念,它与其他男女的特性相同,但它成立的特征是没有配偶;孤独的人则是缺少朋友;质数则被定义为除了1和它本身以外没有因数。

最后,有些概念是建立在示例与其他事物的联系上的。例如寄生虫这一概念主要依赖其本身的特性,但同时也有赖于寄生物和寄生主体的关系这一特性。许多人类关系的概念也都属于这样的类型。例如没有外甥和外甥女也就没有舅舅了,没有妻子也就没有丈夫了,没有机构也就没有领导等概念了。

概念获得的策略

当学生们在分析和比较示例时,他们脑中想的是什么呢? 起初他们会有怎样的假设? 后来又是怎样修改和完善的呢? 要回答这些问题,有三个重要的因素。第一,我们可以设计一些概念获得的练习来研究学生们的思维过程;第二,学生们不仅能描述他们是怎样获得概念的,而且能够有效地改变学习策略和运用策略;第三,我们可以通过改变提供信息的方式和修改相关模式来影响学生处理信息的方式。

要理解学生们获得概念时所使用的策略,关键在于分析他们是怎样处理示例中的有效信息的。尤其重要的是知道他们是仅仅集中于几个方面的信息,还是关注所有或大部分的信息。设想一下,我们试图通过比较长篇小说和短篇小说来获得文学风格的概念。第一个正面示例如下：

> 新的国家总是有着同样的模式。首先是有强大、勇敢但有些孩子气的开拓者，他们能在荒野中生存，但他们缺少经验，彼此无法互助，这也许就是他们离开家乡的原因吧。当有了新的国土后，商人和律师在发展中起着重要作用——他们通过消除诱惑人的事物来解决土地所有权的问题。最后出现的是文化，也就是走出痛苦生活后的娱乐、休闲和交通。事实上这种文化水平多种多样。（Steinbeck，1952，p.249）

学生们知道，这段文字将会依据风格和其他别的段落归为同类。有些同学将专注于某一种特征，比如，陈述句的使用和对开拓者的不同描述。而其他同学则会留心文章的细节，如比喻的使用、激励性的语言、作者作为一个观察者的立场等。

如果把上面这段文字与其他正面示例相比较，单方面策略者的任务（在使用语言中只关注于一两个方面）似乎显得容易些，因为他们只需要分析第一段的特征是否在第二段出现，并依此类推就可以了。不过，如果第一段分析得不对，他就必须重新回到文章中寻找另外的特点。相反，全局者必须同时注意多个角度，而且要一次次排除非决定性因素，但整体策略使学习者在获得多个概念特征时较容易，因为即使遗漏了某个特征，也不会影响整个过程。

有两种途径能够了解学生获取概念的方式，一种是在学生获得概念后，让他们陈述在整个过程中的思考策略，即自己在每个阶段的想法，刚开始注意到了哪些特征，以及后来做了哪些修改。（可以这样提问："告诉我们你开始是怎么想的，为什么这样想，你是怎么样修改的。"）这种方法能引发讨论，让学生从中发现别人的思考方法和过程。

而另一种途径是，请大一点的学生写下他们的设想，这样就有了以后可供分析的记录。例如，在一项山贝弗加、肖沃斯和乔伊斯（Baveja，Showers & Joyce，1985）指导的植物分类实验中，学生们两人一组来研究两个一组的示例（一个正面的和一个反面的）。他们要记录下自己的假设、所做的修改以及原因。采用整体法的学生仔细确定多种假设并逐步排除了非本质的特征；而选择一个或两个假设的学生则需要不断地重新审视示例，修改自己的想法以达到确定多特征概念的目的。通过相互交流和思考，学生们在以后的学习中能够尝试新的方法并观察这种新方法的影响。

如果我们在课程开始时就给学生们提供大量标明性质的示例(即标明正面的和反面的),那么他们就能在大致浏览所有资料之后选择少数几个假设往下做。如果我们成对提供示例,学生们就需要采用整体法来同时考虑多个特征。

许多人第一次遇到概念获得时都会问到反面示例的作用,他们奇怪为什么不只给出正面示例。这是因为反面示例在帮助学生确定概念范围中起到重要作用。例如,绘画的印象派概念,印象派的风格与其他派别之间有很多相同点。因此,对于学生来说,通过观察非印象派的作品来确定印象派的特征很重要。同样,要确定一组词为介词短语,我们必须把它与从句区别开来。只有通过与那些包含或不包含某些特征的例子比较,我们才能准确地把握某一概念的特征。概念获得是一种长期的学习策略。例如,当我们经过努力确定了质数、元素、发展中国家以及反语的定义之后,今后再遇到这些概念时,我们就能够准确将其归类。

坦尼森和他的同事(Tennyson & Cocchiarella,1986)对概念学习进行了重要研究,并形成了一些提高教学设计的概念。在探索过程中,他们解决了许多问题,这些问题有助于我们理解本章中的模式。他们比较了学生们由示例推导出特征和定义的方法,虽然在前面我们已经介绍了给出示例前先探讨定义的方法,但是当示例检验在讨论特征定义之前时,学生们都能掌握概念并保持很长时间。坦尼森和科克奇瑞拉也发现,最先给出的示例应该尽可能清晰,尤其是复合概念。换句话说,教师不应该给出一些含混的例子来糊弄学生,而应该仔细排列资料。等概念明确了之后,再来处理不清晰的示例。

坦尼森和他的同事还得出结论,学生通过实践获得程序性知识(怎样获得概念),而且学生拥有的程序性知识越多,就越能有效地获得和运用概念性知识。因此,分析思维过程对于习得概念获得的元认知是非常重要的。

这里讨论的概念学习、分类特征和下定义的方法与现行的教学实践不一致,因为我们发现有些教师在第一次进行概念获得教学时,很快就给学生下出定义并呈现所有特征。而事实上分类的最佳时机是在学生已经完全掌握相关概念之后,这是非常重要的。

所谓示例,就是一系列呈现给学生的资料。例如,如果一首诗包含有概念的特征,那么它就是正面的,反之,就是反面的。

通过比较正面的和反面的示例,学生们得出了自己的猜想,但此时他们并没有相互交流。而当大多数学生都做出假设时,教师会把一些未分类的例子给他们。来测验他们能否准确地把正面示例找出来。有时还可能要自己举出一些示例,如在阅读一首诗后,找出一些正面的和反面的例子。

此后,学生们就可以相互交流设想,并描述他们在整个过程中的想法。在设想得到一致肯定并得到验证后,就给它取个名字;如果有专业术语,教师就直接给出(例如十四行诗)。

为了更牢固地掌握和运用概念,学生们需要搜寻更多的示例(如本节中的诗),并找出与概念相吻合的例子。

教学模式

表6.1对概念获得模式阶段进行了概括。

表6.1　概念获得模式结构

第一阶段:资料呈现和概念确认

1.教师呈现标注的例子

2.学生比较正面的和反面的事例的特征

3.学生生成并检验假设

4.学生依据本质特征表达定义

第二阶段:检验概念获得

1.学生判断呈现的示例是"是"还是"非"

2.教师根据本质特征确认假设,命名概念

3.学生举例

第三阶段:分析思维步骤

1.学生描述想法

2.学生讨论假设和特征的作用

3.学生讨论假设的类型和数量

结构体系

第一阶段,向学生呈现资料。每种资料可能是针对概念的例子,也可能不是,这些资料以成对的形式出现。它们可能是时间、人、物体、故事、图片或其他可以被描述的内容。学生们被告知所有正面示例有共同的特征,他们的任务就是形成关于概念本质的设想。这些例子按照事先安排好的顺序,并标出是或非,学生们要对它们进行比较,并判断不同示例的特征。(教师或学生可以做一份特征记录。)最后,学生们要依据其本质特征来命名概念并说出其中的定义规则。(他们的假设到下一阶段才被证实;学生们可能不知道某些概念名称,而当所有概念被证实后,这些概念名称就会被揭示出来。)

第二阶段,学生检验所获得的概念。首先是将未标注的例子正确分类,然后自己举例。在此之后,教师确认或否定学生原来的设想,必要的时候修改所选择的概念或属性。

第三阶段,学生们开始分析他们获得概念的策略。如前面所言,有些学生先确定很宽泛的范围,然后逐渐缩小范围;而有些同学开始就从小范围着手。学生们可以描述他们的方法:他们着重关注的是概念还是特征?是一次关注一个还是多个?当自己的假设不能被证实怎么办?他们会改变策略吗?慢慢地,他们会比较出不同方法的效果。

社会系统

在使用概念获得模式进行教学之前,教师要先选择概念、挑选资料并组织成正面的和反面的示例,还要把这些示例进行排序。大多数教材,尤其是课本,并不是按照教育心理学家所提出的概念学习的思路设计的。在很多情况下,教师必须要通过课本和其他途径来准备示例、抽象概念和相关材料,并把它们按一定的方式组织起来,从而使概念清晰,并同时包含正面和反面的例子。在使用概念获得模式时,教师是一个记录者,记录下示例的特征及其学生提出假设(概念)的过程。在必要的时候,教师还要提供额外的示例。教师在概念获得过程中的三大作用是:记录、提示(线索)和提供额外资料。在概念获得的开始阶段,把分类的例子结构化是很重要的。同时,合作学习的程序在这里也可以成功地得到运用。(见本书第三部分)。

反应原则

在讲课的过程中,教师要支持学生大胆假设——要强调只是暂时性假设——组织学生通过对话检验对方的假设。在概念获得模式的后一阶段,教师必须要把学生的注意力转到对概念和思维过程的分析上。教师应该鼓励学生去分析不同方法的优缺点,而不是去寻找一种适合任何情景任何人的最佳方法。

支持系统

该课程需要向学生呈现出各种正面的和反面的示例。需要强调的是,学生在概念获得中的作用不是去发明新的概念,而是要获得教师事先选择的概念。因此,起先教师要提供相关资料,同时这些资料所反映的概念特征要十分明显。这样,当面对示例时,学生才能够描述出它们的特征,并且从正面的例子中寻找出共同的特征,而不是从反面例子中获得。

应　用

概念获得模式的所有应用部分都强调内容与过程。如果强调的部分恰好是思维分析部分,那么一个简明的概念获得训练样本的演变过程就可以把更多的时间花在思维分析环节上。

概念获得模式适用于所有年龄和班级的学生。我们已经看到教师在幼儿园里成功地运用了这种模式,因为孩子们很喜欢归纳活动的挑战性。对于低龄学生,概念和示例要相对简单。课程本身也要简短,并且需要教师指导。适用于低龄儿童的典型课程是大量使用具体概念,把孩子们引向概念获得的方法中。思维分析方法(第三阶段)不适于小孩子,尽管大部分处于高年级的小学生对这样的活动也会有所反应。

在早期教育中运用这种模式时,可以用作示例的材料比比皆是,并且不需要做很大的改动就可以运用,各种实物、教具、图片等在教室里随处可见,虽然帮助孩子进行归纳学习是很重要的目标,但教师在使用这种模式时应该在头脑中设立更多的特殊目标。

当教师想要检验同学们是否已经掌握了学过的知识时,概念获得模式可以成为很重要的评价工具,它能够迅速地显示学生掌握的程度并进一步巩固这些知识。

概念获得课程提供了社会研究中的重要概念,如民主、社会主义、资本主义和合法程序等,这样概念需要持续用在课题中,否则学生只能通过阅读和报告才能学到。如果一个概念具有争论性,教师可以提供几种相关解释让学生进行探讨。通常情况下,讨论对于任何领域的深入探究都具有很大的动力。让我们来看看萝莉设计的另一次课程,它旨在帮助学生在阅读小说时获取背景信息,以及思考在写作中如何建构背景。

教学情境

萝莉的第三堂课

这次课程我们将要求大家通过查看给定的正面的和反面的示例得出关于概念的结论。

下面是萝莉关于概念的说明。

定义:所谓背景是某个行为发生的环境,它包括时间和地点等信息。

要点说明:在这节课中,所有的正面例子都有共同的性质。在阅读这些句子的时候,你们要注意例子所提供的内容和信息。

正面示例

1. 1997 年 10 月 31 日,丹尼穿上了他最漂亮的万圣节服装。

> 前七个句子表示特定的时间和日期,由日/月/年形成组合。前三个句子是特殊日期(万圣节和情人节是固定的日期)。

2. 2001 年的情人节是一个周五,乔安妮在前一天就准备好了要寄出的卡片。

3. 1952 年的复活节是 4 月 14 日,这让萨姆还有 5 天来装饰彩蛋。

4. 1999 年 1 月 29 日,马克度过了他 20 岁的生日,这一天也是超级碗比赛的日子。

5. 1981 年的春天干燥且炎热,6 月 7 日是毕业的日子。

6. 在 1862 年 8 月一个星期六的早上,他开始了第一次旅行。

7. 1965 年的 3 月阴冷潮湿。

8. 珍珠港遇袭后的一天,空气中到处充满了浓烟的味道。

9. 他读了新闻后才知道泰坦尼克号在昨天之前就已经沉没了。

10. 教会早上的活动是为了纪念去年的"9·11"事件。

11. 人们将那段美国历史上具有极大破坏性的时期称为美国内战时期。

> 接着的七个句子由历史事件开始,逐步涉及著名的历史时期。

12. 随着希特勒的军队向前挺进,卡尔每天都听广播,并希望自己能够加入战斗。

13. 股市暴跌之后,人们的日子很艰难:他们在 30 年代里勉强度日。

14. 汤姆一直期待着成为飞行员——去年夏天,人类首次登上月球,谁知道未来会变成什么样。

15. 杰克坐在电脑前看他的电子邮件。

16. 随着角斗士坐着黄金战车进入竞技场,全场开始开始欢呼。

17. 马克放在柜子里的新 iPod 上周被偷了。

> 最后的七个句子是一定时期的交通方式和发明创造,通过陈述猜想当时的背景。

18. 在长途旅行中,有篷马车就是他们的家。

19. 塔尼斯一手拿着电话,一手拿着滑板上山去了。

20. 行星的运动是很奇特的,人类还没有掌握它的预定运行系统。

21. 他们昨晚乘坐马车到家了,这是他能想到的最快和最舒适的方式。

反面示例

1. 萨拉比她的姐姐高,但是她们都是红头发并且有雀斑。

2. 画面中的小孩子穿着蓝色的连衣裙,戴着蝴蝶结。

3. 琼喜欢的乐队将在舞会中演出。

> 前七个反面示例,没有涉及时期,只是和人物/地点有关。

4. 他知道他应当扑灭大火,但他确实动不了。

5. 她是他的第二个表妹,他们一直都是好朋友。

6. 汤普森夫人在商场上班,在业余时间教钢琴。

7. 如果他们取胜了,将提前进入半决赛。

> 接着的七个句子用到了和时间相关的单词,但并没有特别点出时间和年代。

8. 上个月他们见了三次面。

9. 昨天,她和他已经谈论过了。

10. 离重要的日子还有两周。

11. 她在三天前才听到这个消息。

12. 庆典两个小时后开始。

13. 他们至少要 15 分钟后才能得到帮助。

14. 半场时间,运动员们在讨论新的策略。

15. 促销活动从周六开始,持续三周。

16. 结果将在 25 日午夜揭晓。

> 最后的七个句子涉及特定的时间(如"从周六开始,持续三周"),但没有显示确定时间,这些句子可以适用于任何时间。

17. 在接下来的每个周三,他们都要参加这些课程。

18. 她最喜欢三月、四月和五月。

19. 每周五的晚餐他们都要吃鱼。

20. 秋天总是充满南瓜饼和腐烂树叶的味道。

21. 他们准备在明年春天建造新房子。

教学效果与教育影响

概念获得模式根据具体课程的侧重点来实现不同的教学目标,在教学中主要用于具体概念和概念属性的获得,这一模式还提供归纳推理的练习,并为学生完善和提高构建概念策略的机会。最后,特别是在抽象概念的教学中,这种方法能培养学生分享考虑问题角度的意识、交流过程中逻辑思维的能力以及对真理模糊性的理解力和包容性(见图 6.1)。

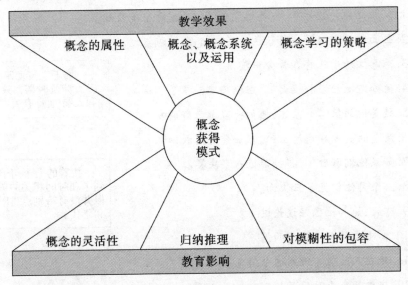

图 6.1

加涅(Gagne)在 1965 年发表的文章中完整地谈论了类似于概念获得的方法。梅里尔和坦尼森(Merrill & Tennyson, 1977)也介绍了一种类似的方法,但没有详细分析思维过程。麦金尼、沃伦、拉金斯、福特和戴维斯(McKinney, Warren, Larkins, Ford & Davis, 1983)也报告了他们的一系列研究,并对梅里尔、坦尼森和加涅的方法以及叙述方式进行了比较。这些比较显示将建立在同样前提但实施细节各不相同的模式进行有意义的比较是很复杂的。然而,上述方法以及试图建立更佳模式的研究这两者之间的区别对于教师来说并不那么重要,对他们来说重要的是,相对于传统的概念教学,存在着更有效的概念教学模式,它们可以丰富自己的教学方法,我们正在讨论的就是其中之一。

总结图

小结:概念获得模式

结构体系

从呈现示例到检验和命名概念,再到运用。

社会系统

该模式结构适中。教师控制整个过程,但是后面的阶段有开放式的对话。鼓励学生互动。当学生获得更多的经验并更积极地进行归纳时,这一模式的结构化程度就提高了(其他概念获得模式的结构性低)。

反应原则

1. 支持讨论,但强调讨论的假设性。

2. 帮助学生在不同假设中寻找平衡。

3. 集中于示例的特殊属性。

4. 帮助学生讨论和评价思维方式。

支持系统

支持系统包括精心选择和组织的材料,以及以单元形式组成的用作示例的资料。随着学生们经验越来越丰富,他们可以在组织材料中相互交流,就像在第二阶段自己举例那样。

第七章 共同研讨法
——教左脑以趋动右脑工作

    在所有的教学模式当中,如果你运用共同研讨法,它所带来的快乐是最为及时的。所以,我们一直试图引导孩子们(包括小学和初中的孩子)来掌握这种方法。我不得不承认,每当我要把这种方法教授给孩子们的时候,总会有那么一点点欣慰感,因为,他们现在马上就要享受到这份快乐了。

                ——布鲁斯·乔伊斯致比尔·戈登(Bill Gordon)

    在这里,我们会观摩一些教学过程,这些教学过程主要是让学生们以创新的方式思考问题,并为问题创造新的解决方案,并且在思考、写作和提出想法时使用类比。学生们在这些教学过程中将学习如何解码他们在阅读和听力时所遇到的隐喻。

组织理念

    左脑(有序、逻辑、理性)和右脑(创新、意想不到,甚至是反常的)这两个术语一直广为人知。神经学家们还不清楚这种差异是否是大脑内部操作的结果,但这些术语概念是有用的。出乎意料地是,在共同研讨法中,我们将看到一种创新的模式,它使用了左脑的方法(即运用理性的途径)来启发右脑的推理。学生学会思考关于他们解决问题的过程,并获得对他们如何解决问题的元认知,例如弄清楚如何开始一篇文章,如何处理一场冲突,或克服困惑。此外,共同研讨法是令人愉快的,建立了同理心,并且找到了在学校内外团体中的温暖感觉。让我们从一个教学场景开始。

教学情境

加拿大的课程:教学生用类比的方法进行思维

第一天

玛丽利用拓展训练与学生进行了两次讨论,并引入了直接类比、拟人类比和简明矛盾修辞法。现在。她先让学生们观察一张图片,然后开始训练。"接下来的三天时间,我们要观察同一张图片。当你观察这张图片时,注意看图画中正在进行的主要活动是什么。"

图7.1 正在推船

以下是他们的回答:

"很多人在非常努力地推。"

"是在海滩上——他们正在海滩上推一艘船。"

"天气很热。"(玛丽补充说:"而且那些人的着装跟天气相符。")

"他们正在将船往海滩上推。"

"沙滩上有些叶子。"

"他们看上去推得很费劲儿。"

"人们很使劲儿地向前倾着身子。"

"这是一个群体。"

在一次讨论结束时,玛丽要求学生们"写出当下最重要的想法",以下,是第一天结束时他们写出的部分内容。

"人们在推。"

"水在海滩边上。"

"水面泛着波光。"

"人们一起推着船。"

总之,学生们是在字面上描述他们所看到的东西。

第二天

现在,玛丽开始利用隐喻的维度——试图让学生容易理解共同研讨法。"我们将从直接类比开始——我会问你这样的问题:'老师怎么像一台计算机?'然后,我们将探讨拟人类比。我会问:"假如你们是网球,当一天结束时,你们就会被收回盒子里,你们会有什么感受?"

(类似这样的问题,我们开始吧。)

"饼干怎么像烤面包?"学生们的回答是"脆脆的"和"咬着易碎的东西"。

"录像带怎么像一本书?"学生们回答说:"他们里面有故事。""他们放松你的头脑。"

玛丽继续要求学生们创造类比,在比较容易生成的类比中提问:"勺子怎么像铲子?""怎么使玫瑰像仙人掌一样?"

然后,她转向拟人类比:"现在,你们成为一支铅笔。铅笔,你得写一份事务清单。你感觉如何?"

"害怕。"

"我得用我的脑袋写字。"

"写作很痛苦。"

她问:"交通灯怎么像闹钟?"

学生回答道:"它能让你走","他们都能提醒时间。"

"耳环怎么像圣诞装饰品?"

"扣子怎么像钉子?"

"坐电梯怎么像爬树?"

接下来,玛丽转向拟人类比:"你变成手机了。"

"你想控制什么?"

"如果你能选择铃声类型的话,你会选什么?"

"你愿意谁对着你讲话?"

学生们用各种各样的想法来回应,因为他们被带入了一个隐喻的立场。

"我想控制世界。"

"我想自己说唱。"

"我想和我的朋友们谈谈,但我更想和总理说几句话。"

然后玛丽又转向直接类比:"系鞋带就像锁前门一样吗?"

"他们都要把某种东西锁起来。"

"地图怎么会像骨架?"

"两者看起来都像是一个整体,像一个地方的躯干。"

然后,莉萨结束了讨论:"明天,我们会用到所有这些表达方式,同时还要用它们来做其他方面的练习。"

第三天

玛丽准备了一些图片来显示在第二天所提出来的表达方式。她先给学生们准备了一些直接类比和拟人类比的核心词来热身,然后要求他们尽量从已经产生的话语中找出简明矛盾的表达。

(在之前一节概念获得课的探讨中,她已经将简明矛盾的概念教给了学生。)

玛丽给学生们举了几个例子:美丽的噩梦,沉默的声音,诚实的骗子。

然后她说:"今天,我们要学习创造一些简明矛盾的表达方法并用它们来指导我们的写作。首先,让我们再来'玩儿'一点类比。海龟怎么会像头盔?"

"龟壳和头盔都是用来防护的。"

"方法怎么会像漫步的小径?"

"通过两者都能到达某个目的地。"

"月亮怎么会像镜子?"

"两者都反光。"

接下来,她就让学生们自己创造出简明矛盾的表达方式。"现在,我要你们看看我们昨天提出来的句子(显示在一张图表上),并找出放在一起搭配不当的表达方式。"得出的部分结果如下:

幸福的伤害

枕套般的坚硬

喧嚣的烦躁

狂乱的大风

疯狂的控制

易碎的避难所

发狂的精力

疲惫的精力

正确的错误

脆弱的金属

玛丽说："现在，请你们选出两者之间最为矛盾的表达方式，也就是说，它们放在一起是不恰当的。"经过讨论之后，"疲惫的精力"被选出来了。莉萨说："现在，我要你们就这幅图画再用'疲惫的精力'写些句子。"写出的部分结果如下：

疲惫的精力跟那幅画很搭配，因为，如果人们要在海滩边推船的话，船看上去是很沉的。人们筋疲力尽了，因为他们干得很卖力。

起初他们很有劲儿，后来力气都使光了。

人们都疲惫了，因为他们推得太费劲儿了。

小 结

玛丽才刚开始教学生进行类比思考。然而，即使在第一次训练中，你也可以看到学生们已经从对场景的零碎描述中转移出来，发展到了为突出简明矛盾而造句的阶段。流畅性和概念化程度的提高是发展比喻性思维方式的一个典型的结果。与第一次在描述性文章中仅有的 16 个句子相比，学生们在第二次写作中写出了 28 个句子。

模式导向

在这些教学情景中，教师向学生介绍隐喻思维。由威廉·戈登(1961a)设计的共同研讨法是一种有趣和令人愉快的创新开发方法。共同研讨法的最初工作是在工业组织内开发"创意小组"，也就是说，由受过共同训练的人员组成，去作为问题解决者或产品开发人员。戈登改编了共同研讨法以供学生使用，目前正在出版包含许多共同研讨法活动的材料(见 Gordon,1961)。

共同研讨法的主要特征是使用类比,在共同研讨法训练中,学生们"玩"类比,直到他们放松下来,他们开始喜欢做越来越多的隐喻性比较,就像玛丽的学生一样。然后运用类比法来解决一些难题或弄清某些概念。

通常情况下,当我们面临一项任务时,比如说,一个有待解决的问题或一篇要写的文章,我们就会自觉地变得合乎逻辑。先准备一份要点提纲。然后分析一个问题的要素,并试着把它想清楚,并且用现有的词汇和短语库来记录我们的想法,我们利用我们所学的问题解决方案库来面对一个问题。

在解决很多问题和任务上,我们的逻辑运作得足够好。但是,当我们过去的解决方案或表达自己的方式不足以胜任这项工作时,我们该怎么办呢? 这就需要我们运用"共同研讨法"。共同研讨法的设计旨在引导我们进入一个稍微不合逻辑的世界,让我们有机会发明新的方式来看待事物、表达自己和处理问题。

例如,学校的领导正努力解决缺勤的问题。当一个学生屡次没能来学校时,他们会怎么做? 他们常常会借助惩罚这一方式,但什么样的惩罚方式才最有效呢? 他们经常采用的是让学生停课的方式。这很符合逻辑,不是吗? 但是选择一种严厉的惩罚方式与所谓的严重违规行为匹配起来合适吗? 解决方案的问题在于,它对学生施加了一种惩罚,而这一处罚条件与发生处罚的条件是完全相同的。而共同研讨法被用来帮助我们发展新的思维方式来思考学生,学生的动机、惩罚的性质、我们的目标,以及问题的本质。我们必须培养与我们冲突的人的同理心,并认识到我们可能有一个不恰当的定义,并且可能正在使用一种"合乎逻辑的"解决方案,使我们对创造性的选择视而不见。

当我们陷入困境时,我们必须放弃那些看似合乎逻辑的想法,然后回头看看我们是否能够重新定义问题,并寻求替代的解决方案。通过类比法,我们可能把缺课的学生当作"不快乐的百灵鸟",一次"被糟蹋了的假日",而问题就像是一次"空无一人的宴会"的结束。我们自己需要的行为可能是"诱人的严格"、"强烈的爱"和"危险的调解"。

如果我们能够从容面对阻碍我们的前提,我们就可以产生新的解决办法。想想看,我们已经在本应该由学生自己负责的地方替他们担当了责任,那么这种解决方法是否像存在于教学规律中一样存在于我们的规章制度中呢? 还有,学生之间的交流会不会产生让他们从不同角度来解决问题的能力和归属感呢?

我们生活于其中的这个世界,无论是从社会角度还是科学角度来看,都存在着许多需要用新的思路去解决的问题：贫穷、国际法、犯罪、正当收税以及战争与和平等。如果我们的合理想法行之有效的话，所有这些问题就不存在了。因此要努力用合适的方式来表达自我，即通过努力学习来清楚有力地说出令人信服的话并写出观点明确的文章才是所有人都想做到的。这里有两个关键：一是全面而清晰地把握主题；二是使用适当的表达方式。

让我们来看一下在加利福尼亚米尔谷市的马丁·阿布拉莫维茨（Martin Abramowitz）课堂上的另外一个例子吧！这一次，看看一个当前的社会问题。

教学情境

林业局的困境

现在我们看到的是阿布拉莫维茨的七年级课堂，学生们正准备发起一场运动以反对森林管理局改变相关规定，即批准一项砍伐大片红杉林的伐木工程。他们制作了海报，打算在他们的社区周围展示，并发送给州立法机构的成员。他们有海报和海报的草图。现在正在重新审核……

"你认为怎么样？"普丽西拉问道。

"嗯，还可以吧，"汤米说，"这些宣传画肯定能表达我们的立场。不过，实际上，我觉得它们显得有点沉闷。"

"我也这样想，"玛丽安接着说，"有几个还不错，但其他的实在有点像是在说教，表现得有些死板。"

"这些宣传画其实没什么大问题，"另一个人插嘴，"只是不够醒目而已。"

"而且，这些宣传画并没有支持我们的对手。而是支持我们的。"

经过讨论，可以看出差不多每个人都有同样的看法。他们认为，有两三张设计得不错，说出了他们的心里话，不过他们还需要增加一些更为深刻的东西。

"咱们试试'共同研讨法'吧！"其中有人提议说。

"用在图片和标题上吗？"另一个孩子问道，"我还以为它只能用在诗上面呢！我们能用这种方法来处理像宣传画那样的东西吗？"

"干吗不行？当然可以。"普丽西拉说，"我不知道为什么我就没有想到这一点。我们用它来研究诗都有一年了。"

"这样做我们又不会损失什么，"汤米补充道，"可是该怎么做才有效呢？"

"好。"普丽西拉老师说,"我们可以从已经做好的宣传画开始做一些'共同研讨法'的练习,看看我们是否能因此产生一些关于图画和文字说明的想法。我们可以用拟人类比法、直接类比法和简明矛盾修辞法来探讨这些红杉树。"

"好,试试吧!"乔治插嘴说。

"现在就开始吧!"萨莉说,"我们可以直接做练习,然后在午饭时间考虑宣传画的问题。"

"我可以起个头吗?"南希问道,"我有一些展开练习的好主意。"

"大家同意吗?"普丽西拉问道。

孩子们同意了,于是南希开始提问:"红杉树哪点像牙签?"

"你要用树给神灵们剔牙吧。"乔治大笑着,学生们都笑了起来,之后大家解散了。

很明显,阿布拉莫维茨先生已经花了足够的时间使用共同研讨法,学生们把这个过程和目的也已经内化了。当他们发现模型的时候,就可以自己动手了。

创新性状态和共同研讨法的程序

戈登(1961)的共同研讨法是建立在四种假说基础之上的,它们对传统观念的创新提出了挑战。首先,创新在我们日常生活中很重要,我们大多数人常常会把创新与伟大的艺术创作或音乐联系起来,或者联想到精巧的新式发明。而戈登却强调,创新首先只是作为我们日常工作和闲暇生活的一部分,其方法只是用来帮助我们提高解决问题的能力以及增强创新性的表达能力、人际沟通的能力和对社会关系的洞察力等。他还强调,思想的意义可以通过创新性的活动得到提高。创新性活动使我们能够从不同角度看待事物,从而加强我们对概念的理解。

第二,创新过程并非完全神秘。可以通过训练来描述和增加它。传统意义上,创造力被视为一种神秘的、先天的和个人的能力,此外,认为如果对创新过程探究太深的话,它反而对培养创造性不利。相比之下,戈登认为,如果个人理解了创作过程的基础,他们就可以利用这种理解来增加他们生活和工作的创造力,不管是作为独立的一员还是作为团体的一员。戈登认为有意识的分析可以增强创造力,这一观点促使他对创造力进行了描述,并创建了可在学校和其他环境中应用的培训程序。

第三,创新在所有的领域,即艺术、科学和工程技术中都是相似的,而且,它们都依赖同一种根本的智力活动过程,这种观点与人们的日常看法正好相反。实际上,在许多人眼里,创新仅仅局限于艺术领域。而在科学和技术领域里,它有着另一个名字——发明。戈登坚持认为,艺术领域和科学领域中的创新性思维是密切联系的。

戈登的第四个假设是个人和团体的发明(创造性思维)是非常相似的。个人和集体都是以相似的方式产生思想和创造成果的。这一观点也与传统观念迥然不同。传统观念认为,创新是一种极具个人特色的体验,而不是集体共有的体验。

一个有趣的原因是,通过将创作过程带入意识,从而发展出对创造力的明确辅助,我们可以直接提高个人和群体的创新能力。另一个原因是"情感比智力更重要,非理性比理性更重要"(Gordon,1961,第6页)。创新使新的心理模式与非理性成分相互作用,从而为开发创新性思维留下空间。这些想法可以产生一种心理状态从而使得新的观念易于产生。然而,决策的基础总是理性的。非理性的状态是探索和拓展思想的最佳心理环境,但它不是决策阶段。戈登并没有低估线性智力,他认为逻辑用于决策,技术能力是形成许多领域的思想所必需的。但他相信创造性本质上是一个情感过程,它需要非理性和情感的元素来增强智力过程。很多问题的解决都是理性和理智的,但是,通过增加非理性,我们增加了产生新想法的可能性。

此外,"为了提高解决问题的可能性,必须理解情绪、非理性因素"(1961年,第1页)。换言之,对某些非理性和情感过程的分析可以帮助个体和群体建设性地使用非理性来提高他们的创造力。非理性的方面可以被理解和有意识地控制。通过刻意使用隐喻和类比来达到这一控制,是共同研讨法的目标。

隐喻性活动

共同研讨法中的隐喻性活动使创新成了有意识的过程。隐喻是建立在某些相似物体之间的联系,它用一种事物或概念来替代另一种事物或概念,并进行两者之间的比较。通过这些替代,创新过程就此产生,表现在把熟悉的事物与不熟悉的事物联系起来,或者从熟悉的事物中产生某些新的想法。

隐喻引入了人与客体或主题之间的概念距离,激发了思维的原创性。例如,要求学生把他们的课本当作一只旧鞋或者作为一条河流,我们提供了一个结构、一个隐喻,学生可以用新的方式来思考熟悉的东西。相反,我们可以要求学生们用一种旧的方式来思考一个新的话题,例如,把人的身体比作运输系统。因此,隐喻活动依赖和借鉴学生的知识,帮助他们将熟悉的内容与新的内容联系起来,或者从新的视角来看待熟悉的内容。使用隐喻活动的共同研讨法的目的在于提出一种架构来帮助人们解放自己的思想,增强对日常活动的想象力和观察力。有三种类型的隐喻方法被用来当作共同研讨法训练的基础:拟人类比法、直接类比法和简明矛盾修辞法。

拟人类比法

拟人类比法要求学生将自己的情感移入被比较的概念或物体中去,而且感觉自己已变成了比喻对象具体构成的一部分。这个移入对象可能是人、植物、动物或非生命物质。例如,学生可能被要求"变成一台汽车发动机,这种感觉如何? 请描述一下当你一大早被人发动时的感受;当你的电力不足时,以及当你遇到红灯时的感受"。

拟人类比的本质在于移情。戈登举出了一个主题情境的例子,一个化学家感觉自己与化学反应中的分子融为了一体。他可能想:"假如我是一个分子,我会有怎样的感受呢?"之后,他便会去体会自己作为活跃分子流的一部分的感觉。拟人类比法需要放弃自我,将自己转变成为另外一个空间或者物体。

在放弃自我而形成的观念中,人与类比对象距离越远,这种类比就可能越新奇,学生就可能越富有创新能力和革新精神。戈登确定了在拟人类比法中所涉及的四个层次:

1.第一人称描述事实。此人背诵了一系列众所周知的事实,但没有提出新的方式来看待物体或动物,也没有移情涉入。情感移至汽车发动机的人可能会说"我觉得油乎乎的"或"我觉得好烫哦"。

2.第一人称情感的认同。这个人描述了共同的情感,但却没有提出新的见解:"我感觉很强大"(作为汽车引擎)。

3.与某些生命物体的情感认同。这时人从情感的角度将自己认同于类比的物体:"当你像那样微笑时,我会满面笑容"。

4.与非生命物体的情感认同。这一层次要求最高。人把自己看作非生命物体,并努力从同一情感角度来审视问题。在汽车发动机的例子中有人会说:"我觉得自己被利用了。我不能决定何时启动、何时熄火,有人在替我做决定。"

引入这些拟人类比的层次的目的不是为了识别隐喻活动的形式,而是为概念距离的建立提供指导。戈登认为类比的有用性与所创造的距离呈正比。距离越远,学生想出新点子的可能性就越大。

直接类比法

直接类比是两个对象或概念的比较。这种比较不一定在所有方面都是相同的。它的功能仅仅是转换真实主题的条件或问题的情境,以另一种情形来呈现对一个想法或问题的新观点。这涉及对一个人、植物、动物或非生物的认同。戈登引用了工程师看着一条船虫钻进木材的故事。当蠕虫通过为自己建造一根管子并向前移动而进入木材时,工程师马奇·伊桑巴德·布鲁内尔爵士得到了使用沉箱建造水下隧道的概念(Gordon,1961,pp.40-41)。另外一个运用直接类比法的例子为一个小组试图为一个金属罐设计一个盖子,而金属罐被打开后仍然能够被盖上。在这种情境下,豌豆荚的形象渐渐出现在他们眼前,帮助他们想出了一个主意:在金属罐靠近顶部处留上一个细槽,这样盖子就可以被移开了。

简明矛盾修辞法

第三种隐喻形式是把矛盾的两种事物(通常是描述同一物体的两个似乎相互对立或相反的词)组合在一起。"无力的攻击"和"友好的敌人"就是两个例子。戈登的例子则是"挽救生命的毁灭者"和"滋养的烈焰"。他还引用了帕斯特(Pasteur)的表达"安全的攻击"。在戈登看来,简明矛盾修辞法提供了看待新事物的最为广阔的视角,反映了学生把某一事物的两个不同参照概念融合在一起的能力。这两个参照概念之间的距离越远,学生的思维灵活度就越大。

扩展练习:使用隐喻

这三种形式的隐喻构成了共同研讨法教学系列活动的基础。它们也可以单独地作为创新过程用于小组教学,也就是问题解决的预备。我们称这种用法为扩展练习。

扩展练习为学生提供了三种隐喻方法的经验,但他们和任何特定的问题情境无关,也不遵循任何顺序。他们教学生隐喻思维的过程,然后让学生用它来解决一个问题,创造一个设计,或探索一个概念。学生可以对下面这些想法做出简单的反应。

直接类比法

直接类比是对问题进行直接的比较而产生的。

橘子就像什么生物?

学校怎么像沙拉?

北极熊为何像凝固的酸奶?

轻声耳语和小猫的皮毛哪个更柔和?

拟人类比法

拟人类比是通过让人假装变成一个物体、一种行为、一种想法或是一个事件而产生的。

想象你是一朵云。那么,你在哪里? 你在干吗?

当太阳出来把你驱散时,你有什么感觉?

假定你是自己最喜欢的一本书,请描述一下你自己。

你的三个愿望是什么?

简明矛盾修辞法

简明矛盾是通过提出一些问题并让人们去操作运用而产生的。

计算机为什么是既害羞的又富有攻击性的?

什么机器既像是在微笑又像是在皱眉?

教学模式:两种策略

结构体系

有两种教学方法或教学模式是基于共同研讨法的程序。其中一个(创造新事物)的目的是把熟悉的事物陌生化,帮助学生用一种新的、更富有创新性的眼光来看待已有的问题、观念和结果。另外一个(把陌生的事物熟悉化)是将新的、不熟悉的观念变得有意义。虽然两种方法都使用了三种形式的隐喻,但它们的隐喻对象、体系及反应原理都各不相同。这里,我们将"创造新事物"作为方法1,将"把陌生的事物熟悉化"作为方法2。

方法1帮助学生通过使用类比法形成观念上的距离,从而用一种不熟悉的方式来审视熟悉的事物。除了最后一个阶段学生要回到最初的问题以外,他们在其他阶段不进行任何简单的比较。这一方法的目的多种多样:可能是培养一种新的理解能力;也可能是将情感移到一个好出风头的家伙或者一个欺软怕硬的混蛋身上;可能是设计一个新的大门甚至一座城市;也可能是解决社会或人际交往中的问题,比如清洁工人大罢工或两个学生之间的争斗;也有可能是解决某个诸如阅读时如何集中注意力的个人问题。共同研讨法不应该进行太快,教师的工作是避免草率的分析和过早的总结定论。方法1的体系如表7.1所示。

表7.1　方法1——创造新事物

第一阶段:描述当前状况	第二阶段:直接类比
教师让学生陈述当前所看到的情形或描述问题	学生提出直接类比,选择一个对象并进一步加以描述
第三阶段:拟人类比	第四阶段:简明矛盾
学生"变成"他们在第二阶段选中的对象	学生们找出第二阶段和第三阶段中做出的描述,提出若干矛盾的表述,然后从中选择一个
第五阶段:直接类比	第六阶段:初始任务的复查
学生在简明矛盾法的基础上做出并选择一个直接类比	教师让学生返回到初始任务或原有问题,并利用最后一项类比或整个研讨程序

方法2是寻求增加学生对新的或不同材料的认知和内化,从此让陌生的事物变得熟悉。在这种方法里,隐喻是用来分析的,而不像方法1里用来创造概念距离的。比如,老师会在课上讲解文化的概念。学生们使用熟悉的类比物(例如火炉或房子)开始确定概念对象所具有的特征,以及概念中不具有的特性。这一方法既是分析的又是综合的,学生们要经常在两种任务之间进行转换:一种是确定熟悉的研究对象的特征;另一种是把它们与不熟悉对象的特征进行比较。

这个方法的第一阶段是解释说明新的话题,并提供给学生们相关的信息;在第二阶段,教师或者学生提出直接类比;第三阶段,把未知事物"变得熟悉"(直接类比的内化);第四阶段,学生确认并解释类比物和真实素材之间的相似之处;第五阶段,学生解释说明比较对象之间的不同点;学生在第六阶段和第七阶段可以将提出并分析熟悉的类比作为获得新信息的一种方法。方法2的体系如表7.2所示。

表7.2　方法2——使未知事物变熟悉

第一阶段:真实输入	第二阶段:直接类比
教师提供新课程的信息	教师提出直接类比并要求学生对类比做出描述
第三阶段:拟人类比	第四阶段:比较类比
教师帮助学生"变成"直接类比的对象	学生确定并解释新材料和直接类比物之间的相似点
第五阶段:解释差异	第六阶段:再研究

学生解释类比对象间的不同之处	学生用自己的方式对最初的问题重新研究
第七阶段:生成直接类比	
学生提出自己的直接类比并探讨其相同点与不同点	

两种方法的不同之处主要在于使用类比的不同。在方法 1 中,学生提出了一系列类比但没有逻辑限制,只是需要增加概念间的距离,而且想象是自由的。而在方法 2 中,学生处理类比对象时,需要连接两个不同概念并找出它们之间的联系。教师选择哪种方法要依据目的而定:是想帮助学生创造出新的事物来呢,还是要探讨不熟悉的事物。

社会系统

这两种模式或方法都是较为适度的,由教师发起,并指导操作机制的运行。老师还帮助学生使他们的思维过程智能化。然而,学生在进行隐喻性问题解决时,可以自由地开放式讨论,应享有充分的自由,合作的原则、想象的游戏以及情感和智力因素的发挥,这些对于建立创造性解决问题的环境是非常必要的。奖励来自内部,来自学生对学习活动的满意度和快感。

两种方法的反应原则

我们注意到,教师已经被程式化的思考模式所束缚,因此要努力促使他们产生能够进行创新反应的心理状态。教师也必须用非理性的观点去鼓励那些不够积极的学生投入偏离主题、奇谈怪论、象征表达以及其他有助于打破固有思维方式的状态中。教师对学生起着示范作用,教师的表现对于模式能否顺利实施至关重要,所以他们必须学会接受那些千奇百怪且与众不同的事物。他们还必须能够接受学生所有的反应,保证学生不会觉得自己的创新性表达是由一个外在的标准来评判的。问题越难,或者似乎越难,教师就越有必要接受牵强的类比,这样个人才能开拓新的视角。

在方法 2 中,教师应避免过早且草率的分析。我们还要解释和总结学习活动的过程以及学生解决问题的行为。他们需要记住的是,在大部分的学校教育中,常常以匆忙结束。在我们迄今为止讨论过的所有模型中,仔细研究和分析将会带来更好的学习效果。

两种方法的支持系统

最重要的是,团队需要一位能胜任共同研讨法程序的领导者的协助。在科学问题上,它还需要一个实验室来制造模型和其他设备以使问题具体化,使实际的发明得以发生。学生需要独立的学习空间和学习环境,以保证他们的创新性受到尊重,并得到有效的利用。传统的教室或许能满足这个条件,但是一个班级规模的群体对于共同研讨法活动来说太大了,因此需要建立小规模的团体。

应　用

在课堂中使用共同研讨法

共同研讨法的目的在于提高个人和集体的创新能力。学生分享他们关于共同研讨法的经验,由此形成一种伙伴关系,他们通过观察其他同学对某一概念或问题的反应来相互学习。他们想法是否有价值体现在对集体的研讨是否有所帮助。共同研讨程序有助于构建一种平等的同伴关系,个人能够坦诚地持有自己的观点是维系这种关系的唯一准则。这种气氛及其带来的乐趣可以使最羞怯的参与者也受到激励。

在课程的所有领域,学生都可以使用共同研讨法程序。它们既可应用于教师与学生的课堂讨论,也可应用于教师为学生制作的材料。共同研讨法活动的产品或工具并不总是需要书写的:它们可以是口头的,也可以是角色扮演、绘画和图形的形式,或者是行为上的简单改变。当使用共同研讨法来看社会或行为问题时,您可能希望注意到共同研讨法活动前后的情景行为,并观察变化。选择与原始主题形成对比的表达方式也很有趣,比如让学生画一幅关于偏见或歧视的图画。这个概念是抽象的,但是表达方式是具体的。

写作创新

方法1可以直接应用在创新性的写作中,不仅是因为它能促进类比法的应用。还因为它有助于打破习惯性的思维方式,帮助作者拓宽思路,使他们能够用说明文、议论文或者记叙文来完成表达任务。

探讨社会问题

方法1为我们探讨社会问题提供了一种变换思维角度的方法,尤其对于那些容易被现有概念和方法束缚的问题来说,更是如此。隐喻能够产生距离,这样冲突就不会直接影响学生,因为讨论和自我检验都是可操作的。拟人类比阶段对于培养学生的见解是至关重要的。

问题解决

方法 2 的目标是打破常规、以一种全新的方式对问题形成概念。从而找出新的解决方法。这里的问题可以是个人生活中的问题,也可以是学校集体的问题。比如班级中的群体关系、同学间矛盾的解决、如何克服对数学的焦虑心理、怎样戴眼镜更为舒适、如何不去取笑他人——需要解决的问题不胜枚举。

设计创新或产品创新

共同研讨法也可以被用来创新产品或设计产品。产品有些是有形的,比如一张画、一栋建筑物或者一个书架。当然,设计也可以只是一个计划,比如一台晚会的构思或者一种新的交通方式。最终,设计或者计划都要变为现实。不过在这一模式中,它们只是作为草图或纲要存在的。

拓宽思维角度

诸如文化、偏见和经济一类抽象的概念是很难理解的,虽然我们无法以看待桌子和房子的方式来理解这些概念,然而在语言中我们却经常使用它们。共同研讨法可以很好地把熟悉的概念"陌生化",由此获得一种新的概念。

我们发现,共同研讨法不仅对小孩子来说是最好的训练,也适用于所有年龄阶段的人。此外,就像任何教学那样,它总是需要做出一些调整,以确保教学的开展不超出学生的经验范围,另外应该尽量使用实物,循序渐进,对程序进行明确的说明。

有些学生因为害怕犯错误,所以不愿意参与学术性较强的学习活动,对于他们来说,共同研讨法常常是十分有效的。与此相反,成绩一向很好的学生习惯于只对自己确信是"正确的"东西做出反应,因而往往对参加这一模式的活动持犹豫态度。我们认为,出于这些原因,共同研讨法对于每个人来说都是很有价值的。

共同研讨法很容易和其他方法结合使用。它能扩展通过信息加工模式所探究的概念,为一些通过角色扮演、群体研究、法理性思考等方法探讨的社会问题打开思路,并能扩展到由人类教学模式所涉及的问题或情感的领域。

共同研讨法的有效性随着时间的推移逐步呈现出来。一开始在扩展对概念或问题的看法时,它只能带来若干短期的结果。但经过反复训练后,学生们就可以越来越熟练地运用它并学会轻松和完整的深化隐喻模式。

教学效果和教育影响

如图7.2,共同研讨法既有教学效果又有教学影响。

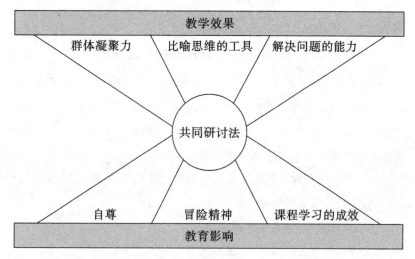

图7.2 共同研讨法既有教学效果又有教学影响

共同研讨法的目的在于提高个人及群体的创新能力。朱迪斯·桑德思和唐纳德·桑德思(Judith Sanders & Donald Sanders,1984)提出了一种通过隐喻活动来激发创新的方法。他们的著作在相应领域里应用十分广泛。我们注意到,许多教育者并没有自觉地意识到这种用来引发不同思维模式的有效应用范围,鉴于某种原因,许多人把创新性归为一种以艺术天赋为特征的能力,尤其表现在创作、绘画和雕刻方面。然而这种模式的创建者认为,创新性能力能够在后天得到提高,而且它可以应用于个人生活的方方面面,因此也可以应用于每一种课程领域。桑德思两人对以下几个方面进行了阐述:口标的设定、情感的培养、价值的研究、各种领域问题的解决以及拓宽看待问题的角度等。

纽比和厄尔特那(Newly & Ertne,1994)曾经进行了一系列精心的研究。指导学生使用类比法学习大学的高等生理学概念。研究结果证实了我们曾经从幼儿园到高三的学生那里得到的经验:类比法不但提高了学生们短时学习和长时学习的效率,而且还增加了他们的学习乐趣。

贝尔(Bear,1993)指导了一系列对特殊性发散思维和一般性发散思维方法的研究。其结果证实,一般的创造性推理方法可能适用于多个领域。而在某些特殊领域中,要进行有针对性的训练才会更有帮助。格林(Glynn,1994)也曾报告过一项有关科学教学方面的研究,他认为使用类比法学习书本材料不仅可以提高短时学习的效率,而且可以提高长时学习的效率。当然,这方面的研究仍在继续。

教学情境

富裕的小国——为什么不是巴拿马?

下面将描述共同研讨法对一个学术性概念的扩展。在它之前是运用概念获得模式的教学实录,一节是有关逆喻(矛盾修辞法)的概念,另一节是关于富裕小国的概念。虽然这是学生们第一次使用共同研讨法,然而他们却理解了矛盾修辞法的特点,并且能够在课程的第四阶段中形成逆喻。

第一阶段:请学生们对世界上富裕的小国做一个简短的描述。(学生们刚刚完成了对这些国家的统计数据的分析)

第二阶段:直接类比(以及学生的反应)。

巴拿马运河哪点像浴缸?(排水装置)

巴拿马运河哪点像录影带?(长,封闭,连续不断,可视性)

录影带哪点像书?(信息,画面)

看录影带为何像是在跳舞?(活动,行为)

梦为何像滑板?(跌落,风险,加速)

滑板为何像搅拌器?(旋转,擦洗)

第三阶段:拟人类比(以及学生的反应)。

想象自己是巴拿马运河,午夜时分,一长队的船只刚刚开始它们从太平洋到大西洋的航程,你的感受如何?(潮湿,困倦)

一艘巨轮庞大得几乎要擦着两边的船闸才能过去,现在它刚刚驶入第一道闸门。你的感受如何?(紧张,停止)

领航员们正在船里上上下下。你对于他们有何感受?(朋友,护卫者)

潮水随着来自太平洋的船只滚滚涌来,你对潮水有何感想?(有异味,有规律,必然的)

想象自己是一朵积雨云,你正飘向一片晴朗的蓝天,你的身体里裹着成千上万个提着水桶的小家伙,你有何感想?(笑声)(努力争取,冒险尝试)

当你慢慢飘近一座城镇时,会想些什么呢?(抓住你了)

当你发出信号,小家伙们开始倾倒他们的水桶时,你有何感想?(解脱了,

轻松了)

当你身体里差不多没有水了的时候,你开始散裂开来,你看到缕缕浮云已被风吹散,你感受如何?(怀旧,伤感)

第四阶段:形成逆喻(学生真实的反应)。

孤独的友谊　熟悉的新环境

忧虑的宽慰　封闭的冒险

仿古的时新　友好的敌人

下坠的上升　虚幻的事实

第五阶段:新的直接类比(以及学生的反应)。

"孤独的友谊"的例子有哪些?(争吵或打斗之后的重归于好)

什么是"虚幻的事实"呢?(一种幻想故事,例如《爱丽丝漫游仙境》)

第六阶段:重新检验最初的任务。

用"忧虑的宽慰"来想象一个小而富裕的国家。

在分析了富裕小国的资料后,再使用共同研讨法来学习,学生就能够更详细地了解这些国家了。最初的资料分析给学生留下了这样一个印象:这些国家不存在什么问题。在使用共同研讨法以后,学生能够从一个完全不同的角度来重新审视、分析这些国家在全球关系中的优势和劣势。

印度学生打破常规的社会概念

共同研讨法的另一种用途是培养学生对社会问题的不同见解,在考虑解决问题的方法时要"打破固定常规"。下面这个例子发生在印度,教师要求一组初中生思考现代文明中的"职业女性"问题。这个话题通常是不会被提出来讨论的,因为传统文化对男女性别角色的文化观念界定具有很强的影响力。讽刺的是,由于接受高等教育是一种荣耀的象征,所以尽管只有极少数女性在婚后参加工作,但在印度的大学和学院中,女学生几乎占了一半。事实上,差不多所有的印度女性都会结婚,而她们很少在婚后试图寻求工作机会,在这样一个正缺乏人力资源的国家,大量的人力资源就因此被白白浪费了。(注:这些课是用英语进行的。于所有学生来讲,英语是第二语言,他们的母语是印度语或马拉地语。)

开始!

第一阶段:写一段有关印度职业女性的短文。

— 157 —

第二阶段:直接类比(列举学生的回答)。

羽毛怎么会像蝴蝶?(诱人,轻柔,飞翔,被追逐)

剪刀为何像仙人掌?(锐利,刺人)

蛇为何像枕头?(光滑,让人做噩梦)

打乒乓球为何像结婚?(有风险,有争斗,有起有落)

第三阶段:拟人类比(以及学生的反应)。

现在你是一只老虎。早上好!老虎,你感觉怎样?(傲慢,气派,饥饿,威严,不可信赖)

当你穿过森林来到一大片水域,看见一条鲸在水里。你会想到什么?(贪婪,早餐,威胁,震惊)

现在你是一片羽毛。好,羽毛们,描述一下自己吧!(无忧无虑,虚弱无力,独立,流浪跋涉)

第四阶段:形成简明矛盾(逆喻)。

挑出一些你在文章中使用过的单词,组成看起来相互对立、彼此冲突与不相匹配的词组。

美丽的噩梦　　小心的恐吓

迷人的荡妇　　危险的魅力

崇高的贪婪　　庄严的崇高

现在选出一两个最不和谐的词组。

美丽的噩梦　　危险的魅力

第五阶段:新的直接类比。

有关美丽的噩梦的例子有哪些?

举例说明什么是危险的魅力?

第六阶段:重新审视最初的主题。

运用上述简明矛盾修辞法中的某一概念写一段有关职业女性的短文。不必拘泥于确切的词汇,而应当努力领会这几个词组的含义。

下面是部分学生的短文。这里把他们练习前的作业和练习后的作业做了对比。

练习前:一名职业女性结婚后,只有当她丈夫的职业也较好时,夫妇俩才能和谐相处。否则,一旦男人想要主导女人,就可能会导致离婚。但是女人却不希望如此,因此,在不影响抚养下一代的情况下,她们必须寻求就业机会。

练习后:一位职业女性如果特别有魅力的话,就能够成功,尤其是在自然科学领域中。周围的人往往会尽情地欣赏她,并且对她相当地宽容。然而,当他们后来发现那位具有危险魅力的女人实际上并非像自己先前所预期的那样时,他们就会觉得自己做了一个美丽的噩梦。

练习前:通常女人在从业之前就应该下定决心,尤其在印度,女人的就业往往会受到家人的阻挠。因为,人们觉得这样女人无法照看好家庭,也无法干好自己的事业,男人通常是不情愿让自己的妻子外出就业的。

练习后:一位职业女性可能既有危险性,又有吸引力。就那些受到她威胁的人来讲,她可能是危险的;但是当她成功地完成一项工作之后,对于他们来说,她可能又是最甜美动人的了。

练习前:男人是怎样看待职业女性的呢? 他们常常以一种极端的大男子主义态度认为,女人是愚蠢的、低效的、让人头疼的、低人一等的合作伙伴。所以,当他们面对职业女性时,常会感到自己被拉回了现实。他们用泄愤、嫉妒、羡慕和烦躁来表达自己心中低落的复杂情绪。但是在一个以男人为主导的严酷社会里,职业女性其实需要付出更多的意志力和决心才能取得较大的成就。当然,让男人意识到这一事实仍然需要一定的时间,但一旦他们意识到了这一点,我想男人和女人就能组成一个高效的团队而携手合作了。

练习后:职业女性确实给大多数男性带来很多美丽的噩梦。这是因为,一方面他们必须与她密切合作,另一方面他们又不想有一位女性上司。在我看来,一位职业女性在工作上表现出色时会产生一种内在的魅力,但在工作低效且又杂乱无章时,她又会是很危险的。

参与共同研讨法的小组活动总能获得一种独特的、有利于培养人际理解和团队意识的经验,当每个人都以自己独特的方式来思考共同面对的问题时,大家就增进了互相的学习。每个人都清楚地意识到,自己的看法与其他成员的观点虽然截然不同但是相互依存的。每一个观点,无论多么平淡无奇,对自己的思想所起到的潜在催化作用都是相当有价值的。群体中的每一个体都有自己的看法,而共同研讨法活动中所包含的娱乐性,能使那些最羞怯的参与者也受到鼓励。

总结图

小结:共同研讨法

方法 1 的结构体系:创造新事物

第一阶段:描述现状

教师让学生描述他们当前面对的状况或主题。

第二阶段:直接类比

学生提出若干直接类比,然后从中选择一个,并对其进行进一步的探讨。

第三阶段:拟人类比

学生"变成"他们在第二阶段类比中的事物。

第四阶段:简明矛盾

学生从第二阶段和第三阶段中的描述中形成一些矛盾的表达并选择一个。

第五阶段:直接类比

学生在简明矛盾表达的基础上做出另一个直接类比。

第六阶段:重新审视最初的任务

教师带学生回到最初的任务或问题上,运用最后一个阶段的类比或者整个共同研讨活动重新对它进行分析。

方法 2 的结构体系:将陌生事物熟悉化

第一阶段:真实输入

教师提供有关新主题的信息。

第二阶段:直接类比

教师提出直接类比并要求学生对此加以描述。

第三阶段:拟人类比

教师使学生变成直接类比的对象。

第四阶段:对类比进行比较

学生确定并解释新事物和直接类比物之间的相似之处。

第五阶段:解释差异

学生解释类比对象间的不同之处。

第六阶段:探讨

学生用自己的方式重新对最初的问题进行探讨。

学生提出自己的直接类比并探讨其相似与不同之处。

社会系统

这个模式有适度的组织结构。教师启动程序,学生对此做出开放性的反应。创新性原则和"想象的游戏"受到支持,其回报是内在的。

反应原则

1.鼓励开放、非理性、创造性的表达。

2.有必要时教师应做出示范。

3.接受所有学生的回答。

4.选择有助于学生思维延伸的类比。

支持系统

没有特定的支持系统。

第八章 记忆术

——直接获取事实,短时长期存留

　　要领会关联词法(link – word method)的真谛,唯一的方法就是学会用它去学习新知识——越抽象越陌生的知识越是适用。单单知道"关联词法对孩子学习有帮助"是远远不够的,只有当你亲身感受了这种方法之后,你才能够很好地将其运用到教学实践中。试着体会一下,或许这个方法适用于掌握所有学习模式。

——迈克·麦基宾(Mike McKibbin)

致布鲁斯·乔伊斯(Bruce Joyce),1980 年 8 月

　　联系是记忆的关键,我们要在记忆的过程中建立联系,不必去死记硬背,而应靠概念之间的联系去记忆。

——布鲁斯·乔伊斯致自己

组织理念

　　记忆过程中最重要的阶段就是"注意"这一环节,如果从一开始你就没有集中注意力,那么任何有效的记忆策略都是无用的。

教学情境

重要的全球信息

　　菲尼克斯中学(The Phoenix High School)社会研究部已研发出一套记忆方法,并将其与归纳性的学习活动结合起来,以教导学生掌握地球上 191 个国家的名字、地理位置以及各个国家人口统计学的基本知识,包括人口数量、人均国民生产总值、政府组织形式和人均寿命的内容。学生被分成几个小组,采用下面的记忆方法

来记忆中美洲各国的国名和地理位置。

首先,学生们拿着一张只有中美洲国家轮廓的地图开始练习,每个国家有其对应的编号,就这样,小组长向他们描述了一场虚拟旅行:

"请各位想象一下我们即将去中美洲旅行,我们都知道,由于曾沦为西班牙殖民地,中美洲地区的语言受到了西班牙极大的影响,宗教信仰也以基督教为主,因此我们将会看到很多用西班牙语写成的标语以及有着独特钟楼的教堂。西班牙人曾经为了财富来到这里,他们曾希望在这里找到一个黄金海岸。同时我们也需要珍惜水资源,否则我们将会花很多钱去买瓶装水。我们驾驶本田小汽车出游,而不是乘坐公交车,除此之外,我们还要戴着巴拿马草帽作为我们组的标志。"

随后,组长指着第一个国家——巴拿马,同时拿出第一张图片并说:"巴拿马(Panama)的关联词是巴拿马草帽(Panama hat)(见图8.1)。"组员齐声重复读这个词。紧接着组长指着第二个国家并出示第二张图片,同时说:"哥斯达黎加这个国家就是西班牙人寻找的黄金海岸,哥斯达黎加(Costa Rica)的关联词就是富饶的海岸(rich coast)。"(见图8.2。)

图8.1   图8.2

就这样,组员们顺着小组长指向的图片一起念着这些国家的关联词和它们的国名:"巴拿马(Panama),巴拿马草帽(Panama hat);哥斯达黎加(Costa Rica),富饶的海岸(rich coast)。"练习就如此进行下去。尼加拉瓜的关联词是"镍水(nickel water)"或者"nickel agua(agua是西班牙语,意指水)"(见图8.3)。

图8.3　　　　　　　　　　　　　　图8.4

　　萨尔瓦多的关联词是"救世主(savior)"(见图8.4)。组员们跟着组长依次重复着这些国名与它们的关联词。

图8.5　　　　　　　　　　　　　　图8.6

　　组长接着介绍洪都拉斯(Honduras)的关联词，他说："现在我们可能有点累了，让我们来一场'本田汽车拉力赛'(Honda race，洪都拉斯的关联词)。"(见图8.5)下一个介绍的是危地马拉(Guatemala)，组长说它是中美洲人口最多的国家，所以代表它的关联词是"必须最多(gotta lotto)"(见图8.6)。随后，组长指向第七个国家(伯利兹Belize)，提醒大家联系"钟楼(bell)"发出的"啵

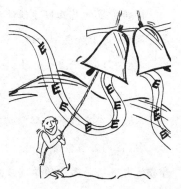

图8.7

啵—嗞嗞"(belleeeezzz)的声音(见图8.7)。最后,组员们按着组长所指的国家依次说出了它们的国名和关联词。

接下来的几天里,组员们继续学习地图上各个国家的名字和它们的关联词,直到大家对这些国家的知识都熟谙于心为止。他们也查阅收集了关于这些国家的人口、出生率和死亡率、人均国民收入、卫生保健等方面的资料,并根据这些数据之间的相互关系(例如"人均受教育水平与人均寿命的联系"等)把这些国家分成不同类别。

学习外语的第一步

约翰·彭诺耶(John Pennoyer)是拉斯普尔伽斯(Las Pulgas)学区双语教学工作的负责人,他和任课教师一同确保所有的学生同时使用英语和西班牙语来学习。半数学生入学时以英语为第一语言,另一半则以西班牙语为第一语言,现在他们要一起努力寻找这两种语言之间的关联词和发音指南。

在五年级的某个班级,教师为一些转学生做了如下列表来介绍西班牙语。

西班牙单词

por favor (poor fa – BORE)/请[for favor]

gracias (GRA – see – ahs)/谢谢[grace to you]

está bién (ess – TA bee – EN)/好,好吧[it's be good]

adiós (ah – dy – OHS)/再见

buenosdias (BWE – nos DEE – ahs)/早上好[bonnie day]

buenostardes (BWE – nos TAR – days)/下午好[bonnie late day]

buenosnoches (BWEnosNOchays)/晚上好[bonnie night]

hasta ma? ana (AHstahmanYAHna)/直到明天[no haste, man]

圆括号里的是西班牙语的对应拼读发音指南,其后是语意翻译,方括号里的则是关联词,是用来表示西班牙语含义的,并且在发音上也与西班牙语发音相似。

新生可以运用上述方法,把西班牙单词、翻译和关联词统一起来进行学习。

记住美国的总统

假设现在有这样一群学生,他们要记住历届美国总统的名字和任期顺序。在此之前,他们已经学会了用记忆法从1数到40,也就是说,每个数字都能用一个发音相近并且有画面感的单词来表示,例如"1(one)"是"圆面包(bun)","2(two)"是"鞋子(shoe)"等等。此外,每十个数字都与一个场景相联系,例如1—10是春天的花园,11—20 是夏天的海滩,21—30 是秋天的足球场,31—40 则是冬天的雪景。

现在,我们运用数字联想法将每位总统的名字和任期联系起来进行记忆——总统名字对应一个关联词,任职顺序对应相应的单词。例如我们如果将林肯(Lincoln)——连接(link)与任职顺序数字 16(sixteen)——小棒(sticks)联系起来,那么林肯总统的记忆图像就是海滩上有一座由小棒组成的沙滩城堡。同样的方法也可以用来记住其他的总统。随后学生就开始记忆这些图像和单词,学完之后立即对他们展开一次测试,60 天之后再测一次。

那么这种方法有效吗? 在同样的时间内,这些学生能比那些用常规方法记忆这些名字和任期顺序的学生学会更多吗? 答案是肯定的。相关研究表明,能运用各种记忆术的学生能更快地学会新知识。(Pressley, Levin, & Delaney, 1982, p.83)。

原理阐述

人的一生都离不开记忆活动,从我们呱呱坠地时开始,我们面前的世界就充满了各种新鲜事物,要记住这些事物,我们必须对它们进行分类。然而世界上的许多事物已经被前人命名过了,因此我们必须学会大量的词汇,并根据这些单词的特点将它们与所对应的各种事物、事件、活动以及性质联系起来。换句话说,我们学习的语言必须要有特别的意义。

如果你想要去了解一个新领域的话,主要的任务就是掌握这一领域的重要词汇及其意义。例如,学习化学时必须记住所有元素名称和它们的结构特征;了解一个大洲时,要记住它所包含的国家国名和它的地理特征与重大历史事件等。最初的外语学习也是由一套从词形到读音都很陌生的词汇开始的。

对记忆的研究已有很长的历史了,尽管建立"一个统一联系和普遍满意的人类记忆理论的目标"(Estes,1976,p.11)还未实现,但是人类已经取得了一定的进步,一些以教授记忆策略和促进学生高效学习为目标的课程改革正在进行中。

例如,教师选择强调的哪些要点将会影响学生的信息获取效果?"一个人在短时间内面对大量信息时:只有那些引起注意的信息才能直接进入大脑中,也只有那些被复述过的内容才能保持足够长的时间,从而确保信息加工条件达到形成长时记忆的基础要求。"(Estes,1976,p. 7)也就是说,我们不仅要注意记忆的对象,还要在头脑中对其进行复述,这样才能保证记忆成功。例如,当我们在森林里散步时,如果我们不仔细观察那些树的话,即使一些视觉表象以无意记忆的形式保存在了我们头脑中,我们仍然不大可能记住它们。这是因为即便我们注意到了它们,也还需要利用信息来记忆,比如将不同的树进行比较以得出每棵树的特征。这样在我们复述时,我们才能建立起信息的检索提示,这是我们在记忆中对信息进行整理和定位的基础。

短时记忆经常与各种各样的感觉经验联系在一起。当我们喝完一口法国白葡萄酒时,记住的可能就是它浅黄色的颜色和那独特的味道。要形成长时记忆,我们可以运用情景提示法,即将我们的记忆对象和片段线索与我们的经验联系起来。例如,我们能想起安德鲁·约翰逊是亚伯拉罕·林肯的后一任总统,正是由于他们在时间上是有联系的,因此他们在历史上的片段线索也是相互联系的。另一种方法是类别线索法,类别线索法则是对记忆材料的概念化,例如,对不同树的特征进行比较时,我们会形成一些新概念,这些新概念就为我们提供了描述一棵树区别于另一棵树的依据。换句话说,我们用类别代替了具体事物,而类别的划分就是我们记忆的基础。

无论从学术角度还是大众角度来看,人们都认为记忆力对智力发展有着至关重要的作用。记忆绝不是一种被动的和无关紧要的活动,而是一种主动积极的追求。记忆学习的理想化结果就是学习者能够获取信息并对其进行有意义的整合,最后达到可以随意地提取它的境界。学习者能通过关联词法提高对所学知识的记忆能力,以便之后能够回忆起它来,这就是记忆模式的目的所在。

模式导向

目的和假设

当我们刚刚开始校园生活时,常常需要绞尽脑汁地去掌握一些杂乱无章的知识,例如记忆新单词、新声音、一周的 7 天、全美的 50 个州或者世界上的各个国家等。我们中有些人记忆力很好,有些不怎么好。当我们回忆过往时,发现很多信息因为不重要就被遗忘了。但试想一下,如果我们忘记了所有在学校习得的知识,我们眼中的世界将会是什么样子呢? 因此知识对于我们来说十分重要。

个人能力最明显的表现形式之一就是以知识为基础的能力,它对于我们取得成功和获得幸福感是不可或缺的。在人的一生中,我们需要有技巧地进行记忆,提高这一能力有利于提高学习效率、节省时间以及建立一个更优质的信息库。

关联词法

在过去 25 年里,人们对于关联词法做过一系列重要的研究,这些研究不仅极大地促进了记忆理论的发展,同时也在实践层面推动了教学资源设计、课堂教学与辅导以及学生自学系统的发展。

如果学习任务是掌握陌生的知识,那么关联词法可分为两步:第一步是为学生提供熟悉的知识,以便与陌生的知识建立联系;第二步是为新知识建立有意义的联系。例如,当我们学习外语单词时,第一步是把外语单词的发音和英语单词的发音联系起来;第二步在两个单词之间建立一种意义上的联系。例如,西班牙单词 carta(信件)可以和英语单词 cart(手推车)建立发音联系,然后想象出一幅购物手推车里放着一封信件图像(Pressley,Levin & Delaney,1982,p.62)。

这一系列研究的第一个重要发现是那些对记忆材料掌握得很快并且记得牢的人往往对记忆方法进行了十分巧妙的设计,因为他们使用记忆术来帮助记忆;而那些记忆效果不佳的人通常采用死记硬背的方法,即一遍遍地去背诵那些需要记忆的东西,直到把它们印在脑中为止。

第二个重要发现是相比那些比较"自然"的记忆方法,关联词法这样的记忆方法需要更加精心的设计,也就是说,同死记硬背相比,它需要耗费更多的脑力活动。许多教师在初次接触上文介绍的对记忆"总统"方法时会问:"为什么要增加额外的知识呢? 难道掌握这些'总统'的名字和任职顺序还不够吗? 为什么还要加入诸如'连接'、'小棒'和夏日沙滩的沙堡图画这些东西呢?"

这是因为附加的联系为我们提供了一个更加丰富的记忆背景,并且联系的过程也强化了我们的认知活动,这种认知活动和意义联系为我们的信息加工系统提供了更好的定位功能。

那么关联词法对原来记忆力水平不同的学生都有帮助吗? 答案显然是肯定的(Pressley & Dennis – Rounds,1980),除此之外,它还对那些口语水平较低的学生有益,而这些学生恰恰又被认为是更难掌握复杂学习方法的人。还有就是一旦掌握了记忆术,学生就能独立运用它,建立属于自己的信息联系系统了。

即使低龄学生(从幼儿园至一年级)也能从记忆术中获益(Pressley, Levin & Miller, 1981a),不过他们显然很难自己建立起联系,但如果教师先建立好联系再教他们记忆,他们也能从中获益。

相关研究表明这一方法效果显著。阿特金森(Atkinson, 1975)的早期研究曾得出这样的结论:使用关联词法的记忆效率比死记硬背高出50%。也就是说,学习相同一段时间,使用关联词法的学生比未用此方法的学生多掌握了一半的知识。之后的一些研究也发现,使用关联词法的学习效率是传统方法的两倍甚至更多(Pressley, 1977; Pressley, Levin, & Miller, 1981a, 198lb)。最重要的是,它使记忆变得容易了,这是由于使用关联词法时不仅记忆量变得更大了,保持时间也能更长一些。此外,由马斯特皮埃尔和斯克鲁格斯(Mastropieri & Scruggs, 1994)进行的一项长期研究已经将记忆术融入专门为学习能力低下的儿童设计的课程中。

如前所述,一系列研究已经证明关联词法有两个明显的作用:一是高效地组织教学活动,促使学生能够尽可能容易地建构起意义联系,从而取代传统的死记硬背的方法,二是教会学生在学习新知识时主动去建立新联系。

其他的记忆术也对我们有所帮助,例如概念形成模式可以为我们提供一些范畴,这些范畴是基于记忆对象的类属特征并结合示例给定的,它们能够引导学生区分类别内和类别外的事物;而归纳思维模式则能帮助学生以共同特征为基础建立记忆对象间的联系;先行组织者模式能够为学生搭建出一座联系记忆材料的桥梁;而比较组织者模式则有助于联系新知识与旧知识;科学探究模式可以为理解专业术语和"黏合"记忆材料的智力结构提供实验性基础。

在一项有趣的研究中,两位莱文(Levin & Levin, 1990)使用了关联词法来教授"什么是人们通常认同的'高层次'的学习内容"。他们以植物分类的等级系统为例比较了两种记忆方法,一种是运用关联词法(通过熟悉的概念联系所学新知识)列出传统图表去学习,另一种则是用线条连接等级系统框图去学习。研究结果表明,关联词法不仅使学生学习和对等级的记忆变得更加容易,而且更有利于问题的解决。

备课是教师最基本的任务,即教师要为学生的学习做好相应准备,其中最主要的任务是运用关联词法生成"关联词",有时需要准备视觉材料,有时又需要和学生一起来寻找材料去生成"关联词"。一旦做好了这些准备,课堂就很容易推进了,下面这个带有插图的案例就是个很好的示范。

这个练习类似于本章开头介绍的关于对中美洲记忆的设计,它是世界知识教学内容的一部分。这里的关联词是按一定顺序编排的谐音英语词组,背景是一位美国职场女性的虚拟生活故事,我们从中东地图上的七个国家入手,把它们按照记忆顺序依次标上序号。

这位职场女性正在讲述她一天的开始,她说"起床后,我跑步下楼。""我跑步(I ran)"对应的是"伊朗(Iran)"的配图(见图8.8)。接着她说"我从架子(rank)上取了盘子","架子(rank)"对应的是"伊拉克(Iraq)"的配图(见图8.9)。她继续说"我为孩子们准备了几碗汤(syrios)。""汤(syrios)"对应的是"叙利亚(Syria)"的配图(见图8.10)。

图8.8

图8.9

图8.10

图8.11

"我给自己做了一些英式小松饼,拿了果酱瓶(jar of jam)。""果酱瓶(jar of jam)"对应的是"约旦(Jordan)"的配图(见图8.11)。"我为自己泡了一杯茶,还放了几片柠檬(lemon)","柠檬(lemon)"对应的是"黎巴嫩(Lebanon)"(见图8.12)。"最后我跑步去赶铁路(railroad)列车。""铁路(railroad)"对应的是"以色列(Israel)"的配图(见图8.13)。"我到了办公室,又热又渴,又径直跑到自动售货机上买了一瓶苏打水(soda)。""苏打水(soda/sody)"对应的是"沙特阿拉伯(Saudi Arabia)"的配图(见图8.14和图8.15)。

图8.12　　　　　　　　　　　　图8.13

图8.14　　　　　　　　　　　　图8.15

将这些谐音关联词和图像结合起来能帮助学生把陌生的词汇和自己熟悉的词语、短语以及视觉形象联系起来,而那些略带幽默和滑稽的表达也会使这些联系变得更加生动。

其他辅助记忆的方法

尽管许多流行的"记忆方法"理论还没有得到普雷斯利(Pressley)、莱文及其同事相关研究的支持,然而某些方法却遵循了同他们的研究一样的原则。罗拉尼(Lorayne)和卢卡斯(Lucas)合著的《记忆手册》(*The Memory Book*,1974)与卢卡斯独撰的《学会学习》(*Learning How to Learn*,2001)就是其中的两例,我们也在本书中引用过其中一些适合学生学习的建议。

需要再次强调的是,记忆过程中非常重要的一环是我们在对某一对象进行记忆之前,必须要先去注意它。一种高效的记忆术需要引起我们对记忆对象的注意,只有我们通过多种感官(视觉、触觉、嗅觉、味觉等)感受到了它的存在,它才能与我们的记忆形成紧密的联系,这是由于那些能同时刺激我们多重感官的事物往往让我们记忆深刻。每一种感官都含有与新知识建立联系的旧知识,例如当我们"看到"一朵花时,它除了作为一种视觉表象外,还可以被其他感官感觉到,比如独特的香气、花茎被折断时发出的咔嚓声等。因此,我们是通过多种感官方式与这朵花建立起联系的,通过多种感官记住它(或它的名字)的可能性比仅仅通过一种感觉来观察它要大得多。罗拉尼和卢卡斯(Lorayne & Lucas,1974)引用了亚里士多德的话来阐释:"人脑中的表象思维能力使得更高层次的思维过程成为可能,缺少图像的大脑很难进行思考,因此思维的能力是由一幅幅图像形成的。"(p. 22)

罗拉尼和卢卡斯建立的模式旨在提高对学习内容的注意、加深参与记忆的感觉、增强已掌握的旧知识与新知识之间的联系。我们可以通过下面的短文进一步理解这个模式:

教学情境

做演讲

鲍里斯是一个参加学生会主席竞选的小学生,他要在同学们前进行竞选演讲,但是他很难记住演讲词,因此向他的老师求助。老师鼓励他使用一些之前在学习其他相对简单知识时使用的记忆策略,诸如记住非洲和拉丁美洲一些国家的国名时使用的记忆技巧。此外,老师还引导他运用了罗拉尼和卢卡斯提出的记忆方法。

首先,老师让鲍里斯归纳讲稿的主旨要点,接着从每一个要点中找出一个能让他想起整个要点的单词,就这样,鲍里斯列出了一个个要点,并在能代表要点意义的关键词下面画了线。

然后,老师让鲍里斯想出一些意义生动的词语联系这些关键词。鲍里斯用妹妹的名字"凯特(Kate)"对应"资格(qualifications)"这个关键词,又用"梨(pear)"对应另一个关键词"同伴(peer)",为了帮他记住这两个联系,老师叫他尽可能荒诞地想象它们,鲍里斯想了一会,随后他想出了一个特别大的梨追着他妹妹凯特跑的画面。就这样,在记忆过程中,鲍里斯用了一些奇异的想象将成对的关键词和替代词组合在了一起。

在鲍里斯复习了所有的要点并且在脑海中形成了对应的图像之后,老师让他多次复述关键词和描述对应图像,随后老师叫鲍里斯完整地演讲了一遍,以此来检测他的记忆效果。结果他能够很顺畅地进行演讲,这是因为他做到了专注于主旨要点,将关键词和替代词形象化,并将重点与生动的感官图像联系起来这三点。

如果鲍里斯学习的是新单词或者重要的科学概念,老师可能不仅会让他把新知识与相关的旧知识联系起来,还会建议他马上练习运用这些新知识。但鲍里斯的演讲只是一次性的,所以只需要短时记忆,因此他只需复习一下那些关联词,再重复背几遍发言稿就行了。

有关记忆的概念

以下概念是一些能提高记忆效率的基本原则和技术。

意 识

对我们而言,记住一个事物的前提条件就是我们必须要注意到它,"对于最初的意识来说,观察是极其重要的"(Lorayne & Lucas,1974,p.6)。根据罗拉尼和卢卡斯的理论,任何我们在一开始就注意到的事物是很难被遗忘的。

联 系

除去之前讲的"注意"以外,记忆的另一个重要规律是:"如果要学习的新知识是与你学过的旧知识相关联的,那么你能够很轻松地记住它。"(Lorayne & Lucas,1974,p.7)例如,要帮助学生记住"piece(一块)"的拼写,教师可以用"a piece of pie(一块饼)"作为提示,这样就可以从拼写和词义两方面帮他们进行记忆。

系统联系

记忆过程的核心是联系两个不同的观点,再用第二个观点去联系第三个观点,以此类推。尽管我们通常只会努力去记忆一些有意义的知识,但当面对一些表面无意义的知识时,那些看似没有什么实用价值的图像却刚好能帮助我们进行记忆,这就是该方法的作用机制。举例说明,你要按顺序记住房子(house)、手套(glove)、椅子(chair)、炉子(stove)和树木(tree)这五个词。你可以想象几幅奇异的图画:首先是关于房子和手套的,其次是关于手套和椅子的。例如,作为第一幅图画,你也许会想到一只手套正在打开房子的前门去欢迎手套家族的成员;作为第二幅图画,你会想象出一只巨大的手套正握着一把椅子的场景。花些时间并集中精力去创造一类的图画,将这些单词视觉化,它们就能按顺序联系起来了。

记忆的实质就是建立两个对象的联系,我们经常要在诸如名字和时间或地点,名字和观点,单词和意义,或者两种观点这些对象之间建立联系。

荒谬的联想

联想是记忆的基础,如果这个联想越是极其生动、荒谬无比的,越是不可能发生的或者是不合逻辑的,那么它的记忆效果就越好。挂满手套的树或者手套家族,就是这种荒谬联想的范例。

以下是创造荒谬联想的几种方法:第一种是替代法,如果你的联想对象是一辆汽车和一只手套,那么就想象出一副手套在驾驶着汽车的画面;第二种是变换比例法,你可以把小东西变大或者把大东西缩小,例如一只巨大的棒球手套在驾车奔驰;第三种方法是夸大法,特别是数量上的夸大,想象一幅成千上万只手套在大街上游行的画面,最后,让你的联想画面动起来。在之前的例子中,我们想象出手套按响了门铃并且上街去游行,这对于有一些荒诞想象力的孩子来说一点也不难,但对于慢慢长大且思维逻辑化的我们来说,倒是越来越困难了。

词语替代法

词语替代法是一种形成"既虚幻又真实、同时又具有某种意义"(Lorayne & Lucas,1974,p.21)的关联物的方法,这是种非常简单的方法。当你需要记住比较抽象的单词或者短语,不妨"想象一些与它读音相近,或是能提示你想起它,或是可以在你的脑海中形成图像的知识"(Lorayne & Lucas,1974,p.22)。当你还是个小孩时,你能够用"I'll ask her(我将问她)"来记住 Alaska(阿拉斯加州);如果你想记住 Darwin(达尔文),你可以想象一幅"夜来风(dark wind)"的画面;"force(力量)"可以用"fork(叉子)"来表示。你还可以构想一幅画面代表一个单词、一种思想或者一组短语。图 8.16(瑞典,Sweden)和图 8.17(芬兰,Finland)是教师在教学生欧洲的国名时使用的替代词("甜蜜的洞穴〔sweet den〕"、"脚蹼园〔fin land〕")与图画。

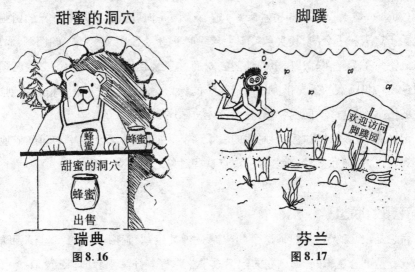

甜蜜的洞穴

脚蹼

瑞典
图 8.16

芬兰
图 8.17

关键词

关键词的本质是使用一个单词去表示一个较复杂的想法或有若干附加内容的观点,小学生鲍里斯的演讲就是依靠一个关键词引出一系列语言表达的案例。他使用关键词"资格(qualifications)"代表了一些自己能够胜任学生会主席的优秀品质。正如该案例,如果我们要使用抽象意义的关键词,那么在构想出辅助记忆的图像之前结合词语替代法则能更有助于记忆。

教学模式

我们已从普雷斯利、莱文及其同事的研究中归纳出了记忆模式的四个阶段:记忆材料、建立联系、扩展感觉表象以及练习回忆,这几个阶段都是以遵循注意规律和提升记忆技能为基础的(见表8.1)。

结构体系

第一阶段要求学习者集中注意力于学习材料并以便于记忆的方式对材料加以组织。一般来说,它要求学习者运用一定技巧去记住材料,如重要观点和案例。具体而言,提高注意力的技巧有三种:一是材料要点划画线;二是材料归类并用自己的语言对材料进行复述;三是材料的再现,即通过比较来确定不同观点的关系。

表8.1　记忆术的结构

第一阶段:识记材料	运用下画线、归类和再现等技巧
第二阶段:建立联系	运用关联词法、词语替代法和关键词法等方法,使记忆材料变得熟悉
第三阶段:扩展感觉表象	运用荒谬联想和夸张法,重构表象
第四阶段:练习回忆	反复练习回忆材料,直到完全记住为止

掌握了记忆材料的大致结构后,我们紧接着需要利用一些记忆技巧来建立学习材料间的联系。第二阶段需要运用关联词、替代词(在记忆材料较为抽象的情况下)、代表较长或复杂段落的关键词等技巧,该阶段要求我们把新的识记材料与熟悉的词汇、图像或观点联系起来,并把这些图像或词汇组合起来。

在建立起内在联系之后,第三阶段我们需要从多种感官出发将它们联系起来,并且通过荒谬的联想或夸张的想象营造出幽默的语境,从而加强这些表象间的联系,这时表象能更容易地唤起回忆。第四阶段要求学生反复对这些材料进行回忆练习。

社会系统

社会系统是合作性的:师生通过共同合作把记忆材料整理成易于记忆的形式。

教师作用

在该模式中,教师的作用是帮学生处理材料,即教师在学生已有的知识框架内帮助他们提取关键词、连接对象并找出视觉表象。

支持系统

图片、电影、教学辅助设备以及其他视听材料非常有助于提高感官联系的丰富性。虽然该模式不需要特别的支持系统,但是我们还是要向读者推荐卢卡斯教育公司(Lucas Education)提供的"记忆先生"系列材料,例如《巧记姓名和相貌》(*Names and Faces Made Easy*)或者《学会学习》(*Learning How to Learn*)等书籍以及相关的录音带与录像带。有不少学者在论证记忆术的有效性方面都有很大贡献,作为该领域的专家,卢卡斯的理论和范例既有趣又高效。

应　用

其他的信息加工类记忆模式几乎都受到了记忆术的影响,分类记忆的建构和获取都需要建立联系,而科学的记忆流程就是建立联系的过程,隐喻内容则是联系的结果呈现。

所以说,联系的建立是记忆术不可或缺的部分。

马斯特皮埃尔和斯克鲁格斯(Mastropieri & Scruggs,1991)提供了很多有用的记忆方法,这些方法能够应用于地理和历史等学科的学习,从而帮助学生记忆让他们头疼的地名与人名。

记忆术几乎适用于所有需要记忆的学科领域,可以用于群体记忆(如某化学班学生掌握化学元素周期表),也可以用于个体记忆(某个学生学习一首小诗、一个故事、一段演讲或者一段舞台剧的角色台词)。

虽然该模式在由教师主导的"记忆课"上很有效,但是教师还是应当把这一模式教给学生,发挥它的最大效用,减少学生对教师的依赖,这样学生就可以在需要记忆的时候灵活运用该方法。以下是教学的主要步骤:

1.将需要学习的知识加以组织。从根本上看,信息组织得越好,相关记忆的识记与保持就越容易。信息能通过范畴来组织整合,概念获得、归纳以及先行组织者模式都可以帮助学生对知识进行归类并加以联系,从而使记忆变得容易。例如下面这个常见的单词拼写表,其按照拼写课本上呈现给学生的顺序排列:

soft	plus	cloth	frost	song
trust	luck	club	sock	pop
cost	lot	son	won	

我们可以让学生根据这些词的首字母、尾字母以及元音发音进行归类,这种归类要求学生仔细观察单词并把具有相同特征的单词联系起来。随后他们需要对每类单词命名(如"c"组和"st"组),并且注意每一类单词的公共属性。他们还可以把

合适的同语组合在一起形成词组,如"pop song(流行歌曲)"、"soft cloth(柔软的布料)"等,然后让学生对一类单词拼写记忆练习。当然,同样的原则也适用于其他类型的材料,如数字、事件等。不管这个类属是由教师提供,还是学生自己划分,目的都是为了帮助学生记忆。我们还能够依靠大脑的归类系统对信息进行选择,上面的单词表是随意排列的,表面上看不出什么联系,但如果我们故意系统地对其编排的话可能会使这些单词组织起来更为容易(至少能够容易地看出来其中暗含着若干归类范畴)。

2. 对需要记忆的信息进行排列。当信息以序列的形式出现,尤其是该序列具有某种意义时,就更易被识记与保存。举个例子,在我们学习澳大利亚各个州的名称时,如果总是从一个州(如最大的州)开始并且总是按照同样的顺序去记忆的话,记起来就会更容易一些;同样的,按年代出现的事件比随机出现的事件要更容易记住一些。顺序是组织信息的另一种简单的方式,我们也可以要求学生按照首字母在字母表中的前后顺序将他们拼写的单词排列起来。

3. 在信息和熟悉的知识之间建立联系(兼顾发音和意义两个方面)。例如,学习美国各州州名时,我们可以把"Georgia(佐治亚州)"和"George(乔治)"联系起来、把"Louisiana(路易斯安那州)"与"Louis(路易斯)"联系起来、把"Maryland(马里兰州)"同"Marry(结婚)"或者"Mary(玛丽)"联系起来等。给每个州的名字进行归类,或是按面积大小排序,或是按地区排列,这些方法都能为记忆提供更多的联系。

4. 使信息形象化、可视化。例如,可以将"马里兰州(Maryland)"联想成一幅"婚礼(Marriage)"的画面。将"俄勒冈州(Oregon)"联想成"一支枪(a gun)"的画面;将"缅因州(Marine)"联系到"下水管道(main)"等等。把字母同数字联系起来可以唤起熟悉的声音和想象的画面,如"一(one)"可以联想到"圆面包(bun)"和一个小孩吃圆面包的画面;"b"可以联想到"bee(蜜蜂)"和一只蜜蜂飞舞的画面,诸如此类的联想可以反复地使用。想象"一根晦气的金属弹簧(mental spring)"恶毒地缠绕在"春天的花朵(spring flower)上",那么"四月是最可怕的季节,荒原上盛开着紫丁香"这句诗就很容易记住了。①

5. 建立信息间的联系。记一个人的名字时,如果联想到同名的一位名人、谐音的一个事物或者与此相关的你的私人信息等时,记忆起来就比重复记忆名字本身

---

①取自艾略特的诗《荒原》。

要容易得多。例如,要记住路易斯·阿姆斯特朗(Louis Armstrong)这个名字,要先联系到他的出生地杰克逊维尔(Jacksonville);学习澳大利亚各州名时,可以联想起它们在地图上的方位以及与许多州名的渊源(像新南威尔士州),这样就比仅仅按顺序记忆更容易。

6. 使信息生动起来。罗拉尼和卢卡斯喜欢"荒谬的联想",也就是把信息以荒谬夸张的形式联系起来(如用"两个傻瓜背着两个双胞胎,所以他们实际一共四个人"来记住"二加二等于四"),还有人喜欢用渲染法和生动直观的解释(如数一下两队的篮球队员,学会计算"五加五等于十")。

7. 练习和反馈。练习总归是有效的,学生会从中获益。对于那些有记忆障碍的学生来说,通过记忆相对简短的材料并清晰地反馈记忆效果能增强他们的信心。

教学效果和教育影响

记忆术是用来提高人们储存和恢复信息的能力的,它应当培养人们提高个人智力活动能力的意识,即不断提高对新知识的理解能力和想象能力以及关注周围环境的能力的意识(见图8.1)。

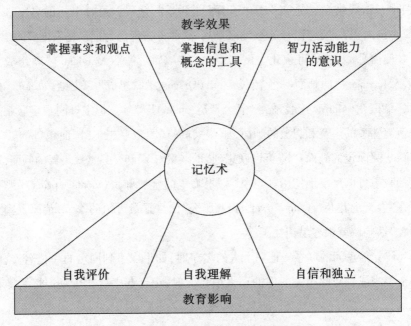

图8.1　记忆术的教学效果和教育影响

记忆术最重要的成果之一是使学生认识到学习不是一种神秘的、天生的或不可控的过程,如同伊恩·亨特(Ian Hunter,1964)所说:

掌握一些简单的记忆术可以使人们开始意识到他们能够控制和调整自己的智力活动,这种认识可以鼓励他们去培养自我的学习能力,而这一能力是智力发展的一个重要组成部分,学生也因此能够在自己的学习和记忆过程中进行自我评价。(p. 302)

因此,这种对于如何学习以及怎样提高学习效果的思考能够增强学生对未来的掌控感。

成果之二是记忆术增强了我们的想象力并使我们意识到,创造性思维是更具指向性的信息学习的一个重要部分。我们在想象力得到训练的同时,创造力也得到了培养,创造性思维也在寓教于乐的轻松氛围中显现了出来。想象力要求我们观察和注意周围的世界,因此,想象作为记忆过程的一部分可以使我们不自觉地提高注意周围环境的敏感度。

最后,顺理成章,我们通过记忆术提高了记忆能力,使得我们成为更高效的学习者。

总结图

小结:记忆术
结构体系
第一阶段:识记材料
运用下画线、归类和再现等技巧。
第二阶段:建立联系
运用关联词法、词语替代法和关键词法等方法,使记忆材料变得熟悉。
第三阶段:扩展感觉表象
运用荒谬联想和夸张法,重构表象。
第四阶段:练习回忆
反复练习回忆材料,直到完全记住为止。

社会系统

其社会系统是合作性的,教师和学生是一个共同整理新材料的集体,在学生掌握了记忆策略并用其来记住一些观点、单词和公式后,教师应逐渐提高他们的主动性。

反应原则

教师帮助学生明确联系的关键词、联系范围和视觉表象,并基于学生的学习进展提出建议。当然,联系的素材应该来自学生已有的记忆。

支持系统

可以采用所有的常规教学手段,包括图片、电影和其他视听材料等具体的教学辅助设备等,其对于提高感官联系的丰富性都有极大的帮助。

第九章　用先行组织者设计讲授教学

——支架教学与支持系统

为什么不在课程开始时为学生提供概念理解支架？这能帮助学生理解课程结构的蕴意，并在后续的探究中理解它是如何不断发挥作用的，如此，学生的心智才能随着课程的深入而活跃起来。

——戴维·奥苏贝尔致布鲁斯·乔伊斯

组织理念

在做一个陈述时，有必要建立重要概念的支架，并在会谈、材料书写、视频、在线课程或会议开始前把它提供给学生，帮助他们将学习内容与支架联系起来。关于支架的认识，你会看到大英百科全书中的许多文章都会在主要内容呈现之前提供相关的组织观念。

教学情境

在艺术画廊工作的一名讲解员

一名带着一群中学生参观艺术博物馆的讲解员说："我提一个观点来帮助你们理解即将看到的绘画和雕塑作品，那就是：艺术具有时代性。虽然艺术是一种个体的表现，但它却能从多方面反映出当时的时代特征和文化特色。当你注意到东西方艺术差别时，这一特征更加明显。此外，当文化变化时，艺术也会发生变化。"这就是为什么我们要建立"艺术时代性"这一概念的原因。这些变化经常反映在艺术家的技巧、题材、色彩和风格中，而主要的变化经常反映在艺术产生的形式上。这名讲解员接着指出了一两个这种变化的例子。她还请同学们回忆他们的小学时代，比较了他们五六岁时和长大后画出的画的不同，她把成长的不同阶段看作不同的文化期。

　　在随后的观览中,学生观看绘画和雕塑时,讲解员指出了由于时代变迁而产生的不同。她问道:"你发现了吗? 这幅画中长袍几乎遮盖了人的整个躯体,他的衣服下面看不出人体的轮廓。这是由于在中世纪,宗教宣扬人的身体并不重要,而灵魂才是一切。"她又讲道:"你们看,而在这幅画里人的形体透过衣服被明显地表现出来而且坚定地站在地上。这表现了文艺复兴时期的观点,即人是宇宙的中心,人的身体、思想和力量是非常重要的。"

　　在上面的案例中,讲解员在讲解过程中运用了先行组织者策略,这是艺术史专家所经常会使用的。这种策略包括很多附属观念,而这些观念能将所观察的艺术作品的特征联系起来。在下面这个案例中,教师为学生提供了由大卫·奥苏贝尔所提出的"智力支架",来构建他们在课堂中遇到的观点与事实。

教学情境

元素周期表

　　在化学课上,温迪(Wendy)和基思(Keith)将归纳法和记忆术结合起来教授学生学习元素周期表,学生学习元素的名称及其原子量,并根据其在10摄氏度下的状态对元素进行分类。他们学习元素、原子量和化学键等概念。

　　这些概念和元素周期表自身的知识内容是课程相关概念的支架,而要研究的内容将与支架建立联系,随着课程的深入,相关概念的内容则会被不断细化和延伸。

字面意义和隐含意义

　　凯利·杨(Kelly Young)正在向学生讲解词汇的字面意义与隐含意义两者的区别,或者说是发现词汇语言与隐含语言的不同。他以提出一个先行组织者作为开始,即简单指出词语可以用来表示事物、行为、状态等,同时又具有隐含意义。他举例子加以证明,单词 puppy 指的是小狗,同时也暗示好玩与爱抚,因为我们认为小狗是好玩的,我们喜欢抚摸它;limousine 指轿车,同时也暗示地位、财富,甚至可能还有势利和排场。

　　然后他给学生带来了一系列短故事,让他们阅读并从中找出两种词汇:一种是只具有字面意义的;另一种是没有直接表明但具有隐含意义的词汇。学生将其分类排列,然后讨论为什么一些词汇只有字面意义,而另一些词汇既有字面意义又有隐含意义。学生对这两种词汇进行分类之后继续对其进行探索,阅读自己喜欢的作家作品,从而不断丰富自己的词汇量。

模式导向

大卫·奥苏贝尔(David Ausubel)是一位不同寻常的教育理论家。当其他教育理论家和社会舆论家忙于抨击讲授教学法(讲解和阅读)的有效性、寻找讲授式教学的缺陷时,他则通过倡导完善讲授教学法,直接指出了明确学习目标的重要性。与提倡发现教学法、开放教育以及经验教学的人不同,奥苏贝尔坚决认为应当通过讲授教学来帮助学生掌握新知识。

奥苏贝尔也是为数不多的同时强调学习、教学以及课程的教育心理学家之一,他的有意义言语学习理论包括三个方面:(1)知识如何被组织;(2)大脑如何接受新信息;(3)教师给学生讲授新知识时应如何利用知识观与学习观。

目标与假设

帮助教师尽可能有效且有意义地组织和传递大量知识,这是奥苏贝尔最关心的。他认为学校教育的本质目的是使学生获取知识,而一定的教育理论能够帮助教师把知识传授给学生。他的观点适用于教师扮演组织者的课堂情境中,其通过讲授、阅读、给学生布置任务让他们把所学知识综合起来等方式来传授知识。在他的模式中,教师有责任去组织并传授将要学习的内容,而学习者的主要任务是掌握新知识。虽然归纳教学法能引导学生去发现和再发现概念,但是先行组织者则直接向学生提供概念和原理。有趣的是,奥苏贝尔认为学生必须是知识的积极建构者。但他的训练方法是教给学生学科的原理和元认知,以有效地回应教学,而不是从他们的知觉世界开始,引导他们归纳结构。

先行组织者教学模式旨在加强学生的认知结构——确保教师在任意时间讲授某学科时,学生都能将新知识稳定且清晰地纳入个人的认知结构中(Ausubel,1963,p27)。奥苏贝尔坚持认为,一个人现有的认知结构是决定新材料是否有意义以及如何获得和保留新材料的最重要因素。在我们有效讲授新材料之前,必须提高学生认知结构的稳定性和清晰度,完成这一任务的方法是将能够概括新信息的概念介绍给学生们。在绘画展览的例子中,导游讲解艺术反映文化和文化变迁的这两个观念的目的是提供智力支架,进而帮助学生之后的观赏中更加清晰地发现绘画中的信息。在另一个温迪和基思的化学课例子中——学生几乎不懂化学,因此教师运用组织者来帮助建立课程框架。

通过这种方式加强学生的认知结构,有利于他们获取和保留新的信息。奥苏贝尔非常反对把通过听、看、读等方式的学习看作是背诵、被动或者没有意义的学习。当然,这种情况是可能出现的,但如果学生准备好接受和处理信息,情况就不一样了。如果他们没有做好准备,学生则必须会死记硬背(反复背诵材料),这是很难的,也容易忘记。任何执行不力的教学方法都可能导致死记硬背。传授教学也不例外。但做得好,它就能促进知识的主动获取。奥苏贝尔回答了什么是有意义的学习和积极的学习这两个重要问题。

什么是有意义的学习?

奥苏贝尔认为,材料是否有意义更多地取决于学习者的准备和材料的组织,而不是讲授的方法。如果学习者做好了准备,并且材料得以有效地组织,那么就可以进行有意义的学习。

接受学习一定是被动的吗?

奥苏贝尔说:"不!"只要具备适当的条件,在讲座或其他形式的讲授性教学中,听众或观察者的思维可以是非常活跃的。但是他们必须把新知识和自己的认知结构结合起来,并且先行组织者要在他们的认知结构内提供一个临时的支架。奥苏贝尔谈到了学习者与材料的斗争——要从不同的角度看材料,将其与相似或可能相互矛盾的信息进行协调,最后将其融入自己的认知结构中。

组织信息:学科结构和认知结构

根据奥苏贝尔的观点,学科组织的方式和人们头脑中知识组织的方式(即认知结构)是相似的。他认为每种学科都是按等级关系组织起来的概念结构(Ausubel,1963,p18)。也就是说,每个学科结构的最顶层是一些广义且抽象的概念,而在学科结构的下层则是更具体的概念。图9.1显示了经济学中的等级结构,处于金字塔顶部的概念相对更抽象一些。

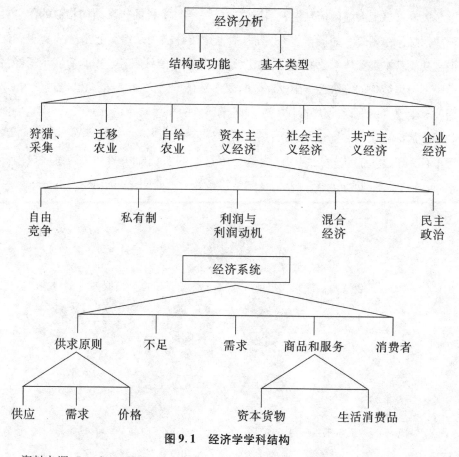

图9.1　经济学学科结构

资料来源：Based on Clinton Boutwell, *Getting It All Together* (San Rafael, CA: Leswing Press, 1972).

　　和布鲁纳(Jerome Bruner, 1961)一样,奥苏贝尔相信每一个学科的概念结构都能教给学生,对学生而言它们就是一个信息处理系统,换句话说,它们成为一张学生用来分析并解决特定领域问题的智力地图。例如,学生可以使用经济学概念,从经济学的角度分析问题。假如我们给出一个案例研究录像带,它记录了农场、杂货店、郊区住宅还有经纪人办公室的活动场景,每个场景都包含很多信息,学生看到人们忙于各种活动,注意到很多行为,听到很多谈话。如果要求学生对所见情景做一个经济学的分析,他们则会根据供给者和需求者、买方和卖方、商品和服务、消费者和生产者等概念对人们的行为和活动加以分类。这些抽象概念在很多方面给予了他们很大的帮助,它们使学生能够理解大量的数据,并对四个场景进行比较,在明显的差异中发现潜在共性。

奥苏贝尔把大脑的信息组织结构描述成一个与学科的概念结构相似的信息处理和信息保存系统。如同学科一样,大脑也是按等级关系组织起来的一套观念结构或功能基本类型体系,为信息提供定位,并为保存信息服务。图9.2展示了经济学科中知识结构的等级性。阴影部分的概念是最广泛的,这些概念已经被学习,但还处于学习者的假设性认知结构中;非阴影部分的概念具有潜在意义,因为它们能和学生的已有认知结构建立联系;黑圆圈部分是学生还没有获取意义的概念,也就还不存在于学生的认知结构中。当这个信息处理系统即认知结构通过吸收新知识,自身就会得到改造重组,因此,认知结构是处于不断变化的状态。

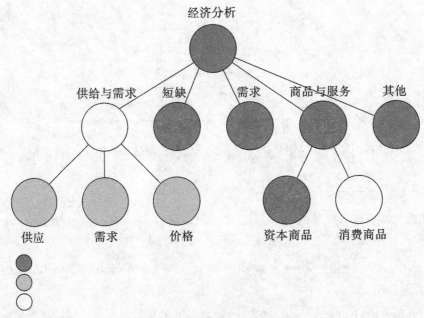

图9.2　个体对经济学的认知结构

资料来源: Based on Clinton Boutwell, *Getting It All Together* (San Rafael, CA: Leswing Press, 1972).

奥苏贝尔坚持认为,新的概念只有与主体认知结构中的已有概念建立联系才能被有效地获得并保存下来。如果新材料与现有认知结构产生冲突,甚至无法建立关联,那么这些信息和概念可能不会被融入或者保持,为了防止这种情况的发生,教师必须对要学习的材料进行有效组织,并以提供概念定位的方式呈现。此外,学习者必须积极反思新材料,通过思考它们与已有概念之间的联系来理解两者的相似与不同。

课程中的应用

奥苏贝尔关于学科和认知结构的观点对课程教学具有极为重要且直接的影响。他提出"渐进分化"和"综合贯通"应作为教师组织教材和进行教学的重要原则,这样才能保证获得的新知识是清晰、稳定和可靠的。

渐进分化是指包容性最广、抽象程度最高的知识应首先呈现给学生,再讲授越来越具体、细致的知识;综合贯通指的是知识之间的横向组织,应通过分析、比较、综合等方式,帮助学生发现原有知识与新知识之间的异同,从而使所学知识综合贯通。也就是说,教材的组织和教学要遵循一定顺序,保证每次新的学习内容要与之前讲授的材料发生联系。但教师教学如果只遵循渐进分化和综合贯通的原则是不够的,还必须要有学习者的积极参与,这样学科知识才会被建构到学习者的头脑中。

学科的知识结构和讲授方式都是遵循自上而下的原则,最抽象的概念、原则和原理最先呈现出来。奥苏贝尔指出,目前大多数书籍把各个话题分别放在单独的一章或一节中,所有这些章节的抽象性和概括性都处在一个水平上,因此在大多数情况下,"学生在还没有获得足够相关知识,达到适当知识水平时就被要求学习新的、不熟悉的内容"(Ausubel,1968,p.153)。

乍一看,先呈现抽象概念再逐渐提供具体概念的方法似乎是在反对归纳、反对概念获得以及科学探索模式,但是很大的相似之处在于概念的形成仍然是中心问题,而且学生都应积极将其融入认知结构中,而且,在课程中我们不断地建立概念与讲授概念。

教学中的应用

先行组织者能够帮助学习者加强认知结构并增强对其新知识的记忆。奥苏贝尔把先行组织者描述成一个在正式学习材料之前呈现的引导性材料,并且其抽象性与概括性要高于正式学习材料,其目的是为在新旧知识间建立联系(Ausubel,1968,p.148)。而最有效的组织者应使用学习者所熟知的概念、原理、术语以及适当的插图和类比。

假如,一名教师希望学生获得当前关于能源问题的知识。这个教师提供了一些可能存在的能源资源、美国经济增长及技术发展的基本知识、能源危机的相关政策和未来计划等相关材料,这些学习材料以报纸、演讲,甚至电影的形式呈现。学生的任务是将知识内化,也就是说,要记住主要观点或者关键事件。在将学习材料介绍给学生之前,教师应该以先行组织者的形式提供给学生引导性材料,以帮助他们了解相关的新知识。

在这个例子中,能源作为基础性概念,而相关的诸如能源效率和能源节约等可以作为辅助性概念,其他可能的概念还有生态学,以及它的子系统包括环境、经济、政治和社会结构等,后者会把学生注意力集中在新旧能源对生态系统各子系统的影响上,而前者将鼓励学生从能源效率和节能角度来学习新知识。

先行组织者本身就是重要的内容,需要被讲解。它可能是一个概念,也可能是一种关系的陈述,无论哪种情况,教师必须花费时间去耐心介绍和解释,因为只有当它被完全理解时,它才能组织后续的学习材料。例如学生只有充分理解了文化这一概念之后,教师才能在此基础上引入不同文化群体这一新知识。先行组织者以概念、原理、原则和规律为主。例如,在一篇介绍印度种姓制度的课文中,教师可能会选择社会阶层这一概念作为先行组织者来开始讲授。同样地,"技术变革可能会导致社会和文化的重大变革"也可以作为研究某些历史时期和地点的先行组织者。

通常,组织者与之前学习过的材料是紧密相连的。但是,也可以从另一个领域的类比中创建组织者,以提供一个新的视角。例如,虽然平衡一般是属于艺术的概念,却可以应用于文学、数学、政治,甚至我们的日常活动中。又比如在对教会的研究中,根据各种先行组织者应用目的的不同,研究也可以呈现经济、文化、社会或者建筑学等多种视角。

陈述性组织者和比较性组织者

奥苏贝尔将先行组织者分为两类:陈述性组织者和比较性组织者。陈述性组织者为学生提供较为抽象和概括化的观念,但其抽象性和概括性却低于学生所熟知的上位观念。陈述性组织者相当于智力支架,可以为学生学习新知识提供适当的"观念固定点",对其学习有很大的帮助。因此在经济学科的学习中,应该先学习基本的经济学概念,然后再对一个城市的具体经济状况进行研究。

比较性组织者常常用于具有相似性的学习材料中,它们用来区分新旧知识的异同,避免学生在正式学习中将新旧知识混淆起来。例如,当学习除法时,比较性组织者可能被用来指出除法与乘法的异同点。在乘法中乘数和被乘数可调换而乘积不变,也就是说,3乘4可变为4乘3;而要使商不变,除数与被除数不可调换,即6

除以 2 不等于 2 除以 6。比较性组织者能帮助学习者理解乘法与除法的异同,学习者也能在学习除法时借用一些有关乘法的知识,但却不会将两者混淆起来。

佐证材料

奥苏贝尔等人对其理论的合理性进行了大量的研究,而劳顿(Lawton,1977a,1977b)研究的有趣之处不仅在于对材料的学习和记忆,还包括理论对个体逻辑运算的潜在影响,即有助于培养学生的思维能力。

总的来说,劳顿的研究似乎支持这样一种观点,即教什么就学什么。如果我们单纯给学生讲授学习材料,那么学生只掌握其中一些内容;如果我们按照组织结构进行讲授,那么学生会掌握更多的内容;如果我们的授课方式能够激发学生进行思考,那么学生就能从中学到一些思维的方法。然而,如果我们没有使用能够提供一定智力结构和思维训练的教学模式,那么学生就减少了获得这种智力结构与提高思维能力的机会。一般来说,智力结构的发展——无论是通过讲授的还是归纳的方法——都增加了学生学习这些结构和与之相关的思维过程的可能性,而且他们会更充分地记住材料。对于年龄较大的学生来说这种效果更为明显。此外,当学生运用这套结构去解决他们从未遇到的问题时,其效果也更加明显(Bascones & Novar,1985;Maloney, 1994)。

教学模式

这里介绍的教学模式是基于奥苏贝尔关于学科、认知结构、接受学习以及先行组织者等理论基础。

结构体系

先行组织者教学模式分为三个阶段。第一阶段是介绍先行组织者,第二阶段是提出学习任务或呈现学习材料,第三阶段是强化认知结构。第三个阶段用来检验学习材料和已有认知结构的联系,从而形成一个积极的学习过程。表9.1是对这一教学模式的介绍。

这三个活动阶段的目的在于保证习得新知识的清晰性和稳定性,以减少知识点的遗漏、混淆或模糊。学生在学习新知识时应将其纳入已有的认知结构中,并保持批判的学习态度。

表9.1　先行组织者模式

第一阶段:讲解先行组织者	阐明课程目标 讲解先行组织者 　　确认本质属性 　　给出实例 　　给出背景 激发学习者的相关知识和经验
第二阶段:讲解学习任务或学习材料	呈现材料 保持注意 明确材料的组织 明确学习材料的逻辑顺序
第三阶段:强化认知结构	运用整体综合原则 促进主动接受学习 确立学习新内容的批判性态度 澄清

第一阶段由三个步骤构成:阐明课程目标,讲解先行组织者,回忆相关知识。阐明课程目标的目的在于吸引学生注意力,并引导他们实现学习目标,而这两者对于促进有意义的学习都是十分必要的。(阐明课程目标对于教师制定教学计划同样是有用的。)

正如之前提及的,先行组织者不仅仅是一个简单陈述,它本身是一种概念,就像学习材料一样必须对其进行智力的探索。先行组织者必须和引导语区别开,后者对课程有用,但不是先行组织者。例如当我们教学时,大部分教师都让学生回忆上周或去年学过的内容,或者告诉他们第二天将要学习的内容,以此来展开课程。这种授课方式给学生提供了一定教学背景或是明确了教学方向。此外我们还可以通过让学生回忆个人经验,然后指出新的学习内容和他们自身经验的相似之处,这有助于他们理解之前的经历,我们还可以告诉学生一部分课程目标,即我们希望他们从讲授或讨论中学到什么。然而上述这些技巧都不是先行组织者,但它们都是组织一次成功的讲授教学所必需的,有一些甚至反映了奥苏贝尔有意义言语学习理论的核心原则,也是其教学模式的一部分。

然而,真正的组织者是围绕一个学科或研究领域的主要概念或原理建立起来的。首先,组织者必须被建立起来,这样学习者才能理解它是什么—— 一个不同于学习任务本身的概念,但又比它更具概括性。组织者的主要特征是它比学习材料本身具有更高的抽象性和普遍性。这种更高层次的抽象性将组织者与前提概要区分开来,前者与学习材料处于同一抽象层次,因为它们实际上是学习材料的预览。

第二,无论组织者是陈述性的还是比较性的,它所包含的概念或原理的本质特征都必须进行详细讲解。因此,教师和学生必须同探索学习任务一样对组织者进行智力探索。对于我们来说,这意味着要寻找它们的基本特点,对其进行讲解,同时提供例证。先行组织的讲授并不需要太长时间,但必须保证学习者能够清楚地理解和掌握,且要与学习材料建立联系。这意味着学习者要十分熟悉组织者的语言和内涵。在不同的背景材料中,对组织者加以介绍或者多次重复是很有帮助的,尤其是当出现新的或者特殊的术语时,效果更是显著。最后,唤醒学习者的已有知识与经验非常重要,它们可能与新的学习材料和先行组织者有关。

在第一阶段的先行组织者介绍之后,第二阶段的学习材料以讲座、讨论、电影、实验或阅读的形式呈现。在讲授过程中,学习材料的组织结构需要向学生明确,使他们有一个整体印象,了解材料的逻辑顺序,清楚学习材料如何与先行组织者建立联系。

第三阶段的目的是找到新学习材料在学生已有认知结构中的固定点,即强化学生的认知结构。在自然流畅的教学中,一些步骤程序可能会纳入第二阶段。然而,我们想要强调的是学习材料的组织是一个独立的教学任务,有它自己的一套程序和技巧。奥苏贝尔明确了四项目标:(1)促进融合;(2)促进主动学习;(3)引发对学习主题的批判;(4)澄清。

有很多方法能够促进新材料与现存认知结构的融合,教师可以:(1)让学生回忆已学知识;(2)要求学生总结出新材料的主要特征;(3)重复其准确的定义;(4)要求学生从不同角度审视材料。

学生的主动学习可以通过以下途径得到促进:(1)要求学生描述新材料是怎样和先行组织者建立联系的;(2)要求学生举例论证学习材料中的概念或原理;(3)要求学生用自己的语言说明和解释材料的实质;(4)要求学生从不同的角度说明新内容。

通过要求学生识别学习材料中可能做出的假设或推论,判断和挑战这些假设和推论,并调和它们之间的矛盾,培养了学生对知识的批判性学习态度。

在一节课中使用所有这些技巧是不可能的,也是不可取的。时间、主题与特定学习环境都会限制我们的选择。然而,重要的是要记住这一阶段的四个目标和有效讲授教学的具体技巧。

在理想情况下,第三阶段的引入是由教师和学生共同参与完成的。然而,当在学生产生澄清某观念和知识并使新材料与已有知识进行融合的期望时,教师必须立刻做出反应。

从本质上说,奥苏贝尔提供给我们的模式不仅改进了讲授教学法,还有利于提高学生的学习能力。我们越是教导学生变得积极——寻找组织观念、综合信息并形成自身的认知结构——他们就越可能从讲授教学中获益。

从本质上讲,奥苏贝尔为我们提供了一种方法,不仅可以提高讲授能力,还可以提高学生的学习能力。我们越是教导学生变得更积极——寻找组织观念,综合,并生成他们自己的组织者(在阅读或观看时进行归纳活动)——他们就越可能从讲授中获益。

顺便问一下,一个组织理念是否可以通过概念形式来呈现?答案是肯定的。

社会系统

在这种教学模式中,教师要了解学生已有的知识结构,因为将学习内容与先行组织者建立联系,并帮助学生区分新旧知识的异同这都与学生的知识结构密切相关。在第三阶段,理想的学习状态应当是互动的,应由学生自己提出问题并加以评判。新知识的成功习得取决于学习者把它与已有知识联系起来的愿望强度,学生的批判能力,以及教师对材料的讲授与组织。

反应原则

教师主动或被动地对学习者的反应做出回应,其目的是澄清新学习材料的意义,使其区别于已有知识并与之融合,使其与学生个人相关,并有助于形成一种批判性的学习方法。理想情况下,学生们会主动提出自己的问题,以回应自己对意义的探究。

支持系统

组织良好的学习材料是该教学模式的关键要素。先行组织者的有效性取决于组织者与材料内容之间的整体与适当的关系。该教学模式为构建(或重组)教学材料提供了指导。

应　用

先行组织者教学模式在调整课程序列、拓展教学内容、指导学生掌握学科核心概念方面特别有帮助。通过一步步分化讲解并整合学科知识的主要概念和原理，在一个阶段的教学结束后，学习者可以对整个领域中的知识有全方位的了解。我们同时也希望学生能围绕核心概念拓展更多的知识。例如，在研究不同文化和亚文化的社会模式时，要反复运用社会化这个概念，因此这个先行组织者有助于扩展学生的文化知识。

该教学模式还可以用来教授有效接受学习的技巧。批判性思维和认知重组可以教授给那些在秩序性思想和等级性知识接受直接指导的学生。最终，他们可以将这些技巧独立地应用到新的学习中。换句话说，这种模式可以提高在阅读和观看电影以及其他"接受性"活动中的学习效率。

其他教学模式对于评估和应用先行组织者所引出的材料也是有很大帮助的。例如，在利用演绎教学法呈现新的学习材料后，先行组织者教学模式，可以结合归纳教学法强化学生的学习效果或是对学生新知识的习得进行非正式评估。

教学效果和教育影响

这种模式的教学价值看起来很明显——先行组织者包含的观念本身以及其他知识都是需要学生学习的。此外，它的另一个效果是能通过阅读、讲解及教师讲授中使用的媒介来提高学生的能力，包括培养探究兴趣和缜密的思维习惯（见图9.3）。

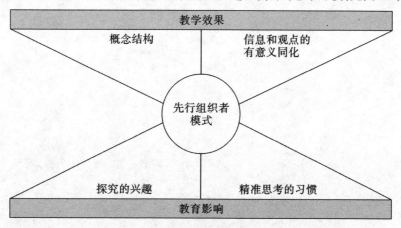

图9.3　先行组织者教学模式的教学效果与教育影响

总结图

小结:先行组织者模式

结构体系

第一阶段:讲授先行组织者:阐明课程目标、讲解组织者,激发学习者的相关知识和经验。

第二阶段:讲解学习任务或学习材料:呈现材料、明确学习材料的逻辑顺序,把学习材料和先行组织联系起来。

第三阶段:强化认知结构:澄清概念、积极应用概念(例如对它们进行测试)。

社会系统

社会系统是高度结构化的,然而这需要教师与学生的积极配合。

反应原则

1. 与学生一起探讨教材的意义。

2. 根据学生反应连接先行组织者和学习材料。

支持系统

该模式需要数据丰富、组织完善的材料(注意:许多教科书没有以概念组织的材料为特色。大英百科全书提供了非常好的模型)。

第十章 探究训练模式
——直接训练探究技能

即使是 **20** 世纪最高级的技能也需要一些非常具体的指导和实践——这种技能通常与低阶技能的训练有关。

—— 一个观察者的反思

组织观念

阅读是思考,形成观念需要思考,解决冲突同样需要思考,无论如何,我们都不能在没有一点了解的情况下开始行动。那么,为什么不教学生在弄清事实和了解因果关系后再处理复杂问题呢?

教学情境

一天上午,当哈里森·尼基(Nikki Harrison)老师所教的四年级学生正在专心致志地做算术作业时,讲台正上方的灯突然熄灭了。

一个学生问道:"发生了什么事?"

"你没看到吗,灯泡坏了。"另一个学生说道。

"是的,但这是什么意思呢?"又一个学生问。

"我们看到过许多灯泡熄灭,不过这是什么意思呢? 发生了什么事?"

尼基老师拧下灯泡举起来。学生们聚集在她的周围。她把灯泡传给大家,让他们观察。当灯泡又传回来时她提问说:"你们为什么不试着猜猜看发生了什么事情呢?"

一个学生问道:"玻璃里面有什么?"

"恐怕我不能回答这个问题",她反问道,"你能换个提问方式吗?"

"有空气在里面吗?"有学生问。

"没有。"

"里面是真空的吗?"

"之前有些灯泡被做成真空的,但现在不是了。"

"有气体在里面吗?"另一个学生问。

"是的"。尼基老师回答道。学生们迷惑地看着对方。

尼基老师继续说道"你们可能想知道为什么里面没有空气。"

"这是为什么呢?"一个男孩问道,所有的孩子都附和着。那个男孩又说"我并不是在问一个'是'或'否'的问题。"

尼基老师微笑着看着他说"你可以换个问题问我"

"灯泡表面的温度非常高是吗?"

"是的。"

"如果里面有空气,达到一定的温度就会燃烧起来是吗?"

"是的。"

"现在灯泡里面的气体并不会受到热量的影响是吗?"

"是的。"

"灯泡里面那段线是由什么材料制成的?"一个学生问。

"我不能回答这个问题",教师说,"你能换个方式吗?"

"它是金属的吗?"

"是的。"她回答道。

在提出了一些诸如此类的问题之后,学生们逐渐获得了有关灯泡的信息,也知道了电是如何产生光的。

然后尼基决定将探究转移到信息来源上。他们列了一个问题清单,分类,并分配给各个学生小组,然后学生们开始在网上寻找答案。尼基提醒他们,维基百科上的信息需要对照大英百科全书或其他百科全书进行检查,同时她也表示她乐于看到其他的一些信息来源,学生们知道这是老师在提醒他们去参观学校图书馆、新星和其他公共电视资源以及国家图书馆。

尼基老师的班级正在准备实行一种我们称之为"探究训练"的教学模式。通常,班级使用这一方法去探究预先设定好的问题,也就是说,要么由尼基老师设计一个题目来组织教学,要么学生们自己确定一个探究的方向。在这种情况下,学生们需要运用探究训练的方法找出一个理论来解释自己既十分熟悉又困惑不解的事物,因为电灯熄灭时,他们中没有一个人对于发生的事情有事先准备。随着探究的继续,新的疑惑又会出现。正如他们所了解到的,只有大约百分之十的电能转换为光,剩余的都会变为热能。他们还会发现他们的探究涉及一个公共政策问题,因为国家立法正在使白炽灯泡成为过去的产物,在澳大利亚,2009 年通过了一项关于替代白炽灯的法案。但是用什么替代呢?另一项探究则在他们的脑海中形成。

探究训练教学模式由理查德·萨奇曼(Richard Suchman,1981)提出,其旨在教会学生探究和解释异常现象。萨奇曼探究模式提倡模拟再现科学家解决问题的过程,让学生亲自参与,并尝试教给他们一些科学探究的方法和语言。为了发展自己的模式,萨奇曼对富有创造性的科学家,尤其是物理学家所采用的科学方法进行研究,他找出了他们从事科学研究过程的基本要素,然后把这些要素引入探究训练的教学模式中,此外他还从 20Q 游戏(the parlor game "20 Questions")中借鉴了很多基本技巧。

证据维度

探究训练教学模式旨在通过将科学家的探究过程压缩成一小段时间的练习,通过练习将学生直接带入科学探索中,那么它的效果如何呢?施伦克(Schlenker,1976)在报告中指出,探究训练能够提高对科学的理解,发展创造性思维并且培养获得和分析信息的能力,但报告还认为,仅就获得信息而言,这种方法并不比传统的教学方法更有效,它与背诵或结合实验的授课所产生的效果一样。伊万尼(Ivanv,1969)和柯林斯(Collins,1969)的报告说,当学生面对的问题十分复杂、困惑难解,而且他们对掌握用于解决问题的材料非常感兴趣时,这种教学模式最为有效。沃斯(Voss)指出,小学生和中学生都能够从这种模式中获益。在一项引起广泛关注的研究中,艾利范特(Elefant,1980)成功地在对聋哑儿童的教学中使用了这一模式,表明这种教学模式可以有效地运用于那些有严重感官障碍的学生。

模式导向

目标与假设

探究训练教学模式起源于推动学生独立学习的信念,其方法是要求学生积极地参与到科学的探索中去。儿童充满好奇并渴望成长,探究训练利用他们这种内在的探究渴望,给予明确的方向指导以使其更有效地探究新的领域。它的基本目标是从学生的好奇心出发,促进学生智力的发展,培养他们提出问题以及找出答案的能力。因此,萨奇曼乐于看到学生能独立进行自主探究,他希望学生多多质疑为什么事情会这样发生,并以合乎逻辑的方法收集和处理信息,他还希望学生在探究过程中找到解决问题、探寻未知事物的认知策略。

探究训练以向学生呈现一个令人疑惑的事件为开端。萨奇曼认为,一个人面对这样的疑惑时会本能地想去解决它,我们可以利用这种内在的探究渴望来教授学生科学研究的方法。

重要的是,萨奇曼相信学生能够逐步意识到自我探究过程,并且可以直接将科学探究的程序教授给学生。他认为,我们每个人都会进行无意识的探究,然而他认为,除非我们意识到自己的思维过程,否则我们无法分析和改进我们的思维。在活动过程中元认知意识逐步形成的。

学生在学习过程中的信念

在学生学习过程中,起主导作用的信念有四个:

1. 当学生面对疑惑时会本能地进行探究。

2. 学生能够意识到并分析自我的思维方式。

3. 新的思维方法可以直接教授给学生并且和他们原有的思维方法融为一体。

4. 合作性的探究能拓展学生思维,帮助他们明白知识的暂时性,并且使他们能够理解和接受不同的解释。

教学策略的回顾

萨奇曼相信个体会产生本能的探究动机。根据这一信念,探究训练模式是在认知冲突的基础上建立的。首先引导学生们发现一个令人疑惑的问题,然后对其进行探讨。任何神秘的、没有预料到的或未知的现象都可以用来形成这样一个矛盾的问题,因为最终目标是让学生经历新知识的创造过程,所以这种认知冲击应当以可发现的想法为基础,下面例子中的探究是从一块受热弯曲的金属片开始的。

> 这块金属薄片是由两种不同材质的金属片(通常是钢和黄铜)焊接在一起而组成的一个薄片,它的一头装有一个柄,看起来像是一把小刀或是一个刮铲。当它被加热时,金属片就会膨胀,但是两种金属的膨胀率并不相同,于是加热后,一片就比另一片变得稍稍长了一点儿,但又由于这两片金属彼此是被焊在一起的,所以内部的压力迫使这整个金属片弯曲了起来,而膨胀率高的那片金属则向外部弯曲得更多(Suchman,1981,p28)。

萨奇曼精心选择的这项实验内容所产生的令人吃惊的结果使得学生们无法对看到的情况无动于衷。通常物体受热并不会有多大的弯曲,因此,当眼前的金属片出现上述情形时,学生们本能地想知道这是为什么,他们会主动地去寻找结论来解释这一现象,而这种探究又会促使新的发现、新的概念和新的理论的产生。

当疑惑出现时,学生们开始向教师提问,然而他们的问题只能用"是"或"不是"来回答,他们不能要求教师为自己解释这一现象,他们必须通过自己的力量来探索解决问题。从这个意义上讲,他们的每一个问题都是一个有限的假设,因此学生不能问"温度是怎样影响金属的?"但可以问"当前的温度高于这些金属的熔点吗?"第一个问题并不是所求信息的具体表述,因为它要求教师去形成概念,而第二个问题则要求学生把热量、金属、变化和液体这几个因素综合在一起考虑。当然学生必须要求教师去证明他们所提出的假设(高温使金属变成液体)。

然后学生继续提问,每当他们提出一个不能用"是"或"不是"回答的问题时,教师就提醒他们注意规则并等待学生找到一种合适的提问形式。这时,教师的回应可以是:"请你重新提问一次,让我能用'是'或'不是'来回答好吗?"

学生被反复教导探究的第一个阶段是确认研究对象,即探究对象的性质、身份、事件本身以及环境条件。"这一薄片是由金属制成的吗?"这一问题能够帮助我们确认研究对象,因为在一个案例中会存在很多对象。当学生们明确研究对象后,假设就会自然地在大脑中形成进而指导下一步的探究。通过运用自己已有的关于研究对象的知识,学生能把他们的问题转向这复杂情境中各种变量之间的联系,他们用口头的或真实的实验来验证这些因果联系、选择新的资料或以新的方式来重组现有的资料,以便检查事情变化时将会发生什么现象。例如,他们会问:"如果我把火熄灭了,金属片还会弯曲吗?"甚至更棒的是,他们会通过引入一个新变量或者改变现有条件去验证假设,学生们渐渐确认了变量并且了解到它们之间的相互关系。

对于学生和教师来说,重要的是应该把试图确认"是什么"的问题和验证变量之间关系的问题或活动区分开来。两者对于寻找结论都非常重要,但资料的收集应该早于假设的提出,因为如果没有足够的信息来说明当时的情境及其要素的发生,学生往往会在面对可能的因果联系时难以分辨其真假。

如果学生在探究开始时就试图在所有的变量中假设其中复杂的关系,他可能会一直这样漫无目的地猜想下去而得不到明显的进展,然而如果把变量分离出来并且一个个单独地加以验证,就能够排除无关因素,找出存在于每个自变量(例如金属片的温度)和因变量(本例中是金属片的弯曲)之间的关系(Suchman,1962,p15 - 16)。

最后,学生们试着提出一种能够完全解释这种现象的假设(例如,该物体是两种金属片以某种方式连接在一起而形成的,两者有着不同的膨胀率,因此,遇热时膨胀率大的一片向另一片压迫,最终使得两者一起弯曲)。当然在经过了长期和大量的验证与实验之后,或许还有许多其他的解释存在,因此应当鼓励学生不仅仅满足于这一种看起来符合事实的解释。

探究不能够程序化,有效探究的策略是极其丰富的。因此学生应该自由地探索他们提出的问题,构想和组织探究过程……然而,总的来说,探究可以大致分成若干阶段,各阶段之间是相互联系的,并存在着简单的逻辑顺序,忽略这一顺序将会产生错误的假设、低下的效率以及重复的工作(Suchman,1962,p 38)。

这一模式强调的重点明显地放在了了解和掌握探究的过程上,而不是某一问题的具体结论上。尽管它作为获得和使用信息的一种有效模式应当被大力提倡，然而教师不能过分关注具体问题或是"得到正确的答案"，因为这样将违背科学探究的基本精神，而正是这种精神才吸引着学者们不懈地进行研究，寻找着对现实世界各种现象更为精确和有力的解释。

教学模式

结构体系

探究训练有五个阶段（见表 10.1）：第一阶段，学生面对问题情境。第二和第三阶段，收集资料和验证假设，在这两个阶段中，学生先提出一系列问题，教师用"是"或"不是"来回答，然后他们针对问题情境进行一系列的实验。第四阶段，学生将收集到的资料加以组织并尝试对问题做出解释；第五阶段，学生对整个探究过程进行反思。

表 10.1 探究训练教学模式的结构

第一阶段:面对问题	讲解探究步骤 提供问题
第二阶段:收集资料——确认	确认探究对象及情境的性质 确认问题情境的发生
第三阶段:收集资料——实验	分离相关变量 假设并验证因果关系
第四阶段:组织并提出解释	提出规律或解释
第五阶段:分析探究过程	分析探究方法并提出更有效的方法

第一阶段要求教师向学生提出问题并讲解探究的具体程序和规则（包括学生提出是/否类问题的目的和步骤）。类似于前面提到的金属片受热弯曲这一类疑难问题的设计需要有一定的深思熟虑，但是教师也可以选择一些相对简单的问题作为探究对象，例如：智力游戏、谜语或者魔术。当然，它的最终目的是使学生，尤其是那些年龄大一点的学生亲身体验那种类似于科学家们创造新知识的探索过程，所以学生们可以从一些简单的问题着手开始探究。

这里所说的问题应当有一个显著的特征，即包含有与我们的观念或现实相冲突的事件。从这个意义上说，并不是每一个问题情景都可以成为疑惑性事件，可能某个疑惑之所以成为疑惑仅仅是因为我们不知道答案,而要想解答它并不需要新的理论产生,因而没有对它进行探究的必要。我们指出这一点是因为有时候教师所提出的问题并未达到这一标准,而在这样的问题情境下,学生们对其提出的是否类问题绝不会超过 20 个,那么即使这个问答活动有它自身的价值,它也不能与科学的探究混为一谈。

第二个阶段是确认阶段,学生收集关于自己看过的或经历过的有关这个问题的资料。第三个阶段是实验阶段,学生将新的变量引入问题情境以观察事物是否会发生不同的变化。尽管确认和实验被区分为两个阶段,但是在这两个阶段之间学生的思考和他们提出的问题类型通常是相互交叉的。

实验有两个作用:探索和直接验证。探索就是改变事物的条件以观察它是否发生变化,它并不一定需要一种理论或假设做指导,却可能会为某一理论提出一些观点或意见。当学生要检验一种理论或假设时,直接验证就出现了,把假设转变为一项实验的过程并非易事,需要我们大量实践。哪怕仅仅是考察一种理论也需要进行许多验证。我们发现即使成年人也倾向于简单地说"我认为它应该与某某理论有关……"而不是具体思考出一系列可以用来检验这一理论的问题。此外,几乎没有什么理论能够在仅仅做完一次实验后就被推翻,虽然在第一次实验结果不能支持它时人们很容易就想到立刻把它放弃,但是这样做是非常错误的,教师的任务之一就是当学生已确定某一变量无用而真实情况并非如此时去指导他们。

教师的第二个作用是帮助学生扩展获得信息的类型,以此来拓宽学生的探究范围。在确认问题的过程中,学生提出的问题可能会涉及对象、事件、条件和性质等方面。对象问题目的在于确认探究对象的身份或性质特征(这把小刀是由钢制成的吗? 这种液体是水吗?);事件问题是试图验证行为发生情况(小刀第二次变弯了吗?);条件、问题涉及特定时间内对象的状态(当教师把小刀举起并让大家看到它弯曲时,它的温度高于室温吗? 加入这种液体后发生变化了吗?);性质问题是要确认探究对象在特定条件下的反应以获得建立理论所需的新信息。(铜遇热时总是会弯曲吗?)因为学生往往很难验证问题的各个方面,所以教师要明确意识到学生所需要的信息类型并引导他们改变提问的类型。网络、在线百科全书、互动式电子白板、协助信息共享以及资料分类和重组,重新分类也是探究训练的一个组成部分。

在第四阶段,教师要求学生组织资料并做出解释。从理解信息到从中得出一个理论,这之间存在着一个智力跳跃。有些学生或许感到他们给出的可能是不充分的解释,或者忽略一些实质性的细节,而且有时几种理论或解释可能是以同一资料为基础的,在这种情况下,教师就要求学生通过陈述他们的理论来使可能的假设变得清晰,然后把它们全部集中起来就可以形成一个对问题情境的充分解释。最后在第五阶段里,教师要求学生反思自己的探究过程。他们回顾在探究过程中用了哪些方法,哪些方法相对有效的,而哪些方法是无效的,这一阶段十分重要,它可以使我们充分意识到探究过程并且提高自我的探究技能。

社会系统

萨奇曼的意图是使社会制度具有合作性和严谨性,知识领域对所有的想法都是开放的。在对知识的探索中,教师和学生是平等的,且随着学龄的增长,学生应该进行更多的探索。

一段时间之后,探究活动就可以从教师主导转向学生拥有更多自主性。教师可以在教室里设置一个具有激励性的事物,启发学生单独或组成非正式小组来进行探究,并在探究活动和收集资料的活动之间来回转换,这一方法使得学生可以在探究活动和独立研究之间自由进退。这种探究训练模式特别适用于开放式课堂,此时教师的角色是教学的管理者和督导者。

在探究的开始阶段,教师的任务是挑选或创设问题情境,依照步骤控制学生的探究过程,根据学生的探究进展提供必需的信息资料,指导初次练习探究的学生熟悉探究过程并帮助学生展开对问题情境的讨论。

反应原则

教师的作用在第二和第三阶段最为重要。在第二阶段,教师的任务是帮助学生进行探究而不是代替他们去做,如果学生的提问不能用"是"或"不是"来回答,教师必须要求他们重新提问,置他们于问题情境之中并以此来激励他们收集相关资料。必要时,教师可以通过提供新信息、引导大家集中于某一特定问题或是提出新问题等方法来推动探究的进行。在最后一个阶段,教师的任务是使探究活动直接指向其过程本身。

支持系统

最理想的支持系统是一组有挑战性的问题、一名了解探究过程和探究方法的

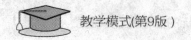
教师以及和各种与问题相关的信息源。

应 用

　　虽然探究训练最初是为了自然科学的教学而发展起来的,但是它的程序适用于所有的学科领域,任何能够形成疑惑情境的问题都可以成为探究训练的对象。在文学方面,神秘凶杀就能构成出色的疑惑情境;报纸中令人惊诧的或者是难以置信的奇闻轶事也可用来作为激励性的事件。有位作者前不久在一家餐厅发出了一个疑问:"幸运饼干里的幸运签是怎么放进去的呢? 它看起来并没有任何被煎烤、烹炸过的痕迹啊?"这对于年轻人来说就是一个很棒的探究训练题目。当然,社会科学同样为探究训练提供了无数的机会。

　　创设问题情境是一项十分关键的任务,因为它需要把课程的内容转化为探究的问题。当学习主题和学习材料不能或不适合构成问题情境时,我们建议教师向学生做出问题陈述,并且为他们提供一个事实清单。问题陈述是描述引起疑惑的事件,也就是提供给学生事实的原来面貌;而事实清单是给教师提供关于问题的进一步信息,教师可以根据它来回答学生的提问。下面我们来看一看社会学中的一个例子。

教学情境

失踪的殖民地的秘密

　　在一堂社会研究课上,根据一个人类学的问题,一位教师做了一个问题陈述并给学生提供了事实清单。他的陈述是这样的:

问题陈述

这幅图上有一个小岛,位于湖的中央。小岛上石砌的堤道与湖岸相连。堤道从湖底砌到湖面,然后用光滑的石头铺成路,湖水四面环山,仅有的一块平地贴在岸边。岛上有些建筑物,它们的墙还依旧耸立着,但是房顶已经没有

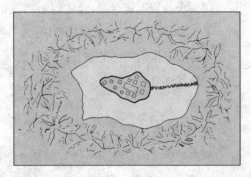

了,岛上没有任何居民。你的任务就是找出曾经生活在这里的人们遇到了什么事情,是什么原因造成了这里空无一人。

当学生设想他们的探究时,教师给出下面的事实清单:

1. 湖深 500 英尺,宽 600 英尺。

2. 湖面海拔是 6500 英尺,山高 11000 英尺。

3. 堤道填石而成。

4. 房屋不只一间,由石灰石砌成,房屋之间的相互距离不远,每座房屋大约宽 20 英尺、长 25 英尺。

5. 房间里有一些破碎的工具和陶器。

6. 房屋中央的大厦由大理石建成,分为三层,最底层有 6 座房子那么大。在顶楼,你可以通过一个石块上的小洞看到房屋。12 月 21 日你能看到金星正处在它的最低处。

7. 有迹象证明岛上的居民曾经使用过渔网捕鱼,也饲养过羊、牛、鸡等家畜。

8. 很明显这里没有艺术,但发现了书写的痕迹。

9. 石路下发现了蓄水池。

10. 80 英里内无人居住。

11. 该岛大约 300 年来一直无人居住。

12. 该岛发现于 1900 年。

13. 它坐落在南美洲的亚热带,这儿有丰富的饮用水,每一块有用的土地都被耕种过,而且有灌溉的痕迹,但没有作物轮种的证据。总体来说,小岛土地贫瘠,不适合耕种。

14. 在石灰岩层的表面有一薄层浅土。

15. 有 1000—1500 人曾经居住在岛上。

16. 小岛周围的群山可以翻越,但是很困难。

17. 山的附近有一个采石场,湖边有一个墓地。

18. 发现了双手被捆绑的尸骸。

19. 没有发生过瘟疫、疾病或是战争的迹象。

所以你能得出什么发现?

根据年龄调节

探究训练可适用于各个年龄阶段的学生,但对不同年龄的学生则需要进行适当的调整。我们看到它已经成功地用于幼儿园孩子的身上,但在三年级学生那里遇到了一些麻烦。如同教学工作的其他许多方面一样,每个群体和每个学生都是独特的。这一模式能够通过若干种方法进行简单化,使得各个年龄阶段的学生都能够适应。

对于很小的孩子来说,最好只让他们接触简单的内容,或许应该更强调发现而不是因果关系。诸如"盒子里面是什么?""这件不同寻常的事是什么?"或者"为什么一只鸡蛋和另一只滚动的不一样?"这一类的问题都比较恰当。一位教师曾向她的学生展示杂志上一幅飞着的松鼠的照片。由于绝大多数人都相信哺乳动物不能飞,所以这就构成了一个疑惑的事件。接下来她要求学生们用探究程序解释这一现象。

布鲁斯等人(Bruce and Bruce,1992)提供了大量用于社会研究的疑惑性事件,它们适用于所有年级的学生并且涵盖了广泛的社会研究议题。许多儿童科学读物中都有简单的科学试验,其中大多数都适用于小学生,对于低龄儿童来说,神秘故事和谜语是非常好的材料,另一种适用于低龄儿童的探究训练是通过采用视觉材料,如提供线索的道具,它简化了刺激物,并降低了对记忆力的要求,这在仅有一个或两个特定对象的探究训练中相当有用。最初(对所有年龄阶段的学生来说都是一样的)不妨先从一个简单的"是"或"不是"的问题游戏开始,它可以给学生们一种自己有能力提出问题的信心,避免一开始就直接涉及理论性问题。有些教师利用"神奇的魔术包",有些教师以"我正在想一件我穿着的衣服,猜猜是哪一件?"这一类简单的游戏开始,同时还给了学生一个区别理论性问题("这是你的衬衫吗?")和属性问题("它是由棉花制成的吗?")的实践机会。我们建议,教师在介绍和强调探究因素时要一个个地单独进行,教师可以首先提出所有"是"或"不是"的问题,然后要求学生把他们的理论问题转向实践。他应该一次讲清一个因素,这样一点点地把探究过程引向深入,试图一次讲清并且实践所有因素的做法只能使学生和教师遭受失败。

年龄大一点的学生能较好地掌握探究过程,他们的研究对象,尤其是自然科学本身比较容易导向探究训练。在小学高年级和初中教学内容中有许多疑惑性事件的素材,但教师通常需要把适用的材料从陈述模式转为探究训练模式,也就是说,要设计疑惑性事件。

教学效果和教育影响

探究训练模式能够教授学生解决问题的探究策略,培养学生的探究思维,具体的内容如下:

1.程序技巧(观察、收集和组织资料,明确和控制变量,形成和验证假设与解释,推理);

2.积极而自觉地学习;

3.语言表达;

4.对知识模糊性的接受;

5.逻辑思维;

6.认为所有知识都具有暂时性。

探究训练的主要学习效果在于过程,包括观察、收集和组织资料、明确和控制变量、形成和验证假设、提出解释和做出推理(见图10.1),它恰当地把这几种探究方法综合成了一个独立而富有意义的探究活动。

探究训练模式通过使学生提出问题和验证假设来促进他们学习的自觉性和积极性。提问需要勇气,而这种勇气又可望成为学生的第二天性,学生因此还会变得精于语言表达,善于倾听和接纳别人的意见。

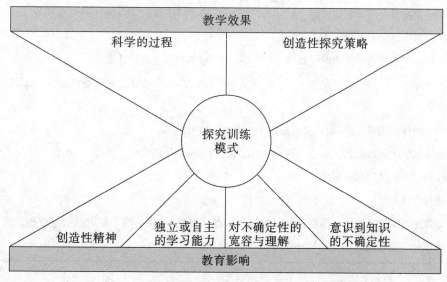

图10.1 探究训练教学模式的教学效果与教育影响

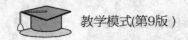

尽管探究训练强调过程,但探究对象可以是课程中的任意内容。例如,萨奇曼把这一模式应用于经济学和地质学的全部课程中,因此我们认为,这一模式能够适用于所有的初等和高等教育课程。

总结图

小结:探究训练模式

结构体系

第一阶段:面对问题。

第二阶段:收集资料——确认。

第汽阶段:收集资料——实验。

第四阶段:组织并形成解释。

第五阶段:分析和探究过程。

社会系统

探究训练模式组织严密,由教师控制师生之间的相互作用并预先制定探究程序,但它的标准是协作、自由思考和平等。它鼓励学生之间相互交流,欢迎提出各种不同的观点。在涉及不同观点时,教师和学生应平等地参与研究与讨论。

反应原则

1.确保所提出的问题都能用"是"或"不是"来回答,并且问题的内容有利于学生探究。

2.问题无效时要求学生重新提问。

3.指出学生的问题无效时要具体,例如,"我们还没有确认这是液体呢!"

4.使用探究过程中的特定语言,例如,确认学生的问题是理论性的并鼓励他加以验证(实验)。

5.不评价学生的理论,而是努力提供一个自由的思考氛围。

6.要求学生清晰地表达自己的理论,以此为他们的概括提供依据。

7.鼓励学生之间相互交流。

支持系统

最理想的支持系统是一组能引起疑惑提出问题的材料、一位掌握了知识探索过程和方法的教师以及与问题相关的材料来源。

第四部分

社会类教学模式

本书介绍的教学模式来源于研究人类本性及其是如何学习的理论,理论来源于研究,而研究检验的理论来源于人们如何学习的感性直觉。任何一种情况下,家庭的特点在于其对人和学习的特定影响。社会模式,顾名思义,强调人的社会性,即人们如何习得社会行为,以及社会互动如何促进个人的学习。几乎所有社会模式的提出者都认为,教育的核心作用是让学生为成为民主社会的公民而提供准备,既要提高个人和社会的生活质量,又要确保一个生动活泼的民主社会秩序的建立。他们认为,合作型团体从本质上提高了我们的生活质量,带来了欢乐和热情,减少了疏离感,以及无益的社会冲突。此外,合作行为不仅对社会,而且对个人智力也起着促进作用。因此,需要社会互动的任务也是为了加强学习能力而设计的,丰富的社会行为、学业技能和知识三者是密切相连的。

我们很幸运能够把各种社会模式作为课堂教学计划的重要组成部分,其中一些还可以用来设计整个学校环境,因为他们把学校想象成一个具有生产力的微型社会,而不是一群独立接受教育的个体合集。在强调合作的学校文化中,学生可以被教导使用其他的教学模式来获得这些社会模式所需要的知识和技能。重要的是,这些社会模式在促进知识学习的同时能培养社交技能。人天生具有合作精神,且这种自然倾向可以增强,用多元智能的术语来说,就是增加"社会智力"(Johnson & Johnson,2009a,2009b;Sharan,1990;Thelen,1960)。约翰逊夫妇最近提出一个有益的评述,他们强调了实践如何产生信念,信念如何产生理论,理论如何产生研究。

有三个活跃的研究型组织一直在努力改进社会模式。第一个是由明尼苏达大学的大卫(David)和罗杰·约翰逊(Roger Johnson)领导的;第二个是由约翰霍普金斯大学的罗伯特·斯莱文(Robert Slavin)领导的;第三个在以色列,包括雅艾尔·沙龙(Yael Sharon)、雷切尔·赫兹·拉扎罗维茨(Rachel Hertz-Lazarowitz)和其他几位教师研究人员。这些组织的参照框架各不相同,但它们彼此尊重、合作,并且逐渐国际化。越来越多的欧洲研究人员加入这些组织中,他们的研究成果也被亚洲的合作者,包括现在的作者使用和推广。国际教育合作研究协会(The International Association for the Study of Cooperation in Education)的 IASCE 通讯(www. iasce. net)分享了正在进行的行动,并提供了发展和研究的实例,同时敦促所有教育工作者加入本组织。

本节首先介绍基本的合作学习模式,它适用于所有学生和所有学科领域,然后阐释了最复杂的合作学习模式,即小组调查。它对社会和学术都研究产生了巨大的影响,进而对引导学生研究价值观、解决冲突和考虑公共政策问题的模式进行说明。

第十一章　学习中的伙伴

——让每个人都参与进来

> 如果任何事情都由本能驱动的话，那么合作学习就是一种社会本能的驱动，如果不进行合作，我们甚至不清楚自己是谁。
>
> ——赫伯特·西伦致布鲁斯·乔伊斯

组织理点

建立一个相互尊重、富有探究精神的学习共同体是基本的，社会模型的开发人员集中精力为此努力。其他别的模式也是通过有效的社会互动得以加强的。

教学情境

诗歌的合作研究——创制调查研究

路易萨·希尔特波(Louisa Hilltepper)是十年级的英语教师。新学年开始，她给学生展示了12首诗歌，这些诗歌都选自当代著名诗人的代表作。她把学生分成两人一组，要求他们先阅读诗歌，然后根据结构、类型和主题对诗歌分类，分类时(参见第三章中归纳模式的结构)，和其他小组分享他们的分类结果。通过合作学习，全班同学得出了多种分类方法。然后，希尔特波老师又给出12首需要阅读的诗歌，要求学生把它们恰当地归入已经分出的类别中，同时尽可能扩展已有的类别。他们一直重复这个过程，直到所有学生都对48首诗歌很熟悉了。随后，她又布置了其他的任务，其中一个是要学生根据诗歌风格和结构找出主题，或者根据主题找出风格和结构(即找出风格、结构和主题三者之间是否相关)，另一个任务是让学生运用某种结构与主题的特定结合来猜测某组诗歌是否是某个诗人的风格。

之后，路易萨将用作教材的诗集和评论书籍发给学生，让学生去验证关于作者身份的猜想,以及诗集的编著者是否运用了他们刚才合作学习中所用的分类方法。

路易萨以合作学习为基础组织课堂教学。归纳思维教学模式中采用了分类方法,其认知任务是激发学生的探究能力。除了学习这单元的内容外,她还准备让学生们合作开始下一个学习单元——写诗或学习短篇小说(如果是你,你会选择哪一个?)不久,她将组织学生进行更复杂的群体研究活动。

开学时分小组对他人的名字进行研究

凯莉·法默尔(Kelly Farmer)是萨万纳哈小学五年级的教师。今天是开学第一天,当孩子们走进教室时,发现每张课桌上都放着全班学生的名单,她微笑着说:"在接下来的一年中,我们将要学习使用合作学习法,今天我们从熟悉全班同学的名字开始。大家看到了,我把每两张课桌安排在一起,坐在一起的同学在活动中就是你的合作伙伴。现在,所有小组都拿起名单,根据所有同学名字的发音进行归类,一会儿我将查看每组的分类情况,这将有助于我们记住别人的名字,也有助于我们学习拼写以及练习运用其他学科的学习方法。我从安妮丝老师那里得知,你们去年已经进行过归纳学习,所以应该知道怎么分类。但是如果有任何问题,一定要告诉我。"

学生们确实知道该怎么做。几分钟,他们已经准备好报告他们的分类了。"我们把'Nancy'和'Sally'归为一类因为它都以'Y'结尾。""我们把'George'和'Jerry'归为一类,尽管拼写完全不同,但是它们开头的读音一样。""我们把三个'Kevin'归为一类。"几分钟之后,学生们就开始小组讨论,互相帮助对方练习拼写名字。

凯莉在新学年一开始,把学生们分成几个小组进行学习,我们称之为"合作学习"模式。她组织学生两人或三人一组,之后逐渐发展为四人、五人或六人一组(如果小组规模再大,学习效率会降低)。组内伙伴关系随时会因活动内容的不同而变化,学生要学会和班上任何一个同学合作,要意识到一起学习是必要的,并尽量保证在所有的活动中,人人都能达到既定的目标。

两人一组是最简单的社会组织,所以凯莉以这种方式开始合作学习。事实上,早期的合作训练多是两人或三人一组,因为两到三人进行交流比在稍微大一点的群体之间要简单一些。她用直接的、学生熟悉的认知任务开始训练,因为对学生来说,在他们没有进行更复杂的活动时,合作学习也是相对容易完成的。例如,她会让学生交换伙伴,让新的伙伴相互测试简单的知识,如国家、首都等,之后,她会再次更换伙伴,要求他们根据大小给几组分数分类。在这一过程中,学生们要学习在不同的任务中与其他任何一个人或全班同学进行合作学习。不久之后,她要教孩子们如何去应对更复杂的信息加工和其他更复杂的合作方式。到 10 月底,她希望学生们能掌握得相当熟练,之后她会引导他们进行群体研究。

以上两位教师已经开始着手建立学习型社区。他们将教导学生们以客观且积极的态度合作探究,收集和分析信息,提出和检验假设,发展技能并相互指导。不同年龄段学生之间成熟度的差异将影响他们探究问题的复杂程度,但其基本过程是相同的。

每一位教师都有各种各样的方法来促进学生有效地合作学习。他们的案头书应包括《学习圈》(*Circles of Learning*,Johnson Johnson,1994),《班级中的合作学习》(*Cooperative Learning in classroom*,Johnson,Holobec,1994)和《合作学习训练大全》(*Cooperative Learning Resources for Teachers*,Kagan,1990),这些书都研究、探讨了如何教学生进行有效的合作,并指导教师设计合作活动,让学生更有效地开展学习。

基本的假设

合作学习对小组成员发展的益处是显而易见的:

1. 在合作环境中产生的协同作用比在个人主义和竞争环境中产生的作用更大。实际上,凝聚力强的团体比同等数量的个体具有更高的工作效率,群体内相互依赖的情感使其成员具有更大的活力。

2. 合作小组的成员可以相互学习,比起个人行动,合作学习中每个成员都能发挥更大的作用。

3. 相互交流能产生多种不同的认知以更好地理解社会复杂性,创造更多的智力活动,与独立学习相比,相互交流学习能够提高学习效率。

4. 合作增加成员间的积极情感,减少疏远和孤独,建立亲密关系,肯定他人的作用。

5. 合作增强人的自尊。在合作学习环境中,团体成员不仅能够提高成绩,而且能够得到同伴的尊重和关注。

6. 经历了合作任务的学生在共同创造性的学习能力方面得到提高,换句话说合作学习的机会越多,他们的获益越大,越能培养他们的社会交往技能。

7. 所有的学生,甚至小学生,都可以通过训练来提高他们的合作能力。

研究的焦点

学者们重点研究了合作模式和奖赏机制是否会对学习结果产生积极影响,同时也研究了群体凝聚力、合作行为和群体内部关系是否能通过合作学习得到加强。另外在一些调查中,他们还研究了合作模式与奖赏机制对传统学习任务的影响,这些传统学习任务是指学生必须掌握的知识。

以合作学习为主的教育研究者们对生产性经验和非正式研究做了描述,这些内容可以在 IASCE 通讯(www. iasce. net)上找到。正如我们前面所提到的,我们在讨论和报告中得到一些有用的建议,约翰逊和他的团队(2009 年)提出几种合作学习的类型:

1. 正式合作学习:长期项目或组织学习社区的方式。

2. 非正式合作学习:从几分钟到一节课,孩子们在特别小组中完成一项学习任务。

3. 合作基群:长期的、异质的、互相支持并可能一起进行调查的基群。

4. 合作学校:增强协同,减少冲突及欺凌。

正如你所看到的,合作学习理论的几种类型使得该领域研究人员的工作复杂化,非正式的合作学习和短期的正式合作学习是学校教学活动中最做常见的两种类型。

合作小组是否促进学术研究能力的提升呢?研究结论是肯定的,而且有充分的证据可以证明,在课堂上,学生两人或几人一起学习能相互指导,分享成果,相比于独立学习,能掌握更多的学习内容,获得更好的学习效果。此外,在合作学习中,共同责任和相互交流也使学生对任务和他人产生更积极的感觉,产生更好的群体间关系,并使成绩较差的学生对自我有更好的认识。换句话说,研究结果总体上证实了合作学习是有益的(见 Sharan,1990)。

当我们把合作学习与其他教学模式结合起来,一些令人兴奋的(当然,对我们来说)的研究过程就发生了。例如,贝弗加、肖沃斯和乔伊斯(Baveja, Showers, Joyce,1985)在印度进行了一项研究,在该研究中,概念获得和归纳过程是在合作小组中进行的,研究结果显示在学习相同材料时,使用信息加工类和社会类模式小组的成绩是以个人和小组教学为主要方法的小组成绩的两倍。无独有偶,乔伊斯、墨菲、肖沃斯和墨菲(Joyce, Murphy, Showers, Murphy,1989)将合作学习与其他教学模式结合使用获得了戏剧性的结果,极大提高了差生成绩(30%—95%),并相应地大幅减少破坏课堂行为,这是合作模式和其他模式结合所产生的综合效应。

那些认为合作学习是一种创新的教师发现,把学生分成两人和三人一组是很容易的,并且教学效果非常明显。社会交往能提高认知复杂性,而其与社会支持的结合对知识的掌握和能力的提升会产生微妙的影响。此外,学习中的合作关系产生了一个愉快的情境,学生在其中发展了社交技能,学会了关爱他人,放弃任务和课堂破坏行为也明显减少,学生们普遍感觉良好,并且他们在合作环境中增强了对自己和他人的积极情感。

合作学习的另一个优点是成绩较差的学生也能取得较大的进步。合作关系提高了参与度,学生对合作行为产生更多关注,从而减少了以自我为中心的关注度,提高了学习责任感。与个体独立学习的课堂环境相比较,合作学习则对学生学业成绩产生了不大却持续的影响,对社会学习和个人自尊的影响则更为显著。(Joyce,Calhoun,Jutras,Newlove,2006;Joyce,Hrycauk,Calhoun,Hrycauk,2006)。在这些研究中,学生学习能力的提升是非常显著的。

提高伙伴关系的效率

合作学习环境中学习能力强的学生

奇怪的是,我们发现一些家长和老师认为,那些在个人主义环境中最成功的学生不会从合作环境中获益——他们表述为“有天赋的学生更喜欢独自学习”。但大量的证据与这一观点相矛盾(Slavin,1991:Joyce,1991a),也许是对个体学习和合作学习之间关系的误解导致了这种观念的长期存在。合作学习并非意味着不需要个人努力,在前面提到的希尔特波老师的课堂上,所有学生都学习了诗歌,当大家一起给诗歌分类时,每个学生都发表了个人意见并且思考了别人的意见,个体并没有被埋没,反而在与他人的合作中得到了发展。成功的学生并非生来缺乏合作精神,而是在高度个性化的学习环境中,他们有时会被教育成为自视清高、鄙视差生的人,但无论是现在还是将来,这对学生自己或是他人都是一种巨大的伤害。

合作训练

由于一些我们尚不清楚的原因,有些人对让学生们合作学习的提议最初反应是,他们担心自己不知道如何组织学生有效地合作。事实上,完成简单任务的合作学习对社交技能的要求并不高。当学生们清楚地知道他们的任务时,他们就能很好地开展合作。然而,发展更有效的合作方式显然是重要的,有一些指导方针可以帮助学生变得更有经验和更有效率,而这些指导原则的制定与团体规模、复杂程度以及实际的任务有关。

在活动中,我们强调了简单的二元伙伴关系,用于帮助学生探索或基本或复杂的内容。帮助学生学会合作学习的一种方法是在简单的两到三人合作的活动情境中进行练习,实际上我们可以通过任务的不同和组织的大小来控制合作团体的复杂程度。如果学生不习惯合作学习,让他在人员较少的小组进行简单或熟悉的任务是有意义的,这样可以让他们获得经验,以便他们能逐渐在更大的小组中工作。当群体超过六人,会有点笨拙,这时就需要有才能的人的领导,否则学生在没有经验或未经训练的情况下,是无法完成任务的。两人、三人或四人的合作关系是最普遍的形式,我们建议从两人合作开始。

实践能提高效率。只要我们开始让学生合作学习,在仅仅几周的练习后,我们会发现学生的学习效率会逐渐提高。

效率训练

这里有一些方法可以用来指导学生进行更有效的合作,以及"积极的相互依靠"(见 Kagan,1990;Johnson Johnson,Holubec,1994)。简单的手势可以吸引他人的注意力,一个常见的方法是:我们可以教给学生,当教师举手时,任何看到手势的学生都要注意老师,同时举起双手,别的学生注意到后也会举起手,一会儿所有参加训练的学生都集中注意力了。这种方法非常有用,教师并没有对闹哄哄的课堂大吼,却有效地达到了目的,并让学生参与到了课堂管理之中。

卡根(Kagan,1990)设计了一些方法来引导学生进行有目标的合作学习,并确保所有学生平等地参与小组任务。一个例子就是他所说的"数人头"。假设学生以三人为一小组合作学习,每个成员一个编号,从 1 到 3 的数字,并给出简单的任务("在这一页的散文中你能找到多少个隐喻?"),每个同学都要寻找答案,几分钟后,老师会喊出一个数字——例如,"数字 2",这时各小组中编号"2"的同学举手,他们负责代表小组发言,老师从中选择一人回答问题。其他所有 2 号同学负责听并核对答案。例如,一个同学回答"7",其他 2 号同学对照自己的答案,看是否正确,然后老师再询问:"多少个同学同意的?""多少个同学不同意的?"这个方法可以使所有学生都参与到学习中来,避免了一些学生成为小组的"学习者"或"发言人",而另外一些学生则冷眼旁观的情况。

另外对于某些学习任务可以进行前测。例如,学生要学习拼读单词,在前测之后,教师布置给学生一些任务,帮助其学习单词。给学生一定时间让其相互辅导,然后进行后测,随后让每组计算出增加的分数(后测中正确的拼读数目减去前测中正确的数目),让所有成员都参与到每个人的学习中。此外,撇开合作学习不谈,这一过程清楚地表明,学生收获了多少是学习的目的。当只使用后测时,并不清楚是否有人真正学到了东西——学生们在后测中得到的分数是否比他们在前测中得到的多。

通过一系列训练,合作学习所带来的成效显著,不仅提高了学生成绩,而且也促使学生更加专心致志地投入到学习当中。

相互依赖训练

除了达到高效的学习效果,教师也可以帮助学生们在合作学习中成为真正相互依赖的伙伴,最简单的是让学生对群体活动过程进行反思以及讨论最有效的合作方式,而更复杂的是设计需要成员相互依赖才能完成的学习任务。例如,有些纸牌游戏的成功取决于将有价值的纸牌让给另一个玩家。像"猜字谜"这样的游戏很受欢迎,因为它们能增强凝聚力,使人换位思考,也有轮流执行任务的步骤,这样每个人都可以从下级任务转移到上级任务,成员们轮流担任活动的协调者。

约翰逊等人(the Johnsons,1999)反复论证,一系列的任务训练能增加成员间的相互依赖、同理心和角色接受能力,学生可以成为分析群体动态的专家,并学会创造培养相互关系和集体责任的群体氛围。第十三章所讨论的角色扮演教学模式,旨在帮助学生分析自我价值观,并共同建立互动的参考框架。

团队中的劳动分工

很多程序被设计出来帮助学生学习如何通过分工来互相帮助。从本质上讲,任务是以分工提高效率的方式呈现的。其基本原理是,在团队努力学习知识或技能的同时,分工可以增强团队凝聚力,同时确保所有成员都有学习,并在团队中扮演重要角色。例如,假设一个班级正在研究非洲国家,班级成员被分成四组,每组选择一个国家作为研究对象,每个小组的一名成员可以被指定为"国别专家"。"来自各个小组的国别专家将聚在一起,研究他们所分配的国家,并成为他们原来小组的导师,负责汇总、概括该国信息,并向全组汇报收集来的信息。类似地,当接到需要记忆的任务时,小组将分工合作创建记忆符号。

一个拼图(Aronson,Blaney,Stephen,Sikes,Snapp,1978;Slavin,1983)法常被用于帮助劳动分工,它作为劳动分工的入门方法,结构严谨、难度适中。独立学习的课堂环境能帮助学生锻炼某一项技能,而劳动分工方法需要学生变换角色且全面发展。我们建议每个学生在每次调查中都要做记录员,因为记录能显著提高学习能力。

合作或竞争的目标结构

一些研究者倡导团队互相竞争,而另一些开发人员强调合作目标并将团队竞争最小化。约翰逊等(Johnson Johnson,1990)分析了研究结果,认为研究证据支持合作目标结构,而斯莱文(Slavin,1953)认为团队之间的竞争有利于学习。最根本的问题是学生们是倾向于互相竞争还是实现目标。最近,我们的几位同事进行了一项试验,即组织整个班级,齐心协力地朝着一个目标努力。在一所高中,教研组教师组织学生掌握元素周期表的基本特征,作为第一年化学课学习的开始。在小组中,他们创造了适合所有学生的记忆法。两周后,所有学生都能把元素周期表倒背如流,而元素周期表是整个课程的先行组织者(见第九章)。

在五年级的一个班级中,社会研究的探索始于对美国各州、大城市、河流和山脉以及其他有关美国地理基本信息的记忆。计算班级全部学生的分数(例如,50个州乘以30个学生等于1500个项目),而目标是全班能取得一个优秀的成绩。最终在一周内,全班分数超过了1450,只剩下个别学生有几个项目还没掌握,他们基本上完成了学习任务。

动机:从外部到内部?

在多大程度上强调合作或个人主义目标结构的问题与对动机的理解有关。沙朗(Sharan,1990)认为合作学习提高学习效率的部分原因是它导致动机取向从外部转向内部。换句话说,当学生在面对合作学习任务时,他们对学习本身而不是外部奖励更感兴趣。因此,学生参与学习是为了内在的满足,而不是依赖老师或其他权威的表扬。内部动机比外部动机更强大,从而提高了学习效率,以及对促进新知识的获得和保持。

合作学习团体的相关研究成果,对于许多用测验和奖励方式来提升学生成绩的学校来说是个严峻的挑战。毫无疑问,普及教育的一个根本目标是促进学生内部发展动机,激励其为满足自身成长需要而进行学习。如果合作学习(在和其他模式的联合使用中)取得部分成功的话,那也是因为它的目标和这个目标相一致。实际上,多数学校流行的测验和奖励结构可能会阻碍学习。不论群体调查中学习任务、合作结构和动机原理差异多大,我们在很多学校都能见到这个强有力的、从根本上改变学习环境的模式。

合作学习的研究成果,对以使用考试和奖励形式来提高学生成绩为办学指导的学校而言,是一个直接挑战。毫无疑问,通识教育的基本目的之一是提高内在的学习动机,并鼓励学生为了在成长中获得纯粹的满足感而学习。如果合作学习教学模式(包括其他模式)的成功部分是因为它们有助于实现这一目标,那么在大多数学校环境中盛行的测试和奖励等形式实际上可能会阻碍学习。当我们转向学习伙伴—— 一个从根本上改变学习环境的强大模式时,请考虑我们当代许多学校中观察到的探究任务、合作形式和动机原则的差异。

总结和教育影响

合作学习有多种形式(见图11.1)。下面是一个基本策略的总结图表,当团队在学习协作过程中时,可以使用它。

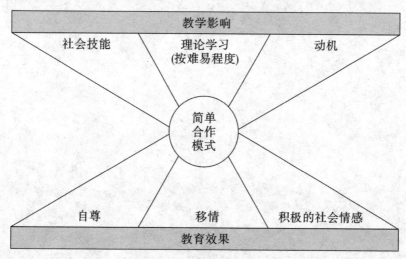

图11.1 简单合作模式的教学效果和教育影响

总结图

小结：合作学习模式

阶段1：提供一个学习任务，其难度在小组的能力水平之内。例如，提供一套图文并茂的书籍，并建议学生根据封面对其分类。

阶段2：通过报数将学生分为两人一组。

阶段3：让所有小组研究封面（或其他类似的材料，进行分类）。

阶段4：让每组学生分享他们的分类结果，并给出分类依据。

阶段5：与小组讨论他们在思维上的异同，以及他们从相同的和不同的角度收获了什么。

阶段6：让每组学生讨论，他们是一起完成任务，还是分工合作，以及这样做的原因。

阶段7：对小组内共同工作或是劳动分工的过程进行调查。

阶段8：每个小组对自己所完成的任务写一段小结。

总之，这种合作学习模式得到了迅速的发展，研究者们围绕合作学习模式的应用及改进进行了大量的实验，使之成为课堂中常用的教学方法。

第十二章 小组调查

——民主程序下的严谨探究

通过将事情安排给学生,然后静待佳音的形式开展群体研究并不是一个行之有效的做法。作为教师,应该积极地引导学生,教授其调查工具的用法并确保学习内容组织的有效性。合作是我们与生俱来的能力,但复杂的交际能力却需要后天培养。

——致我们的反思型观察者

组织理念

公民意识是在实践中获得的。从学前班至十二年级,教育者约有十四年的时间让孩子们在民主进程中,通过共同努力获得民主意识。

教学情境

汤姆的学生对世界各国的探究

这项研究活动以播放一系列不同文化背景的家庭视频片段的方式来展开。学生们在观看完视频后就人类经验的多样性提出疑问:文化衍生了多少种不同的行为?又有多少行为是源于遗传呢?

在马里兰州(Maryland)的安纳波利斯(Annapolis),汤姆开设了一门专门针对九至十二年级学生的课程,为期一年,旨在增进学生的全球理解能力。他设计的这门课程通过直接合作与引导来增加学生的经验。首先,学生收集大量国家的信息并对这些国家进行分类,设立统一标准来对这些国家的异同进行解释,并就具体国家和全球问题来开展探究。在这种情况下,世界政治组织是主题,国家是他们关注的焦点。除了大型数据库提供多样化的数据外,百科全书、报纸和报告者也是他们获取信息的重要来源。

实质上,本课程的最终目标是建立学生对世界各区域、区域间的物质文化特征以及对社会政治背景的了解。课程目标是培养学生高水平的合作与归纳探究技能;帮助学生学习使用相关的参考书和信息通信技术系统;使学生熟悉所处的政治世界;引导他们收集世界国家的信息;帮助他们建立和检验关于因果关系的假设或猜测,并编写关于具体问题的多媒体报告。汤姆知道,塑造学生归纳探究能力不仅能丰富他们的知识,增进他们的理解,同时也能获得智力的长久发展。他们所学到的社会科学技能不仅对社会研究大有裨益,同时也有利于促进他们世界公民身份的养成。

资 源

学校为学生配备笔记本电脑,以便他们在课堂学习期间和在家里使用。每个学生都有一个谷歌邮箱,学生们可以在班级网页内发布聊天信息。他们可以根据自己的需要将电脑作私人用途。汤姆的学生复印了丹·斯密斯(Dan Smith,2012)的《世界地图集》(the State of World Atlas),该书强调了信息与社会问题和政策息息相关,但这样的信息在数据库中是不会明文标注出来的,像公平与否的衡量标准等通常在其他数据库中是找不到的。学生们也可以通过在线版的《世界概况》(www. cia. gov/ library/ publications/ the – world – factbook)和《大英百科全书》(EncyclopediaBritannica)来查阅相关资料,其中包含几乎所有国家的信息。每两个学生共用一个地球仪,另外,所有学生都可以使用虚拟地球例如谷歌地球。最终,他们将使用各种资源,包括由有关各种专题的权威机构以及其他一些国家的学生和教师提供的资源。汤姆的课程恰到好处地展现了我们对混合式学习的理解,即将学习和信息通信技术资源结合起来。在这种情况下,课程教学过程中产生的主题和问题形成了一个论坛,以供学生们分享和讨论信息与假设。通信技术支持并强化了这样的探究。

进入课程前的学生

关于先前的知识经验,汤姆已经确定,在每年报名参加这门课程的 40 名学生中,大约有 20% 的人可以在没有提示的情况下描述我们的政治世界,并正确标记多达 10 个左右的国家,尽管这些学生对这些国家了解不多。换句话说,他们是基于原始的知识开始这门课程的学习的。学生们在有效利用数字资源所需的知识和技能方面存在很大差异,只有一小部分的学生曾经使用过复印或是信息通信技术数据库来处理政治信息问题。不少人曾经采用过 PPT 演示文稿,还有少数人曾根据自己的需要剪辑视频来处理该类问题。

因此,汤姆知道,在课程的早期阶段,他需要向学生介绍如何总结学习策略和归纳信息来源以及如何使用它们,并确保他们能自学所需要的网络和媒体技能。今年,他组织学生研究他挑选的20个国家(在年底前他们还将研究许多其他国家)。他们首先选择美国、加拿大和墨西哥等国家的某些方面作为参照物。

他先给学生们一些旨在促进学生探索管理和操作数据方法的任务,让他们使用数据库,首先是针对一些人口统计变量。他要求学生们从《世界概况》(数据库)开始,编制一份比较美国、加拿大和墨西哥的人口规模(分别为 3.14 亿、0.34 亿和 1.14 亿)、人均国内生产总值(分别为 47000、39000 和 14000)和生育率(分别为 2.06、1.58 和 2.29)的表格。

人均国内生产总值对学生来说是全新的。汤姆让他们搜索、讨论并最终得出了一个与《世界概况》中的定义相近的定义。他们对"生育率"的概念不清,因而,必须得把它弄清楚。在他们研究这些术语的时候,汤姆带领他们找出了《世界概况》开发人员用来得出预估的数据源——当查找数据源时,他们需要翻阅二手资料。

这些学生被这三个国家的三项指标产生的吸引力以及这些指标的新的程度所震惊了。美国的人口数量以及人口规模竟然与另外两个国家之间有如此大的差异;其中仅有几个学生注意到了生育率,加拿大在没有移民移入的情况下人口会极速缩减的想法令人震惊;一些人曾以为墨西哥的生育率会比目前高得多。

接下来,汤姆带领学生们探索家庭收入和文化水平,并增加了三个欧洲国家——荷兰、卢森堡和意大利,他们同样对这些国家的五个变量展开研究。研究结果再一次使他们感到震惊。学生们开始产生"为什么"这样的问题,比如"卢森堡为什么有这么高的 GDP?""为什么意大利和荷兰的生育率如此之低?"他们也表示惊讶,比如"我不知道意大利的人口比墨西哥少得多","我们都以为荷兰会很小,但它居然有那么多人","我不知道德国和荷兰共享一块边界,"以及"几年前当金·克里斯特尔斯(Kim Clijster)赢得网球锦标赛并用英语和法语说'谢谢',这位播音员说她也会说德语时让我大吃一惊。现在,我开始明白她为什么会说三种语言了。"

他们观察非洲、南美洲和中美洲、亚洲和中东的国家。对问题的持续记录促使他们询问更多的问题,对问题的原因进行探究,并对差异做出猜测(假设)。

在考察了每个区域的几个国家之后,汤姆要求他们同时以国家的两项变量制作对比表,例如生育率和识字率。这引发了一系列猜测和假设。

汤姆仔细阐述了他们迄今为止的发现,特别是已经出现的令人困惑的情况——一些大国的生育率很低,一些小国的生育率更高等等。他敦促学生们建立一个以十年为分化期的图表,并根据出生率的变化对这些国家进行重新分类,"为什么会发生这样的变化"的问题又被提出来了。为了找出这些问题的答案,学生们查阅百科全书、报纸报道(一些国家有英文报纸)以及其他叙述性和可视化的资源。

汤姆又把学生引导到对20个国家的其他变量研究。当他们了解这20个国家的变量之间的关系时,学生们会把范围扩大到其他国家,以检验他们的假设。他们还会努力寻求权威人士,即这些领域的专家,看看可否与专家们进行探讨。汤姆还让他们去寻找某些愿意与他们交流信息的学校里的学生。

汤姆首先带领他的学生研究一些相对容易理解的变量,如国家的疆域和人口。然后,他帮助学生们计算相关性,教他们如何绘制折线图;最终,他将教会学生们如何检验统计。他领导学生们提出假设并利用这些假设进一步探索数据库。

学生的笔记本电脑里有课程大纲,家长也有一份。汤姆给家长写了一些关于学生成长进步的记录,以及学生们被要求在无限教室(classroom. infiniteclassroom. com/)做些什么,在无限教室里老师、家长和学生更易于相互交流。其中一个简单的用途是张贴家庭作业,让家长知道学生的作业是什么。一些课程里面也展示了教学大纲。在这种情况下,该单元及其进展,甚至包括学生写的一些短文将会被呈现出来。有几位家长受到邀请参加这门课,他们在课上十分受欢迎。在一些晚上的课程中,学生们向家长展示他们的研究和发现,他们的报告经常随汤姆的评论一起展示给父母。

随着学生对世界上特定地区或问题的了解越来越深入,汤姆寻找机会让他们通过面对面或是网络的形式,向学校内外的不同群体展示。他希望学生们有各种实践经历,以不同的实践形式来展示自己收集到的信息,并练习尝试着回答来自不同观点和经历的团体和个人的各种问题。汤姆非常清楚他学生将来的探究技能和社会研究技能,但他还是经常对学生的归纳和探究工作中的一些深入研究感到吃惊。

汤姆的混合课程是非常简单明了的。内容是很寻常的,但是网络的使用使学生对他们的文化有了新的认识。汤姆是通过将学生引入博客(http://quadblogging.net)—— 一个连接世界各地的班级组织(Coiro,2011)来开展研究的。

群体研究的起源

在约翰·杜威(John Dewey)思想的基础之上,"群体研究"逐渐形成并成为强有力的教学模式。在群体研究中,学生们积极就问题解决组成民主小组,聚焦于解决学术问题,在这个过程中不断学习民主程序和科学探究的方法。课堂民主实践运动是美国教育史上的第一次重要改革,引起了一系列的批判。在20世纪30年代和40年代,由于学校进行民主进程教育的试验,他们受到了非常严厉的批评。基于自卫反击的需要,改革者开启了最初的研究。他们主要就以下问题进行回应,比如,有些关注该实验的市民提出质疑,如若教育高度依赖于社会目的,这在很大程度上可能会阻碍学生的学业发展。但是,该项研究总体上表明了学生很多方面并不处于劣势,事实上,相较于不重视社会教育的竞争环境中培养出来的学生,他们更具有优势。然而,很多人依然反对这项改革。在一个民主国家里,政治和商业机构主要依靠集权化组织行为来管理,这的确是个反常的现象。

教育模式通常源于一种理念,即人类在一个乌托邦的理想化的社会中应该是什么样的。教育的目的旨在培养有理想的公民,即通过教育所培养出来的公民不仅能在这个社会中高质量地生存下来,在社会中不断地实现自我、突破自我,甚至能帮助改良乃至创造新的社会。我们从希腊时代就有很多这样的教育模式,柏拉图的《理想国》(*Republic*,1945)就为我们描述了一个理想的社会和支撑这个理念的社会教育蓝图。亚里士多德(Aristotle,1912)也论述了一个理想的教育与社会。从那时起,有许多理想主义者曾经提出过各种教育模式,包括奥古斯丁《上帝之城》(*The City of God*,1931)、托马斯·莫尔的《乌托邦》(*Utopia*,1965)、夸美纽斯《大教学论》(*The Great Didactic*,1967)和约翰·洛克的《教育漫话》(*Some Thoughts Concerning Education*,1927)。

人们自然会尝试使用这些教育模式去促进社会发展。在美国,学校早已将课堂教学视为民主过程模式并广泛地开展起来。事实上,以教育文化来说,相较于其他教学方法的改变,民主过程的变化更为普遍。就指导模式而言,民主过程主要是通过组织课堂小组去做任何一个或者全部任务:发展一种基于民主程序所创造的社会关系。

1.建立基于民主进程所创造和发展的社会。

2.对社会生活和过程的本质进行科学的探究,从而使民主程序具有同科学的方法和探究一致的意味。

3.使用探究的方法解决社会或个体间的问题。

4.提供一种基于经验基础的学习情境。

民主教学方法的施行是极为困难的。它要求教师具备高水平的人际交往指导能力和教学能力。同时,民主的进程也是十分繁琐且缓慢的。家长、教师和学校领导常常担心将民主教学视为一种教学模式是无效的。此外,民主教学模式的实施离不开丰富的教学资源,然而实际上这种资源又得不到满足,其最大的障碍可能还是来自学校本身。学校并未组织起来教授发展学生社会性以及智力的民主程序,仅聚焦于学生的学业发展并围绕它形成组织。更为严重的是,多数学校领导者并不愿改变这种现状。群体研究对学生各方面发展都起着积极的影响,在学校教育工作中,忽视将群体研究作为一项重要的学习内容是极其错误的行为。

对于社会协调来说,个体必须认识到其可选择的参照体系和行动课程。并且个人只有具有一定高度的发展时才能理解别人的观点。如果要构建一个共有的世界,大家必须拥有共同的看法(见 Berger & Luckmann,1966)。

认识问题并就问题现状进行协商是民主过程的实质。与他人协商的能力能够有效帮助个体协调自己的世界观,个体只有在形成稳定而又灵活的应对现实的方式的基础之上,才能真正把握认识事物的意义和目的。倘若难以充分理解生活或者无法与他人良好地协商,很大程度上就会导致个体情感的混乱。不断重新构建个人价值立场以及形成兼容的价值体系等能力对于个体发展而言是至关重要的。

在大多数教学模式看来,特定的学习只能取得既定的学习结果。但是,民主过程的教学模式认为教育经验的结果是无法完全预测。他们认为,教师能够激励学生去探究事物的本质并形成自己特有的世界观,但是教师无法推测学生面对特定情景时的表现以及学生怎样去解决问题。因此,教师应该教给学生一些不硬性要求他们都掌握的规律,给他们提供一些可借鉴性参考,帮助其应对现实。

目标和假设

赫伯特·西伦(Herbert Thelen)是国家劳动训练基地的创始人之一。他借鉴了组织发展和学术探究方面的经验和研究成果建立了群体研究模式。他着力于研究容易迁移到未来生活中的以经验为基础的学习情境。

西伦(1960，p.80)基于"社会存在"的概念来论述："个体与他人共同制定构成社会现实的规则和协议。"任何关于人的发展的观点都无法回避一个事实——生活即社会。社会成员之间必须要参照彼此的行为，否则就无法行动，个体可能会在自我保护或是权力行使的过程中与正在进行类似活动的他人产生冲突。在形成社会约定时，所有社会成员都应明确允许和禁止的具体行为。各个社会领域，如宗教、政治、经济、科学等都存在这样的规则，由此建立了一种社会文化。西伦认为，社会进程的本质即对社会秩序的多番协调：

> 因此，在群体和社会中存在着一个循环的过程：个体要满足自身需求，就必须要与其他同伴相互依赖并建立共同的社会秩序（在这个过程中发展并形成群体和社会）……随着生活方式的改变，规则必须不断修订，制定新的权限和协议，并将其纳入社会秩序之中(Thelen,1960，p.80)。

教室作为社会的雏形，有其自成体系的一种集体秩序和教室文化，学生也非常关注班级所特有的生活方式，即所建立班级标准与期望。教师要为保护学生创造集体秩序的积极性去探寻有效途径。这种教学模式复制了社会所需要的协调方式。通过相互协调，学生不仅获得了知识，而且参与了社会问题的解决。西伦认为，绕过社会协调只进行单一的知识教学是不可取的。

教师要引导班级中以探究为导向的社会秩序在课堂教学中的发展，即教师的任务是形成"内部规则"，要培养学生获得知识的方法以及对知识原理的态度(Thelen，1960,p.8)。

课堂生活以一系列"探究"的形式出现。每一项调查都源于一个刺激情境，学生们就此做出反应，并发现彼此态度、想法和感知方式之间的基本冲突。依据这些信息，他们明确需要调查的问题，分析解决问题所需的角色，组织自己扮演这些角色，采取行动，报告和评估这些结果(Thelen,1960,p.82)。

一个班级理应形成一个微型的民主国家，通过问题的解决与知识的习得，不断成为有效解决问题的一个社会团体。此外，这个团体有一位他们未曾明确选择但由社会予以任命的领导人——教师。

基本概念

西伦提出的策略有两个核心概念:(1)探究;(2)知识。

探究——源于不确定性

问题是探究之源,知识是探究之果。社会进步则是促进探究发展的催化剂。与此同时,社会本身也能从中得到研究和改善。群体研究的核心在于探究的形成。

探究的首要因素是能引起个体反应并思考的事物,即待解决的问题。回顾第十章,困惑是探究产生的原动力。在班级中,教师要能够选择内容并以情境的方式将问题抛出。例如,"我们的社区是如何形成的?"倘若问题过于简单,学生则难以产生困惑,探究无法进行。要回答这个问题,学生们必须要有自我意识以及对寻找个人意义的渴望。他们必须被明确指导,自己具备参与者和观察者的双重身份,进行独立探究的过程也是他们观察别人探究的过程。从根本来说,探究就是一个社会活动过程,学生在这个过程中,通过与他人的交流互动,观察别人在困难情境中的表现,逐步拿捏好自己作为观察员的角色。随着探究过程的进行,所产生的矛盾观点则会进一步引发学生对问题的兴致。

通常教师为学生提供问题情境,但学生作为探究者,理应去明确问题并寻求解决方法。真实情境中的亲身经历是在探究中不断获得新信息的精髓。因此,学生必须清晰地认识方法,以便信息收集,并对从记忆中提取的信息进行综合、分类,形成假设和验证,研究学习结果,然后再修改计划。最终,学生必须提高自身的反应能力,并熟练地使用口头语言对外部行为进行解释和说明。他们必须有意识地关注自身之外的外部经验。即明确学习结果,以现有的思想加以整合,通过这样的方式,他们的想法就能构建成新的、更强有力的形式。

教学模式

结构体系

这种模式首先让学生面对(面对在学术探究中的作用——在讨论者处于被说教的恶劣处境中,它需要明确自己所需学习的东西而不是接受那些粗鲁的举动)一个能激发其兴趣的问题。问题来自教师或是自己的亲身经历均可;它可以是自然而然地出现的,也可以是教师所提供的。若学生对问题做出了反应,教师可以将关注点聚焦在学生反应的差异上面,即他们站在何种立场上? 他们观察到了什么东西? 他们怎样组织问题? 他们的感受是什么? 当学生对他们反应的差异感兴趣之时,教师指导他们对问题进行阐述并分类。而后,学生自己分析解决问题所需要的角色,自己组织起来,分工、行动并汇报成果。最后,小组根据最开始的目标来对问题解决的方法进行评价。这个过程在遇到其他问题或在调查过程中产生另一个新问题时可以自动重复(见表12.1)。

表12.1 群体研究模式结构

第一阶段	学生面对问题情境(有计划或无计划的)
第二阶段	学生对问题情境做出反应
第三阶段	学生明确任务并组织研究(问题的定义、作用、任务等)
第四阶段	独立研究和群体研究
第五阶段	学生分析成果和过程
第六阶段	再次循环活动

社会系统

社会体制是民主的,这种体制源于群体性经验,或者至少是受到群体认可的,它对群体具有指导作用。群体经验是在教师指导下,在明确研究目标的问题情境的范围内获得的。因而,在群体活动中,教师应尽可能减少发表自己的主观意见,除了角色的不同,学生和教师在活动中的其他一切都是平等的。活动是在理智、协商的氛围中进行的。

反应原则

在群体研究中,教师的角色是顾问、咨询者和友善的批评者。他(她)必须从三个阶段来指导和反思群体活动:(1)问题解决或任务水平阶段(问题的本质是什么? 涉及的因素有哪些?);(2)群体管理阶段(目前需要哪些信息? 我们如何去获得它?);(3)个人观点阶段(你认为这些结论如何? 如果你对这些结果有其他看法时,你会采取什么行为?)(Thelen, 1954, pp. 52 – 53)。这种教学指导的角色非常难把握而且很敏感,因为学生活动是探究的核心,问题不能是由教师决定的。同时,指导教师也必须做到:(1)在群体活动过程中提供帮助;(2)参与群体活动,引导学生实现由精力向潜在教育活动的转变;(3)监测这些教育活动的落实,以便学生能够产生个人观点(Thelen,1960,p.13)。指导者应避免干预,除非学生遇到非常大的困难。波拉克(Gertrude K. Pollack)在《讨论群体中的领导作用》(*Leadership of Discussion Groups*,1975)一书的第十六到第十八章就群体的领导问题展开了深入探讨。书中的有关材料是专门指导有领导行为群体的,语言通俗易懂,为想通过群体研究来组织课堂的教师提供了有效的参考。

支持系统

群体调查的支持系统应该是广泛并且符合学生需要的,学校需要配备一流的图书馆,并可以通过多种媒介提供信息和思路,同时也应该提供能够获取外界信息资源的途径,鼓励学生积极调查并联系校外的有关人士。当前,这种合作探究还未被广泛采纳采用,原因之一是支持系统的水平还有待提高,无法满足探究的需要。

应用:旋转模型(分阶段循环)

群体研究要求教师和课堂组织都具备灵活性。虽然我们假设的模式与开放型教室环境相适合,我们同样也认为它与传统型教室是兼容的。我们观察到,有的教师将群体研究成功地实施到其他学科里。如数学和阅读之中,而且更规范、更具有教师指导的风格。如若学生在群体内未曾有机会去亲身经历相互作用、决策以及独立探究的话,在今后的生活中,他们需要更多的时间来适应这种较高水平的群体活动。相对而言,对已经获得参加或组织过班会的群体性经验的学生来说,他们能更快地适应探究式学习。无论如何,教师需谨记:学生可能会对群体研究模式中的社会现象感到有点生疏,但是它就像技能一样,是学生必不可少。

虽然我们所给出的示例是设计精良且复杂的,但通常的一般研究无需如此繁琐。于年幼儿童或刚接触群体研究的学生而言,展开简易的小规模调查即可。可将调查问题的范围定格在狭窄的主题、事件、信息或活动中。例如。在学校举行一场文娱晚会或是决定班级宠物照料的相关事宜比研究能源危机的解决更能引起学生的关注。当然,学生的兴趣和年龄高度影响了探究的本质,年龄较大的学生更为喜欢复杂的主题。经验型教师应充分参考学生以及自身的能力来设计探究活动。

沙兰(Sharan)和赫兹·拉扎罗维茨(Hertz-Lazarowits,1980a)在关于群体研究的报告中指出,良好的合作气氛是学生积极对待学习任务和彼此间态度的关键。此外,他们的研究还表明,社会复杂性越大,就越有利于复杂的学习目标(概念和理论)的实现以及信息与基本技能的习得。在俄勒冈(Oregon)一所高中里,一些教师积极开展的小规模研究,无论从群体动力,还是从对学生的影响来说,都做得非常好,值得拜读(Huhtala, 1994)。

教学效果和教育影响

这是一个将学术探究、社会整合和过程学习等目标进行综合的多维度综合性模式。当教师的目标是突出知识原理和问题解决而不再是强调既定的信息时,这种模式对不同年龄段的学生以及不同的学科都是适用的。

群体研究综合了西伦关于知识以及知识重构的观点(见图 12.1),我们可以将其视为知识传授和促进社会过程的直接且有效的方法。同样,它也能培养温馨的人际情感和信任、对规则与政策的遵守、独立学习以及对他人的尊重。

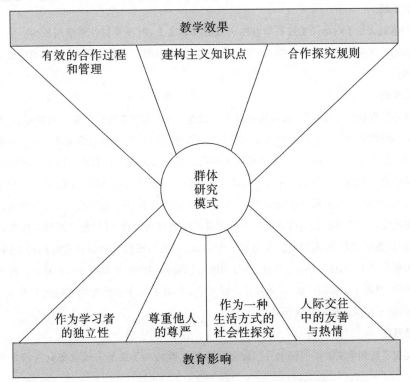

图 12.1 群体研究模式的教学效果和教育影响

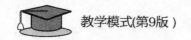

在考虑是否对这一模式予以使用时,有的人认为分析其潜在教育影响和分析直接教学效果都是至关重要的。其他的模式同样也适宜学术探究,但从教育意义出发,教师更倾向于群体研究。

总结图

小结:小组调查模式

结构体系

第一阶段:学生面临问题情境(有计划或无计划的)。

第二阶段:学生对问题情境做出反应。

第三阶段:明确研究任务并建立研究组织。

第四阶段:独立研究和群体研究。

第五阶段:分析问题的进展和过程。

第六阶段:再次循环活动。

社会系统

这种体制立足于内部民主过程和群体决策的基础之上,所涉及的外部结构较少。学生所面临的问题情境是真实有效的,绝非人为强加,群体内部需要创建理智、协商的沟通交流氛围。

反应原则

在群体进程和探究过程中,教师具有很大的促进作用(主要体现在学生计划的制定、实施行动、对群体活动的监控、有效方法的使用)。教师充当着学习顾问的角色。学生对困惑的情境做出反应,并观察所有成员相同或不同的反应。他们自己判断并收集问题解决所需的信息。就他们提出的假设收集需要的信息去验证假设、评价研究成果,进一步决定是继续当前的探究还是展开新的探究。创设合作性的群体氛围是教学的中心。学生逐渐习得解决民主问题所必备的协商能力以及化解冲突的技巧。此外,教师要指导学生获得收集、分析数据的方法,帮助他们提出有效的假设,并找出能验证假设合理性的相关因素。因为每个群体的结构(Hunt,1971)以及凝聚力(Thelen,1981)是具有很大差异的。在指导过程中,教师不能机械照搬,必须在充分理解学生的社会和学业行为的基础之上为学生提供帮助,从而保证探究有效开展。

支持系统

环境能监测到学生的不同需求并以此做出反应。教师和学生能有效收集到所需要的信息。

第十三章　角色扮演

——价值观探索

对价值观进行分析是很重要的。倘若对价值观的分析是正确的话,那么角色扮演能让价值观更容易被理解。因此,探究是始于理解自身价值观所指导下的行为。

——范妮·沙夫特致帕洛阿尔托的一些教师

教学情境

"9·11"悲剧

劳丽(Laurie)所带的八年级学生正在读戴维·哈伯斯塔姆(David Hablberstam)的作品《消防站》(Firehouse,2002)。这本书描述了曼哈顿(Manhattan)西部的消防队(普遍认为有消防车40辆,云梯35架),在2001年9月11日的世贸大厦(World Trade Center)抢救工作中,该队派出13名消防救援人员参加但最终只有一名生还的故事。哈伯斯塔姆讲述了这个群体的家庭、他们之间的交往以及支撑他们一次次地冲向危险境地、冒着生命危险工作的坚定信念。

通过哈伯斯塔姆的描述,学生们逐渐真切地意识到,仍有许多类似的小群体存在于美国,他们自豪于自己的工作并始终坚守在自己的工作岗位。劳丽给了学生充分的讨论空间,最终大家都对这个问题有了一个明确的认识。她选定了专门根据问题和陈述列出一览表的记录者,以便将这些问题和陈述就信息、公共政策事件和价值观等条目进行组织,并对同学们的一系列想法和观察做记录。

"正常情况下,纽约每年有多少消防员以身殉职?"

"为什么他们付出那么多而得到的报酬那么微薄?"

"以极快的速度向危险迈进是什么样子呢?"

"他们怎么能冲向那样的烈火中?"

"他们如何控制自己的悲痛?"

"有趣的是许多消防战士都来自消防世家。"

"如果没有人从事消防工作会怎么样呢?"

"既然高层建筑危险性更大,我们何不多建低层建筑呢?"

"消防员不幸受伤或者丧生的家庭将会变成什么样子?"

他们还提出了这样一些问题:

"着火的大楼看起来像什么样子?"

"我们的城市和纽约一样,只是我们要小得多吗?"

我们以群体探究的研究形式来开展,在进行信息处理探究之前,劳丽就将学生的个人情感和价值观带入该过程。

因此,劳丽为学生创设了一个场景,即他们家庭中的一员想要成为消防员。整个角色扮演的核心是申请者与他兄弟姐妹之间的对抗。她选择一个学生来展开第一轮的角色扮演,当然,接下来还会有若干场,其他的学生则作为观察者和记录者。

让所有学生都吃惊的是,这个表演变得非常激烈。消防员申请者变得越来越坚定不移,兄弟姐妹的扮演者也表现得更激烈了。观察者们发现表演者的情绪远远超过了他们原来所设想的。

探究进行了一段时间后开始往不同的方向发展。最终,全班确定了由公众政策影响或是在决策中需做调整的价值观。然后,劳丽和学生继续就其他方面展开探究。社会研究项目的核心就是价值观的学习。

这个探究使他们通过丰富的网络资源获得大量关于"9·11"事件的信息,一些关于消防员和其他一线工作人员的信息。一个以消防员为主题的简单调查最终得到了大量的信息和评论。

在本章中,我们将探寻一个帮助学生学习价值观的方式。角色扮演源于学生实际生活中的问题情境,探究价值观是如何驱动行为,以及使学生意识到价值观在他们以及其他人的生活中所扮演的重要角色。角色扮演具备两种效果:第一,学生能加深对价值观的理解并从与他人交往的角度体会不同价值观之间的差异;第二,学生习得处理冲突的对应策略,这种策略是在人道主义价值观的基础之上充分尊重各种不同意见而获得的。

教学情境

理解冲突

在加利福尼亚州洛杉矶(Los Angeles, California)东部的一个七年级的教室里,课间休息后教室中充斥着学生的抱怨声。威廉姆斯(Williams)老师询问为何大家要抱怨,学生们就课间休息时发生的事情展开了激烈的讨论。两名学生激烈地争论着究竟是谁拿来的体育器材。其他的学生都在争论玩什么样的游戏、如何选择游戏中的人以及男女生是否应该各自玩游戏等问题。最后学生们选择了打排球,但是一个争议性判球又制造了矛盾。

威廉姆斯先生对学生们的行为表现出严重的不满。不单单是因为当日的纠纷造成的,而是自开学以来,班级里面总是存在各种形式的争论。最后,他语重心长地对学生们说:"我相信你们对这些问题的态度和我一样,大家都疲倦了,那好,接下来我们将一起面对这个问题。我们试着运用我们之前学过的调查方法来解决问题。首先,我们需要确定人际交往的问题,接下来我们将花半个小时的时间来做阅读以便大家能够在这段时间内冷静下来。然后按照四人一组的形式将你们划分成若干组,由你们自己去定义我们所遇到的问题的类型。就拿今天来说,你们需要对我们陷入困境的情况进行概述。"

以谁把体育器材拿到室外为始,学生们逐渐将开学以来所发生的典型争论事件列举出来。他们以小组的形式列举问题,威廉姆斯老师指派的组长主要负责引导各组对所提出的问题展开讨论。最终,这些小组明确了六个困扰他们的问题。威廉姆斯提出了他的目标:"在小组中,你们仍需要像调节个人行为一样去调节自己的行为;希望你们积极参与活动并努力解决困扰你们的问题,我也希望大家既能玩得愉快,又能有所收获。"

学生们对不同的问题进行了分类,第一类是关于劳动分工,如设备的管理以及裁判员的任命。第二类是游戏双方应遵循的规则,例如,立场的选择和性别问题该如何处理等。第三类是关于游戏细节的争议应该如何去处理,例如球出界该如何判断,球员是否出局等问题,甚至包括应当如何去对待裁判的决定。威廉姆斯将具体的问题分配给每一个组,让小组详尽地描述该类问题出现的相关情境。当小组任务完成后,由全班共同投票决定从哪一类问题开始讨论。他们所选的第一类问题是关于规则所产生的争议,这个问题产生的具体情境是由判球而引起争论的排球比赛。

同时,他们梳理了这个情境是如何发展的。由于这个球砸中边界线,有人认为出界了,有人又认为是在界限内的。学生们就此展开了激烈的争吵,最终导致了球赛不得不暂停。

威廉姆斯邀请了几个学生来重现当时的情境,其他学生则在一旁做观察。一部分学生观察争论是怎么产生的,另一部分学生则观察表演者怎样处理这种情况。

在这个表演活动中,学生们非常兴奋。支持反方立场的学生参与了表演,在表演过程中,他们重现了在实际情况中的状况,争论异常激烈,当他们在教师中大声喊叫时,威廉姆斯喊道:"停!"然后让学生们就当时的情况进行描述。

学生们积极地描述,最终,讨论的焦点聚焦在参与者的态度如何阻碍了问题的解决。学生们各抒己见,不顾他人观点更无人关注如何去解决当前的争论。最后,威廉姆斯问学生,人们通常如何处理这样的问题。有的学生建议可以先服输,但是有的人则认为自己是有理有据的,不能轻易认输。最终,学生们把注意力集中在一个重要的问题上:"选择由谁当裁判的规则应该如何制定?对待裁判的判罚应该持何种态度?"最终,他们决定再进行一次表演,以便让所有参赛者都认为防守队被罚球是应当的。

比赛开始了。这次球员们都谨记规则,防守方有裁判权,而进攻方则有反对裁判权,然而,比赛却再次在争论中结束。赛事结束后,观察者们提出运动员没有完全全地依照规则行事。学生们开始意识到,比赛如果想顺利举行,那么参与双方就要相互信任,而且要就裁决权力达成一致的协议。他们也对价值观展开探讨,如问题解决所具备的价值以及对待"赢得争论"的态度是什么。

经过协商,新一轮的比赛又开始了,此次比赛增设了两个裁判员,他们的加入使得这次比赛产生了很大的改变,尽管球员不愿意,但裁判坚持,球员理应听从裁判的指挥。在比赛结束后开展的讨论中,学生们都表示:必须建立一个合理的秩序,争端的解决离不开制度的建立。学生们也表示没有裁判的话,争端问题仍然无法解决,只有当所有运动员都服从裁判的判决时,裁判结果才是有效的。

最终,学生们就设置两名裁判的事情达成统一协定,在今后的比赛中也会按这个规则来操作,这两名学生在比赛之前就会被选出,他们主要遵循比赛规则实施其仲裁和罚球的功能,且拥有决定权。学生们都同意这项规定,并且在实践中去观察它的实效。我们将威廉姆斯和他的班级视为行动调查者。

第二天,威廉姆斯指导学生们开展了第二轮活动,重复前一天的过程。学生们对其他问题所引起的争论又展开了探究,这项活动延续了几周。那些经过争论且澄清了的概念最初只能运用于具体问题的解决,随着威廉姆斯指导的探讨活动的深入,学生们开始就一些支配个体行为的价值观问题进行思考。学生们逐渐理解,无论在个体还是群体的生活中,都必须具备支配个人行为的价值观。他们还注意到,培养个体协商能力的重要性。总爱与别人发生摩擦的学生也开始意识到,如果自己的行为有所收敛,那么别人的行为也会相应地改变,这样一来,就不存在解决不了的问题了。

从本质上来说,学生的学习是循环互动的,即个体的行为会引起他人的反应,反过来又会引起一些实质性的反应。如果一个消极的循环持续存在于争论中,那么自然而然就会诞生消极情感,久而久之,就会造成冲突的升级。反之,如果打断消极的情感状态,那么情感就会逐渐被拉向中立,抑或是称之为在理性层面解决冲突。同别的学生一样,如何在平静的状态下进行互动,通过综合基础避免冲突升级,以及怎样去平息冲突并建立一个和平的互动是这些学生需要学习的。

角色扮演给我们提供了良好行为的模范,通过积极的记录开始和不断的持续,如何去调整冲突、建立良好的互动关系。基本的社会模式带来了良好的情感体验,激励我们以文明的、民主化的方式去化解争端。

理论基础

角色扮演为学生营造一个问题的情境重现以及为学生在探索过程中去学习如何处理人际关系提供了一个契机。在这个过程中,学生综合学习了情感、态度、价值观以及问题应对的策略。几个研究小组都进行了角色扮演,当然,他们所采用的方法也大致一样。这里介绍的是由沙夫特(Fannie & George Shaftel,1967)为代表的理论,同时我们也融合了马克·切思勒(Mark Chesler)和罗伯特·福克斯(Mark Chesler & Robert Fox,1966)提出的一些观点。

个人与社会的双重取向为角色扮演教学模式奠定了基础。于个人而言,角色扮演有助于个体发现自身的价值,并借助于社会群体的帮助,最终实现问题的解决。于社会而言,角色扮演能将个体团结起来,以正当、民主的方式去分析并解决社会问题,尤其是人际交往方面。我们将角色扮演归类于社会类教学模式是因为社会群体是人类发展过程中尤为重要的一部分,通过角色扮演,可以为人们提供一种独特的情境。在这个情境中,人们逐渐习得解决个人和社会问题的能力。

模式导向

目标与假设

通过表演处理问题是角色扮演最直接的功能;通过将问题描述出来,继而进行表演,然后进行讨论来实现问题的解决。在这个过程中,一部分学生充当扮演者,另一部分则是观察者。让其互换角色并尝试与其他扮演者进行沟通。在这样一个相互作用的情境中,学生会产生移情、同情、愤怒及喜爱等情感,如果角色扮演能够顺利进行,它便能成为学生生活中的一部分。扮演中相关的情感、语言和动作都是事后分析的重要因素。结束扮演后,观察者也有机会探讨如何实现目标,实现目标有何障碍、能否寻找其他途径解决问题等。

所谓角色扮演的实质,即让扮演者在真实的情境中去寻求问题解决的答案以及加深对情境的理解。在扮演过程中,学生能够得到解决人类问题的一些案例:(1)情感探究;(2)洞悉态度与价值观的感知力;(3)养成问题解决的技巧和态度;(4)探寻多种方式探究主题。

在角色扮演过程中涉及几种和学习相关的假设。首先,立足于经验的学习情境是角色扮演的基础,我们的学习内容就是情境中的真实事件,这种学习情境是人为设置但是与我们现实生活的真实问题情景相类似。通过这样一个再创造的活动,学生能深刻地学会生活,并习得一些真实的、具有典型代表意义的情感反应和行为方式。

另一种假设认为,角色扮演能够激发学生的情感共鸣。在角色扮演当中,学生能够有效识别和表达自身情感。沙夫特强调智力因素与情感因素都具有同样重要的意义;分析和讨论表演与表演自身都是非常重要的。

与共同研讨法(见第七章)相似,另外一种假设表示群体能产生情感和思想并将其融合到意识之中,同伴群体的反应能够衍生新思想,并就学生的变化与发展提供针对性的指导,这种模式不再强调教师的传统角色,它更强调学生从同伴关系中获取信息。

最后一种假设认为,对角色扮演的分析,通常涉及个人的态度、价值观以及将信念体系中所蕴含的心理过程带入意识层面,如若个体接受其扮演的角色中所传达的价值观念和态度,与他人的观念态度进行比较,在这样一个过程中,他就能逐渐有效地调节和控制自己的信念体系。以这样一种分析,有助于他们对自身的态度、价值观及信仰进行评价,最终帮助自己趋向成熟。

角色的概念

每个人都有不同的处事风格。有的人认为大部分人都是难以信任的;但有的人则觉得他能与多数人都成为好朋友。个人的自我评价通常是连贯且稳定的,认为自己勇敢、机智或是胆小、愚笨,这种既定的情感强烈地影响着人们的行为并对个体在面对不同的情境所做出的反应起着重要的决定性作用。有的人一贯是恃强凌弱的,对他人总是显示敌意;而有的人一贯是胆小懦弱的,常常以退缩、畏惧、孤独的面孔示于众人。

这些人的不同表现我们称之为角色。角色是"情感、语言、行为的模式化结果,是与他人有关的独立的习惯性方式(Chesler & Fox,1966,p.5)"。角色中所体现出的连贯性和模式虽然难以感知,但它的的确确是存在的。通过对角色特征进行刻画,我们能得到如"友善、恃强凌弱、孤傲、无所不知、爱抱怨"等概念。

生活中,个体角色的形成是受多方面影响的。个体对待他人的情感很大程度上受到他在生活中所接触的人的感染,这些人对待他人的态度、这些人如何看待情感等因素,很大程度上影响了个体观点的形成。一个人的角色及其扮演方式由特定的文化和法律习俗决定。

角色扮演通常伴随着一些与往日不同的情绪。有的人可能不喜欢自己所扮演的角色,还可能由于别人的不理解和不接受而对别人的情感态度发生转变。两个人可能基于同样的情感但有不同的方式,两个人可能都期望达成同样的目标,但如若一人曲解了对方的行为,目标则很难达到。相互交融对角色扮演来说是至关重要的。对别人的态度、信仰、价值观的学习总是在逐步浮现的情境中习得的,这也符合社会和个人的需要。

理解与思考所扮演的角色是加深对自身和他人理解的关键。一个人理应学会如何换位思考,多去体会他人的思想与情感。移情是个人准确理解世界、进行社会交往的关键,一个人应当学会这种技能。角色扮演就起着促进人们加深理解的媒介作用。

作为角色扮演模式的核心理论基础之一,角色概念是最主要的目标。我们必须让学生熟练掌握角色概念,让他们去认识不同的角色并依据不同角色来思考自己与他人的行为。同时,该模式也包含了其他方面和不同层次,在一定程度上,也存在矛盾的方面。如问题内容、解决问题的答案、扮演者的情感以及整个表演过程,这些都作用于学生的角色扮演。

教学模式

结构体系

扮演活动的质量(无论扮演者进入角色与否)以及活动后的分析时,角色扮演的关键取决于学生对生活中不同角色的认识。第一次扮演及分析肯定是不完善,甚至是错误频出的,但是,遵从真实性原则是确保严谨的关键。如果教师仅仅是提供一个情境,让学生轮番表演并交流,这样的角色扮演活动必定是失败的。在成功的角色扮演案例中,学生需要去掌握如何使这种方法体现价值。

沙夫特小组建议将角色扮演划分为九个步骤:(1)小组准备活动;(2)选择扮演者;(3)安排角色扮演场景;(4)组织观察者;(5)进行表演;(6)对表演展开讨论与评价;(7)重新表演;(8)重新讨论和评价表演;(9)经验分享与总结。每个步骤都带着一定的目的性,要确保整个活动过程都贯穿着核心目的和活动思维,学生完完全全投入角色当中,这样,也就明确了角色扮演的目标。随后的讨论不仅仅是关于不同反应的复述(尽管这些也很重要),表13.1对该模式的阶段和活动进行了总结,以下是关于这部分内容的讨论和阐释。

第一阶段:小组准备活动。教师引导学生进入问题情境,使学生形成独自处理问题的意识。待到小组问题确定后,即可开始准备。

> 教师:大家还记得我们前些天对珍妮的午饭钱展开的讨论吗? 她没选择将钱交给老师代管而是自己保管,现在,钱丢失了。我们此前对此展开过讨论:

是自己保存还是交由老师代管钱更为合适呢？这种情况有时候很难以做决定。你们可曾有过这样的经历？（Shaftel & Shaftel,1967,p.67）

以问题激发学生的兴趣更利于创造接受性的氛围,这样的氛围能使学生在没有任何压力的情况下去表达自己的观点、情感和行为。

在准备活动的第二部分,主要是呈现生动的案例。这些问题可以来源于学生,即学生对其想象的描述或是真实情景,也可以是教师从电影、电视、小说中挑选出来的情境抑或是真实情境。

在《社会价值观的角色扮演:社会研究过程中的决策》（Role Playing of Social Values:Decision Making in the Social Studies,1967）一书中,沙夫特的研究小组提供了大量组织精良的问题故事片段。通常是陷入两难情境之时,故事就戛然而止了。沙夫特认为问题故事具备非常多的优点,首先,基于特定的问题故事能够帮助学生独立思考并探索行之有效的解决方法。但是,既往的类似经历容易造成学生的紧张情绪,因而难以做出正确的分析。其次,问题故事的戏剧性能够有效减轻学生的表演负担,使得整个表演更加生动流畅。

准备活动的最后一个步骤是提出问题,这个步骤使得学生思考并对故事的结局进行预测:"故事的结局是怎样呢?""山姆的问题是什么? 他能怎么做?"

表 13.1　角色扮演活动的模式

第一阶段: 小组准备活动	引入问题 明晰问题 探究事件 阐释角色扮演
第二阶段:选择扮演者	角色分析 选择扮演者
第三阶段: 安排角色扮演场景	确定表演程序 重述角色 进入问题情境
第四阶段: 组织观察者	明确观察任务 分配观察任务
第五阶段: 进行表演	开始表演 继续角色扮演 表演完结

第六阶段： 讨论和评价	对角色扮演进行回顾(事件、状况、现实) 讨论重要内容 展开新的表演
第七阶段： 重新表演	演绎修改过的角色 并提出下一步骤或行为转变的建议
第八阶段： 重新讨论和评价表演	对角色扮演进行回顾(事件、位置、现实) 讨论重要内容 展开新的表演
第九阶段： 经验分享与总结	把问题情境与当前的真实经验联系起来 探索行为的一般原则

来源：基于范妮·沙夫特和乔治·沙夫特的《社会价值观的角色扮演》(Englewood Cliffs, NJ: Prentice - Hall. Inc, 1967.)

在开展这个程序(最初的想法来自沙夫特的[1967]中心书本)之时，教师可以参考以下步骤：

> 教师：今天下午我给大家分享的故事是关于一个男孩怎么处理问题的。这个男孩陷入了一个矛盾之中，他的家长想让他做一件事，然而他的朋友想让他做另外一件事情，他该如何抉择呢？他感到十分为难，这个故事是没有结局的。
>
> 学生：像上周五我们那样来做吗？
>
> 教师：对！
>
> 学生：哦！为何你不直接把结局告诉我们呢？
>
> 教师：当你遇到难题无法解决时，难道每次都有人告诉你该怎么做吗？
>
> 学生：不，几乎没有。
>
> 老师：在生活中，我们常常需要自己独立解决问题，这也是为何我会给你们读问题故事的缘由。通过对有关故事的学习，我们能从中找到最适合的解决方案。接下来，我给大家读汤米的故事，此时你们要思考，假如你是汤米的话，你会怎么做？

这个故事讲述的是男孩汤米和他父亲在俱乐部问题上观点不同的事情。汤米欠了俱乐部一笔钱(当地的约会服务)，汤米的父亲知道后坚决不同意为他支付这笔钱，于是汤米设法靠自己去获取这笔钱。在这个故事中我们最需要关注的是汤米采用了什么方法去得到钱。后来，汤米选择为社区学院的学生写期末论文，当学生们收到论文之际,汤米即可得到报酬。汤米开始担心并反问自己,这样一笔交易是否可行。故事读完之后,老师将重点放在接下来汤米可能会发生什么上面,基于此老师准备了一些不同的表演。

> 教师:你们觉得汤米会怎么做呢?
>
> 学生:我想他应该会拿这笔钱。
>
> 老师:是吗?
>
> 学生:因为俱乐部还有笔欠款等着他还呢。
>
> 学生:不会的,他心里非常清楚这样会被发现的。

在第二个阶段中,选择扮演者。教师领导学生对每个孩子的特征进行描述,包括他们长得像谁,他们如何思考以及他们有可能会做些什么。而后,老师再咨询学生,他们是否愿意去扮演这样的角色,学生可以得到去扮演某个角色的特殊权利。

沙夫特的研究小组反对教师给学生分配角色的行为,这样的行为可能会对学生的表演产生不好的影响,阻碍了学生思维的发展,抑或是使其表演处在不佳的状态,角色扮演者必须得对这个角色充满渴望。教师需要考虑到不同学生对不同角色的偏好,并对这种情况加以掌控。

我们可以根据几种情况来安排扮演者。角色的安排以有类似经历或是期望对该角色进行再塑造的学生来扮演为佳,或是让那些理应加强对该角色认同感的学生或将自己定位到该角色的学生来扮演。沙夫特研究小组坚决反对孩子想通过角色表演来敷衍老师的行为。因为这种肤浅的问题解决方法不利于加深孩子对问题的深刻认识。(Shaftel & shatel,1967,p.67)

在接下来的表演中,教师邀请一位学生作为汤米的扮演者,并询问他是否需要其他的扮演者。该学生说他需要一位同学扮演俱乐部的董事长,一位同学扮演社区大学的学生,其他人扮演俱乐部成员。教师依次请了几名同学扮演这些角色。

第三阶段:安排角色扮演场景。扮演者初步设计了故事情节,但没有规定具体的对白。他们只是对故事场景和每个角色的动作进行了大致的勾勒,老师通过问学生故事发生在哪儿,大概会发生什么事情等问题,来帮助学生布置场景。在动作和场景等要素都明确后,扮演者才能够顺利地表演,而不至于在表演途中手忙脚乱。

教师询问汤米扮演者打算从何处开始表演,扮演者决定从递交论文开始。

第四阶段:组织观众。只有充分激发观察者的主动性,才能使全体学生真切体验到表演者带给他们的感受,并就表演做出深刻分析。沙夫特小组建议教师对观察者也应布置任务,以便每个学生都能积极参与其中。这些任务包括:评价角色扮演的真实性及效果、确定角色情感和思考方式。观察者对扮演者的演绎方向、表演行为有用与否以及表演哪些转变的观察起着决定性作用。或是通过观察表演的角色去定义特殊的情感。观察者须知:不同情况下角色扮演的方法是不同的。用不同的方法去演示一个角色是可行的。

在例子中,教师是这样组织观众的:

教师:好的,根据你所看到的表演,你们觉得杰瑞所呈现的故事结局可能发生吗? 他人会如何看待? 请你们思考一下,接下来会发生什么。当然你们都可以持自己的观点,待会儿看完表演以后,我们一齐讨论你们的表演是否正确。(Shaftel & Shaftel,1967,p. 69)

在第五阶段:进行表演。当扮演者进入角色后,他们之间的一系列互动就像在真实情境中一样。角色扮演活动并不追求整个扮演过程的完美,也不强调每个角色扮演者总是能正确应对各种情况。不确定性是贯穿于生活本质以及情感角色之中的。一个人对自身的言行可能会有一个大致的概念,但处于其中,他却不一定能扮演好这样的角色。扮演者和他们的现场发挥是决定表演成败的关键。因此,准备阶段的必要性是毋庸置疑的。

沙夫特研究小组建议以简短表演形式为佳。表演必须是在表演者能把握自己的角色情感、理解人物性格、掌握了行为的技能并突破困境如约实施表演的基础之上开始的。因而,在接下来的讨论中,学生如果对其角色没有透彻地领悟,那么教师可以要求学生再度表演。

第一次表演主要是为了将事件和角色简单地融合,当然,在后续的表演中,同样可以对该事件进行探索、分析和再组合。在我们给出的示例中,汤米扮演者可以自行决定此次交易顺利与否。在最初的扮演过程中,我们提倡由多名扮演者来扮演主要角色,这样做可以让学生在看到不同角色特点的同时,为讨论提供多样的素材。

第六阶段:对表演展开讨论和评价。如果问题很重要,则可以根据扮演者和观察者对认识和情感方面的比较来展开讨论。首先,对角色的解释说明以及对角色的看法应该是讨论的聚焦点。但行动的结果以及扮演者的动机是更为重要的。教师要引导学生重点讨论这些问题,以便下一个阶段的准备更加充分。

教师可以提出"当约翰说出这些话以后,你们觉得他会怎么想?"这样的问题来帮助观察者获得对角色更加深入的思考。讨论是在角色和整个故事情节之间交叉进行的。讨论的深入也就意味着下一步表演准备的深入。在下一步的扮演中,扮演者会改变自己原先对人物的理解,使用其他方法再一次扮演。

在我们的示例中,第一次表演讨论是这样进行的:

教师:杰瑞为我们提供了一种解决方法,你们觉得如何?

学生:这个方法行不通!

教师:为什么呢?

学生:那个顾客知道汤米收了多少钱,他肯定会向店主投诉的。

杰瑞:他毫无证据,只要我坚决不承认此事,他能拿我怎么样呢?

学生:你会被解雇的。

杰瑞:他们得何时才能搞清楚这件事情?

教师:约翰,你也认同这个想法吗?

学生:我觉得店主会站在顾客这一边。解雇一个员工比得罪客户要轻松。

学生:倘若汤米将钱留下来,那么他会良心不安的。

教师:为什么呢?

学生:如果知道自己做错事的话,他的内心会受到谴责。

教师:你还能提出其他解决之道吗?

学生:有。如果汤米告诉顾客多找了他钱,兴许顾客为了表达感激之情,会把这笔钱送给汤米的。

教师:好吧!迪克,让我们来试下你的做法。(Shaftel & Shaftel,1967,p.71)

第七阶段:重新表演。可以多次进行表演。教师和学生一起研究角色,加深对角色的理解,并有权决定是否需要更换表演者。活动可以在讨论和表演者之间替换实施。在新一轮的表演中,要尽量找新的原因和结果。例如,以一个角色为例,让大家去观察这种改变是如何引起其他一系列变化的。扮演者用多样化的方法去演绎角色并观察结果变化在角色扮演中是至关重要的。这样的方法将角色扮演丰富为戏剧性的概念活动。

在我们例子中,解决第二次问题的方法是:汤米好心提醒客户多支付了他一些钱这件事,客户为了表达对汤米的感谢,给了他5美元。

第八阶段:重新讨论和评价表演。在第二轮表演后的讨论中,学生普遍认同这样的解决方案。教师通过询问学生他们是否真的认为这样的结果会出现来将该类问题的讨论引入现实生活之中。一个学生分享了他类似的经验,但是涉及的金额只有1.25美元。教师又提议,何不让汤米咨询他的母亲呢?下面的讨论是关于汤米爸爸、家庭概念和父亲角色的。教师建议使用第三个方案来再演示一轮,以下是第三轮表演中的对白:

> 汤米:妈妈,我有麻烦了。
>
> 妈妈:汤米,发生什么事了?
>
> 汤米:(汤米给妈妈描述了整个事件)
>
> 妈妈:不得不说,你确实陷入困境了。但是,我坚信你一定能找到解决的办法的。我们三个一起想对策。
>
> 汤米:我还没做好准备。
>
> 妈妈:那么,你觉得等事态严重了才做好准备来得及吗?(来自《交换》,Shaftel & Shaftel,1967,p.73)

在接下来的讨论中,教师再次询问学生事态可能会朝着什么样的方向发展,有的学生说,为了对汤米进行惩罚,应该将他关在狗窝之中。

第九阶段:经验分享和总结。期待学生立即对情景中的人际关系进行概括和总结是不现实的,因为只有丰富的人生阅历才能支撑一个人做到这一点。但在讨论中,教师是有办法引导学生朝着这个方向努力的,使学生通过角色扮演而积累丰富的经验,总结解决问题的方法和归纳这些方法可能产生的效果。讨论形式的多样化有利于促进结果总结的多样化,相对来说,学生就更能将角色扮演中的行为迁移到现实生活中去。

使用对学生无害的方法将问题情境与学生的经历相结合是角色扮演的基本目的。询问学生是否有过类似的经验有助于这个目的的实现。在汤米的案例中,教师询问了学生们是否曾经历过这样的事情,一个学生分享了他父亲类似的经历。

紧接着,教师又让学生谈了一些关于这个孩子的父亲对事件的态度以及通常来说父亲对待对孩子金钱的态度和看法。

历经多番讨论后,所有的学生都理解了并能运用事件中所蕴含的规则。这些规则无论是用于解决特定方案,或是将其作为探究其他问题的模板均可。长此以往,学生便能习得问题解决的策略。一旦有新问题出现时,通过小组或是他们曾经研究过的内容,角色扮演都能帮助他们找到解决问题的方法。例如,角色扮演能帮助学生们提高班级民主的质量。

社会系统

角色扮演模式内部蕴含着合理的社会系统。教师负责引导学生从初级阶段逐渐向较高级的阶段过渡,至少最初是这样的。但大部分的表演内容和讨论都是由学生自行决定的。

鼓励学生真实、自由地表达情感是教师提问和评价所要传达的内涵。师生之间应该要建立一种平等与信任的关系。教师接受所有学生的建议并对此不做价值判断是建立这种关系的有效方式。学生的情感态度往往也是在这种简单的方式中流露出来的。

教师是反应者、支持者与指导者。教师要选择研究问题、引导事件发展、选择扮演者、确定表演事件、辅助设计表演等,其中决定对什么进行研究和怎么样去研究是最为重要的。实质上,教师以问题的类别引领学生开展行为探究,研究的焦点也是源于提问本身的。

反应原则

我们认为角色扮演模式需要遵循五项重要原则。第一,面对学生的反应及建议,尤其是与其观点和情感相关的反应,教师应始终以一种非评价的方式来接受。第二,教师要引导学生去认识问题的不同方面,并对不同的观点进行比较。第三,教师要综合运用反应、解释和总结来提升学生对自身观点和情感的认识。第四,教师要鼓励学生们使用不同的方法去扮演一个角色,这会产生不同的结果。第五,教师得让学生清楚,用多种方法去解决同一问题也是我们所倡导的。何来那么多放之四海而皆准的方法,教师要善于引导学生对某些解决方案进行评价,并将之与别的方法进行对比。

支持系统

尽管所需的东西不多,但角色扮演活动是很重要的。其中问题情境是最重要的工具。在某些情况下,设计一些简要表格用于描述角色的情感变化是很有用的。有时,我们为观察者制作一些表格,让他们知道在活动中他们应该干些什么,并做相关记录。

电影、小说及短篇故事都能为问题情境提供素材。问题故事及其轮廓也很有用。问题故事可以是一些关于背景、气氛、情节的简短描述和对话,通常角色处于难以抉择的境地然而又不得不做出选择,故事的结局是开放的。

生活中存在大量的两难情境,有的是明显具有争议的,还有的为角色扮演着良好的分析磨合。

应　用

角色扮演模式丰富多样,是实现许多重要教育目标的有效途径。角色扮演能帮助学生提高认识自己和他人情感的能力,当面临困难时,他们能找到新的行为方式,并增强自己的问题解决能力。

除此之外,角色扮演还有其他的一系列活动。由于学生通常更为关注情节和表演,所以他们很容易忽视角色扮演是一种教学手段。过程的完结并不代表角色扮演的结束,角色扮演充分展示了学生的价值观、情感、态度和解决问题的方法,这也是教师需要着重研究和探索的。

以下两点说明了角色扮演模式适合于学生的原因。第一,角色扮演模式能够系统地讨论一些社会教育项目。在角色扮演的情景中可以展开多种讨论和分析内容,选择特定种类的问题情境有助于实现这一目的。第二,角色扮演能够帮助学生处理当前的人际问题。通过角色扮演能够开拓学生研究问题的领域,并帮助他们解决问题。

这种模式可用于研究以下问题:

1. 人际冲突。角色扮演的主要作用是揭示人际矛盾,学生从中能获得更好的解决矛盾的方法。

2. 群体内部关系。角色扮演在解决宗教、种族或信仰等方面的矛盾具有重要作用。通过角色扮演能够有效化解这种明面上并不针锋相对的冲突,养成学生对多元事物的接纳性,揭露陋见和偏见。

3. 个人困境。两难境地往往是伴随着人们之间的利益冲突和价值观相悖时发生的。对于道德判断以自我为中心的年幼儿童来说,这种问题他们难以应对。角色扮演则在帮助儿童理解这些问题产生的根源,解决这些复杂且困难的问题具有重要作用。同时让他们知道,个人困境出现于父母和群体,或是个人偏好和群体压力之间都是有可能的。

4. 历史或当代的问题。过去和现在的一些重要情况都是包含其中的。在这些情况下,决策者、法官、政治家或民众需要面对个人问题或做出个人决定。

在角色扮演中,学生不太容易去考虑社会问题的特定种类,而是把注意力集中在对他们更为重要的问题或个人身上。表演者的言语和剧情的情节主要受他们的情感、态度和价值观影响,以问题解决方法和行为结果表现出来。上述问题在角色扮演和讨论中都是教师应该关注的焦点。对课程的深层探究主要是体现在以下几个方面:

1. 情感探究;

2. 态度、价值观和观点探究;

3. 解决问题的态度和能力的发展;

4. 主题探究。

在角色扮演中,我们发现,单单是一个部分的内容就非常丰富了。分析情感、结果、角色本身及角色表现的方法,以及多种问题解决途径等都是角色讨论的发展方向。使用这种教学模式所积累的经验使我们相信:倘若对以上方面未曾深刻钻研的话,教师就必须反复强调这个的重要意义。这些方面是融汇于角色扮演的各个层面的,我们的思考很容易局限在表面上。进行深度处理需要时间是我们面临的一个问题。在开始阶段,当学生已经习惯这种模式并在探究其行为或情感时使用这种模式,那么,在扮演中选择一到两个焦点是非常重要的。将研究贯穿于整个过程也是必不可少的,在活动中,处于次要地位的其他方面也是教师应该考虑到的。例如,探讨解决问题的方法是重点,讨论角色的情感也是同样不可忽视的;但是对角色情感的讨论必须和解决问题的方法紧密联系。

选择一两个重点对学生的观点进行提问和反应即可,过渡到下一个阶段必须立足于对前一个阶段的总结。这样,就能实现每个阶段所选择的重点,即每个阶段要形成重点的含义(见表13.2)。

表13.2　角色扮演阶段的研究重点

情感	A. 探究自己的情感 B. 探究他人的情感 C. 扮演或释放情感 D. 体验更高的角色情感以改变对自己与他人的看法
态度、价值观和看法	A. 明确文化与亚文化的价值观 B. 澄清并评估自己的价值观念冲突
解决问题的态度和技能	A. 拓展可选择方法的研究范围 B. 发现问题的能力 C. 产生备选方法的能力 D. 评价解决问题的不同方法对自己和别人产生后果的能力 E. 体验结果并根据结果做出最后决定的能力 F. 分析问题方法的标准和推断 G. 获得新的行为方式
主题	A. 扮演者的情感 B. 历史事实:历史危机、困境和决策

学生年龄、文化背景、情境复杂度、主题敏感性和学生对角色扮演的经验,以及学生对问题的关注等都是选择合适主题的因素,通过对以上因素的思考,教师才能选择适合主题的问题情境。总而言之,学生积累了一定的经验,群体之中也形成了凝聚力,彼此之间是包容接纳的,师生之间和睦共处的程度越高,对主题的敏感度的选择可以越高。学生会对他们愿意参与的主题或问题做出一个清单。这时,老师就可以帮助学生决定最适合这个问题的情境。

切思勒和福克斯(Chesler & Fox,1966)的研究表明,学生的性别、种族、社会经济状况等因素会影响学生角色选择和扮演。学生产生的不同问题、不同关注点以及不同解决途径都深受不同文化群体的影响。多数教师在教学中都能考虑到这些问题。问题情境主要源于种族、年龄、性别、社会经济等方面。

问题情境还可以源于:(1)学生在不同的年龄和发展阶段,个体与社会所关心的问题;(2)如诚信、责任感等价值观(伦理)问题;(3)如攻击、逃避等问题行为;(4)麻烦的情境,例如,对商店服务员的不满,或是遇见陌生人;(5)种族主义、性别歧视、工人罢工等社会问题。这些问题情境的来源汇总如下(见表13.3)。

表 13.3 问题情境的资源

1. 学生发展阶段
2. 性别、种族或社会经济状况
3. 价值观(伦理)问题
4. 情感困惑
5. 剧本或游戏中的角色
6. 麻烦的情境
7. 社会问题
8. 社区问题

问题情境的选择需要考虑其他复杂因素,因为角色的数目和事件的难易程度都与它密切相关。虽然并没有一个明确的标准去衡量问题情境的难易水平,但基本上符合下列条件:(1)有一个主要角色;(2)有两个重要人物和可供选择问题解决的方法;(3)复杂的故事情节与多种角色;(4)价值观、社会问题和社区问题。

教学效果和教育影响

角色扮演具备下面的特殊教育效果:(1)关于个体价值观与行为的分析;(2)探寻有效解决人际(个人)问题的方法;(3)产生移情。对有关社会问题、价值观念等信息获得以及舒适表达个人的观点是角色扮演的教育功能的表现(见图13.1)。

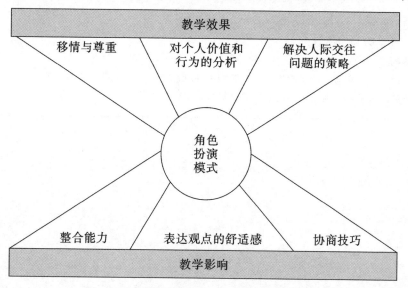

图 13.1 角色扮演模式的教育效果和教育影响

总结图

小结:角色扮演模式

结构

第一阶段:小组准备活动。

第二阶段:选择扮演者。

第三阶段:安排角色扮演场景。

第四阶段:组织观众。

第五阶段:进行表演。

第六阶段:对表演展开讨论和评价。

第七阶段:重新表演。

第八阶段:重新讨论和评价表演。

第九阶段:经验分析和总结。

社会系统

这是一个需要精心组织的模式。由学生自行决定演出及讨论的内容,每一个阶段的引入以及指导学生被视为教师的任务。

反应原则

1.教师对待学生反应的态度是客观的。

2.就问题情境的不同方面与学生展开探索与比较。

3.教师积极反应,以此来增加学生的自我观点与情感意识,对他们的回复进行小结和总结。

4.使用角色概念来强调一个角色的不同扮演方式。

5.强调用多种解决问题之法。

支持系统

角色扮演只需有与问题情境相关的经验即可,除此之外,无需其他的支持材料。而下面要介绍的法理学模式则需要丰富多样的材料与信息资源。

第五部分

个体类教学模式

自出生之日起,我们就被这个社会塑造着。正是社会环境使我们形成自己的语言,并且知道如何处事。同时,我们通过不断对其进行组合改造最终达到与自身的融合。所以,每一个人的社会角色都是在其语言、行为等的使用过程中不断塑造出来的。虽然早期生活对个人的性格形成具有重要影响,但是我们是有能力去改变这种状况的。对不同的气候和物理环境我们都具备良好的适应性。但是,一旦脱离社会这个大家庭,我们就不再是完整的了。我们要学着与他人相互关爱,这才能使我们的发展达到最大程度。

我们具备控制自己不做某些事情的能力,譬如说,企图征服世界、增长劣根性等。我们是伟大的,同时也是固执己见的。

个体类教学模式包含以下两个目标:第一,强化学生对自信心和自我感知的认识,以便培养学生对他人的移情反应,帮助学生形成更加健康的情感和心理状态;第二,对学生的教育需要和渴望高度重视,将每一位学生在决定学什么和怎样学视为合作者。强调对学生创造性思维和自我表达能力等特殊思维品质的重视。

个体类教学模式可以通过下面这四种方式来实施:

第一,个体类教学模式可以被当作普遍模式来使用,甚至可以设计一所学校,将其教育核心方法定位于非指导性哲学思想体系。倡导者早在百年之前就已将这样的课程和学校付诸实践(见 Rousseau,1983;Neil,1960;Chamberlin & Chamberlin,1943;Carkins,2000)。

第二,可以使用个体类教学模式来分化立足于其他方法的学习环境。例如,我们会通过仔细思考我们的作为如何促进学生积极情感最大化的方式来确保学生自我概念的形成,在教育教学过程中,尽量不将学生视为单独个体。换句话说,运用这种方法,有助于加深我们对学生个性和情感的了解,为我们与他们交流创造了机会,使彼此成为亲密的伙伴。我们将重点探讨这个用途。

第三,运用这些模式能够帮助学生更为全面、积极地融入这个世界。

第四,学科课程体系的构建必须是围绕学生自身的能力和经验展开的。"体验式"阅读教学方法,初始阅读材料是基于故事听写的,主要材料则是学生所需学的文学,以此初步确立了学生的阅读能力。PWIM 模型(参见第五章)以学生生成的单词和想法为开端,持续对学生类别、标题、句子和段落等能力的发展。个人模型通过与其他模型相结合,可以用来设计独立的学习课程,包括立足于资源基础之上的程序。具备强大说服力的论点表明,各级教育的一个大的组成部分应该是基于自我学习建构的。

除此以外,一个有价值的教育目标必须是强调学习者个性本身,即让学习者更加成熟与自信。学习者学习能力的提升都是伴随着自我价值的学习实现的,所以,个体类教学模式倡导学习成绩的提高离不开对学习者心理的关注,不少研究都证明了这一观点(Roebuck,Buhler,Apsy,1976)。研究表明,教师综合使用个体类教学模式与其他教学活动能更有效地提高学生的学习效果。亨特和乔伊斯及其同事(见 Joyce,Peck,Brown,1981)的一些研究表示,运用多种教学模式,并依据学生特点进行调节是非常有必要的。

科尼利厄斯-怀特(Cornelius-White,2007)对此进行了五十年的研究,他提出一个很有趣的观点:由于个体类教学模式的典型特征就是教学方法随着学生对自己的发展能更加负责任而改变的,所以我们很难对个体类教学模式展开研究。我们无法事先就设计一种精良的"X"去评估学生的变化,因为变化本身就是持续存在的。总之,个体类教学模式的实施能对以下几方面产生积极影响:认知结果(普遍指实质性的学习)、情感(通常是良好的感觉、自我概念的改善)和行为结果(通常是学生对自己学习和发展负责的能力)。科尼利厄斯-怀特(2007)对非指导性教育及其来源和效果的阐释引人深思。

就个人模型的范围来说,我们用了几种模式来对这一类型进行了说明。关于卡尔·罗杰斯的非指导性教学模式的章节对人格发展的哲学和技巧进行了阐释,自我概念和成长状态的章节则谈到了关于学习者群体的组织。

第十四章　非指导性教学
——学习者居中

在通常情况下,知道如何去教学就是要懂得什么时候应该保持沉默。

——卡罗·罗杰斯(Carl Rogers)致哥伦比亚大学的

一个学习群体,1960 年

教学情境

当你的父母处于危险中时

查理·威尔逊(Charley Wilson)在德国的一个国防部附属学校里带的五年级学生是由士兵子弟组成的。班级中大多数学生的父母不久前都被派去阿富汗执行任务,其目的是从反对势力手中将某机场解放出来。当前让学生忙于学习是查理所能提供的最好的课程,他准备以电影剪辑为切入点让学生学习写作。

可是,当他准备要给学生们放映电影时,他观察到学生们脸上那种非同寻常的担忧。于是,他询问道:"发生什么了吗?"没有任何人回应。"你们现在很担心对吗?"他再度问道。

教室里鸦雀无声,终于有一个学生打破了这种沉默:"我们非常担心。"其他同学都点头表示了自己的担忧。

"那好,此刻我们大家一起来应对这个问题可以吗? 你们是否愿意跟我聊一聊呢?"

一个叫帕梅拉(Pamela)的学生说道:"我完全不知道该说些什么,我沉浸在震惊之中。"更多的学生表示认同。

"那是一种什么样的感觉呢?"

"就像是被掩藏在一个洞中,我感觉自己几乎无法存活下来了。"

"听起来那倒是一个放东西的好地方。"乔斯(Josh)说道,"这种感觉就好像是我在某个地方,极力地排斥着眼前之事。"

"你害怕极了,甚至无法克制这种感觉,所以你想将它隐藏起来并离它远点。"南希(Nancy)说。

学生们都注视着查理,互相避开对方的眼睛。查理则继续引领着讨论,引发了更多令人心碎的言论,例如说,"士兵只是被派去充当愚蠢的新闻节目中伤亡人数的数量,他们的死伤无人问津。大家也只是坐在家里吃爆米花。"

等他们休息了几分钟后,查理又展开了对这个话题的讨论。

"你们都在害怕不幸的事故发生在你们的父母或亲朋身上对吧。"查理说。每个人都表示是这样的。"能去害怕一件事情是好事,这是正常的,因为我们的生活中确实存在各种各样的危险。"此刻同学们有了眼神交流并表示他们的理解,但实际上,他们仍是万分痛苦的。

"问题是,我们得是父母最忠诚的支持者,即便感到害怕和焦虑,我们仍要继续前进。"更多的学生表示认同并与查理眼神交会。"那么接下来,我们就一起学习怎么去做到这一点。"

查理所调查的问题是关于孩子怎么去维持现有的生活并帮助处于危险中的父母。

阅读者内心的彷徨

"你觉得我在班上每天独自阅读20分钟是必要的吗?"

"当然,读得好是建立在读得多的基础之上的。"

"是谁告诉你的?"

"那好,汤姆。现在是谁在和你说话呢?"

"我能够读得很好,但不是要非上这门课不可的。"

"那行,现在我想请你读一些东西。"(塔马恩小姐将一本已经打开了的书给他)

"麻烦你从开头的左边读起。"

"这个单词的意思是什么?"

"你是在指第一个单词吗,汤姆?"

"是的。"

"那个单词是在本页的标题上吗?"

"是的,塔马恩小姐。"

"这个单词的大意应该是关于这页讲的是什么,对吗?"

"对的,那它到底是什么意思呢?"

"汤姆,这个单词的意思是'增加'。"即便是一年级的孩子都能一眼认识这个单词,可作为六年级的你居然不认识,你觉得这个事情说明了什么?"

"我不喜欢阅读。"

"当你知道该如何去读的时候,可能你就会真正地喜欢上它。"

这堂课上,塔马恩小姐竭力使汤姆正视自己以及他应该做的事情。几年下来,汤姆对教他知识的老师都有严重的排斥心理。这个案例表明了"放任自流"绝对不等同于非指导性教学。

非指导性教学模式是在卡尔·罗杰斯(1961,1971)和其他非指导性辅导倡导者的工作基础上提出的。罗杰斯创造性地将他的心理疗法作为一种学习模式运用到教育领域。他坚信人的成长是离不开积极的人际关系的。所以,相较于其他物质概念来说,人际关系才是教学的立足点。

正如这本书导言部分所说,在教学中对这种方法的使用是我们更为关注的,教师必须明确地以学生为参照标准,其核心是学生的个人发展,致力于帮助他们解决学习中的问题。

从非指导性教学的观点来看,教师是促进学生成长和发展指导者,二者是一种咨询关系。在这个角色中,教师需要帮助学生探究有关生活、学习以及与他人关系的新思想。该模式在师生中所创造的关系是相互学习、坦诚交流的。

非指导性教学着重强调高效的、有助于长远发展的学习风格的形成,重视学生良好的个人品质的发展,不追求课程教学内容的发展,整个学习过程侧重于指导学生学习,而不是简单地控制学生学习。因此,实行非指导性教学的教师必须要充满耐心,不能有只重视短期成效而忽视长远发展的狭隘思想。

教学情境

领导学生展开调查研究

安·埃斯皮诺萨(Ann Espinosa),给她十年级的学生介绍了一个连接全球八十个国家数百家报纸的在线报纸数据库——www.reDesk.com,希望以此来提升学生的全球化素养。安宣布,她将给学生们两到三个问题,学生也会根据自己的研究进展提出一些他们自己的问题。首先,她要求学生们知道除了美国之外,有多少国家在数据库中拥有一份英文报纸。然后根据这些国家的有无情况,让学生们绘制这些国家的地图,探究这些国家是否属按区域聚集。

第二,因为这是世界杯赛季,她要求学生们去查找,不考虑这些国家的语言因素,有多少国家的报纸报道了世界杯足球赛,同时也报道了棒球排名的,随后进行了大量讨论。学生们的结论是,世界杯足球赛几乎到处都有报道,但只有少数几个国家报道了棒球比赛。学生们就这种差异进行推测。

第三,她要学生去了解,英语非母语的国家在英语报纸上报道了多少事件?

实质上,在打开信息的主题和来源之后,安通过提问来推进这个环节,首先是对获得的信息反思,而不是对学生提问。

她积极且充满了上进心,鼓励自己的学生去调查并收集和分析信息。

是害羞还是……

26岁的约翰·丹博(John Danbro)在芝加哥郊区一所高中担任英语教师,一个名叫玛丽安·福特尼(Mary Ann Fortnay)的学生引起了他的关注。在他看来,玛丽安是一个有趣的学生,她不仅具备良好的文学功底,而且还能写出优秀的短篇小说。然而,她拒绝将她的作品展示在众人面前,也拒绝参加任何文艺表演活动。

丹博深知,不能强迫学生做她不喜欢的事情。但是他希望玛丽安能清楚地认识到为何她不愿意给大家展示她的天赋。当然,是否愿意与他人分享自己的观点则是取决于她自己。

一天下午,她将她的作品给丹博先生看,并请他发表自己的看法。

玛丽安:丹博先生,您方便看一下我的作品吗?

丹博:可以的,这是新写的短篇小说吗?

玛丽安:不是的,这是最近我写的一些诗歌。但是我觉得还不够好,所以希望您能给我提供一些意见。

丹博:什么时候写的呢?

玛丽安:几周前一个星期天的下午。

丹博:当时激发你去创作这首诗歌的灵感是什么呢?

玛丽安:那时我感觉很沮丧,突然就想到了我们曾阅读过的《荒原》,那首诗表达了很多用寻常方式无法表达的东西。我尤为喜爱前两行:"最残酷的四月,从死亡之地开出丛丛紫丁香。"

丹博:这个就是你写的对吧?

玛丽安:是的,在此之前我没有尝试过写类似的东西。

丹博:(读了一会然后抬起头看着她)玛丽安,你写得真是太好了。

玛丽安:丹博先生,您认为什么样的诗才能被称为是好诗呢?

丹博:诗歌的评判方式有很多。有些技巧性方法的表现水准通常与比喻、类比以及其他的文字手法的使用有关。当然,还包括表达的质量、语言本身的魅力等主观性因素。

玛丽安:写的时候我感觉非常好,但是写完之后再去朗读则让我觉得不好意思。

丹博:你的意思是?

玛丽安:我觉得别人只要看了我的诗就会让我觉得非常难堪。

丹博:难堪?

玛丽安:我心里也不是特别清楚。但是我真的没办法在全班同学面前朗读我的诗歌。

丹博:你觉得你的诗会遭到同学们的嘲笑吗?

玛丽安:肯定的。他们不会真正理解我的。

丹博:那你认为你的短篇小说写得如何?

玛丽安:你明白的,我不希望别人看到我写的东西。

丹博:那你打算将这些东西封存起来吗?

玛丽安:是的,我想这样做。更准确地来说,我认为班上没有人会理解我的作品的。

丹博:那万一有人理解呢?

玛丽安:我不知道,或许会有人理解,但不是这里的人。

丹博:你的父母理解吗?

玛丽安:我写的任何东西他们都很喜欢。

丹博:你看,目前为止已经有三个人表示对你的理解了,或许还有更多的人理解呢。

玛丽安:大人或许会喜欢,但是同学们可能不会。

丹博:你认为大人和孩子在这方面有差异吗?

玛丽安:当然有差异,小孩向来对写作无感,他们会嘲笑尝试写作的人。

丹博:你觉得他们也是这样看待我们在课堂上进行的阅读吗?

玛丽安:是的,有时候会。不过大部分时间里他们或许是真的对这些故事感兴趣的。

丹博:那么,你凭什么判断他们会排斥你的作品呢?

玛丽安:我不知道,丹博先生。我自己也不知道为什么我会这样认为。

丹博:可能有些东西牵绊了你的想法。

玛丽安:其实,我也想知道别人是否喜欢我的东西,但是我不知道该怎么样去做。

丹博:你看这样行吗? 在班上我朗读一篇你的作品,但是不向别人透露关于作者的信息。

玛丽安:您确定能保密吗?

丹博:我确定。下来以后我们可以一起讨论一下他们的反应。他们一定不知道是谁写的。

玛丽安:我不知道结局会怎样,但是听起来很有意思的样子。

丹博:我们能够根据发生的情况及时调整并制定下一步的策略。

玛丽安:那好,您这么做应该不会有什么问题,于我而言也没有任何损失。

丹博:当然,我衷心地希望我们永远没有任何损失,但是,玛丽安,你得知道,去表现本就夹杂着冒险的因素在里面。

玛丽安:您这句话怎么理解呢?

丹博:我该走了,不过你得让我带走一篇短篇小说,下周我们将它分享给同学们,周三我们再面谈。

玛丽安:好的,请您再次确认,保证不透露我的消息,好吗?

丹博:我保证,那我们下周三课后见。

玛丽安:好的。感谢您,丹博先生。祝您周末愉快!

模式导向

目标和假设

我们将对创造与开展互动的非指导性氛围的要素进行着重探讨。咨询,作为特殊教育的重要组成部分,来源于个人学习模式。

促进学生学习是非指导性教学模式的核心。这种氛围能帮助学生在个人统合、有效性和真实的自我评价方面得到很大的提升。对需求和价值观的根源和结果的重新审查对个人整合能力的提升来说具有重要意义。因此,新的核心应该包括刺激、审视和评估新的感知。学生无须改变这些,因为帮助学生深刻理解自身的需要与价值,以便他们能更好地指导自己的教育决策是教师的目标。

罗杰斯的非指导性咨询是非指导性教学模式的核心。当事人有效处理自己生活的能力是受到尊重的,当然在这个过程中也会着力于培养这种能力。因此,在非指导性教学中,学生自己发现问题并选择问题解决方案的能力是必须受到教师尊重的。

在非指导性教学过程中,移情交流的氛围是依赖于教师站在学生的立场去看待整个世界而产生的,这样才能更有效地培养学生的自我指导能力。通过交流,教师能对学生的自我意识和情感有着更为深入的认识,教师又通过反思性评价来提高学生的自我感知意识,最终学生不断掌握澄清自己观点的方法。

作为学生的个性改造者,教师需要去接纳学生所有的思想与情感,包括一些学生可能会害怕的或是错误的,甚至是因此受到惩罚的情感,教师都必须容纳。向学生表明他们的所有思想与情感都被接受的最好的方法就是只认可而不惩罚。从本质上来说,学生对积极与消极情感的认识,于他们的情感发展和问题解决能的提升来说都具有重要意义。

教师以关注学生情感发展的"促进者"身份取代了其在传统教育中所扮演的"决策者"角色。准确来说,在非指导性的谈话中,师生之间是一种伙伴关系。当学生向教师诉说其学习成绩差或学习能力不佳时,教师须明白简单地向学生讲解好的学习方法对解决学生当前的问题来说是无效的。教师最应该做的是让学生向他们倾诉为何学习时他们无法集中情感注意力的问题,例如自己与他人的情感。当澄清了这些隐藏在意识中的障碍后,学生就知道了自己该明确的目标并朝着这个目标去努力。

通常非指导性的氛围包括以下四个特征:

(1)老师是真挚热情且反应迅速的,对学生表示出明确的关心和接受。(2)这种咨询关系主要是通过情感表达为主的;教师无须对学生表现的情感进行判断或是说教。由于情绪的重要意义,因而,在讨论大部分内容时必须杜绝师生之间采用传统关系。(3)倡导学生积极自由地表达情感,但不能随意地控制教师或冲动行事。(4)这种关系是游离于压力和强制之外。因而在整个交谈过程中,教师作出反应时不能掺杂个人偏见或批评,势必将每一次学习任务都视为促进学生成长的机会。

以罗杰斯的观点来说,学生情感方面的问题通常会体现在知识的学习中,这也是影响学生发展最深层的原因。比如说,假如对一个学生来说,写作是困难的话,那么在知识方面就可能体现为"率先从列提纲开始",相应的移情反应则是"当我在困境中表现得惊慌失措,你有什么样的感觉呢?"

这个过程的短期目标就是发展学生的洞察力。以情感表达的方式帮助学生更好地面对问题。正如第 286—288 页的教学情境中所提到的,要给别人接触你的作品的机会。学生对某些行为的因果关系的思考或是对本人意义的阐述是洞察力的主要来源。在这个教学情境中,学生逐渐意识到不是别人的评价导致她无法同他人分享自己的作品,问题的根源在于她无法克制自身的恐惧。一旦学生理解了自己的行为,那么学生为了满足自己的需求就会不断去寻找其他的方法。情感的释放使学生深刻地感受到多种选择的可能性。新的洞察力不单是带来眼前短期目标实现的满足感,更是帮助学生明确了令人满意的长期目标。

最终,个人洞察力的测验通常是通过激发学生达成新目标所进行的这种行为。尽管在最开始的时候一些小问题会掺杂在这些积极行动之中,但这些积极行动不断地塑造着学生的自信和独立意识,在这个教学情境中,教师试图为分享写作创造一个"安全空间",久而久之,这些积极行为就帮助学生形成了更为积极和全面的取向。这就是整合阶段。在教学情境 1 中,查理用当前的问题将他的学生从痛苦和恐惧中引导出来,并教会他们即使在恶劣的环境中也应该去创造美好生活的向往。其长期目标是通过更好地理解分享的社会意义,使学生养成成熟的分享能力。换句话说,学生逐渐发现,分享是一个利大于弊的行为,更多的满足感来自对分享问题的综合理解。

非指导性教学方法认为,在学生自由表达情感之时,教师不应加以干涉,顺其自然,避免为了探寻学生的情感而直接提问是发现问题背后所蕴藏的情感问题最有效的方法。在学生自由表达的过程中,其背后所隐藏的问题则会逐渐显露出来。此外,教师就此展开的反思性评价能加速学生清醒、敏锐地把握问题核心的进程。于大多数人而言,这个技巧难以掌握。因为一般同他人交流时,我们更为关注的是交流内容,而容易忽视情感态度。

教师的主导作用

教师和学生在非指导性交谈共同承担责任。但是,教师必须在交谈中起主导作用,与此同时,他还需要去引导和维持与学生的对话(见表14.1)。教师用积极和善的方式引领直接陈述,确立一种开放性的方向,或者用一些具体而宽泛的指引来授予学生讨论的方式,才是我们所谓的非指导性评论。

教师基于不代替学生责任的引导才是我们普遍认为的谈话的基本技巧。积极且温和是非指导性的引导语言的主要表述方式。例如:

"你对这个问题有什么看法?"

"你能多聊一聊关于这些吗?"

"假如这个事情发生了,你会怎么去处理?"

非指导性反应,即对学生所表达的情感或内容做出反应。在交谈这些话时,教师要用反应、澄清、接受和证明理解来替代解释、评价或提建议。其目的主要在于营造一种氛围,使得学生乐于去扩展他们想要表达的思想观点。多数情况下,以一些支持性的简短陈述作为回应即可,以便于学生能够继续讨论下去。例如:

"我了解了。"

"孤单的时候都会感觉特别艰难。"

"无论你做了什么都无关紧要,事情还是照旧。"

表14.1　交谈中的非指导性反应

对情感的非指导性反应	非指导性的主导反应
1. 简单接受 2. 反思情感 3. 解释内容	1. 结构 2. 指导性提问 3. 引导学生选择并形成一个主题 4. 非指导性引导和开放性提问 5. 对谈话进行最低限度的鼓励

尽管较少使用解释,但偶尔使用解释能够推动讨论的发展。有时候能帮助学生理解一些自己无法解释的行为。无法继续谈话的学生能从解释性的回应中获得一些建议,但通常只是在一些易于被学生接受的感情中起作用。教师在解释的使用上须谨慎,始终记住,只有可以促进对话的时候利用解释才是有效的。其最终目的都是帮助学生探究相关的领域:

"你为什么做这些呢……"

"可能你认为自己不会成功。"

"听起来,你这个行动的理由有点像是……"

"你的意思是问题是……"

为了避免教师因为滥用赞许而将这种非指导性关系转变为传统的师生关系,所以,教师的赞许只能在学生真正进步时给予。不过,下面的一些说法或许会有一些帮助:

"这个讨论非常有趣,你可以考虑一下。"

"最后这个看法很有说服力,你再详细说明一下吗?"

"我觉得你的确在进步。"

由于指导性的咨询方法暗含着教师在试图改变或影响学生的观点态度的因素在里面,因而不能多用。例如,"你觉得如果……是否会好些?"这样做就给学生可选择性的暗示。或许从表面来说这样做能够减轻学生的忧虑,但是于解决问题来说是没有帮助的。

教学模式

非指导性教学模式的观点为我们展示了一些有趣的问题。首先,师生双方共同承担教学责任。在其他教学模式中,通常是由教师去主动设计和实施各种活动,所以教师被视为各种活动类型的主导者。首先教学活动和事件产生的自发性以及类型的不确定性在大部分非指导性教学情景中普遍存在。其次,在无法预知的情况下所做出的一系列应答就是咨询。学生所取得的明显进步或多或少都会囿于某种发展水平,对这些情况追根溯源是教师必须做的。所以,教师想要掌握非指导性教学,就得学习一般性原则,提高其敏感性,掌握非指导性技巧并运用这些技巧同学生接触,对其行为做出反应。

结构体系

罗杰斯指出,尽管非指导性策略是灵活且无法预知的,但是,非指导性交谈的展开还是要依据一定的顺序的。如表14.2所示,我们将这个顺序分成五个活动阶段。

表 14.2 非指导性模式的结构

第一阶段:确定有帮助的情景	教师鼓励学生自由表达情感
第二阶段:探索问题	鼓励学生解释问题,教师接受并澄清情感
第三阶段:发展洞察力	学生讨论问题,教师支持学生
第四阶段:计划和决策	学生做出初步的决定,教师澄清可能的决定
第五阶段:整合	学生提高了认识并产生更加积极的行动,教师很支持
交谈以外的行动	学生开始积极的行动

第一阶段,确定有帮助的情景。主要内容包括让学生知道自由表达情感的合理性,他们需要共识并对问题进行陈述,想要这种咨询关系得以维持,针对谈话的有关程序必须执行。第一阶段一般发生在问题的初始阶段,有时候教师需要形成某种建构或说明,哪怕是一些简单的总结都是必要的,教师需要给学生重新明确问题并向他们反馈所取得的进步。当然,交谈类型、具体问题和不同的学生是建构这些说明的依据。师生之间签订的协商性学习合约是随着行为问题情景的变化而变化。

第二阶段,探索问题。在教师进行接纳和阐述的过程中,学生能够表达自己积极或消极的情感,去面临问题进行陈述和探究。

第三阶段,逐步培养学生的洞察力;学生从自身的经历中感知到新的意义,对新的因果关系有所领会,最终明白了他们以前的行为和意义。多数情况下,学生会从问题探究及自身新的情感的形成之间进行抉择。这于学生进步而言都是必须经历的。忽视研究情感本身而只专注于问题讨论是明显不利于学生发展的。

第四阶段,学生针对有关问题提出计划和决策。教师要帮助学生弄明白有多少种选择。

第五阶段,学生对其所采取的行动进行汇报并进一步发展洞察力,对新一轮高水平的积极行动进行整合。

前面所提及的结构序列在一次或一系列交谈之中发生均可。后面这个例子中,第一阶段和第二阶段可能发生在最早期的交谈中,第三阶段和第四阶段紧随其后,最后一个阶段则是在最后的交谈中出现。若是学生在紧急情况下就问题和你交谈,那么前面四个阶段则可能包含在一次交谈之中,与此同时,他还会简要地向你表达他的行为与看法。另一方面,与协商性学习合约相关的各阶段在一段时间内持续。因此,尽管多次交谈所关注的都是一个问题,但是每一次交谈的内容都与某些计划制定和做出问题对策相关。更重要的是,学生得明白,他应该克服外界压力所造成的无力感,自己去对所产生的结果负责。

社会系统

在非指导性策略的社会系统中,教师是激励者和反思者。在非指导性交谈中,学生要遵循坦率表达情感、具备思想与行动上的自制力的规则。但通常来说,教师对特定行为做奖惩都不宜用此策略。非指导性谈话中的赞扬是基于教师对学生的接受、理解和同情,这种赞扬是微妙且深入的。但学生会自发产生由于加深对自我的认识以及自我信赖而获得心理上的奖赏。

反应原则

教师带领学生进行情感探究是反应原则的基础。这个过程依赖教师对学生的了解和个性的尊重,教师要引导学生认识自己的问题、情感和责任,帮助他们确立目标并让他们知道应该如何去实现目标。

支持系统

交谈功能的变化会引发非指导性策略的支持系统的变化。若是与协商性学习合约有关的谈话,则必须准备相关的自学材料。若谈话只是关于行为问题的简单咨询,那只需教师技能范围内的资源即可。为了保护个人隐私,这两种情况都是一对一,需要对空间方面进行安排。此外,必须与学习和其他活动脱离开来,为双方有条不紊地探讨问题提供时间。像阅读、写作、文学、科学以及社会科学等课程学习领域的谈话则需大量的材料。

应　用

在个人、社会和学业的问题情境中均可运用非指导性教学模式。于个人问题而言,个人对自己的情感问题进行探索;于社会问题而言,学生对自己与他人的关系展开探索,并调查自己的情感对这些关系有何影响;于学业问题而言,学生积极探究与自己能力和兴趣相关的情感问题。但交谈的内容总是以个人的情感、经历、洞察力和解决问题的方法为中心,并非外在的。

为了更好地将非指导性教学模式运用于实践,教师必须明确地相信,学生是能够理解并处理自己的生活的。教师的态度必须表现出他对学生自我指导能力的信任。教师不要随意去评价学生。若教师总是试图去评价学生,这就表现出对学生能力的严重不信任。同理,教师也不应该去诊断学生的问题,更好的做法是,教师应该站在学生的立场上去看待和感受他们的世界。在这个模式中,教师要脱离自身的思想与情感去对学生的思想和情感做出反应。这样,教师就向学生传递了他们对学生情感的理解和接受。

非指导性咨询在具体情境的使用过程中,更为强调情感因素而不是智力因素。即非指导性咨询不是依靠纯粹的智力方式实现整合的,而是通过情感领域。

在这种观点的影响下,教师可能会对非指导性方法使用过程中出现的角色冲突感到困惑。他们会想怎样才能确保自己的身份是严守纪律的教师、裁判员、指导员、朋友的同时又能以一个指导者的身份去运用非指导性原则。

如果在一个毫无朝气,且相关的练习和学习材料都需要教师逼迫着学生去完成的班级,非指导性教学的实施则显得非常具有意义。一位小学六年级教师深感在纪律问题和学生缺乏兴趣的问题方面运用传统的解决方法是效果甚微的,筋疲力尽之余,她决定实行一个以学生为中心的教学实验。非指导性教学方法的使用使得学生为自身担负更多的责任,他们的需求和学习风格也深深地影响了他们的学习内容。她积累了很多相关的经验。摘录如下:

教学情境

一个老师的实验

3月5日:我们开始了

一周前,我决定将一种新的教学计划实施在我所任教的六年级课堂上,整个教学计划采用的是无结构或是非指导性的方法,是以学生为中心的。首先我事先已经告知全班学生接下来要开展一场实验。我花了一天的工夫让学生明白,接下来他们可以做自己想做的事情,如果没有什么想做的就可以什么都不做。我向来的风格是重视技能的培养,因此,我艺术班里的学生都有较强的技能,但是理论指导比较缺乏。

多数学生都以艺术活动为起点。其中有的学生选择画一整天的画,别的学生要么做阅读、要么做数学题或是其他功课。兴奋的气息洒满整个教室。不少学生沉浸在他们感兴趣的事情里,以至于课间和中午都没有出教室。

那天课程结束后,我请同学们针对这次试验进行了评价。学生们展开了非常有趣的评价。有的人会觉得由于教师没有告诉他们具体该干什么,他们感到"迷茫""苦恼"。

多数学生都高度认同这一天的经历,但也有学生表达了对声音过于嘈杂和那些无所事事的学生的担忧。多数学生表示这些作业和平常所完成的作业是差不多的。此外,他们认为不受时间限制地去完成一项任务是开心的。他们很欣赏不受外在的"强制",去决定自己喜欢做的事情。学生们请求将这项实验继续下去,因此,我决定再延续两天,然后再作评价。

第二天一大早,我就将"学习合约"的方法运用了起来。我给所有同学发放了一份包含我们所有学科以及学科学习建议的清单。每个学生都要就具体的学习领域的选择以及计划的制定来完成当天的个人学习合约,在书面与口头的练习、复习完成之后,学生还需要依照教师的手册来检查、订正自己的作业。所涉及的所有作业和合约都需要存档。

我分别和所有的学生就他们当天的学习计划展开了讨论,有些学生能在很短的时间内完成。就此事的意义和处理方法我们展开了小组讨论,有的学生觉得这项计划的挑战性太低,所以要进行调整,或者是在当天的计划中增加一个其他领域的内容。若学生需要的话,教师可以为学生提供材料和建议,以及一些供练习的材料。

如此一来,我有充足的时间边工作边与学生交谈,所有时间都花在学生个人与小组身上。在第三天结束后,我对每个学生的学习档案进行了评估。我让每个学生都告诉了我他所学到的东西,以此来解决分数问题。

3月12日:进度报告

实质上,经过一些小的调整,我们的实验就变成了教学计划。学生会由于没有教师的指导而感到慌乱不安。我逐渐意识到,对有的学生来说,纪律的确是一个客观存在的问题。虽然有的学生更适合这种教学方法,但是他们并未完全做好自我指导的准备,我对他们抱有过高的期望了,或许,我们还是应该先从逐步摆脱填鸭式的程序做起。

我将班级重新划分成两个组。大组没有教师指导,小组有,小组的学生是想恢复以前按照教师指导的方法进行学习或是由于特殊原因无法适应非指导性教学方法。本来我可以等过一段时间再来观察结果的,但是由于这种方法对某些人来说不起作用,造成了对全班的不利影响,这种扰乱性的因素加重了学生们的不安,并限制了想学习的学生,所以,我选择对计划进行调整以便更好地适应整个小组和整个教学计划。

采用非指导性教学方法学习的学生已然走到了前面。我教他们怎样以课本为基础指导去调整自己的学习计划。他们已经知道了该怎么自学(互学),如果学生对一个步骤感到迷惑或是需要建议时,他们可以随时咨询我。

一周后,他们在完成作业及其准确性等各个领域对自己进行了评估。我们深知,评判成败的标准并不是取决于犯错的数目。学习过程的一部分理应包含错误,学生可以在错误中学习。我们也对这一现状进行了讨论:连续获得满分也许意味着应该加大挑战任务的难度,我们应该继续前行。在自评之后,每个学生都将评价单和作业本带来与我讨论。

划分在小组希望按照教师指导进行学习的学生也期待成为"独立"的学生。

每周,我们都会就他们在向这个目标前进过程中取得的进步进行评价。几个原本打算恢复教师指导项目的学生(有两三个)现在表示,他们仍愿意参加自我指导的教学计划。(我感觉重新适应旧的教学计划于他们来说非常困难。)

教学效果和教育影响

非指导性教学模式不规定具体的教学活动。这些活动产生于学习者在和教师及其他学生的互动中,教育的影响在很大程度上决定了非指导性的环境。对自我发展的成功培养则决定了教学的效果(见图14.1)。因而,这个模式通常用于对个体性格的培养,它的效果不是通过设计具体的活动来体现而是依赖于对非指导性环境的体验。

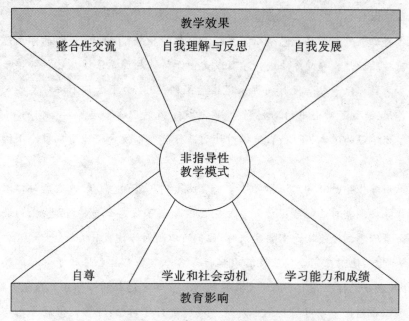

图 14.1　非指导性教学模式的教学效果和教育影响

总结图

小结：非指导性教学模式

结构体系

第一阶段：确定有帮助的情景。

第二阶段：探索问题。

第三阶段：发展洞察力。

第四阶段：计划和决策。

第五阶段：整合。

社会系统

该模式产生于师生双方的相互作用：教师负责提供支持；学生自己行动；讨论是基于问题中心的。通常，该模式不适用于对具体行为的奖惩。教师对学生的接受、移情和理解等反馈是内在的。

反应原则

教师支持、理解学生，通过帮助学生明确问题，并采取行动，最终掌握解决问题的方法。

支持系统

为教师提供便于与学生进行一对一交流的安静空间，资料必须是与学习合约相关的参考书。

第十五章　发展积极的自我概念
——找寻内在的自我，学会自我实现

我们想让学校富足，也想让孩子们知道他们不能永远依靠我们，而必须学会依靠自己。

——卡琳·墨菲（Carlene Murphy）致布鲁斯·乔伊斯

尽管个人及其成长是本书的重要主旨，但我们一开始并未直面主题，采用了迂回的做法。在第一章中，我们提纲挈领地呈现了学校教育的基本要素，即影响个人成长的要素。当我们要直面这一主题时，我们有必要再次回顾之前的观点：

第一，教学模式的研究证实：所有学生都能学会如何学习并且对教与学的环境做出不同的反应。如果有足够的机会，他们能用多种方式更快地提高自己的学习能力。

第二，学生拥有的技能越多，视野越宽广，掌握技巧和策略的能力就越强。（教师也是如此，越优秀的教师越能取得更大的进步！）

第三，在学校和班级里发展起来的学习群体对学生个体的自我意识、学习互动性以及学习方式有极大的影响。换而言之，学习群体应是学校教育的一部分，它具有的"课程"性能极大地影响学生的学术课程学习。

最重要的一点是：学生在学校里不仅能够学习课程内容和社交技巧，而且还能学会怎样融入这个世界，并从自己与外部世界的相互作用中得到全面发展。

在如何塑造学生积极的成长状态上，我们将建立一个框架并检验之，它可用于寻找未成年人和成年人与世界互动的方式—从积极主动地追求成长到较为被动的接受影响，再到抛弃旧的经验形成新的自我概念。在许多情况下，学生成为我们塑造的模样。我们对学生的影响取决于我们自己的成长状态—自我概念—以及如何将我们的自我概念教给学生。

个体差异

先从能帮助我们研究成长过程的个体差异理论开始，尤其是与成长准备状态相关的理论。当前有许多研究个体差异的方法供我们使用。这些方法中有一些能帮助我们研究未成年人的学习方式（Dunn & Dunn, 1975；McCarthy, 1981），并且也同样适用于成年人。还有一些方法能区别不同的思维方式（Gardner, 1983），并且检验这些思维方式是如何影响人们解决问题的方式的。至少有一种理论试图研究未成年人和成年人作为学习者时，他们之间学习的不同（Knowles, 1978）。

大量关于人格概念化的研究理论可应用于作为指导者和学习者的教师行为。（Erikson, 1950；Harvey Hunt & Schroeder, 1961；Maslow, 1962）。特别是概念系统理论，它不仅得到深入的研究，而且被用来预测师生之间的相互影响、教师的教学风格、学生的敏感性和学生反应，最确切地说，是可以使教师获得正确使用教学技能和策略的能力（Joyce, Peck & Brown, 1981）。

在这一章中，我们将讨论由加利福尼亚员工发展研究中心提出的教师职业和个人生活的理论框架体系（Joyce, Bush & McKibbin, 1982；Joyce & Showers, 2002）。这个框架体系用来指导人力资源发展项目和改进学校工作的实践（Joyce, Calhoun, and Hopkins, 1999；Joyce, Hersh & McKibbin, 1983；McKibbin & Joyce, 1980）。但是，这个体系的研究成果和人格成长理论有关，并且还涉及了概念发展、自我概念和心理成熟等问题。这所有的一切都和马斯洛的研究（1962）分不开。

成长状态的概念

研究的目的是使教师能够从学校、学区、大学、中介机构（县教育局和专业发展中心）及其他机构处获得有利于专业成长的机会。最初，案例研究在7郡21个学区中的300多名教师中进行，另外还有2000多名教师接受了问卷调查。除了对他们参与的正规支持系统的活动（课程、研讨会、管理和监督服务）进行研究之外，我们还对教师之间的相互影响进行了考察，因为在生活中人与人之间的相互作用可能对教师的专业成长也有影响。因此，根据人们所从事活动的原始资料，所收集的数据被归纳为"正式""同伴影响"和"个人"三个方面。

研究的焦点是个人与环境相互作用的动力。在给定的环境之中(比如在圣弗朗西斯科湾地区的一所学校中),影响个体成长的有效互动机会在理论上是相同的。那么,在教师发展体系中,对所有人来说,同事之间在阅读、看电影、参与艺术活动、从事体育运动等众多活动的机会是一样的。因此,活动的差异可能和个体与环境相互作用的倾向有关。如果我们能发现这些差异,我们就能够继续探究其根本原因并且学会如何利用它们。

正式、同伴和个人的领域

三个领域的相互作用在量上有很大的不同。城乡地区的教师之间以及中小学教师之间的差别是巨大的。像海湾区和洛杉矶盆地这些差别很明显的区域不仅为教师提供了数千种课程和研讨会,许多校长和督导人员也都训练有素,并且会主动为教师提供诊断性帮助。在各郡和其他机构中,许多专业发展中心也都为教师提供了职业发展的机会,还组织了很多写作、科学和其他课程领域的活动。另外,这些依山傍水、靠近海洋的大都市具备许多有利于个人发展的机会。因此,三个领域内的差别是非常值得去研究的。

正式领域

这个领域涉及的教师包括那些只参加地区教育和行政部门发起或要求的活动(参加一两次专题研讨会或报告会,或是接受一两次督导或顾问的检查)的教师,还有几乎没有参加任何活动的教师,以及非常积极的、有明确的专业发展计划的教师,还有一小部分教师能够有效利用大学和教师培训中心的资源。

受同伴影响的领域

这个领域涉及的教师包括从未和其他教师进行过职业讨论的教师,也有与同伴密切地、经常性地联系并能与同伴互相帮助的教师,还有与同伴一起为学校的发展而进行改革创新的教师。

个人领域

在个人生活领域,一些教师相当积极,而且有一两个发展得很好的活动领域,而另一些教师几乎没有利用自己丰富的生活环境。我们发现有些教师是非常热心的读者,有些教师却连报纸的标题都很少浏览;有些教师是某俱乐部的活跃分子,有些教师则从来没有光顾过这些地方;有些教师是表演艺术团的成员,有些教师则十年都不看一次电影或文艺演出。

成长状态

令人惊奇的是,在不同的领域中人的活跃程度都是相互联系。也就是说,在专业性活动中活跃的人在个人生活领域中也是积极活跃的。原因在于个人活动水平的差异是由个体对环境的取向造成的,这种取向受社会影响的制约。

环境取向性

这一概念的实质是指环境作为满足成长的机会所达到的程度。因此,积极的人利用环境实现满足一系列互动的可能性,他们会开发利用这些可能的环境资源。而不太积极的人却很少意识到这些可能性,并且表现出漠不关心。而最不活跃的人则只会将自己从有威胁性的或者令人不愉快的环境中保护起来,并且尽量避免接触环境,极力抵制别人对自己的影响。同样,较为活跃的人具备获得更多发展机会的优势。这就是说,他们更关注环境,这让他们在自己的领域中获得了更多发展的可能性,从而也使许多人有了众多的发展机会。我们经常会发现这样的情况:教育中心办公室、教师培训中心和大学都愿意将活跃分子集中的学校(一般情况下校长也是活跃分子)作为"实验"基地,进行计算机技术、社区发展项目等各种实验,并与这些学校的教师进行更多的接触,使这些教师和学校获得更多的信息资源,受到更多的培训。而一些反对这样做的学校只能最后一个获得这些资源,使许多机会与它们擦肩而过。

社会影响

朋友、同事、工作单位和邻里等社会环境也潜移默化地影响着教师成长的一般倾向性。关系密切且活跃的朋友和同事以及良好的社会风气促使人们比独处时更积极地从事活动。这项发现给第十一章的主题提供了一个看问题的新视角。和谐的环境不仅是集体行为的基础,而且能够形成一种促进个体成长的同事关系。

同样,正如我们后面要强调的,人类资源发展体系的一个主要目的在于提高体系内个体的成长状态,这不仅有益于个体和组织,同时还能保证儿童接触到的是积极的、具有上进心的人。

活动水平

尽管成长的取向性已经连贯性地表现了出来,但随着时间的推移,各种类型的人之间的界限越来越分明。假如认识到不同类型的人可以相互融合的话,那么将他们分为不同的类型是有道理的。明确了这一点,我们提出下列几种模型,这些模型有助于我们解释行为,规划教师发展项目以及组织全体员工开展活动。

积极的环境适应者

这种类型的人非常成熟、活跃。他们懂得怎样适应并有效利用环境。在正式的活动领域中,他们对成长的可能性保持清醒的认识,能识别极有可能发生的事件,并且努力加以挖掘,使它们成为促进自己成长的有利因素。

这类人会积极地参加教师培训中心、学区或中介机构的活动,还经常会对一些项目提出建议,并寻求各种方法来影响决策者,但他们并不会对所属组织持否定态度。他们会综合性地在个人兴趣和组织成员意识之间保持平衡。

并且这类人往往会寻找能与之专业互动的同类人。他们通过各种非正式场合向自己的同伴学习,要么和同伴一起工作和创新,要么参加研讨会或课程学习。当计算机在教育领域出现时,总是这些人先学习使用计算机并在自己的学校建立计算机中心。

在个人生活方面积极适应环境的人也具有明显的特点,他们一般有高水平的意识,最突出的特点是他们每个人都有一到两个热衷的活动领域。热衷的领域可能有所不同,一个可能是无所不读的书迷,一个可能是戏迷,另一个可能是旅游或滑雪爱好者,还有一个可能是喜欢制陶的手工艺匠,而另一些人则喜欢经商。在和别人的密切交往中,他们成为激发别人的动力,影响身边人的一些行为活动。网球爱好者的配偶可能也打网球,电影爱好者的好友可能会被邀请一起去看电影。因为他们具有这些特点,所以他们能够排除其他干扰,主动发展自己的爱好。最引人注意的是,他们无论处于何种环境都能利用并丰富自己的爱好。在工作场所,他们尽可能地吸收周围环境所提供的丰富营养,并和同伴互相鼓励。在私人生活方面,他们也总能找到各种发展的机会。

他们也因坚持而与众不同。在麦基宾(Mckibbin)和乔伊斯(Joyce,1980)的研究中,这类人会积极寻找机会参加各种有关新事物的培训,一旦返回工作岗位,会将所学的东西付诸实践。他们还能使其他教师支持自己活动并参与其中,而且他们比别人更有可能把个人生活中的收获运用到工作岗位上,运用到教学中。最近的一些卓有成效的研究(Hopkins,1990;Joyce & Showers, 2002)也取得了类似结果。

被动的消费者

在研究过的人当中,大约有10%属于积极的环境适应者;另外10%被叫作主动的消费者,这些人也会很积极地参与到周围环境的方方面面。而还有一种类型,也是最大的群体(大约70%)被称为被动的消费者。

被动消费者的显著特点是顺从环境,对当前社会环境有高度的依赖性。换言之,他们的活跃程度取决于他们和谁在一起。当与其他被动的消费者在一起时,受其影响,他们就不活跃。我们研究了一所学校,在这所学校中,在大楼一侧的教职工几乎为被动型,他们随和地与别人来往,彼此之间很少认真地进行教学讨论,也很少去别的教室观摩教学。如果行政管理部门没有做出要求,他们也从不参加任何培训活动。但如果要求他们参加春秋两季各一天的研讨会,他们也不反对。他们喜欢这种活动,但对培训的内容却不感兴趣。

而在大楼的另一侧,两个被动消费者处在一个由两个积极的环境适应者和一个主动消费者组成的群体里,他们被比较有进取心的同事带进了许多活动中。结果他们发现自己能帮助学生建立计算机工作站,能与同事一起进行规划、选择软件、学习文字处理的方法,能教学生使用自学程序等。他们参与积极的环境适应者发起的关于写作教学的研讨会,并开始改进自己写作计划。

被动消费者在个人生活中也容易受他人的影响。如果其配偶和大家庭不活跃,他们也会变得不活跃。如果他们的亲戚、朋友和邻居很积极,他们的积极程度也会随之提高。

沉默寡言的消费者

被动的消费者虽然没有进取心,但他们起码相当随和。在我们所研究的人群中,大约有10%的人实质上是在放弃成长的机会,因为他们极不情愿和周围的文化环境互动,这些人被称为"沉默寡言的消费者"。这类人在专业领域和个人领域的活动中都有其特点。

沉默寡言的消费者只参加被要求参加的职工培训,并且总是对不得不去参加的培训愤慨不已。无论培训的内容是什么他都反对,还尽力避免参加培训的后续活动。他们对待管理体制和同伴活动都持同样的怀疑态度,并相信自己的消极态度是正确的。因为他们认为这种体制在本质上是具有强迫性的、冷酷无情的,因此同伴的一些新想法也会遭到他们的排斥。如果同伴相信自己"理想化"的观点会得到管理者支持的话,他会认为"他们太天真"。所以,沉默寡言的消费者就像对待所憎恨的管理体制一样用否定的态度去对待积极适应环境的人。这类人甚至拒绝参与决策的机会,他们认为这些在本质上是邪恶力量的联合。在个人生活方面他们的态度也是如此。他们往往更关注各方面的缺点,认为人、机关、服务等众多领域都有问题,电影、戏剧、体育运动、州、国家公园、图书、报纸等所有的一切都在遭受迅速衰败的命运("最近出版的全是垃圾……电影充满了性和暴力")。在一个物质丰富的城市中,他们会认为拥挤是参与活动的一个障碍。("如果我能买到票……如果你不得不等场地……你永远也不可能欣赏到好影片……"),而在农村,他们又抱怨缺少活动设施。

虽然如此,沉默寡言的消费者也并不是完全不会受到现实社会的影响。在积极的学校环境中,他们不会像往常那样表现得过于消极,并且可能会为改造学校而努力,还可能与积极适应环境的人一起工作。生活中积极活跃的配偶也会耐心地容忍他们偏激的观点,并带动他们参加令人惊喜的活动。在适当的环境中,他们会学着去利用生活中的各种机会。

概念体系、自我概念、成长状态

为了研究教师成长状态差异形成的原因,我们求助于几种发展性理论,有两种理论特别有帮助,它们对发展的看法与我们所研究的成长状态有很大的关联(Joyce,McKibbin & Bush,1983)。其中一个是概念体系理论(Harvey,Hunt & Schroder,1961 Hunt,1971),另一个是自我概念理论(Maslow,1962)。

概念体系

概念体系理论认为人们用概念结构来组织这个世界上的有关信息。在低级的发展阶段,人们只使用比较少的相对概念来组织他们的世界,经常拥有对立的简单观点,其中很少有灰色调,但是会掺杂许多情感因素。他们反对一切与自己的概念不一致的信息,或者试图曲解信息以符合自己的观点。因此,他们往往将人和事看作简单的"对"或"错"两种类型。他们的头脑仅仅保存着与当前有关的概念。

在高级的发展阶段,人们形成了较强的整合新信息的能力,能从多种角度看待问题,能更好地包容不同的观点。当旧概念过时,新概念开始发展时,他们的概念结构也会随之改变。新的经历可以被接纳,并且新的经历带来新的信息和观点,这次他们不会为了维持现状将其拒之门外或加以歪曲。

例如,我们来想象一下一位处于低级发展阶段和一位处于高级发展阶段的不同个体首次接触到一种外国文化时会发生什么样的情况。有着较低概念水平特点的人总是对文化的不同之处表示怀疑,总想找出它的缺点。("你想象不出那里的人吃的是什么。")他们怀着即将返回美国的喜悦,透过观光巴士的窗户,大声地议论着一个不会说英语的"蠢笨"的旅馆服务员。他们抓紧自己的钱包,远离那些他们认为是相互串通、有欺诈行为的不诚实的当地居民以及他们肮脏的手。

概念化水平较高的人对此却有着不同的表现。他们会被奇异的景观、声音和气息吸引,还会细细品尝当地的佳肴,并与熟悉的饭菜进行比较,找出一些令人愉快的新味道,而且还会讨要一种当地的食谱。他们还喜欢步行,除非时间不允许,否则他们就不会坐车。同时,他们会请商店老板教他们说某件物品的名称,还会为了更好地欣赏角落里的一个有趣花瓶而将其灰尘掸掉。他们会低声地讲话,耐心地等待旅馆人员向他们讲解当地的习俗。

概念发展和我们所研究的教师、管理人员的成长状态之间有着本质的联系。积极适应环境的人不断追求更有效的组织信息的新方法,最终他们形成了更为复杂的概念结构,他们对待世界的积极态度和成熟的概念体系能够使他们以一种开放的心态面对新的事物、处理新的问题并形成新的观点。而被动的消费者具有有限的概念结构,缺少获得和处理新经验的能力。沉默寡言的消费者忙于保护自己现有的概念,以抵制那些冒犯他们的不熟悉现象,同样,他们可能对自己不理解的学生持以否定的观点,正如他们对待那些尽力把新观念和新技巧带进他们生活中的人的态度一样。概念发展也和教学风格的多样性、灵活性有关(Hunt,1971),以及和掌握新教学方法的难易程度有关,还和理解学生、适应学生的能力有关(Joyce,Peck & Brown,1981)。

所以说,一种价值取向的改变会导致另一种结构的变化,因此个人需要形成一种能够从多角度出发分析人和事的概念结构以及一种能吸纳新信息并具有适应能力的概念结构。

自我概念

早在 50 年以前,马斯洛(Maslow,1962)和罗杰斯(Rogers,1961)就提出了有关个人成长的构想,引领着其他有关个体对物质环境和社会环境反应差异的理论。他们的理论不是专注于个体智能的发展,而是注重个体的自我观点或自我概念的形成。他们认为,我们对待自己的态度极大地影响着我们和环境互动的能力。

"自我实现"行为会伴随着较强自我概念的出现,当对环境足够信任并与之互动时就会产生该行为。自我实现的人和周围环境进行着广泛的相互作用,他们积极寻求成长和提高的机会,也会对别人的发展产生积极的影响。

自我概念发展水平稍低的人觉得自己有能力应付环境,只是接受当前的环境,很少主动地去创造有利于个人成长的环境。当他们处于一定的环境中时,往往想到的是环境带给了他们什么,而不是通过自己创造机会从环境那儿得到了什么。

发展水平低的人和周围环境之间存在一种不稳定的关系,他们不相信自己有应付环境的能力,而把大部分的精力用来保护自己并确保自己能在一个他们认为不太乐观的世界上存活下来。

毫无疑问,人类的成长状态和自我概念之间存在着密切关系。因为积极适应环境的人是自我实现的人,他们对自己和自己所处的环境感觉良好。被动的消费者觉得他们有能力应付环境,但要依靠环境提供给个体成长的机会。沉默寡言的消费者感觉自己生活在一个不稳定的、危机四伏的世界上,其实他们周围的环境发展良好,只是他们不愿去寻找有利因素,这并不是因为他们没有能力去发现,而是由于沉默寡言的消费者企图在一个安定的环境里使保护自己的意愿合理化而已。

对成长和成长潜能的理解

在计划和实施关于成长取向的研究时,概念发展和自我概念的理论都能帮助我们加深对自己的理解。它们帮助我们理解为什么人会做出那样的反应,并为我们提供了一个创设有丰富意义的环境基础。这种环境无论对于研究内容还是期望培养的人来说都是非常有价值的。

戴维·霍普金斯(David Hopkins,1990)和他的同事在英国进行了一项研究,他们研究的是一组自愿承担艺术新课程教学任务的教师。这些教师首先要在自己的课堂上讲授新课程,然后再教授给别的教师。霍普金斯和他的同事研究了教师成长状态、自我概念以及他们所在学校的组织环境。当然所有变量都具有影响力,但仅成长状态这一项就可预测出教师承担艺术课程的情况。大体来说,沉默寡言的消费者和被动的消费者并不是在任何组织氛围中都能完成任务,但组织环境却促进了主动消费者和积极适应环境的人的工作。不仅那些成长状态水平较低的教师不能从他们所接受的培训中获益,就连他们的学生也因此被剥夺了学习新课程的机会。

促进更好的成长

作为人,我们自身需要发展,同时期望可以帮助学生更好地成长,二者是紧密相连的,因为我们对学生的主要影响在于我们自己属于什么类型的人。如果我们自己是被动型的人,就会鼓励被动。如果我们是主动类型并和这个世界建立积极联系的人,我们就会鼓励学生更加主动。令人高兴的是,我们更有可能朝着积极向上的方向发展,而不是向下发展,并且我们会在和世界发生相互联系的过程中发展自己——我们只要"去做"就行! 因此,我们的任务是通过更丰富、更优秀的活动来发展自己,实现与世界的联系。各种不同的领域还需要平衡,阅读或看电影可以由对社会或体育的追求来加以平衡。所以我们相信不仅可以将学生培养成为博览群书的读者,而且可以使他们具有不断追求的精神。本书中介绍的教学模式具有较强的实用价值,一个合作的学习群体,拥有一种主动模式,在这种模式中,他们可以收集并理解信息、审视社会问题、探求有效的学习方法,这将会对学生产生影响。丰富而积极向上的社会氛围也会对学生产生影响。

我们不仅具有生理属性,而且还具有社会和情感属性。在积极、有序、内容丰富的环境中,我们会更加充实且活力四射。在我们的教师生涯中,积极向上的环境还会培养出更多自我实现的学生。

在学校环境中的自我实现

毫无疑问,我们想帮助我们的学生实现自我,并让他们在生活中处于高水平的成长状态,但是学业是学校的突出使命,走出校门并不容易。克服尴尬是为学龄学生提供心理咨询面临的一个主要问题。教师、学校管理人员、学校辅导员和家长也需要参与解决问题。换句话说,他们帮助解决的问题可能是一个循环问题的一部分。帮助可能来自网络空间。浏览一下,你会发现很多很好的网站,在那里你可以讨论自我概念。实际上,你可以在维基百科上找到一个好的开始,在那里,一篇好的文章打开了参考文献的框架。(参见 wikipedia. org/ wiki/self – actualization。)

第六部分

行为类教学模式

对许多人来说,行为理论就是心理学。这一观念在某种程度上是正确的,因为早期的心理学研究的关注点在于怎样通过条件来学习行为,从而使行为主义者成了现代心理学的奠基人,并占据了大部分介绍性心理学书籍的开头章节。而让人产生争议的是尽管行为主义有启发作用且非常实用,但这也引起了人们的担心,如果它在心理学理论中太强势而独占鳌头的话,就会导致对它的不当使用。从科幻小说《美丽新世界》(*Brave New World*)到电影《发条橙》(*Clockwork Orange*),行为理论都被描述为"黑暗面"的科学。一些人发现环境变量塑造行为这一说法与人们可以自由支配个人观点的说法相抵触。随着行为理论的发展,教育者也分为两大阵营,至少在学术圈里,支持者和反对者各执一词。

我们的立场是肤浅的判断很不明智,在这种情况下,争论是没有意义的。行为理论给教师和学生提供了很多可借鉴之处,但它的模式,就像本书中介绍的其他模式一样,并非在任何情况下都是可以选择的。假设行为主义理论引出了学习模式的研究,那么让我们先介绍几种行为主义的理论。

行为有规可循并取决于环境变量

人们会对自己所处环境中的变量做出条件反应,同时这些外部力量也会刺激个体采取或避免某种行为。一旦某种行为被习得,它再现的可能性会因环境对它的反应而加强或减弱。因此,如果一个2岁的孩子看到房间里有一张桌子(刺激物),指着它说出"桌子"一词(反应行为),他就对外部力量做出了反应。如果在孩子说了桌子这个词以后,他(或她)的妈妈把他(或她)抱起来,给一个大大的拥抱,并且重复着"说得对,桌子"(强化刺激物),孩子很可能就会再次说出这个单词(反应行为)。另一方面,如果这个孩子看到一个模样可怕的玩具动物蜷曲在旁边(刺激物),心里就会产生不安和恐惧(反应行为)。如果孩子跑到一边来躲避这个玩具(又一种反应行为),这种行为就减轻了他的恐慌(强化刺激物)。这种强化刺激物增加了孩子尽力避开那个玩具的可能性。这两个例子都说明了行为主义的基本概念,即行为是通过原始刺激物或者强化刺激物的外部变量而获得或者发生。一种情况是我们学着做某事,而另一种情况是我们学着避免做某事。

与此相关联的是对抗性条件作用,它和条件作用的细微区别在于它总是会出现再学习。在对抗性条件作用的过程中,人会产生一种与原有行为不相容的新行为,从而替代旧行为,比如轻松替代焦虑,要想治疗公共场合恐惧症(广场恐惧症),个体就必须用积极的情感来代替焦虑,他甚至可以做好应付未来情况的心理准备。例如心理助产法就是引导产妇在分娩过程中学会放松。

从这个角度来说,心理学家的任务就是去发现影响行为的环境变量是什么,以及以什么方式对其产生影响。而教育者的任务则是把这些知识运用到教学实践中,设计出能够积极鼓励学生学习的教学材料和教学活动,同时避免消极的环境变量对他们的影响。如果我们能做到这些,学生也会学着做。这样,最初似乎用来控制他人的技巧就可以通过提高人们的自我控制能力而使自身获得更多的自由。

我们可以使用行为主义的研究成果,但并不需要全盘接受所有行为都是由环境变量塑造的,只要相信其中部分理论的正确性就可以了。例如,我们既可以从行为主义的观点出发为学生设计有用的刺激物,使学生对其做出反应并因此而学习,同时又可以采纳人格主义那种认为学生能够自己指导自己行为的思想。

对行为主义的回顾

教与学行为主义模式的根源可以追溯到巴甫洛夫(Pavlov,1927)的经典性条件作用实验、桑代克(Thorndike, 1911,1913)对奖赏性学习的研究以及把巴甫洛夫的研究成果应用于人类心理疾病研究的华生和雷纳(Watson & Rayner,1921)。斯金纳(B. F. Skinner)的《科学与人类行为》(*Science and Human Behavior*,1953)一书在许多方面都是行为理论及其教学应用的代表。20 世纪 50 年代后期教育家们开始在教学环境中应用一些行为主义的原理,特别是在对意外事件的处理和程序化的学习材料方面,这些原则在某些类型的学习者身上取得了巨大的成功。例如,一些原先在语言发展和社会交往中无所进展的年轻人现在通过训练已经具备了学习能力,并且能够融入正常人之中。行为主义模式对解决一些其他不太严重的学习问题也有很大的作用(Becker,1977;Becker & Carnine, 1980; Becker, Englemann, Carnine & Rhine, 1981)。

在过去的三十五年中,大量的研究表明,行为主义方法不仅对解决学习(例如数学)恐惧症、社会技能不足、行为问题和考试焦虑等很大范围内的学习问题方面有良好的效果,而且还可以有效地运用于群体情景或者供非专业人员使用。我们相信,目前行为理论可以提供一系列有用的模式,特别是对于教师、课程设计者和教材设计者来说。

学习理论、社会学习理论、行为修正和行为疗法等术语已经被这个领域中各方面的领军人物运用到了我们正在讨论的模式中(Bandura,1969;Salter,Wolpe & Reyna,1964;Wolpe,1969 也可见于 Estes,1976)。因为每一个术语通常都涉及行为主义基础理论中的某一方面,所以我们还是用一个比较通用的术语"行为理论"来概括那些应用了操作性条件反射或对抗条件反射原则的程序。

原　则

行为作为可察觉的可辨认的现象

行为理论主要集中于可观察的行为并对此持乐观主义的态度。只要具备合适的条件和充足的时间,我们就可以成功地学习(或不学习)某种行为。从根本上说,一种刺激会引起相应的行为(反应),然后产生某种结果,如果进一步强化,类似的刺激再次诱发同样行为的可能性就会增加。相反,消极的结果则会降低这种可能性。

行为理论家相信,人的内部反应(例如对失败的恐惧)会产生某些可观察的行为(例如逃避会让人对失败产生恐惧的环境),而这种内部反应是能够被改变的(Rimm & Masters,1974)。这种方法要求教师不断地探究,即对学生的仔细研究、对环境的设计、对反应的研究以及对行为过程的不断修正。

不良行为是后天习得

在我们的社会中,许多人认为,不少孩子内心对某些事物(例如数学)存在着无法改变的学习障碍,然而事实证明,许多这一类的心理障碍只是一些习得的憎恶感,孩子们是可以学着去控制的。如果这种逃避恐惧事物的心理状态不被触及的话,他们对学习的憎恶感就会越来越明显。当数学学习的内容变得更加复杂时,学生会感到学习越来越困难,学习成绩就会越来越差。我们应该在学生学习这门课程时教学生把握自己的情感,这才是关键所在。在一些问题不严重的情况下,若干简单的技巧就可以起到很大的作用。

行为主义的目标是特定化、分散化和个体化

尽管行为主义原则已经被用来设计诸如模拟法一类的教学材料,以供许多学生应用,但是行为主义模式的参照系实际上是倾向于分散化、具体化和个体化的。两种极其相似的外部反应并非一定出自同样的原始刺激(一个人的友善可能是因为友善本身的魅力,而另一个人表现出来的同样的友善却可能只是为了不被别人疏远或忽视)。同样,没有任何两个人会对完全相同的刺激做出完全相同的反应。因此,设计用来鼓励某种新行为的程序时一定要有特定化和个体化的行为目标。这并不是说集体训练是不可能的,只是强调对每个学生的要求目标会有所不同,而且在训练过程中需要对进度或内容区别对待。总之,从行为主义观点出发而准备的教学材料几乎总是遵循"个人进度"原则(Becker, 1977;Becker & Carnine, 1980;Becker, Englemann, Carnine & Rhine, 1981)。在当下,持这种立场的远程和在线课程被得以设计以鼓励学生掌握他们自己精通的资料。

行为理论注重此时此地的行为

在行为理论中,一个人的过去对他行为形成的影响并不重要。拙劣的讲授可能会导致学生无法成功学习阅读,但问题的焦点是在当下学习阅读,行为主义者关注的是创造或帮助学生创造能使他们快速进步或感到满意的条件。这种观点用乐观的态度关注人们的行为,而不赞成人们沉湎于过去的失败之中。它的理论根据是过去的失败并不会导致永远无法改变的状况,只是比较困难的问题可能需要花费更长时间去解决。

行为主义的实践者经常说自己已经在很短的时间内改变了学习适应不良的行为,至严重的学习恐惧症或长期的逃避行为也消失不见了。许多性格腼腆的人已经在短时间内放松下来并且卓有成效地参加了社交活动,而那些过去学习有困难的学生也取得了较大的进步(Resnick, 1967)。

操作性条件反射与对抗条件反射

行为主义者喜欢安排教学,因此很可能取得成功。自我教学程序材料一小步一小步地进行,以确保正确的反应,并在学习概念和技能时,设计模仿环节以使活动成功。学习者从对自己正确性的认识中得到的强化,既能使成就持久,又能推动

学习者向新的任务迈进。这就是为什么高度排序的程序材料通常能很好地与以前几乎没有成功经验的学生相适应的原因之一。最后,学生也通过控制他们的环境来得到发展。自我教学程序的部分吸引力在于通过机械操作来强化质量和控制一个人进步速度的能力。

人们不应低估社会环境产生强化的作用。自然发生的正向强化对教师来说是普遍的。例如,微笑、热情、注意力、兴趣、热情、享受和随意交谈。也许最强大的是一种永久的积极氛围,在那种氛围里,仅仅是在教室里就能带来快乐和自信。一个充满了积极事件的环境,有适当的行为与之相关联。

有些课堂管理就建立在厌恶性控制基础之上的,如果学生不学习或不遵守规则,就会受到惩罚。许多年前,惩罚的方式是用桦树条体罚学生,如今这些厌恶性刺激已很少发生在肢体上,而是变成了给低分或者批评等精神方面的刺激。根据行为主义者的观点,惩罚有几种弊端。第一,影响比较短暂,被惩罚的行为有可能重复出现。第二,这种出现在惩罚中的厌恶性刺激可能引发不必要的情绪,例如会养成逃避、报复或者无能性的焦虑等(Skinner, 1953, p. 183)。一次消极性的事件实际上会强化本来要消除或减少的行为。运用负强化会把学生从正努力学习的内容中推开。如有可能,我们应尽量使用正强化措施,避免使用负强化措施。

有些事情因为违背了行为主义原理而极大地影响了学生的发展。例如,留级不仅会挫伤学生的情感还会导致他们失去对学校的兴趣,它带给学生的困窘情绪会持续很长时间并导致他们厌学,甚至影响他们与其他学生的交往,进而严重地降低学生今后成功学习的可能性。

给孩子贴上有学习问题的标签同样会使学生产生厌烦心理。显然,对"学习能力不足"的学生的教育之所以失败(正如第三章所述,我们为什么是策略性教学模式程序的忠实拥护者),原因之一就在于学生总带着低落的情绪去学习,以至于最后使这种情绪影响了学习,在最糟糕的情况下,这些学生只要一有可能就会马上"自我批准"逃避学习任务。

强化程序的效果不仅仅取决于强化和行为之间建立的暂时的紧密联系和所使用的强化类型,而且还取决于强化的程序或频率(强化程序)。对教师或其他任何人来说,最难掌握的一项技能是对预期反应的奖励要一致、及时且频繁。如果一种反应没有得到强化,它出现的可能性就会越来越少,直到最后完全消退。例如,要想让学生带着自信和积极的情感去学习写作,教师就需要经常引导学生进行写作并

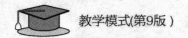
对他们的作品强化指导,如果写作频率太低,就会减少学生写作时的良好感觉,同时也会降低他们写作的积极性。

脱敏程序是通过逐渐扩大不会使个人产生焦虑反应的刺激范围来控制刺激。减压模式则是通过不断变换情境来认识个人身体、心理的紧张状态并采取行动用积极情绪来取代消极情绪。

训练模式是通过运用示范和实践来展示行为主义的基本理念。例如,在一次网球课上,首先教师示范,然后学生进行练习、教师口头强化、学生通过对结果的观察进行自我强化。每一堂课都只教给学生少量的技能,以便让学生产生有较高可能性去掌握技能的感觉。

克服对数学的焦虑情绪

希拉·托拜厄斯(Sheila Tobias,1993)关于这方面有一本杰出著作,其中运用了几种行为主义的原则来帮助数学自学者克服消极悲观情绪,该书的大部分内容讲述的是有关算术和数学的概念问题,认为不研究课程就无法克服焦虑情绪。因此,首先逐步地接触课程内容是大部分焦虑治疗计划的核心部分;其次是要明确个人在学习中的责任;最后是在数学学习中利用支持性群体来形成积极的学习气氛。托拜厄斯的工作极大地帮助人们理解了焦虑情绪对于有效学习的阻碍作用。

探究的必要

虽然有些工作已经完成,但仍有许多方面有待进一步探究。如果从整体上考虑这一领域的话,精心设计的小组学习活动已经在很大范围内取得了积极的效果,但在学区实施却是最为困难的。尽管最为一致的结果可能出现在直接教学系统的划学与补救等程序中,然而教师、学校和学区都需要在实施以行为主义原则为基础的课程时才对其执行过程和效果进行行动研究,此外,这与应用其他教学模式时的区别并不是那么大。

来自行为理论的教学建议

下面是需要读者注意的一些教学建议,它们很好地概括了行为主义观点的优越性和积极性。我们按照问题以小贴士的形式将其列出,大家可以尝试一下。

教室规则

为避免和负强化物联系起来而采取一系列行为(一次违反规则会导致名字在黑板上出现,两次便会引起……)和运用一些可取的行为准则和奖励(以此证明"你是最好的")。哪一种效果更好?

小贴士:持积极原则和乐观态度的教育会大大增加产生更好效果的可能性。

无任务行为

如果28位同学有学习任务,两位学生没有学习任务,教师的哪种行为将更有可能把这两个同学带入任务模式,是训斥无学习任务的学生还是表扬有学习任务的学生呢?

小贴士:表扬有学习任务的学生(采用正强化而不是负强化)。然而,并不建议安慰没有任务的学生。成年人就是成年人,一些事情不应该被忘记或者被用作棍棒,一些学生拒绝挑战任务,他们需要学习如何在向上的学习道路中对自己的学习负责。

教学还是自学

在计算机实验室里,在向已经掌握一种程序的学生介绍新的文字处理程序时,教师有不同的做法。一种是根据使用指南逐步进行教学,另一种是在进行简要说明后让学生自己学习如何掌握。哪一种方法的效果更好呢?

小贴士:自学计划会产生积极的教学效果。当然,由于需要不同,个体掌握的进度也有快有慢。在当下,学习如何利用手机、便签、电脑也是一种技能。很多有效的自学方法也在不断出现。

令人头疼的学生

个别学生上课注意力不集中,交头接耳,当他们不能按时完成学习任务的时候,你会布置额外的家庭作业吗? 当学生精力过旺、情绪饱满的时候,教师如何将其加以利用来开展释放情绪的练习呢?

小贴士：第一种解决方法是运用负强化物，即利用学习成绩作为惩罚方式，从而使学生产生厌恶反应。第二种是提供有效控制，鼓励学生自我约束，为积极地自我强化与外部强化提供机会。

动 机

数学单元测验完毕后，教师们有两种做法，一种是教师安排学生自己检验学习成果，订正试卷；第二种是教师给学生打分，帮学生分析做错的题目。哪种方法能更好地激励学生呢？

小贴士：自我评卷，注重学习的过程，树立新的目标是正确的做法。

你不妨尝试一下，看看是否赞同以上的小贴士。

第十六章　显性教学
——阅读时理解,写作时创构

阅读就是思考。教师的阅读就是教师的思考。通过引导,你不能教会孩子阅读和思考,你能做的是帮助他们制定可以用来学习字母、单词和结构的策略,最重要的是帮助他们从阅读中探索出学习的意义。

——拉塞尔·施陶弗(Russell Stauffer),

60 年前,基于经验阅读教学方法的一系列教学研讨会的开幕式

教学情境

格雷琴(Gretchen)模式理解策略

每天早上,格雷琴都会在五年级的课堂上给学生阅读。通常她会从非虚构的文章中选取一些可给学生带来新知识的内容,这些内容通常和他们正在学习的单元相关。她有几个目标:

一是给她的学生提供信息——信息来源要高于学生的阅读水平。

二是建立熟练和抑扬顿挫的阅读模式。她的一些学生在大声阅读的时候,声音很单调,不能正确地阐释文本。相比而言,学生们更喜欢听她阅读。

三是形成理解文本的模式策略,这是一个重要的目标。她发现很多学生需要发展理解能力。一些学生能够熟练地进行单词发音,但是却不能理解单词的意思。所以当她读的时候,她会停下来和学生讨论她使用的策略。有时她会把重点放在单词的意思上。比如当她给学生阅读如何制作电磁铁的说明时,她会停顿并且把单词分开,指出其意思是被电激活的磁铁。

当文章是讨论用电线包裹钉子时,她会指出文本里的线是绝缘的,并且告诉他

们绝缘是什么意思。

格雷琴强调理解技巧,研究发现,这些技巧被专业读者使用,但很少被较差的读者使用。通常,在阅读完毕和强调了某种技能之后,格雷琴会给学生提供适用这种技能的段落,让学生运用这种技能来理解段落的内容。

格雷琴一直在使用一种被称为"显性教学"的教学方法,在这种教学中,理解策略得以被建模、解释,并通过实践加以应用。它所依据的大部分研究比较了优秀读者所运用的技能和所有年龄段阅读困难的读者所运用的技能。二年级的优秀读者会使用成年优秀读者的技能。这个研究的强烈动机是帮助不熟练的读者找到阅读的方法。庆幸的是这些技能可以被习得,这就是本章的内容。

对于阅读困难的读者设置的课程应聚焦于国民的需求,这些需求体现在小学、中学水平的阅读、写作和文学方面(见我们对布鲁斯·乔伊斯的第二次机会课程的描述, 2012, pp. 106 – 108)。尽管在常规课程方面努力提供个人需求,但是大约30%的学生还在识字领域挣扎,因此需要在干预反应阶段(RTI)实施更加强化的指导以帮助学生,这称为第二次干预(Tier 2)。阅读教学应从幼儿园或者一年级开始,当学生觉得困难的时候,课堂的老师要提供个别帮助,这叫第一次干预(Tier 1)。对于那种需要更多帮助的学生,就需要第二次干预,第二次干预针对性更强,是针对学生的问题量身定做的方法。如果第二次干预之后还是没有效果,那么就要运用第三次干预,第三次干预是专门治疗学习障碍的。(对这个术语不熟悉的读者可以查阅维基百科。)

成功的二次干预是非常重要的,这不仅针对一小部分学生。在小学阶段,失败的模式需要被阻断。学生不仅需要提高学习水平,还要提高在高水平阶段学习的能力。对于阅读困难和写作困难的学生来说,第二次干预是他们在文学领域胜任的第二次机会。如果他们想在中等教育或者更高水平的教育中取得成就,那这种机会是非常有益的。

在归纳课程研究、阅读理解的明确教学研究和定期广泛阅读写作研究的基础上,第二次机会项目还包括了广泛研究的专业发展设计。这个设计能够让几乎所有的教师在第一年进行复杂课程的教学和熟练运用教学模式。因此,该项目可以大规模的成功实施,其规模足以覆盖一个地区的阅读困难的读者,并且大大提高他们在语言艺术方面的表现。这个结果不仅在本质上改变了他们的未来前景,而且改变了课堂和学校的氛围,使学生成为更有能力的学习者。

显性教学在阅读理解领域的发展

在拉塞尔·施陶弗发表评论 25 年后,研究人员开始努力研究读者理解扩展文本的过程。特别活跃的时期是 20 世纪 70 年代中期到 80 年代之间,但是现在研究还在继续。虽然理解学生如何获得文本意义是关注的重点,但是研究人员也在思考如何采取行动。他们设计并测试了显性教学的模式,这些都旨在教授更好的理解策略和更有效地教授。随着研究的发展,它提供了越来越多关于学生如何扩展文本构建意义以及有效和不太有效的读者之间差异的信息,这些模式也在不断地更新和发展。

在阅读理解方面所做努力的背景和理由有几个方面。第一,对学生学习的研究表明,许多学生很难在故事和说明文中找到并整理它们的含义。有很多学生掌握了与新词相关的一些单词,只要新词的数量不多,也能够对新词进行发音,但是在内容理解上还有很多不连贯的地方。换句话说,他们不能理解自己能够发音的单词的意思,不是真正在阅读。这种不和谐的画面持续到今天——大约三分之一的学生有理解问题,一些学生还有其他方面的问题(见美国国家教育统计中心,2010)。

第二,在 20 世纪 70 和 80 年代,有很多课堂研究专注于教师如何教阅读,包括在学生学习文本时,给他们提供关于怎样去理解文本的指导。研究的结论是,这些教师大多数没有提供太多的指导。许多教师确实向学生提出了一些与文本内容相关的问题来评估学生理解的程度,比如小说中的人物情节,以及非小说中的主题和主要观点。但是他们没有给学生提供帮助他们理解文本的方法。换而言之,学生在理解领域的成就是与教学指导相关的。顺便值得一提的是,一些完全不同的课程也是这样,比如一些重要的语音导向和基础题材的课程也有相同的问题。不得不说,一些教学和课程模式在学习阅读的各个方面做得很好,但是它们的使用率低于它们本应该被运用的范围(见 Duffy, Roehler & Herrmann, 1988;Garner, 1987;Pressley, 2006)。

第三,对优秀读者的研究表明,他们中的有很多人会使用类似的基本策略来挖掘文本中的含义。比如,在阅读的时候监测自己的理解,坚持尽可能地充分理解文本内容并且展示理解内容过程中使用的方法。阅读较困难的读者在阅读的时候往往没有关注他们已经获得了的信息的程度。因此,研究人员认为,向所有学生传授优秀读者所使用的策略是有价值的(Scardamalia & Bereiter 1984;Pearson & Dole,1987)。

平行研究表明,学生在阅读时使用这些策略会大大提升技能。元认知运用的实质是在我们学习新知识,了解基本原理并且研究我们的应用时,我们学习它有助于掌握文本知识(见 Pressley & Brainerd,1985)。

(关于语言的注释:该领域的一些学者更喜欢用技能这个术语来指代简单和复杂的行为和思想,而其他学者用技能这个术语来指代已经变成相对自动化的行为,用策略这个术语来指代要求读者停顿并且有意识的决定做什么的行为。我们将会交替地使用术语,但是会描述我们定义的任何技能或策略的复杂程度。)

其他研究方向强调了教学过程中建模的重要性。包含示范的教学比只告诉学生该做什么的教学更有效。认知技能和行为技能一样正确。展示几次网球半截击的职业教练的教学成果比只展示一次半截击或只叫学生练习的教练的教学成果更有效。展示好几次建立方程以及在过程中讨论合理性的代数老师的教学成果比只展示一两次或只叫学生练习的代数老师的教学成果更有效。把这些方面放一起,研究人员着手通过以下几个方面解决提高教学理解能力的问题:

·确定被具有较好理解力读者使用的策略。

·组织教学,为学生的策略建模。

·要求学生在阅读时有意识地进行练习。

·研究他们对策略的使用,确定需要进一步建模和实践的领域,以及在最有效的教学模式中提供支架。

·帮助学生评估他们对文章的理解程度以及他们在获得意义的能力方面取得的进展,换句话说,就是学会判断自己的成长能力。

从本质上讲,教师是将学生带入行动研究,对他们进行强有力的领导,然后逐渐控制学生。布朗(Brown)和帕林萨(Palincsar)在他们称之为互惠教学的过程中,特别强调从建模开始,然后进入广泛的实践中,再次到学生独立运用技能的过程。

让我们看一下专家读者用来理解文章的策略。这些材料只能用于散文的写作,但是可以包括所有的插画和动画,这些也需要被理解。

最近的证据评论

格尔斯滕(Gersten)、福克斯(Fuchs)、威廉(Williams)、贝克(Baker,2001)、杜克(Duke)、皮尔森(Pearson)和斯特拉坎(Strachan)将文献汇集一起,其中包括达到中小学教育立法和其他法规所规定的标准的研究,这有助于制定一套策略来帮助需要第二次干预的学生。

理解策略的本质

由一系列调查产生的教学方法通常被称为理解策略的显性教学,经常简称为显性教学。这个术语经常与直接教学混淆,但是他们两个之间存在很重要的差异:大多数直接教学的实践者,当他们试图教授技能或知识体系时,会将技能细分为单项技能或将知识细分并按顺序教授它们。因此,最终的较大的技能会被一步一步地习得。

然而,理解能力不能被分割,就像要从整体上理解一篇文章一样,它们是作为一个整体进行操作。因此,显性教学模式展示作为整体的技能,并且学生可以通过一点一点地习得,而不是通过对次级技能的集合而习得。它们中的一些作为发展意义的完整方法,一起起作用。因此,学生会以整体的视角来理解(见 Pearson & Gallagher,1983;Pressley, 2006)。

理解教学的整体性质的好处是相对较小的数量可能具有相当大的益处,因此,要聚焦教学,而不是制作一个扩展教学和学习的长列表,但是直接教学经常这样分割。在一个可悲的例子中,研究者试图每周教授策略,教 20 周,实际上没有一种技能被完全掌握。

让我们来看一下在开展干预研究时强调的一些技能。

持续监控理解

这种技能几乎被专家读者所使用,很少被普通读者使用,而对于较困难的读者来说,几乎不会使用。重要的是,可以向初级读者传授这种做法,以便幼儿园和一年级的学生能以高效的方法进行学习。因此,它可以成为所有课程的一个重要方面,并且对那些掌握意思比较困难的学生的第一次干预很重要。当然,对第二次干预也很重要。从本质上讲,最好的读者具有元认知思维,在他们阅读的同时进行操作,就像心率监测器一样,可以生成一个紧急理解意识的图表。

总结是一项重要的复杂技能,也是持续监测的一个组成部分。尽管监测的重要组成部分是意识到他们是否理解了故事或者是否理解了信息,如果他们没有理解,要及时采取行动。几乎所有顶级读者都会定期总结并判断他们正在学习什么。学会有效总结的学生通常会学习和保留他们正在阅读的内容,包括小说和非小说类的文本。

战略回顾

从伯德(Bird)的研究中得到启发,斯卡达玛利亚(Scardamalia)和博雷特(Bereiter)在监测理解的时候强调优秀的读者会回顾文本以强化或者理清内容,并且尝试回答在阅读和理解时产生的各种大大小小的问题。

设置"观察者"

从伯德研究而来的另一个策略是,在阅读时,要考虑其他一些项目,在这些项目里,更多的信息可能有助于理解,也可能是明朗化的。例如,作者介绍了一个城镇,但最初并未提供有关这个城镇大小或历史的信息,这些信息可能对理解有用或无用。那么读者的手册就会被激活,寻找可能有用的上下文信息。设置观察者是一个很复杂的技巧,但是优秀的读者不仅仅只会遵循叙述的内容,还会寻找相关信息。

预 测

预测起源于古老的基层读者,在那时,教师通常要问学生"你认为接下来会发生什么"的问题。这是理解的组成部分,预测比理解更多维。一个意识到作者正在使用比较策略来呈现信息的学生可能会预测到接下来比较的内容,随着一步一步地阐明,将会发生什么样的变化以及会详细叙述什么内容,或者相同的类比是否会被重复使用。

我们还能想出其他的技能或策略,但是之前所述的策略已经足够让我们回顾这几个技能是如何帮助我们理解的。试想一个读者,他不会监测理解,不会总结,当遇到长篇文章时,不会回顾之前的内容,不会预测,不会确定什么事情应该被详细叙述。再试想一个读者,前面所讲的技能他都会,将这两个读者比较,你会发现什么?在其他的不同中,阅读较困难的读者不仅缺乏元认知能力的训练,而且会被动地接受容易理解的文章内容,而其他不容易理解的文章内容就会成为理解上的空白。这部分的分析可以帮助我们理解为什么一个理解能力较差的有能力的人可能发现阅读不尽人意,也可能发现努力阅读是一种让人反感的体验。

小 结

探究还在继续,理解教学技能的内容还在添加(见图16.1)。一个重要的创新就是大胆思考,在这种情况下,指导者阅读的同时会讨论理解的过程,通过让学生进入思考的状态来建模。讨论之后,学生会学会在阅读时讨论他们思考的内容。因此当师生合作时,他们会把理解和如何加强思考文章的模式一起考虑进去。

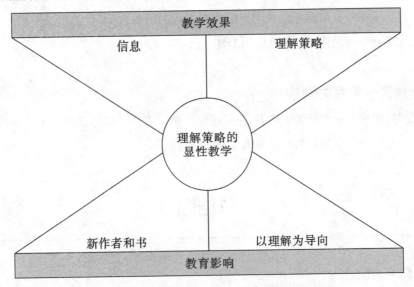

图16.1 理解策略的显性教学的教育和养育效果

结构体系

当给学生阅读时,教师应该进行指导,以间歇的停顿来告诉学生自己在理解文章甚至仅仅认识一个不熟悉的单词时使用的策略或方法,来达到建模和解释技巧的效果。阅读完之后,应该给学生提供文章让他们练习学到的技巧,然后叫他们确定被指定的文章,或者运用技巧进行独立的阅读。

社会系统

教学或者学习片段是由教师来定向的,但是练习的时候一定要把学生包含进来,并且找机会使用被强调的内容。

反应原则

教师要观察学生能否很好地运用这些策略,特别是在学生练习使用策略的时候,要根据观察的结果来决定是否要再次建模。通过几次建模来增强理解能力是非常有必要的。

支持系统

书越多越好。当课程是被网上的调查引入的时候,会有很多机会来练习全部技能。能互动的白板是非常有用的工具。

教育和养育的影响

探究的重点是在理解策略上,但是培养一个会阅读的团体必须是不间断的,这个团体要学会分享他们的努力成果来增强阅读能力。

总结图

小结:理解策略的显性教学

理解策略的显性教学。

结构体系

当阅读时,指导者要建模并且解释理解策略,紧接着让学生练习。

社会系统

教师主导,但是要热情。

反应原则

学生学会策略之后,应该给他们提供更长远的指导和练习。

支持系统

在教室里提供很多书是很重要的。当作网络调查时的展示方法也是很重要的,因此,放映设备和能够互动的白板是非常有用的。

第十七章　掌握学习模式

—— 一点一点地，一步一步地，我们攀爬在掌握学习的路上

如果允许他们一次只学习一样东西，然后再学习下一个，直到他们运用自如，我们就可以冲破失败的怪圈了。

——贝里·哈如图涅（Berj Harootunian）致布鲁斯·乔伊斯

近年来，约翰·卡罗尔（Carroll，1963，1971）和本杰明·布卢姆（Bloom，1971）提出了掌握学习的概念，它是一种规划教学顺序的大纲。掌握学习提供了一种严谨而有趣的方式，使更多的学生在学校各科的学习中达到令人满意水平的可能性增加。最近的研究为该理论提供了更为充分的证据，而现代教学技术的提高使它变得更加可行。

对能力倾向的看法

掌握学习的核心理论观念以卡罗尔关于能力倾向意义的有趣观点为依据。传统的看法总把天资当作与学生的学业成就相关联的个性特征（一个人的天资越好学习就会越好）。然而，卡罗尔却倾向于把天资看作是一个人学习任何给定材料需耗费的时间量，而不是一种掌握这种材料的能力。在卡罗尔的观点里，天资很差的学生在进行特定学习时，只要比天资较强的学生多花一些时间就能掌握要学的东西了。

这个观点暗含着，如果给予学生足够的时间（即学习机会），再具备合适的材料和教学，那么，几乎所有的学生都可以达到指定的学习目标。从上述意义来说，这个

观点显然是乐观的。因为这样看来,能力倾向基本上成为学习者计算所学东西掌握时间的一个指南。能力倾向还应该显示怎样进行教学,因为如果教学风格适合学习者的能力结构,那么,不同能力学习者的学习效率就会更高(用术语说,能力倾向是与模式有关的,它能帮助我们选择和调整模式)。根据卡罗尔的理论,对于任何给定的目标来说,任何一名特定的学生所达到的学习程度都将是教师所给予的学习时间、学生自身的毅力、教学质量、学生理解教学的能力及其能力倾向的函数。而关于教学安排的问题就是如何组织课程与课堂以便给学生最适当的时间和良好的教学,引导学生持之以恒地学习并在理解学习任务方面接受帮助。

布卢姆把卡罗尔的立场转换成了具有以下特征的体系:

1. 对任何一门学科的掌握可以根据一系列主要目标来定义,这些目标代表一门学科的教程或者单元的目的。

2. 每个单元的学习材料可以划分成较小的学习单元,从而组成一套更大的系列,每一个小单元都有各自的目标,这些目标是较大目标的组成部分或者被认为是要掌握的基本内容。

3. 鉴定学习材料并选择教学策略。

4. 每一个单元都有简单的诊断性测验,以测量学生在学习进程中的进步(形成性评估),并鉴定每个学生现阶段的具体问题。

5. 运用测验所获得的数据向学生提供补充性教学,以帮助学生解决问题(Bloom, 1971, pp. 47 – 63)。

布卢姆相信如果能这样安排教学,教师就可以调整学习时间以适应学生的能力倾向。辅助测验在监测所有学生的进步的同时还可以给能力倾向较差的学生更多的时间和更多的反馈。

布卢姆、布洛克和掌握学习的其他倡导者相信,只要修正传统的小组教学程序,根据形成性评价的结果来确保一些学生有更多的时间,并接受适当的个人教学,那么他们就能实现掌握学习(Carroll,1971,pp.37 – 41)。

然而,现代教学技术,尤其是自我支配的多媒体技术的发展和程序学习的运用,激励了课程开发者创造综合性的课程体系,并重新组织学校来为学生提供个别化教学。这比传统学校组织中提供的个别化程度要强得多。

匹兹堡大学的学习研究和发展中心(Learning Research and Development Center of the University of Pittsburgh)与鲍德温—怀特霍尔学区(Baldwin – Whitehall School

District）合作设计的个别性教学计划（Individually Prescribed Instructional Program, IPI）主要是为中小学教学设计的，它是对系统计划加以应用的一个最突出的例子。教师根据学生所表现出来的能力水平、学习风格和具体的学习时间要求为学生规定材料，即可接受个别性教学的学生只要根据教师专门为他们规定的材料独立学习就可以了。

个别性教学阐述了一种标准化的课程，这种课程是通过把系统分析程序应用于课程教材的编制而发展起来的。这种课程随时可以演示个别性教学的编制者在发明这一体系时所采取的步骤，所以，作为案例研究它是特别有用的。我们的目的是考察这些步骤，在呈现的过程中我们将停顿，以便显示这种课程的每一步是如何反映这种行为操作模式的内在机制的。

首先，编制者在构思一个行为操作模式时，会考虑学习者应该达到的一系列目标，设想学习过程以及学习者将会学习哪个系统。

这一系统设计的目的是：

1. 使每个学生按照自己的速度和学习顺序来学习每个单元。

2. 使每个学生对学习的掌握可以发展到能够演示的程度。

3. 发展学习中的自我激发能力和自我指导能力。

4. 通过学习过程培养解决问题的能力。

5. 鼓励学生对学习进行自我评估并激发他们的学习动机。（Lindvall & Bolvin, 1966）

关于学习过程和相关学习环境的设想如下。首先，学生之间要达到指定的教学目标所需要的时间和练习不同。第二，必须给学生提供适合他们自己步骤的方法，以确保他们得到必要的练习。第三，当在自学和个别指导的环境下，小学年纪的学生应该在老师最小化的指导下学习。为了使这种方法有效果，学校必须有必要的和合适的学习材料的供应。第四，在学习新单元之前，学生必须满足上一个单元学习的要求。第五，应该经常评估学生的学习进步来规划学习进度，这些评估可以帮助老师运用方法来帮助学生自我学习。第六，完成班级任务的工作（比如登记分数、批改试卷等）比起来，教师教一个学生或者进行小组教学，教学更有效。因此教师对学校和项目来说是重要的财富。第七，每一名学生在规划及执行学习计划时所承担的责任都可以比大多数课堂所允许的大。最后，如果允许学生之间相互帮助，那么教师和学生的学习都能得到促进（Lindvall & Bolvin, 1966, pp. 3 - 4）。发展是至关重要的。对任何课程来说,整体操作模型(即目标)是必然产生的。

所以应该将行为操作模式分解成一系列按顺序组成的行为目标。个别教学的设计者相信这是教学计划其他部分的基础,并且必须具有以下的特征:

(1)每个目标都应该准确地说明如果要掌握指定的内容和技能,学生应能做到什么,一般情况下,应该是普通的学生在相对短暂的一节课里能够掌握的东西。目标应该用解决、表述、解释、罗列和描述等行为动词来表示,而不应用懂得、体会、知道和理解等术语来表示。

(2)目标应按内容意义的序列来分组。例如,在算术中,人们将目标(典型的)分成这样几组数字、数位、数值、加法、减法等。这样的分组有助于教学材料进行有意义的改进以及诊断学生的成就。同时,这种分组并不排除实现跨领域目标的可能性。

(3)在每一个系列或领域里,目标序列的安排应尽可能根据这样一个规划:每一个目标都建立在前一个目标的基础上,反过来,它又是后一个目标的基础。这样做的目的是让目标成为学生能力的"尺度"。

(4)在每个领域的目标序列里,目标应划分成有意义的子序列或者单元。这样一些单元就可以代表不同程度的进步并提供突破点,以便一名学生在结束某个领域中的单元学习后,可以立即进行同领域下的单元学习,也可转到另一个领域中的单元学习。例如,完成了 B 水平的加法学习后,学生可以继续学习 C 水平的加法,也可以转到 B 水平的减法上去(Lindvall & Bolvin, 1966, p.3)。

教学情境

来自伊朗的年轻女士

在《纽约时报》2010 年发表的一篇文章中,作者埃里克·陶布(Eric A. Taub)以一则轶事开头,讲的是他遇到了一位伊朗妇女,她最近移民到了美国,会说英语。当被问及她是如何提高她的英语水平时,她说她使用了罗塞塔石碑(Taub,2010)。

语言实验室

在教学系统中,机器的组合开创了一种全然不同的学习环境,这方面的一个突出的事例就是语言实验室,语言实验室的发展呈现出了在教育环境中对系统分析、任务分析和控制论原则的综合特征的生动运用。在语言实验室普及以前,教师是班级学生学习外语发音的示范者,这些班级一般有25～35名学生,他们都试图模仿教师的发音。在这样的情境中,每人每节课最多只有1分钟的语音练习时间,这就很难做到流利或准确地发音。

如今在典型的课堂实验室中,学习者使用电子设备听、录并重放朗读材料。这种物理设备包括学生的座位和教师的控制台。教师可以通过控制台播放各种材料,以及新计划和补充计划,并对个体、选定的小组或者全班进行教学。教师还可以监控学生的行为操作。学生的座位常常是一系列有音响装置和带书架的单人阅览桌,通常备有耳机、话筒和磁带录音机。学生从耳机里听到教师的现场指示或录音指示,复述、回答问题,或对授课做出其他合适的反应。教师也可以选用黑板、课本或者其他视觉刺激作为听觉输入的补充。现代技术几乎可以同时使每个学生做到:

(1)比起其他手段来,通过耳机能更清楚地听到自己的声音。

(2)把自己的发音与示范者的拿来作直接比较。

(3)给自己提供即时反馈。

(4)把要学的项目逐个分离出来。

(5)允许为专门练习确定学习速度。

(6)允许顺序安排更为妥善的教学内容。

学习外语要求学生反复地听词汇和言语模式。要小心排列这些练习,并配以新的和复杂性不断变化的综合练习。它的最终目的是使学生随时都能真正地理解听到的内容,并且做出及时而又适当的反应。在学生看来,语言实验室是他们不断有序练习的基地,它能使自己跟上语言示范者的速度并且达到语言流畅的程度。在教师看来,语言实验室为有效设计语言学习情境提供了良好的条件(硬件和软件)。

用系统分析的术语说,语言实验室代表了以熟练掌握外语这一行为目标和实现教学要求为基础的人机系统的发展。在语言实验室出现以前,尽管可以提供可视材料的合理次序,但是语言训练中的关键要素,如个体化的听力练习和动态反馈等,远远超出人类的管理能力之外,这对于教师在面对包括有25名学生的自我控制能力良好的班级有很大的支持和帮助。由于有了电子硬件和软件的辅助系统,教师现在就能更有成效地把时间分配在监测(管理)、诊断和教学上。而学生则能得到即时的、直接的反馈,以便他们能把实际的成绩和所渴求的成绩进行比较,从而做出必要的自我矫正的调节。

许多适用于个人电脑的程序都在自学情境中起到了微型语言实验室的作用。不带声的计算机通过语音拼写来辅助发音,带声卡的计算机则可以"说"出单词和句子。结合图—文归纳教学模式(见第五章),发音字典帮助第一语言为法语的幼儿园学生的英语水平达到了与大多数将英语作为第二语言的二、三年级学生的水平。

美国现在很少的学校有语言实验室,但是查阅网上资料的话,可以发现一些虚拟实验室,比如罗塞塔石头(Rosetta Stone),涉及校园实验室和课程实验是否一样有效。也可以在 YouTube 上看关于 Booksend 实验室的 MIMI 示范(www.youtube.com/user/BooksendLab),这是小学学习法语的基础。

掌握学习已得到广泛的研究。斯莱文(Slavin,1990b)对这个方面文献再分析的结果和库利克、库利克和班格特—德朗斯(Kulik,Kulik & Bangert - Drowns1990)的大致相同,分析结果表示这种方法能真正提高学生学习的效果,但这种提高往往表现在与课程有关的测验中(一般中等程度的学生会学习同样材料,但是与没有精心安排教学目标和基准的控制组的学生相比大约处于前65%的水平)。然而,标准化测试却不明原因地对此一直持抵制态度。

有关于程序教学的说明

许多掌握学习方案都运用于为自学材料而编制的程序教学。这是对斯金纳学说的最直接的应用。它提供了高度系统化的刺激控制和及时强化。尽管斯金纳最初的程序教学已经改变了很多,但是大多数还都保留下来了,以下三项就是它的本质特征:(1)将要求学生做出反应的问题或陈述的条目按顺序排列;(2)学生反应的形式可以是填空、回忆问题的答案,从一系列答案中选择答案或者解决问题;(3)提供及时的反应确认,有时出现于程序结构本身,但常位于不同的位置,比如在程序化教材的下一页或在教学机器的另一个独立窗口。

程序教学已经成功地运用于各科教学中,包括英语、数学、统计、地理以及科学。从学前班到大学的各级教学都用到了程序教学工程序教学技术也被应用于众多的行为,如概念形成、机械学习、创造、解决问题等。一些程序甚至通过使用归纳思维中的记忆恢复原理来引导学生去发现概念。

程序教学与一些教师使用多年却没有明显成效的传统练习册有什么不同呢？练习册强调的是练习(反应保持)而不是通过精心安排材料获得行为习得。练习册的编排是根据所提供的大量练习材料而设计的。因此,复习几乎是没有价值的,除非行为一开始就被成功地建立,但传统的练习册并未设计这样的方式。同样,由于学习者仅仅是温习已经掌握的材料,所以连续复习所起的强化作用肯定会减小。最后,大部分传统课本的练习册不能提供及时反馈,而仅在教师参考书中提供答案。

教育和养育的效果

该模型具有良好的跟踪记录,这种跟踪记录的对象是积极性高的学生,并且跟踪记录在教师的精心支持下,可以让陷入困境的学习者进入更好的进步状态并提升他们的学术自我概念(见图17.1)。即使掌握学习单元与学生的先前知识完全匹配,这些学生的需求也会因指导者的不同支持而有很大差异。

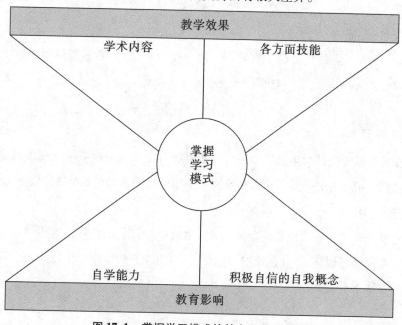

图17.1 掌握学习模式的教育和养育效果

小 结

掌握学习见效快,前景乐观且简单易行。掌握学习体系的建立和开发需要有一种积极的社会气氛,这个学习体系的建立会直接涉及许多教师强迫式教学中产生的令人困惑的学习问题。同时,在这个体系中,教师也扮演着对学生的个人发展进行积极鼓励并提供帮助的角色。

尽管个别教师能够从掌握学习的观点进行教学,但是大多数应用程序是由团队开发并发布以供课堂使用的。

对于在线课程开发人员而言,它是一个重要的模型,其中它具有的快速反馈对明确目标的高度排序任务非常有用。

句　法

句法是很简单的,目标在一开始被很清晰地呈现出来,然后提供一系列如何使任务完成的信息。在每单元学习的最后,还会有一个总结性的评估。每个单元可以较短或者非常长,长的单元会被分成几个部分。

社会系统

学生现在学习的趋势是个别学习。但重要的是,学生必须理解到个人所需要的时间是不同的,而且氛围对所有人应该具有积极意义。

反应原则

指导者需要跟踪学生的进步并且在学生努力完成任务时或者发现难以成功时鼓励他们。指导者必须尽力确保指导体系里面的每个单元符合学生的学习水平。

应　用

几乎所有的课程领域都包含从掌握的角度进行评估的内容。外语学习体系经常使用掌握学习框架,并且在音乐、电脑科学和图形的初始指导中也有很多内容与掌握学习体系有关。

第十八章　直接指导

——运用心理学推动工作

教学生如何提问，而不是直接提问学生，这一观点对我启发很大。

——一名20岁的教师致布鲁斯·乔伊斯

  尽管直接指导建立在高效能教师研究的基础上，但其理论却关联着行为系统类教学模式，特别是与训练心理学家和行为心理学家的看法一致。训练心理学家主要指导如潜艇工作人员一样的人们完成高精度、高难度、合作性强的行为。他们善于创设行为情景、明确任务、分析任务。他们倡导的教学设计：首先是把学习者的行为转化为目标和任务；其次是把任务分解成更小的行为组合，细化为能熟练掌握的具体动作；最后是有序安排整个训练情景，确保受训者能从一个学习动作转化到下一个，实现更高级行为学习的准备。

  训练心理学家强调教学的设计和教学安排，而行为心理学家则致力于师生之间的互动，强调示范、强化、反馈以及循序渐进。行为主义者有时把行为心理学家的方法称为"强化引导性能的建模"。

目标和设想

  直接指导在综合教育计划中起到了有限但很重要的作用。直接指导的批评家警告到，对于所有的教育目标或者所有学生，我们不能一直都使用这一种教学方法，对此我们毫无异议。尽管直接指导存在这些缺陷，但有追踪研究证明，如果它被恰当运用，定能取得良好的教学效果。一门基于社会学习理论（见 Becker,1977）并以教材为基础的课程——"算术与阅读教学的直接指导系统（DISTAR）"，大约于40年前开发，并作为一个商业项目发展至今，由 SRA/McGraw – Hill 出版。虽然"算术与阅读教学的直接指导系统"并不是唯一这样的项目,但它却是将基础理论很好地用于实践的有效例子,"全民成功"中的某些方面(见 Slavin 和 Madden,2001)也运用了类似的原则。

直接指导的学习环境

学习环境的显著特点是以学习为中心。教师通过对学生的高期望值、时间管理的系统化与和谐氛围的营造,高度指导,严格控制整个环境。以学习为中心是指相对于其他活动而言要优先考虑学习任务的分配度和完成度。在教学过程中,学习活动要受到重视,而一些非学习性材料是不被强调的甚至不鼓励使用,如玩具、游戏或谜语,也不重视关于自我问题或个人关注问题的讨论等非学习取向的师生互动。几项研究表明,高度地以学习为中心可以提高学生的参与度,从而提高学生的学习成绩(Fisher et al. , 1980; Madaus, Airasian & Kellaghan, 1980; Rosenshine, 1985)。

当教师选择并指定学习任务时,当其在教学过程中担任中心角色并尽量减少学生参与跟学习无关的讨论时,教师的指导作用和控制作用就表现出来了。对学生抱有高期望和关注学生学习进步的教师要求学生学习优秀,并鼓励有助于学生学习进步的行为。教师对学生学习的数量与质量会有更高的期望。

直接教学的两个主要目标分别是,实现学生学习时间的最大化以及在寻求教育目标的同时获得独立性的发展。事实上,一些与学生成绩有关的教师行为和学生花在学习任务上的时间以及学生在学业上取得的成功密切相关。因此,这些包含直接教学的行为被用来创建一个结构化的、以学术为导向的学习环境。在这个环境中,学生积极参与教学活动(任务),并且在完成指定任务方面的成功比例相当高(掌握80%及以上)。教师力求最大化学生用于这些环境中的时间,即学习时间。

最后,有实质性证据表明学生的消极情感会阻碍学习的进步(Rosenshine, 1985;Soar, Soar & Ragosta, 1971)。教师应该创造以学习为中心的氛围,并且避免采取批评学生等消极措施。虽然关于积极情感对学生成绩产生影响作用的研究结果现在还不太清楚,但接受大量表扬的学生可能会比其他学生获得更多的好处;而且某些表扬的方式可能比其他方式更为有效(Brophy, 1981)。

总之,直接指导的环境就是一种以学习为中心的环境,学生能把大量的时间用于完成学习任务,并取得很高的成功率。这种环境中的氛围是积极的,没有负面影响。

模式导向

研究者使用"直接教学"一词来指教学模式,即教师对学生讲解新概念或新技巧,通过在教师指导下练习来测试学生的理解程度(控制性练习),并鼓励学生继续在教师指导下练习(指导性练习)。

在呈现和讲解新材料之前,确定一个课程框架是有帮助的,从而可以使学生了解新材料。在新课开始前进行结构化的评论能使学生明白这一课的目的、程序及接下来要学习的内容。这种评论对提高学生在学习活动期间的参与度以及整体学习成绩会产生影响(1980;Fisher, C.,Berliner, D.,Filby, N.,Marliave, R.,Ghen, L. & Dishaw, M.,1980;Medley, 1977;Medley, Soar & Coker, 1984)。这些导向性的评论可以采取多种形式,包括:(1)唤起学生已有知识结构的导入性活动(Anderson, Evertson & Brophy, 1979),如回顾前一天的内容(Rosenshine, 1985);(2)讨论这节课的学习目标;(3)提供一些关于必做工作的简洁明了的指示;(4)告诉学生在课程中将要使用的学习材料和将要参加的活动;(5)提供课程概述。

一旦建立了学习环境,教学就可以随着新概念或新技能的呈现而开始。学生对新材料的获得度与教师初步的讲解质量和完整程度有很大关系。与效率较低的教师相比,效率高的教师在讲解和演示新材料方面花费了更多的时间(Rosenlight,1985)。促进学习的呈现活动包括:(1)小步骤地呈现材料以便一次能够掌握一个知识点;(2)提供关于介绍新技能或新概念的大量的不同类型的例子;(3)示范或口述学习任务;(4)紧扣主题,避免跑题;(5)再次讲解难点(Rosenshein,1985)。从对概念学习的研究中我们也知道,在讲授一个新概念时,重点在于澄清概念的特征(属性)并提供规则或定义(或技能学习步骤的顺序)。最后,提供有关概念或技能的视觉材料以及口头解释,帮助学生理解,在学习过程中的其他阶段,视觉材料的呈现也可以起到一种暗示或提示的作用。

讲解之后是讨论,这样教师可以检查学生对新概念或新技能的理解程度。一个常见的错误是教师简单地问学生是否理解所讲内容或者有任何疑问,然后做出推断,如果没有或仅有几个学生回应,那么可以认为所有的学生都很好地理解了所讲的内容,可以进行下一步的学习了。在检查学生理解程度方面,效率高的教师会比效率低的教师提出更多的问题(Rosenshine,1985)。这样的问题需要具体的答案或要求说明解答过程。根据罗森夏恩(Rosenshine,1985)的理论,效率高的教师不仅提出更多的问题,而且在练习和重复自己所教的新材料上花更多的时间。对直接指导教学来说,有效的提问行为还表现在:

1. 提出适合讨论的问题,而不是具有分歧含义的问题(Rosenshine,1971,1985)。

2. 确保所有的学生都有机会回答,而不仅仅是一些举手或者叫得最大声的学生。这可以通过按次序提问学生的方法来完成,例如,在提出问题之前按阅读小组叫学生的名字,或让学生一起回答(Gage & Berliner,1983;Rosenshine,1985)。

3. 大部分时候(75%—90%)要提出一些学生力所能及的问题(Rosenshine,1985)。

4. 在直接指导中避免提出与学习无关的问题(Rosenshine,1985;Soar, Soar & Ragosta,1971)。

一旦教师提出了问题,学生也做出了回应,教师就需要对学生的回答做出反馈。研究表明效率高的教师在提供反馈方面比效率低的教师做得更好(Rosenshine,1971)。他们不会对错误置之不理,也不会简单地给回答错误的学生提供一个答案。教师会运用技能纠正错误或者重新讲解这部分的学习材料。另外,在回答问题的活动中,效率高的教师能保持轻松愉快的节奏。当他们对学生的错误进行纠正性反馈或重新讲解材料时,能有效地给学生提供许多练习机会,使多数学生都有机会回答。例如,当学生给出正确答案时,教师会简单地再问一个新问题。而在学习的初期阶段,当学生的答案虽然正确但表现出不确定时,教师会提供一些与结果有关的知识来进行快速反馈("很好,你还记得当字母 i 出现在字母 c 的后面时,字母 i 在字母 e 的前面")。如果学生由于粗心回答错误,教师要提供纠正性反馈并继续提下一个问题。如果学生的错误回答是由于对材料缺乏理解,教师应该提供暗示或线索,如回顾以前呈现的视觉材料。探索澄清和修正答案都是极为重要的,有效的反馈具有学习指向性,而不是行为指向性(Fisher et al,1980)。以正确的方式告诉学生他们都做了些什么也是很重要的,反馈可以伴随表扬进行,然而表扬要建立在回答质量的基础上(Gage & Berliner,1983)。学生需要的表扬在数量上有所不同:有些学生,特别是成绩差的学生,需要多一些表扬,而其他人则不一定需要那么多。即使一个学生极其需要表扬,教师也不能因为一个错误的回答而给予他一定的表扬(Brophy,1981)。

需要重点指出的是,学生在结构化实践中获得的反馈和他们以后的成功有很大关系。反馈可以帮助学生弄清他们对新材料的理解程度及其错误所在。若使反馈具有有效性,其必须是学习性的、纠正性的、富于尊重性的,且有价值性的。

显而易见,在学生开始自学之前,透彻的讲解和结构化的练习是很有必要的。然而,从研究结果和作者自己的经历这两方面来看,目前许多教师经常要求学生使用课本或练习册进行学习,几乎不做讲解,也没有实践环节,而当学生阅读或进行技能训练时,他们却希望获得很高的成功率。为了实现这一点,教师需要在有组织的练习中达到大约90%的正确率,这样才有可能从有组织的练习转向自由开放的练习。

在一堂普通的课中,学生要花费50%—70%的时间独自完成学习任务(Rosenshine,1985)。如果要将这大量的时间用在高效的学习上,学生需要持续参与到学习任务中。对学生学习最有帮助的一点是学生在教师的讲授和指导下通过练习来做好充分的学习准备。与教师讲授有关的练习和之后在教师指导下进行的练习会促进学生对学习的投入。在学生学习时,教师通过在教室中来回走动的方式与学生进行短暂的接触,这种方式更有利于控制学生的学习(Rosenshine,1985)。

练习理论

正如这一节的标题所示,这种教学策略的"核心"是它的练习活动。这个模式的三个阶段都与各种辅助条件下的练习有关。三个层次的练习以如下方式发挥作用:首先,当一种新技能或新概念第一次被介绍给学生的时候,教师需要一步一步引导学生解决问题。当学生的记忆容易受错误练习的影响时,并且错误又会强化错误信息时,这种前后紧密衔接的方法能确保学生在最初的学习阶段出现很少的错误。其次,在高度的结构化练习之后,学生在教师的指导下独自练习。在这期间,教师对学生出现的所有错误提供纠正性反馈,并强化正确的练习。当学生能准确地练习时,他们就已做好了独立练习的准备,也就是说,在没有帮助的环境下进行练习。家庭作业就是独立练习的一个例子。实践程序的最后一步是达到掌握的水平,学生独立地执行技能且极少出错。

第二个原则是关于每个练习阶段的时间长度。研究表明,一般而言,一个人对某一项技能练习得越多,忘记它所需要的时间就越长。这里推荐的关于练习时间长度的指导性原则是,高强度、高动机、短时间的练习比低强度、低动机但长时间的练习效果更好。例如,对年龄较小的学生来说,每天或几天安排一次时间较短(5—10分钟)的练习比长时间(30—40分钟)的练习更有效。年龄稍大的学生可以进行时间稍长一点的练习,但对他们来说,进行许多对其进步有明确反馈的短时练习也会达到同样的效果。

第三个原则是需要监控练习的初始阶段,因为这一阶段中的不正确的练习将会干扰学习。学生需要及时的纠正性反馈,以防不正确的程序从一开始就镶嵌在他们的记忆里。及时的纠正性反馈(即有关如何正确执行的信息)将在早期的教学过程中消除误解。除此之外,它也可以降低学生对练习的焦虑,因为学生会感到自己是在有及时反馈的情况下进行练习的。除了要在早期发现不正确的操作外,对正确操作的强化也很重要。这可以使学生知道结果,从而更快地在新的学习中稳定下来。

第四个原则是使学生在进入下一阶段练习之前,在现有练习中的正确率达到85%—90%。对准确率的关注能让学生感受到成功的体验,从而减少错误。

接下来的一个原则是分散练习,或在一段时间内进行多项练习。如果24小时内没有强化练习,80%的新知识将被遗忘。如果在一段较长的时间内安排阶段性复习,那么在四五个月内,几乎所有的新知识都能得到保持。教学中常出现这样的错误,即开始一个主题,然后结束这个主题,直到期末考试才再去复习这一主题的信息或技能。重要的学习材料需要经常复习。

最后一个原则是在学习初期的练习应安排得密集一些;到了独立学习阶段,练习可安排得间隔时间长些。因此,在学习新知识之后应马上进行练习并频繁地继续练习,直到学生能独立进行练习,而在独立练习时,可以安排得间隔时间长一些,例如刚开始可以每一天、两天、六天一次,独立学习后就可以每十五天一次。

教学模式

结构体系

直接指导模式由五个阶段的活动组成:导向、呈现、结构化练习、指导练习和独立练习。在使用这一模式之前,应对学生的知识和技能进行有效诊断,以确保学生具备在不同练习条件下达到高准确度的预备性知识和技能。

第一阶段是导向,即建立学习任务的框架。在此阶段,教师的期望得以传达,学习任务得以明确,学生责任意识得以建立。为实现这一阶段的目标,有三个步骤特别重要:(1)教师给学生提供课程目标及需要达到的技能操作水平;(2)教师陈述课程内容以及它与以往知识或经验的关系;(3)教师讨论课程的进度,包括课程的不同部分以及学生在这些活动中的责任。

第二阶段是呈现,即教师讲解新的概念或技能并演示和举例。如果学习内容是一个新概念,那么教师要重点讲解这个概念的特征、定义、规则,并举例说明。如果学习内容是一种新的技能,那么尤为重要的是教师要通过每一步的例子来明确技能的步骤(常见的错误是提供的示范太少)。无论是两种情况中的哪一种,声情并茂地传递信息都是非常有益的,这能使学生在学习初期就有视觉表征作为参考。这个阶段的另一个任务是教师要检查学生是否在进行练习之前已经理解了新学的知识。他们能否回忆起教师讲过的概念特征?他们能否想起刚刚展示过的技能的步骤、顺序及数目?检查理解程度就是要求学生回忆或再次确认他们刚刚听过的信息,这些信息都将运用到接下来的结构化的练习中。

第三阶段是结构化的练习。教师通过详解例子的每个步骤来引导学生。通常学生以小组为单位来练习并写出答案。要想做到环环紧扣,最好的方法就是用投影仪。在幻灯片上做练习以便所有的学生都能看到每一步的产生。在这一阶段中,教师的任务是对学生的反应做出反馈,强化正确反应,纠正错误以及提出学习目标。在做例题时应该使用这种方法,以确保学生能够理解,使其在半独立练习时可以把它作为一种资源拿来使用。

第四阶段是指导练习,即给学生提供独立练习的机会并给予指导。指导练习能使教师通过学生出现错误的数量和类型来评估学生完成学习任务的能力。在这一阶段中,教师的任务是监控学生的学习,必要时提供纠正性反馈。

第五阶段是独立练习。当学生在指导练习中达到85%—90%的准确度时,开始进入这一阶段。独立练习的目的就是强化巩固新学的知识以便记忆并达到熟练应用的程度。在独立练习阶段,学生在没有帮助和延迟反馈的情况下自己练习。教师在这一阶段的任务是保证在学生完成独立练习之后进行检查,对学生的精确度是否保持稳定进行评估,为需要纠正性反馈的学生提供反馈。独立练习的时间可

以很短,练习项目也不宜多。然而,这并不是一劳永逸的。正如前面提到的那样,一个月分散安排五六次独立练习可以保持记忆。

社会系统

这一模式具有高度的组织结构。尽管如此,教师仍需努力确保学生清楚自身要学习什么,以及如何学习。学生才能集中精力产生学习。

反应原则

教师要给学生提供有关结果的知识,帮助学生调整进度并提供强化。支持系统中包括按顺序编排学习任务,有时候这种学习任务的编排要像个别性教学小组开发的材料一样精细。

应　用

这种模式在对基本知识和技能的核心课程领域研究中得到了最普遍的应用。基于直接指导理论开发的一些大型项目都是针对经济条件较差和学业成绩不良的学生而展开的。在对全程追踪项目(Project Follow Through,一个将提早入学方案扩展到小学各年级的联邦项目)的评估中,俄勒冈大学的直接指导模式在认知和情感发展水平方面得到了不同的结果(Becker,1977)。总体上,参与这个项目的所有学生在项目开始前的阅读、数学和拼写能力远远低于全国的第 25 个百分位,到三年级时则达到或超越了第 50 个百分位。这一项目强调教师的教学应该是"小组型的、面对面的教学"(Becker,Engelmann,Carnine & Rhine,1981),每天的阅读、数学和拼写的内容都是经过教师精心编排的,"积极的自我概念被认为是高质量教学的附属品,而不是其要达到的抽象目标"(Becker,1977,pp. 921 - 922)。

教学效果和教育影响

如其名称所示,这个模式是直接的。它系统地深入学习内容,通过调整进度和强化来刺激并保持动机,通过成功和积极反馈来提高学生的自尊(见图 18.1)。

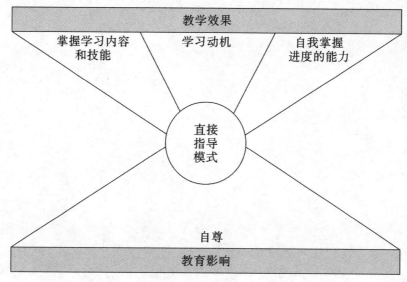

图 18.1 直接指导模式的教学效果和教育影响

总结图

小结:直接指导模式

结构体系

第一阶段:导向。教师建立课堂内容,回顾先前所学的内容,建立课程目标。

第二阶段:呈现。教师解释新概念或演示新技能,提供可视化的任务,检查理解情况。

第三阶段:结构化练习。教师通过详解练习的各个步骤引导学习小组。学生对问题做出回应。教师对错误提供纠正性的反馈并强化正确的练习。

第四阶段:指导练习。学生进行半独立练习。教师在教室来回走动以监控学生练习,并提供反馈。

第五阶段:独立练习。学生在家里或在教室里独立地进行练习。延迟反馈。在较长的时间内要进行若干次独立练习。

社会系统

社会系统在学生和教师分享关于成绩、复习的必要性以及再次尝试成功等方面应是积极并现实的。

反应原则

在这个模式中,反馈与进步密切相关。不断的鼓励是必要的,但同样需要对成绩进行现实的评估。

第七部分

学习条件、学习风格以及概念化层级

在此，我们汇集了有关教学模式的知识，并将其应用于解决教育和社会中的一些严重问题。我们关注教与学知识的发展，同时关注人格研究的成果，特别是其综合复杂性，以及我们学习新事物时如何从不可避免遭遇到的不适中获益。因为真正好的教育将我们带入新的信息、理解、技能中，并致力于改善我们的社会——我们当前的社会环境和邀请我们参与到为每个人追求更好的生活品质的社区、国家和世界环境。

第十九章　创制课程

——学习的条件

教学课时、科目和课程需要与概念、技能和信息一起开发，它们实际上将成为学习者的一部分，其在未来得到持续并反复地使用。

——我们的反思观察员

高质量教学要求做好课程、科目、单元及课时的设计。在这一章里，我们将和一位专家共同研究教学计划，并努力把他的构架应用于解决教学计划中的问题。

罗伯特·N. 加涅的《学习的条件》(*The Conditions of Learning*, 1965)一书是关于学习和教学方面的最重要的著作之一。他详细地分析了影响学习的重要因素，以及如何在组织教学中把这些因素考虑进来。他的"学习就是机会的不同"的描绘使我们能够对学习目标和各种不同行为间的关系进行分类和详细说明。加涅把学习结果分为以下六种：

1. 特定反应；

2. 连锁反应；

3. 多项辨别；

4. 分类；

5. 规则应用；

6. 问题解决。

行为类型

"特定反应"就是对不寻常的刺激做出的独有反应。例如，当一位一年级的教师举着一张写有"dog(狗)"字样的单词卡片(刺激)时，孩子们随即念出"dog"(反应)。特定反应不仅是一种极其重要的学习方式,同时也是我们获得大量信息的基础。为了使学生学会做出正确的、特定的反应,我们必须假定他具有在事物之间建立联系的能力。在上述例子中,印有"dog"字样的单词卡片和学生念出来的"dog"是互相联系的。请注意:我们这里是在描述如何学习——能够做出反应的学生已经完成了这一水平上的学习。关于学习是怎样完成的则是另一个话题。换句话说,是否用卡片并不重要,就像是否采用哪一种具体的教学模式并不重要一样。

"连锁反应"就是做出一系列相互关联的反应。加涅通过采用两个例子来解释这个概念,"钥匙开门"和"把一种语言翻译成另一种语言"。"开门"要求我们做出一系列特定的反应(选择钥匙、插入钥匙、转动钥匙),并按照一定的顺序完成,这个顺序要求能保证将此任务顺利完成。当一个人把英语"how are you"这几个单词放在一起组成一个有意义的短语时,连锁反应就发生了。同样,翻译成西班牙语的"你好吗"也是在一种语言中做出一系列特定反应,并把它们组织成短语。

"多项辨别"涉及学习多种特定反应、连锁反应以及如何恰当地分类整理。辨别可以运用到已学会的反应方法中,要学会在类似的条件下把颜色及其名称联系起来。比如说,我们在家里或学校的某间屋子里学会了辨别不同物体的颜色,那么我们就必须能够在不同的条件下(例如购物中心)认出这些颜色,同时能够把它们和不同的物体联系起来(在家里学习的时候,把蓝色和毛毯联系在一起,在商店后则要和羊毛衫相联系)。再复杂一点就是选择与合并连锁反应。类似地,当学习一种语言时,学习者的头脑里必须有关于单词和短语的储备量(连锁反应)。也就是说,他必须先选出答案,再根据其性质、数量和时态等做出调整。"多项辨别"涉及学会如何处理先前掌握的各种不同类型的连锁反应。

"分类"就是把物体按功能属性归到一定的类别中。关于区分动物和植物,或者区分汽车和自行车等的学习都涉及分类。这一过程的结果是形成"概念",也就是说,在对事物或事件进行比较和对比后或对它们之间的因果关系加以解释后得到的观点。在学习语言时,学习者建立起一些有关语言结构的概念,如主语、谓语、短语、从句以及词性。四五岁的孩子们在学语言时,已经学习了很多有关形容词、修饰名词这样的概念,尽管他们说不出其具体的名称。

"规则应用"是根据暗含在行动中的概念去实施行动的能力。比如,在拼写中,我们学到许多有关单词如何拼写的概念,那么我们就可以把这些概念以规则的形式运用在拼写活动中。例如,我们学会了这样一个概念:sit 这样一类以 t 结尾的元

——辅音单词加 – ing 时要双写 t 这个辅音字母，那么，双写 t 就变成了一条在拼写同类单词时通常要遵循的规则。

最后，"问题解决"就是运用几条规则来解决学习者以前没遇到过的问题。问题解决包括选出正确的规则并把它们结合起来加以应用。例如，一个小孩学会了一些有关跷跷板平衡的规则后，就可以应用这些规则解决用杠杆移动重物的问题。

促进各种类型的学习

加涅认为这六种学习类型构成了一个逐步复杂的等级体系。因此，一个人在能够进行连锁反应之前，必须先学会特定反应。多项辨别要求先学会几种连锁反应。归类是建立在多项辨别基础上的。规则应用是通过分类和建立因果关系所学到的概念形式。问题的解决首先要求掌握规则。任何一种层次的学习都要求一定的条件。教师的任务就是通过运用适当的教学模式提供这些条件。

为了促进特定反应，教师就要给学生提供一个刺激，这个刺激必须能引起学生的注意，能够引导学生在刺激呈现后很快做出相应的反应，然后教师要对这个反应进行强化。因此，教师可以举起写着"dog"的卡片，念出"dog"的发音，同时要求孩子们也念出"dog"，然后笑着对同学们说"很好"。教师反复这样做就会帮助学生学会辨认单词和正确发音。记忆术和训练模式（见第八章和第十章）都是促进特定反应的方法。

为了促进连锁反应的获得，教师必须提供一系列的暗示，从而引出适当的反应。一名教语言的教师可以用英语说"你好吗"，或者用西班牙语说"你好吗"，然后再让学生跟着重复。教师要提供足够的重复次数以便学生能掌握连锁反应并达到流利的程度。记忆术、先行组织者模式和归纳思维模式都适合帮助建立连锁反应。

要促进多项辨别，就需要用正误两种刺激来练习，以便使学生学会区别。例如，假定学生正在学习用西班牙语表述"你好吗？""早上好！"和"喂！"，他们必须学会辨别在哪种场合下使用哪一个。教师给出一系列正确和不正确的刺激，直到学生学会正确的区别方式为止。先行组织者和归纳推理在这个过程中比较有用。

分类的教学要通过不断提供各种各样的范例和概念来进行，这样学生才能逐渐掌握辨别它们的基础。概念获得模式和归纳思维模式比其他模式都更适合分类教学。

要促进规则应用方面的学习,可以引导学生回忆一个概念,然后对它进行各种不同的实际运用。在前述的拼读例子中,教师要让学生回忆加 – ing 时双写最后一个辅音字母的规则并提供可供练习的例子。这种探究训练能帮助学生从概念转移到规则上去,就像它能够帮助学生从概念形成阶段转入归纳思维阶段一样。

问题解决主要是靠学生自己。因为各种问题都有其独特性。提供一系列学生能够尝试解决的问题有助于促进问题解决方面的学习,尤其是在教师知道学生已经掌握了问题解决所需要的规则的时候更是如此。探究训练、群体研究、共同研讨、模拟和非指导性教学等多种教学模式都能应用于解决问题的活动当中。

教师的职能

加涅强调说正是学习者的活动才导致了学习。教师的职能在于给学生提供条件,使他们能够提高获得具体行为的可能性。学习者必须进行必要的练习,这样才能在事物之间建立联系。但是这种联系必须由学习者自己建立,即使有时不得不由教师给他们指点出来。教师也不能用自己的活动代替学生的活动,在这一点上我们完全同意加涅的观点。

教师(或是教学系统)通过下面的教学职能进行操作:

1. 告知学生教学目的;

2. 呈现刺激;

3. 提高学习者的注意力;

4. 帮助学习者唤起先前经验;

5. 提供诱发行为的条件;

6. 决定学习的顺序;

7. 激励和引导学习。

此外,教师还要鼓励学生归纳总结他们正在学习的东西,以便使这些新技能和新知识能够迁移到其他情境中去。

要想给学生提供一个明确的目标,最主要的是要使他们明白自己的预期目标。例如,教师可以说:"今天,我们将要学习与三位美国总统有关的知识。我们将学习他们的姓名、生活时代和他们最著名的特点。"接着,教师拿出华盛顿、林肯和罗斯福的照片,照片下面印有他们的名字。教师指着照片并念出名字可以吸引学生的注意力。

要想唤起先前经验,教师可以这样说:"我们曾经讨论过,我们国家在很多方面都取得了发展和变化,你们还记得吗? 能告诉我其中一些发展和变化是什么吗?"这样学生们就能够打开记忆的大门并且回忆起那些能和三位总统联系起来的内容。

要诱发行为,教师可以让学生说出三位总统的名字并朗读描写他们各自生活的材料。然后教师可以提问学生都学到了什么。

根据学习的类型和主题的不同,我们可以用各种不同的顺序来学习。但一般的顺序都是这样的:呈现刺激、唤起注意力、帮助学习者理解教学目标、诱发行为及帮助学生总结归纳。这样做能把这些主要的教学任务自然地衔接在一起。

加涅的示范给我们提供了一系列教学的重要基本原则:让学生明白所追求的教学目标的水平,鼓励归纳总结,最终把所学到的东西运用于实际。他重点指出我们无法控制学习过程,却能够提高某种行为出现的可能性。我们可以提供一些促进书面语言和口头语言之间联系的练习,然而实现这种联系的主体却只能是学生自己。

从根本上来说,无论我们怎样细心地控制前述外部学习条件的各个方面,教学也只能增加一些内部的、个人特有的学习的可能性。对教学的精心计划的确能提高这种可能性,并且由此使学习的整个过程变得更加确定、更富有预见性、更为有效,然而个体的神经系统仍然会发挥作用。当然,这一作用的性质也就决定了对学习的个体差异进行研究的必要性。(Gagné,1965,pp. 291 – 313)

从这种观点出发,一种教学模式可以使学生获得一些结构,这些结构能够改变学生学习一定学习内容的可能性。这种体系向学生提出任务,教师引导学生对此做出某种反应。其中的社会性因素又引出了学生与他人交往的需求。这种网络效应使得不同形式的学习变得大有可能。

加涅的这种层次学习体系十分有助于我们选择适合不同教育目的的模式。它还提醒我们:由于学生个人模式的原因衍化出了多种类型的学习,而且当学生从事重要学习时我们必须关注其中各种不同的学习行为。例如,当学生运用归纳思维去探讨一个国际关系问题(如进出口平衡问题)时,他们会进行资料收集(特定反应

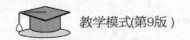

和连锁反应)和整理(多项辨别和分类),最后再形成规则(规则应用)并用来探求解决问题的答案(问题解决)。

设计一门全球教育课程

让我们看看加涅学习层次理论的实用效果吧。我们现在来设计一门从小学到高中都可以使用的全球教育课程。这样一门复杂的课程将给我们提供运用一系列教学模式的机会,而且我们确实很想运用其中的一些模式设计这样一门课程的各个教学环节。

让我们从总体目标的表述开始。注意,我们的教学目标是从问题解决阶段开始的,因为这些目标会指导我们在加涅学习层次的各种不同阶段进行目标选择。在课程设计中应避免的一个常见错误是从"反应阶段"开始,然后试图从这些反应中"榨出"更加复杂的学习类型。相反,我们应该从最复杂的问题解决阶段开始,然后决定要想解决问题的话我们需要学习些什么。

总体目标

首先,要保证学生具有足够的人文地理方面的必要知识,能够对一些全人类所面临的重要问题进行思考,并且准备与不同文化背景而不仅仅是与自己同一文化背景的人们交往。我们的理由在于:全球观对于个人的理解、国家的领导、世界的发展以及经济的提高等诸多方面都是最为根本的。从一种层次上来说,我们希望学生在毕业时能够熟悉全球的各个角落,掌握任何一个地区和国家的大量知识。从另一种层次来说,我们希望他们懂得几种具有代表性的文化,能够从文化发展和文化比较的角度考虑整个世界和本国的问题。还有一个层次就是我们希望他们能够经过思考并得出解决全球重要问题的方法。

其次,运用对全球问题的研究进一步加强读写课程,特别是对论述性文章的读写能力(所有的课程里都有这一目标)。

建立操作性目标

有几种教学模式可以帮助我们明确目标,并且把它们转化为能够进行操作的目标。

整合的复杂性,认知发展和自我概念

让我们先从强调个体差异的模式入手。当学生试图全面把握复杂的问题,理解文化的概念,使个人的文化观与其他不同的文化观相互协调时,这种对于全球及其多元文化的全面理解就需要一种高水平的复杂的整合能力。

认知发展结构的研究有助于我们思考并确定不同年龄学生的不同目标。小学低年级学生当然可以吸收一两种文化的信息,但是让他们去抽象地思考文化范畴显然有些为难他们。小学高年级学生可以学习处理各国的人口统计数据,并且能够从中探求它们相互之间的关系。他们可以试着提出一些问题,比如,一个国家的富裕程度是否与教育水平的高低、资源的贫富相互联系等。他们对不同文化之间的比较是一些可见的、具体的东西,如住房、家庭类型以及职业等。中学生可以处理较为复杂的多元文化问题,对更抽象的变量(如行为规范等)进行比较和对照;还可以就不同国家针对同一具体问题会做出什么样的反应进行推理,例如,人口增长问题、战争威胁和全球生态平衡等问题。

自我概念的研究可以从几个不同的方面给我们提供帮助。首先,研究的总体取向帮助我们认识到:整个课程的着眼点应该在于提高学生学习和掌握复杂材料的能力的意识。其次,它总是提醒我们:自我理解是至关重要的。对世界文化问题的认识可以影响自我理解的很多方面,因为它可以帮助学生从与其他文化的关系这一角度来反思自己的本土文化,并且可以帮助他们了解文化价值观是如何影响个体的思想和行为的。

下面让我们从不种类型教学模式的视角来看一下这个问题。

合作行动和相互理解

社会型教学模式提出要建立一个合作性的学习群体(本身就是一个很好的目标),并且帮助这个群体一起探索世界,揭示一些重要的价值观问题。角色扮演模式则给我们提供了一个帮助学生在进行探究时研究他们自身价值观的工具。法理学探究模式的方法(见十三章)则使得我们能够通过把所遇到的问题以及潜在于各种选择背后的价值观逐一澄清而逐步接近问题实质。

概念学习、建立假设、检验

信息加工型教学模式给我们提供了一套可供利用的工具。概念的发展对于大量信息的处理是十分必要的。而对概念之间相互关系的思考将为学生提供许多有待证明的假设。共同研讨可以帮助学生在全球问题和国际关系问题方面打破常

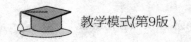
规,寻求新的思路。联词法能帮助学生掌握将会出现的陌生词语。

自我实现和自我指导

如果说个体类教学模式的提出者有他们自己的方法的话,我们则可以给学生提供更多自我指导式探究的机会,并且要求他们不仅仅满足眼前和现有发展水平,还要把学习延伸到新的领域、朝着最有利于个人发展的"最好"的方向。我们还要让他们的情感成为学习研究的一部分,使他们始终意识到知识是一种个人建构。

读写能力和图—文归纳模式

现在让我们回到图—文归纳模式上来,运用加涅的理论框架设计一个教学案例。请思考下面的个案:

教学情境

朱迪斯正在罕布什尔赫尔小学教她5岁的学生们学习扩大阅读词汇量。他们还通过分析单词结构(拼写)来学习语音。这些词都限于他们的听说和阅读范围内。

孩子们坐在地板上,面对着一幅画,上面画的是一个玩具熊坐在乡村风景里(如图19.1所示)。这幅画被架于一张空白纸的中间。朱迪斯说:"我们要从这幅画里挑出一些这周要学的单词。我想请你们先好好看看这幅画,当我喊到你的名字的时候,请站起来指出画面里的内容并说出它是什么,我会把你说出的词语写下来并用线把它与画面的内容连接起来,最后我们再来读一读这些词。"

图19.1 玩具熊

孩子们开始琢磨画面。过了一会儿,朱迪斯问他们是否想告诉大家自己观察到的东西。大家纷纷举手,朱迪斯喊起了杰西卡。

杰西卡指着画说:"那是个梯子。"朱迪斯从梯子那儿画了条线并把单词写了下来,她边写边念,然后又拼读了一遍"ladder"这个词。孩子们边看边听。

"现在我再拼读一遍单词,你们跟我念。"做完了这一步骤之后,她又让另一个孩子说一个词。

"sit,"布莱恩指着那个玩具熊说,"小熊坐着的。"

特定反应

朱迪斯从小熊那儿画了一条线并写下"The bear's sitting(小熊坐着)",她边写边拼读每个单词,让孩子们按顺序把每个词念一念、拼一拼,然后又让孩子们跟着她拼读。她又指着第一个词问:"这个词是什么?"

"ladder。"孩子们都齐声答道。

"如果你们看见这个词但记不起来了,你们会怎么办?"

"顺着线去看画里的梯子。"他们答道。

"好。那么这个词是什么?"她指着单词"the"。

"the。"他们异口同声回答道。她又用同样的方法重复着"bear's"和"sitting",然后是整句,然后叫南希读整个句子。

"The bear's sitting。"南希读道。

"谁认为她读对了?"朱迪斯问,孩子们举起了手。朱迪斯继续用刚才的方式引导孩子们说出单词,她进行检查,然后再定期复习。

连锁反应

在这节课最后结束时,孩子们已经学会了下面这些单词:

ladder	apple	leaf	bear
teddy bear	sitting bear	half – eaten	truck
tree	apple tree	apples	trees
ate	basket	basketgrass	tree truck
little trees	ladder	apple core	teddy
core	half – eaten apple	sit leaves	

无论朱迪斯指到哪一个单词,孩子们都会念。朱迪斯问孩子们想不想把书上所学到的单词带回家,晚上与他们的父母分享。下课时,一个年龄稍大的负责把单词输入计算机的孩子将单词存盘后把磁盘给了朱迪斯。

第二天,孩子们走进教室后,一些人走到图片前看那些单词,相互谈论着,通过连线复习所学过的单词。孩子们又坐在图画旁边,朱迪斯让他们读单词,用画面帮助他们找到这些单词表达的意思。

多项辨别

朱迪斯已经把图画中的单词存了盘,整理在了一起,然后把它们打印出来,做成了一套单词卡片。她发给每个孩子一套卡片,要求他们读出这些词。如果忘了哪个词就到图上把它找出来,再顺着线从画里找出它表示的东西。

很多活动发生了,孩子们盯着单词,自己大声地念着。偶尔也会有孩子问朱迪斯自己念得是否正确,而她会告诉他们自己去图画上核对。很快地,孩子们站起来又坐下去,拿着卡片在图上对来对去。

精细的多项辨别

接下来,朱迪斯让孩子们用从图画中引出的单词组成一个完整的句子并写来。孩子们写的句子有:"一只玩具熊坐在乡村的空地上",或者是"到处都是苹果树"。一个孩子提了一个问题。她指着一个苹果核好奇地问:"是谁把那个苹果吃了?""玩具熊会吃苹果吗?"朱迪斯记下了这些句子。下课前大家一起朗读了这些句子。

分 类

第三天上午她又和孩子们一起回顾了画面内容,然后让孩子们拿出他们的单词卡片,并根据拼写进行组合。

下面是学生们的一些分类。

杰西卡说:"tree,trees 和 ladder,这几个词里有两个相同的字母。"

"很好! 你能说出这些相同的字母吗?"杰西卡指了出来,"还有人能用同样的方法对单词进行分类吗? 南希,你呢?"

"我把 apple 和 teddy 放在一块,因为它们一个中有两个 p,另外一个有两个 d。"

布莱恩补充说:"我把 teddy 和 ladder 放在一起是因为他们中间都有两个 d。"

朱迪斯说:"让我们看看'apple'和'apples'这两个词,它们有什么相同点和不同点呢?"几个孩子都要求回答,她叫了迪伦。

"除了字母 s 以外,它们的拼写相同。apple 是指一个苹果,而 apples 是指两个以上的苹果。"

规则应用

朱迪斯问为什么"tree"和"trunk"能放在一起。

孩子们迟疑了一会儿,然后开始有人举手。朱迪斯等到几乎所有的孩子都有自己的想法时叫起了布勒丹。"可能是因为'tree'和'trunk'的开头听起来很像吧。"孩子们讨论了布勒丹的回答,然后朱迪斯把"听起来很像"写了下来。

最后,孩子们又把表上的单词全都读了一遍才下课。朱迪斯还要求他们在晚间阅读内容里寻找他们学过的词汇。

问题解决

在上面的例子中,朱迪斯一直在使用第五章介绍的图—文归纳模式。它要求从学生听说词汇中引出单词以便学生能够学习并掌握,接下来的分类则为进一步的语音学习打下基础。从根本上说,认识单词以及积累可视词汇是学生自己的问题,但通过使用培养这些技能的教学模式,我们能够给予他们帮助。

第二十章 拓展我们的视野

——变不适为成效

如果太舒适,我们就会停止成长。学生们会待在舒适区中给我们的工作施压,我们应善待这样的压力。我们需要耐心地帮助他们学会处于不适状态。

——赫伯·西伦致布鲁斯·乔伊斯

教学情境

匹配与错配

第一个学生:那个家伙一直都有很多的想法,他快把我逼疯了。我必须得把每件事都写十几遍。

第二个学生:我在那里很开心。但另一个人却让我焦躁不安,他删减了很多内容,想让我摆脱话语中的隐喻和讽喻含义。

第一个学生:这就像我们必须改变个性一样。

第二个学生:当然,他们不会改变的。

这个案例描述了一个非常普遍的但很悲观的故事。本章我们主要讨论学习方式、教学方式与教学模式之间的关系。我们将介绍个体差异以及学习者如何从众多的教学模式中获取知识。概念系统理论(参见 Harvey, Hunt & Schroeder, 1966; Hunt, 1971)是我们需要思考的一个非常重要的理论基础。

个体差异之所以受到重视,是因为它是个体独特性的体现。学习方式很重要,因为它是与教育相关的个体独特性的表现。就个体独特性而言,它构成了个体身份,同时又体现了丰富的文化。

我们希望给孩子们一种普通教育,以此来强化他们的个性,促进他们人格的发展,同时传递我们的文化和学习方式。我们应根据学习者的特点,使用自己所拥有的教学技能帮助他们逐步在成长过程中获得自我控制能力。

关于教学模式,我们应避免两个错误的看法:一是认为教学模式是固定不变的,为了取得最佳效果必须运用死板的公式;二是认为学习者有一成不变的学习方式。这两种看法会使我们陷入一种无法实现的两难境地。因为如果毫无成效的教学模式与呆板的学习者不相适应的话,就很难避免无可挽回的冲突。也正是因为教学方法有很大的灵活性,学习者有很强的学习能力,两者才能相互适应。

考虑一下我们所讨论的教学模式的特点。个体模式是从学习者的独特性着手的,试图帮助学习者把握他们自己的成长;社会模式以不同的思想和个性相互作用产生的协同作用为依据;群体调查模式则从不同的学术和社会问题的感知中直接产生学习动力;行为模式建立教学顺序,即调节学习速度、任务难度及先前成绩的能力;信息加工模式按认知方式和认知发展来调整教学,并将提高学习能力和有效地适应能力。重要的是,你不需要为了多种方式学习而放弃你的学习重心。

本章所讨论的重点不仅在于我们应该使用每一种模式来教授信息、概念、技能、价值分析以及其他的内容和目标,还在于教会学习者使用每一种模式的方法来进行自我教育。在前面几章中,我们把每一种模式都看成是使学习者学会思考的一种方法。从这个角度看,每种教学模式都可以看成一种学习模式,一种无论现在还是将来都会是帮助学习者扩展解决问题途径的模式。

然而,当我们试图给学习者提供新的学习内容和学习方式时,引起他们不同程度的不适在所难免。真正的成长常常要求我们不仅使学习者感到不适,同时还要帮助他们应对这种我们必须为其创造的陌生环境,以及有效地处理这种不适。

不适与学习

我(乔伊斯)想从一张个人便条说起,它解释了"不适"在学习方式和教育环境的讨论中显得如此重要的原因。在芝加哥大学与西伦的谈话结束时,我向他借了本名叫《教育与人类的追求》(*Education and the Human Quest*,1960)的书。那天晚上大部分时间我都在读那本书。第二天,我们又有机会谈了一次,在西伦具有极大影响力的观点中,有一点让我受到了刺激,感到有些不舒服:"有效的学习常常伴随不适,同时由不适推动。"

有时,他甚至尖锐地说:"学习者只有不知道如何回答时才会学习"(Thelen,1960,p.61)。哇!许多教育工作者正在寻求方法让学生轻松地、舒适地学习,即释放压力,并且西伦也陈述了显而易见的困境,即学习的概念意味着学习者需要理解思想或在教学/学习事件发生之前,能够掌握不属于他们的技能。让我们再强调一次:如果你已经掌握了某些知识或拥有某种技能,你可以在需要时召唤出这些知识或技能。否则,你面临的情况是"你不知道该思考什么或做什么"。所以,如果你学习,你就改变了。学习意味着改变,即使有时只是很小的变化。

有时西伦把它称为群体调查法中探究过程的原动力。群体调查源于一种"刺激情境"(p.8),学习者对它做出反应并发现自己的态度、观点和感知模式中的基本冲突。换句话说,他们需要学习(改变)以能够处理目前困扰他们的情况的类型。

在前几章中,我们在研究其他一些模式时讨论了这个参考框架。回顾一下第十章,在我们现有知识无法解决难题的情况下,探究训练是以困惑开始。或者想一想提喻法,我们学习使用类比来思考任务或解决我们目前的知识无法满足需求的困境。或者思考一下图—文归纳模式是如何引导学生读、写以前未知的单词,生成以前无法产生的句子,并在疑问产生之前将图片贯穿到他们不知道的内容中。然而,走向我们从未去过的地方可能会让我们感到不舒服,除非我们接受这种成长的方式,去"我们之前没去过的地方",并放松地进入冒险学习中而不是被动改变。

西伦还认为,教育因学校教育应该顺利并舒适的信念以及学习任务不应该强调学习者,而应该通过简单的阶段来推动学习的信念受到严重阻碍。因此,西伦对教育现实中的"愉快和适应的规则"(p.80)的有效性提出了质疑,他认为这样做的结果只会削弱争论,降低任务难度和不适,而这些恰恰是有效学习环境的特征。

我的第一感觉是困惑。我以前学习的观点是,学习者作为脆弱的自我,必须被一种支持的环境所保护,从而使他们能以非常愉悦的心情进入学习世界,这与西伦的观点是不一致的。如何使学习者在学习中同时感到舒适和不适呢?当我问西伦这个问题时,他微笑着回答说:"这就是你必须考虑的难题。"

研究取向不同的心理学家虽然并不经常使用"不适"这个概念,但他们也对此有过一些探索。个性心理学家就是一个很好的例子。罗杰斯(Rogers,1982)的理论支持者提出,要为学习者提供一个安全的环境,以保证他们对自我及自身环境的探索。罗杰斯强调,我们作为学习者的本能倾向是把自己置于一种感觉安全的境地,而教师的主要任务则是帮助学习者进入一种感觉不安全的地方。为了成长,学习者必须接受不适,并努力克服恐惧的障碍。教育者的任务不仅是简单地打破学习者的环境禁锢,而且要帮助他们积极地追求新的发展。

马斯洛(Maslow,1962)指出,自我实现是这样一种状态:人们不仅能冒险,而且在尝试使用不熟练的技能时能忍受难以避免的不适。他的这一理论对成人和儿童都适用。一项历时四年的有关教师各种发展活动的调查表明:教师的自我观念是在教学情境中运用新技能和新知识能力的重要标志(Mckibbin & Joyce,1980)。我们也认识到,绝大部分教师的有效发展主要就是帮助人们成功地解决在发展新能力水平过程中的不适。

当我们考虑发展阶段理论时,不适的作用及对其进行有效处理的能力就出现了不同的外在形式(见 Erikson,1950;Harvey, Hunt, & Schroeder,1961;Piaget,1952)。大多数发展阶段理论不仅强调不同阶段发展的自然性,而且强调发展停滞的可能性及达到更高层次发展所需的适应性。在皮亚杰的理论中,使人印象深刻的是他所描述的成长的自然性,即新信息的同化必然导致下阶段的顺应。然而,并不是所有的人都能在皮亚杰的每个发展阶段中都呈上升趋势,在某个阶段也有可能会停滞。当出现顺应时,它会引发结构重组,通过结构重组,进入新的发展阶段,这个阶段要求打破原有的阶段限制。如果任何一个发展阶段的舒适性都得不到挑战的话,学习者将愉快地放弃认知结构中重要的飞跃。

在概念化系统中,亨特(特别参见 Hunt 1971 年的文章)强调环境和发展的关系。他描述了发展的各个阶段及每个阶段中所允许的有效活动,同时发展有利于进入下一阶段的特征。

如果环境与学习者的发展水平完全适应,学习者可能会对在这一水平的发展感到满足并因此陷入困境中。亨特和他的同事使用了挑衅性的语言。他们认为,如果环境太舒适或过于安全可靠的话,学习者可能会心满意足地停留在具体思维阶段。于是,整合信息和形成新概念系统的能力就会受到限制。为了促使学习者脱离他们熟悉的概念,即简单地把世界看成是黑白的概念,环境必须有一些令人不满意的方面。虽然亨特(Hunt,1971)研究发展的角度与西伦有所不同,但他仍然认为不适是发展的先兆,为了刺激发展,我们需要有意识地使环境与学习者不相适应,使学习者无法轻松地适应熟悉的模式,而必须考虑更复杂的问题,但又不能太复杂,我们要寻找的是一种不适的最佳状态,在这种状态下,学习者的概念系统是受到了挑战而不是彻底摧毁。

关于教师培训的研究也多次揭示,当教师获取新技能时,不适因素也在起作用,这有助于我们了解成年人获取新技能的过程。从1968年至今,我们对教师使用多种教学策略所必需的技能进行了大量的调查(Joyce,Peek & Brown,1981;Joyce & Showers,2002;Joyce & Calhoun,2010)。研究结果表明,教师可以通过学习各种教学模式和技能、观摩(15—20次)以及根据良好反馈所进行的一打(12次)练习来获得技能。然而,当尝试使用这些新方法时,一些教师就会感到相当不适。在学习新方法的教师中,只有5% ~ 10%的教师能在毫无帮助的情况下应对不适。而大多数教师在没有其他人帮助时,从未尝试使用他们不熟悉的教学方法。即便如此,在前六次试验中,多数教师发现,无论使用什么新方法,他们都会感到很不适。原因之一是为了使用新方法,他们需要适应其他技能;另一个原因是,学生面对新方法时,也需要学习一些补充的技能,这样才能与之适应;还有一个原因是,教师在使用新方法时没有使用原有方法时那么自信。

其结果是许多教师即使在参加培训后能轻松地运用新方法,他们也不愿使用。然而,经过几次尝试,他们在使用新方法时感到更得心应手,同时能力也得到提高。同事互助小组的一个主要作用是为顺利度过不适期提供必要的支持。

概念化水平能预示获得新技能的高低。概念化水平越高的教师越能很好地掌握新模式,并且会更频繁地使用(Joyce,Weil, & Wald,1981)。概念化水平与学习新教学方法的能力二者之间的关系在很大程度上与个人如何处理在学习新技能时的不适感有关。概念化程度越高的教师,越能有效地处理不适的过程。他们能从学生那里吸收新信息,并调节自己的不适感,最重要的是,他们能教学生学会如何度过学习的不适期,直到在整个教学中熟练使用新的教学方法。

显然,教师学习新教学方法的重要任务之一就是必须帮助学习者获得与新教学方法相关的技能。为调查学习者对陌生教学方法的反应过程,亨特和他的同事进行了一系列研究(Harvey,Hunt, & Schroder,1961)。他们把学习者按不同的概念化水平进行区分,并让他们接触与其发展水平相适应与不相适应的教学方法。结果显示,几乎所有的学习者都能对大多数教学方法做出反应,但是仍然存在个体差异,概念化水平较低的学生对结构化的需求较高,面对结构化程度较低的方法就会感到更多的不适。而偏爱独立指导的学习者对高度结构化的教学方法感到更不适应。

另外,学生会"拉动"教师的行为向自己喜欢的学习方式靠拢。那些结构层次较高的学生向教师显示了自己的需要,教师则通过调整教学方法来适应他们的个性。奇怪的是,教学模式与学生的自然学习模式越不适应,就越能激发学生积极的学习态度,他们渴望顺利度过不适期,最后形成技能,这些技能与学习环境形成一种促进关系。

例如,善于交际的学生最能适应社会类模式并能迅速从中受益。然而,那些不善交际的学生更需要使自身感到不适的模式。因此,挑战不是去选择最舒适的模式,而是使学习者形成与大多数模式相关的技能,当然许多这样的模式至少在表面上与他们的学习方式不相适应。

许多研究表明,个体的发展需要这种不适。如果环境和学生过于和谐,学习者就会停留在不思进取的舒适水平上。为了帮助学生成长,我们需要运用一个术语,即"动力失衡(dynamic disequilibrium)"。我们的任务是让学生去接触那些新的方法,从而在一段时间内使他们感到不适,而不是使这种教学方法减少对学生造成的不适。

学习者的边缘化状态

大部分关于学习者与教育环境的文献都强调和谐以及把环境调节到学习者最佳的"舒适水平"上。舒适水平及相关概念常常出现在学习方式的讨论中(占优势的大脑半球、感知形式、多元智能等)。为了探索不适生成的可能性,让我们来讨论下在环境中体验到极大不适的"边缘"学习者。最近,许多教育工作者开始关注这些学习者,并且也在寻找途径使教育环境对他们更有益(这一问题通常在"多样性"的概念中进行讨论,不适应理想化的主流观念的学生是很难理解的)。如果考虑边缘化的概念,我们就能把不适与成长直接联系起来。当学习者与教育环境只是在有限的联系中感到适应时,我们就会改变环境,重建"舒适标准"。而事实上,学习者感到的不适感也许正是我们帮助他们达到新的成长阶段的信号。

边缘性是学习者感到很难适应环境并从中获益时的一种状态。学习者也许适应某些环境,但对其他环境并非如此,从理论上讲,边缘性的可能范围是从无(学习者能适应他们所处的环境)到全部(学习者所处的环境对他们无益)。教育工作者创造了环境,但学习者不能在其中学习,原因就是他们的实际情况与我们认为的特定环境的有效性相差甚远。如果学习者在特定的环境中处于边缘状态,那么对他的教育有效性就会减弱。更糟糕的是,如果边缘性很严重的话,可能还会产生副作用。学习者会变得沮丧,甚至认为自己在这种环境中学习不可能有成效。如果学习者把多次受挫的经历累积起来,就可能会认为教育是无望的(从这类人的角度来看)。

关于学习者的假设

如何看待我们的学习者呢? 我们会从多种角度来进行分析,而每种角度都会使我们看到学习者的不同样子。

对文化的适应性

假设:在某种程度上学习者已经适应了某种文化,已经接触到构成美国文化的行为模式、物质世界及认知方式。学习者也许会(也许不会)比一般人的词汇量小,却拥有某类词汇。他们既内化了我们基本的语言性质,也参与了文化过程并观察了成人的社会行为。换句话说,尽管在文化领域内,学习者也许会相对不成熟,但就文化而言,他们与其他人没什么两样,这是毋庸置疑的,但是边缘学习者的许多语言都在暗示,在普通教育中被边缘化的人实际上是亚文化群体的成员。他们与主流文化群体的成员之间存在很大的差别,以至于他们被当作了外国人,但是这种情况是很少见的。人生来就具有学习文化的能力,但只有少数人会在某些方面形成与自己所处的社会结构不相符的文化模式。

智　力

卡罗尔(1977)和布卢姆(1971)描述的有关智力差异的观点是相当有说服力的。这一观点明确指出,智力能力方面的差异实质上可以解释为相关性,因为卡罗尔和布卢姆观点的另一种表达是,就文化而言,"不太聪明"的学习者并没有什么不同,知识需要更长的时间,也许需要相当长的时间才能认识特定的文化。换句话说,学习者是我们中的一员,在特定的教育环境中,我们中的某些人在学习文化的一些成分时会比其他人慢。我们可以做出一个乐观的假设,那就是边缘学习者是有能力学习的,只是比别人需要更多的时间。

不良印象

第三个假设是,不能有效适应特定教育环境的学习者常常会给社会留下不良印象。不能适应环境的学习者会受到其他社会成员的嘲讽,而更大的危害是,人们可能会内化一些文化标准,而不能适应这些标准的学习者就会自我谴责。像在正规组织中显示的那样,教育在很大程度上是一种公众活动,当存在边缘情况时,社会的全部力量就会谴责学习者,由此产生潜在的负面影响。边缘学习者会受到双重惩罚,一是自我沮丧感;二是他人的嘲讽(或自我嘲讽)。

灵活性

关于学习者最重要的一个假设是,人们是灵活的,不是呆板的。他们是不断成长的,且完全有能力适应。只要他们对所处的环境不完全不适应或其他人能在他们适应特定环境时能给予有效帮助,几乎所有的学习者都有适应大部分教育环境的潜力。

关于学习环境的假设

从文化角度来看,学习环境是我们文化的基本主题,源于西方社会。换个角度来看,所有的教学模式都是我们文化的变体。但是在文化上,它们之间是没有区别的,因为它们都出自同类教师或同一名教师之手,因此教学模式和学习者有相同的文化根源。也就是说,每种学习环境都会引起学习者的一系列反应,表现在学习者对环境反应的有效性和适应性上。没有任何一种学习环境能对所有的学习者都产生完全同样的效果。

如果我们在设计学习环境时考虑到它的灵活性,那么它就是可以适应的。一种教学模式并非简单地以硬性和无情的方式展示在学习者面前,恰当地创造学习环境,使它具有灵活性并能通过适当的调整来适应学习者的个性特征;同样,受到恰当训练的学习者也具有一定的灵活性,能改变自己来适应学习环境的特征。

可选择的环境与教育成果

某种教学方法会增加某种学习效果的可能性,同时也有可能降低其他学习效果。例如,我们将角色扮演模式与探究训练模式对比一下。沙夫特的角色扮演模式的目的是使学习者能够自我检验价值观(Shaftel & Shaftel,1967)。而萨奇曼(1981)的探究训练模式的目的则是增加学生的因果推理能力。可见,根据沙夫特的模式来设计学习环境,将会增加学习者适应自己社会价值观的可能性。而萨奇曼的模式将会增加学习者推理能力的可能性。我们要面对的并不是一个各种事物互不相关的世界。对价值观的探究也可能会增强因果推理能力。而且,没有任何规定指出不能把萨奇曼的模式用来提高价值观方面的因果推理能力。沙夫特的模式曾经在教学习者因果能力方面比萨奇曼的更有效,而萨奇曼的模式在培养学习者的社会价值观方面却更有效。从长远来看,每种模式都可能在某方面更为有效。因此对教育者来说,拥有与既定教学目标相适应的多种教学模式的技能是非常重要的,因为这样他就可以任意选择教学模式了。

纠正边缘性的方法

当我们回过来再看边缘学习者时,我们需要考虑的问题是,当学习者对特定环境有边缘反应时,我们该怎么办?为了把讨论限定在一定范围内,我们想象一下,当两名学生同时面对前面提到的两种模式时,其中一名学生对某种环境有积极的反应,但另外一名则没有。这种情况下,我们应该怎么办呢?

在这两个例子中,一名学生在某种环境中有边缘反应,但是另外一名并非如此。我们可以预言,其中一名学生可以以相当适宜的方式学习价值观,而另一名学生则能提高因果推理能力。如果我们顺其自然的话,两名学生之间的差异就会增加,一个在价值观方面会越来越好,而另一个在推理能力方面会越来越好。现在,我们暂时对此不做解释,先不去寻找两名学生中为什么只有一个对环境有这种反应的原因,而是考虑我们能做些什么。

首先,我们反对顺其自然的方法。我们不想让学习者处于低效、沮丧甚至是憎恨的状况。我们也反对学习者脱离使他们受干扰的环境,以此来消除他们的挫折感。我们应该选择让学生最适应的模式,消除让他们不适的模式。从积极方面来看,我们有足够多的数学模式,我们确信,所有学习者都会很好地适应其中的一种,在上面的例子中,我们对此已经有过初步的分析。

工业解决方案

我们从亨特(1971)称之为工业解决方案的方案中寻找一些能够减少学生边缘化的教学方法并加以运用。这种方法有一定的实用意义。但是对于某些学习者来说,这种方法最明显的效果是减少他们对有着各种不同目标的教学模式的选择。来看看前面两名学生的例子,由于沙夫特的模式设计是为了促进价值观学习以及减少那些边缘化学生的不适,那么这就意味着我们将不得不选择不适合价值观学习的模式。对于任何特定的学习者来说,这也许只是有效性的适度损失罢了,但如果为大多数学习者做长期考虑,这种工业解决方案就会存在内在的缺陷性。

然而,这种解决方法肯定比对其视而不见好。至少它可以减少学习者与教学模之间的不适应而产生的副作用。勤奋心理学模式的成功主要取决于这样一个假设,即我们能发现许多适应学习者和目标的模式。

所选模式的适应性

另一种解决办法是调整模式使之适应学习者的个性特征。我们应找出某些学习者不适应特定环境的原因,然后调节学习环境的特征以便学习者能轻松地适应。例如,假设我们把探究训练模式用于基础科学中,对这种模式不适应的学习者也许会对这种归纳推理的模糊性产生反应。学习者可能更喜欢直接获得正确答案,而不愿意提出自己认为是错误的或无法立刻得出结论的问题。在学习者能够应用许多已有知识的情况下,我们可以通过只含两三种探究问题的方法来降低探究训练学习任务的难度。

不适合角色扮演模式的学习者在面对困难时或许会感到不安,他们或者很难扮演他人,或者自己不适合讨论价值观。在这种情况下,我们可以通过指导使他们感到角色扮演是相当简单的,或者我们可以给他们提供一些价值观分析所必需的技能训练。

亨特(1971)指出,如果我们能通过学习者"凿出一个模式",尽力去寻找是什么困扰着学习者的话,就会有办法改变当下情形,我们可以增加非结构化模式,减少结构化模式,调节学习者的控制程度和任务难度,或许就能找到为被边缘化的学习者提供安全学习环境的其他办法。

这种方法的优点在于我们可以针对特定目标继续使用选择性模式,即选择可能产生一定学习成果并能减少学习者不适感的模式。该方法取决于这样一个假设:学习者与模式之间的不吻合度不可能大到难以克服。因为学习者和教学模式都来源于相同的文化,所以我们肯定他们能带来环境的发展方法,只是少数学习者缺乏适应广泛教学模式的能力。

我们仍需要对这个领域进行大量的研究,其中需要研究的问题是:只要接触到模式就会表现出不同程度边缘性的学习者怎样才能适应广泛的教学模式?如果不对这些问题进行探究,就很难确定我们能做到什么程度。我们对所提到的适应与不适应的重要发现之一是学习者对环境施加影响的程度。要求较高结构化模式的学习者即使是在启发式教学模式中也会提出许多关于程序的问题,并要求教师明确指出自己应该做什么,要求教师定期向他们解释并指出下一步应该做什么。他们要求教师将整个模式分解为一个一个的小单元以更好地适应自身的能力水平;其他学习者则争取对程序进行控制,降低强加给他们的结构化要求,实际上这就增加了模糊性任务的难度。作为参加这些研究的成员之一,在结束这项工作时,我觉得如果我们让学习者为我们提供帮助,他们是可以做到的。他们希望有一个有效的学习环境,如果我们给他们机会,他们愿意和我们一起通过合作来适应环境。

学习者灵活性的培养

用于校正边缘性的第三个解决方案是尝试将学习者与广泛的学习环境联系起来。和前面的例子一样,我们教学习者与探究培训相关的必要技能。亨特(1971)在与模式相关的技能训练方面的实验又一次丰富了我们在这个领域的知识。如果要进行技能训练,我们必须搞清楚有利于边缘学习者的教学模式是什么。这一训练的目的是帮助学习者很好地适应环境。最近一些关于教师培训的研究在这一点上具有一定的指导意义。特定教师的全新教学方式与以前习惯的教学方式之间的差异越大,教师在使用时就会越不适应。模式的训练与模式相关的技能训练是有区别的。当我们指导正在尝试学习新模式的教师时,他们会明确指出自己感到困难的领域,然后我们针对这些问题对他们进行直接的指导(Showers,1982a)。

在帮助学习者形成相关环境的技能的过程中,我们应该观察学校中具有独特学习方法的学生,以便帮助学习者在他们创造的环境中有效地学习。强调自我指导活动的学校需要教会学生如何进行自我指导。强调顺序学习的实验室应该帮助学生学会判断问题和说明活动,以便顺利地参加这些活动。另外,这与我们的亲身经历也有关系。当我担任哥伦比亚大学师范学院实验室的主任时,我们建立了一系列关于操作不同模式的学习中心,而且学生们都投入到了这些中心的活动中。我们确信,几乎所有的学习者都在以各种方式提高他们的学习能力,并使他们的学习风格适应他们所面临的不同学习中心的要求(Joyce & Clift,1983)。

如果认真看待技能训练方法这一问题,那么我们就应该努力教学生学会适应各种各样的学习环境。只有通过帮助学生掌握学习技能,他们才能把握事实、掌握概念及技能,解决相关的问题。我们把学习技能当作课程学习的基本技能,并且把是否能帮助学生成为有效的学习者作为衡量教师成功与否的标准。

从这个方面来讲,我们应该用一种新的视角来看待适应学习环境的个体差异。当学习者对特定的学习环境不适应时,我们就应该制定不同目标帮助学习者适应这种环境。我们不仅不能放弃对他们的帮助,而且应该持续给学习者提供保护性练习及特别的帮助,以便学习者与环境之间能建立一种有效的关系。因此,我们不应该认为不适应角色扮演的学习者就不能使用该方法学习价值观,而应该认识到,通过训练是可以培养他们这方面的能力的。

我们还要以卡罗尔(1971)和布卢姆(1971)的做法为鉴来调整教学进度。假定所有的学习者都能从学习环境中受益,只不过在某些环境里,有些人需要更多的时间而已。学习者被边缘化的原因是教师要求他们以超出掌控能力范围的速度进行学习。即使小学的基本技能训练也要求熟练运用,我们认为这些原则可以适用于对各种学习目标的掌握。因此,一些学习者可能从罗杰斯所倡导的环境中获益速度较慢,一些也许在培养发散性思维的教学模式方面适应较慢,另一些则可能对概念学习模式掌握较慢。

对于边缘学习者来说没有特别的模式,所有学习者都是我们文化的一部分。实际上,假如学习环境与学习者的个性特征是相适应的,且我们又着重教他们怎样有效地学习,那么所有的学习者都能学会适应广泛的学习环境。

有严重感观障碍的人的经历就是一个很好的例子。从教学模式的观点来看,并不存在任何教聋哑人的专门模式。他们也能适应大范围的学习环境,并能从中获益。但如果不帮助他们学习就等于剥夺了他们在许多领域的成长机会。因此,实际上学会适应更大范围的环境就是一种成长,而这种成长会大大增加更多学习的可能性。

成长的智力

我们作为学习者,本性中存在一个有趣的矛盾:重要的成长需要改变。我们必须放弃我们习以为常的思维方式,并持续不断地与我们不熟悉的观念、技能和价值观做斗争。成长是人类的本性,我们在成长意识的驱使下会不断进步。然而,矛盾的是,我们有一种保护自我存在的根深蒂固的倾向。事实上,怀旧则是一种不希望长大或改变的愿望。我们希望像年轻时一样,并且喜欢用以前的方式来看问题。但奇怪的是,答案是为了产生平衡,我们创造需要改变的环境,并不是要放弃我们在特定阶段是什么的问题,而是要学会有效地重建自我。西伦给我们的建议是正确的:学习者需要面对不同的问题和不同的意见,以便能够超越现阶段并构想继续发展的另一阶段。

当我们是婴儿时,改变的过程便与我们相随。我们本没有刻意地学习语言,但我们学会了,而且在学习的过程中改变了自己。我们并不愿意走路,但行走让我们到达了以前从没有去过的地方。不久之后,我们学习了自己的文化,并且开始在某种程度上对其加以利用。我们对这个程度感到满足,并希望能永远保持在这一程度。教育的目的就是创造一种能使我们认识到改变是成长的先决条件,这样我们就可以超越自我、提高自我的理解能力,并接受自身内在的智慧。如果不适没有将我们阻断在发展自我前进的路上,那这就是我们的财富。

艾米莉·卡尔霍恩和我为"超龄读者"开发了一门课程,四年级至十二年级的学生都是苦苦挣扎的读者。其中大约一半的学生被诊断为有学习障碍。我们称这个课程为"学习阅读的第二次机会";其他学区称它为"成功的阅读",这个术语是由阿尔伯塔省的北极光学区发明的(见 Joyce,Hrycauk,Calhoun & Hrycauk,2006)。第二次机会是一个多维度的方法,教学生发展视觉词汇,探究单词的结构,广泛阅读,并学习阅读。在与第二次机会接触之前,学生的历史平均成绩等级(GLE)增益约为0.5。一年后,"经常"陷入困境的读者和有学习障碍的读者在这两个类别中的平均收益约为2.0。这些处于青春期前期和青春期不成熟的学生正被带入一个新的、乐观的、具有成就的世界。同样,我们的课程必须给这些学生提供经验,他们在一开始会感到不舒服,但他们必须克服这种不适,否则他们将继续使用功能失调的学习策略。

如果我们自己要成长,我们必须知道,如果我们持续使用相同的课程设计,我们将不会得到进步。

我们被亚伯拉·卡普兰(1964)的观点所吸引,他对行为科学方法论的研究涵盖了所有相关学科和分支学科。在他介绍自己的研究时,评论道:

> 这本书将不包含"科学方法"的定义,无论是用于人类研究还是任何其他科学……因为我相信没有一件事可以被定义……人们也可以谈论关于棒球的"方法",有投球、击球和跑垒的方法;部署的方式;代打和后援投手的管理策略;传递信号、指导和保持团队精神的方法。所有这些,还有更多的方法都可以

使游戏变得更好玩,而且每个方法都有无数限量的变体。当然,我们可以说,只有一种方式可以生效:如果你击球,就得分;如果你不击球,则不得分。这一说法将与"科学方法"的任何一般性的和抽象的定义一样有帮助——如果我们要公正地对待复杂性,我认为很难改进布里奇曼的所说的话:"科学家除了做最糟糕的事情之外,没有别的方法了。"(Kaplan,1964,p. 27)。

同事互助指导

接下来是同事互助指导,它可用于指导教师群体和个体使用教学模式。同事互助指导能够促进同事互助小组成员之间的规划和交流。这些成员间相互观摩,从观摩中获益。(有关同事互助的过程和目的请查阅《乔伊斯和卡尔霍恩,2010》)研究人员也可用这些指导获取互助小组成员的心得体会,不管小组成员间的相互观摩是否开展。

同事互助指导中的双方都很重要,施教方计划和实施教学,观摩者方通过研习模式帮助施教者理解学生反应。双方共同致力于一个持续性的教学实验。他们有着共同的目标,即提高对师生之间的交流进行分析的能力,提高他们教学生如何组织信息,获得概念的能力。

这些指导可用于同事互助小组成员(通常为二人小组)就某堂课(一小时左右)进行有效的沟通,其中一人计划和施教,另一人观察和研究学生对该教学模式的反应。我们称其中一人为施教者,另一人为观摩者。

这些指导可用于设计教学过程,同时观察学生对教学模式中主要环节的反应。教师在指导表中指定地方填写相关信息,让观摩计划更加清晰,为观摩者做好准备。观摩者填写指导表并将相应结果反馈给施教者。施教者和观摩者通力合作,研究学生反应,计划如何使学生更加有效地学习,从而双方都得到进一步提升。观摩者无需提供施教者改善教学的建议(双方都在学习该种教学模式),而是从观察中施教者得以学习并将观察到的学生反应反馈给施教者。

施教者设计教学时,可跳过指导进入标有"教师任务"的地方,根据需要填写。这些已填写的任务可指导施教者应用整个教学模式。观摩者阅读指导内容以熟悉施教者的计划并记下所要观察的内容。观摩者们要注意:你们的首要任务不是给同事提供专家型的建议,而是按照施教者要求观察学生,并从整个观察过程中获得自我教学启示。从某种程度上来说,施教者是向你们呈现一堂课的演练者。而如果你是被观摩的教师,这时就成了演练者。

1. 先行组织者

在开始上课前,施师者说明观摩者可能要观察的内容。这些内容是观察的提示,双方就此加以讨论。施教者和观摩者都在注视学生的反应,这将是讨论的焦点。

教学过程

多数教学过程包含内容目标和过程目标。内容目标包括学生掌握信息、概念、原理、形成思维方式、价值标准以及积累从经验中可学习到的其他内容。过程目标是指学生掌握学习的方法,从而能够完成提高学习能力的社会活动和智力活动。就某一教学模式而言,过程目标是指在使用这一教学模式时,学生能够有效参与到所呈现的任务中。

施教者的任务

你想给观摩者一个关于中心或者主题的建议吗?

内容目标

请告诉观摩者这一教学过程中反映基本目标的信息和概念。你将给学生提供什么样的信息? 提供什么样的概念来组织这些信息? 这些信息或概念对学生来说是新的吗?

_____

_____

_____

_____

_____

过程目标

请告诉观摩者在该教学过程中涉及的任何过程目标。例如,你是否尽力去帮助学生学会如何理解和运用先行组织者,如何在学习材料和概念建构之间建立联系,如何将新材料和先行组织者联系起来,如何将已学到的知识运用于新知识和技能的学习中?

_____

_____

_____

_____

阶段1:呈现先行组织者

这一教学模式的关键是运用有组织的材料引导学生从概念的层面把握他们正在尽力掌握的材料。施教者利用作为"智力支架"的概念组织材料并且将这些概念呈现给学生,以便学生能够将新信息与之联系起来,或能够形成一个更清晰的概念性框架以重新组织熟悉的信息。虽然经过了精细组织的材料本身就有助于学生学习,但施教者还要尝试在一个更高的概念性层面上去促进学生组织概念,以使学生在超越仅将信息与某一主题材料建立联系的基础上进行信息加工,在一个更复杂的层面上对材料进行思考。

请描述组织者,或者组织系统。讨论它如何帮助学生把材料概念化。你将如何引出这些组织者?

_____

_____

_____

_____

阶段2:呈现学习材料

当然,这一教学模式的目的是促使学生可以在抽象的层面上学习材料,包括事实、概念、原理、思想体系等所有可能涉及的材料。这一模式将学生定位为一个积极接收者的角色,通过阅读、观察、摸索材料或者环境以获取信息。这些信息也可以通过图书、演讲、电影、录音带,或者其他的媒介形式或综合形式呈现出来。

请描述将要呈现的内容以及呈现的方式。将你最想要凸显的内容以及以后如何应用这些内容强调出来。

_____

_____

阶段3：建立组织者和已呈现信息的联系

由先行组织者限定的概念结构需要和已呈现的信息综合起来，并且也需要和学生的个人知识结构相连接。虽然学生经过练习后已经能够独立完成大部分任务，但我们还需要提供一些相应的练习使学生更加清楚概念和材料之间的关系，同时使学生有机会思考概念组织结构。例如，我们可以先阐明某一个组织者和信息的某些方面的联系，然后引导学生深入思考其他组织者和信息之间的联系；或者我们可以让学生用自己的话语重新阐释组织者并指出它们与信息相关方面的关系。

你将如何进行讲解或者布置一项任务来帮助学生综合所学的组织结构和已有的概念结构，同时清楚地表达组织者和已呈现材料之间的联系？

阶段4：应用

有时，信息是作为学生学习一项技能的前提呈现给学生的（我们可以教给学生音符帮助他们学习唱歌），有时我们也呈现信息以解决问题（力学的知识可用于解决需要应用杠杆原理的问题）。我们也可以将已学知识运用到后续的学习任务中（掌握等式的一般概念有助于解决很多数学问题）。

在这一点上你是否希望提供一个明确的练习任务？如果是，请简要地描述一下。

最后，你想给观摩者提供一个关注点吗？如果有，是什么？

观摩者的任务

阶段1：呈现组织者

首先，请就学生对组织者做出的反应进行评价。他们是否同化了组织者？他们是否理解了组织者是如何起作用的？是否理解了他们的任务是学习新的材料，然后将它们和组织者联系起来？

_____

_____

_____

_____

阶段2：呈现学习材料

请评价学生的反应。学生是否对他们即将学习的内容有所了解？从作为学生的角度看，你是否清楚组织者与学习材料是如何联系起来的？

_____

_____

_____

_____

阶段3：建立组织者和已呈现学习材料的联系

请就这一阶段进行评论。学生是否已弄清组织者的结构以及它和所学材料之间的关系？

_____

_____

_____

_____

阶段4：应用

如果施教者提供了练习任务，请对学生将所学内容迁移到新内容中去的能力进行评述。

_____

_____

_____

观后讨论

在大多数互助小组中，双方皆可为主导者。有时，施教者有重要的问题需要探讨，由他主导讨论。有时，学生反应的某些方面会引起观察者的注意，从而引出讨论。有时讨论结束于下一次教学计划的开头。但是，讨论不应该是无止境的，通常20分钟足够。

2. 合作学习团体

下面要讨论的指导与其他指导不同，它用于辅助计划和观摩教学，不是围绕某个具体的教学模式进行设计的。因此，这一指导不包括罗伯特·斯莱文（1983）或者戴维·约翰逊以及罗杰·约翰逊（2009）所提出的具体合作学习策略，尽管它们的基本原理是类似的。该指导也不包括群体研究模式（Sharan & Hertz – Lazarowitz, 1980b; Thelen, 1960）。同时，民主过程策略也将在另外一个指导中探讨。但是，这些指导的本质相同。

本指导的重点是建立一个可以使用特定教学模式的合作团体。实质是将学生组织成学习团体和形成伙伴关系。例如，这些团体可以使用归纳学习模式（如第三章）研究实质性领域。因此，在课堂或其他教学场所中建立的合作学习团体提供了一个合作学习的环境，可以结合许多教学方法来使用。

本指导表提供了多种可选择的教学模式，施教者可以从中进行挑选或尝试其他的选择。观摩者分析学生的表现，并且尝试探寻一些方法帮助学生有所进步。下面提供的几个例子是与归纳教学模式相结合的。同时使用这两种指导更适宜。

在使用其他模式时，合作学习也可进行类似的使用。

组织伙伴和团体

本质上，我们是要很好地将学生组织起来以使班级中的每个人都有一个合作伙伴来共同完成课堂任务。例如,两个结对的学生能在整个归纳模式中进行合作,收集信息,进行分类,并对因果关系做出推理。这种合作关系(尽管学生之间可能会形成长期的合作关系,但是没有这种需要)以小组的形式体现出来。例如,班上有 28 名学生,可分为 7 组,每组 4 人。我们不建议小组成员多于 4 人。这些小组也可以在归纳模式中合作,收集整理数据并推理。我们利用这种合作关系建立一个简单的团体,通过这个团体,小组可以进行分工。例如,每一对伙伴能够从某个特定的渠道收集信息,然后信息积累起来形成小组的数据库。同样地,小组的数据库可以积累成班级的数据库。然后,各组可以利用这些数据库和其他组的结果进行对比和对照。

我们可以通过多种方式确定小组成员和合作伙伴,如学生自主选择、随机选择、施教者指导下的选择等,以丰富多样性,扩大协同作用。

在小组指导方面,可以通过具体的方法指导学生开展学习活动。也可以使用概括性的方法,把需要进行组织的大部分任务留给学生去做。

施教者的任务

你想给观摩者一个关于中心或者主题的建议吗?

在这个教学过程中你将如何组织课堂? 你将分几组进行活动以及每组的人数是多少?

_____

_____

_____

_____

组员如何确定和划分?

_____

_____

_____

_____

你将使用什么教学或学习方法? 如果你没有使用某个具体的教学模式,你将如何确定你的教学策略？

_____

_____

_____

_____

你将如何在教学过程中利用合作团体？将如何给结对的学生、学习小组或者全班布置合作性任务？例如，假设这是一节归纳课，合作者可以收集资料，进行分类和推理。或者，他们可以收集资料，但是在进行分类之前，这些资料应先被班里所有成员集中起来。他们可以学习词汇、诗歌、地图、数字及其运算或者其他材料。你的计划是什么？

_____

_____

_____

_____

你是否建议观摩者有一个中心或者主题？如果有，它是什么？

_____

_____

_____

_____

观摩者的任务

在你熟悉了这个计划后，坐在教室里以便密切观察几个学生。在整个教学过程中，不管这些学生是以合作伙伴还是学习小组或者任何其他方式进行学习，你都可以集中观察他们的行为，然后对他们的表现做出评价。

他们对自己将要完成的任务是否明确？如果没有，你能否找出他们不明确之处是什么？

_____

_____

_____

_____

_____

　　他们是否知道如何去合作完成安排给他们的任务？为了更有效地达到目标，他们是否还有一些必须了解和明白的东西？

_____

_____

_____

_____

　　他们是否能够约束自己的行为，坚持完成任务、分工明确、轮流工作？把小组运作的任意方面示范给他们能使他们更清楚吗？

_____

_____

_____

_____

　　他们采用了何种领导模式？他们确定了一名还是多名领导？他们对过程进行讨论吗？他们互相尊重对方吗？

_____

_____

_____

_____

观后讨论

　　在此之后，讨论观摩者所观摩小组的表现情况。他们的表现是否令人满意？他们之间的关系是否令人满意？如果不满意，你能否制定出一个计划帮助学生进步？请记住以下几点：

1. 提供练习是最简单也是最有效的方法,能够帮助学生更有效地合作。尤其是对那些从未有过合作经历的学生来说,这一练习就更加管用。

2. 团队越小,学生越容易规范自己的行为。减少学习小组的人数可以使学生更好地解决他们自己的问题。(对于成年人来说也是如此——两个人的同事互助小组比人数更多的小组更有效率。七个以上的群体通常无法完成任何事情。)

3. 演示比说教更有效。施教者可以参与进某个小组中,并指导学生如何更好地合作。事实上,观摩者在以后的观摩中也可以参与到小组中来。

4. 越简单的任务对学生来说越容易把握。将复杂的任务分解为几个较简单的任务能够使学生通过实践获得技能。

5. 表扬学生合适的行为会收到很好的效果。如果有两个小组表现出不同的水平,表扬有较强创造力的一组,然后加入另外一组担当起领导角色是很有效的做法。

3. 施教者共同研讨

本指导以施教者任务开始,教师将为观摩者指明方向。然后指导观摩者观摩教学和学习环节。该环节之后,小组成员将聚在一起讨论课程,特别是讨论学生对某一模式阶段的反应。

教学过程

多数教学过程既有内容目标也有过程目标。内容目标包含学生应该掌握的基本内容如信息、观念、概论、关联、技能。过程目标包含学生需要掌握的技能和方法,学生可以通过使用这些技能和方法来完成认知型和社会型的模式任务,从而有所收获。

施教者的任务

你想给观摩者提供一个关注点或中心吗?

内容目标

请陈述本节课的内容目标。学生将从本节课中获得何种学习?将要学习的内容的本质是什么?

过程目标

学生是否熟悉该模式？在教学过程中的某些地方,是否需要给学生练习或指导,以及在本节课中,你会以此为重点吗?

阶段1:原始材料

通常,提喻法适用于激发学生对某个话题或问题产生新视角,目的要么是澄清它,要么是探索新概念或解决方案。因此提喻法通常开始于询问学生目前思考的问题。学生们可以先构想问题,说出或写下主题,然后确定问题,描绘出众多不确定方案之间的代表关系。这一阶段的作用是让学生能够总结出目前对于身边事情的观点。

请描述你将如何引出学生对所探索内容的观点。为了帮他们明确问题方向你会说什么或做什么?

_____

_____

_____

_____

阶段2:直接类比和拟人类比

该模式的核心是要求学生通过练习从初步结果中得以发展,诱导学生在呈现给他们的各组刺激之间进行比较(直接类比练习),并将自己象征性地换位于各种人物、地点和事物(拟人类比练习)。这些练习中生成的类比材料稍后将用于创建进一步类比,被称为"简明矛盾"。

你会用什么刺激来诱导学生做出直接类比和拟人类比?请描述材料和顺序,以使学生们产生更独特、更新奇的比较。

_____

_____

_____

_____

阶段3:简明矛盾修辞法和矛盾分析法

接下来的任务是引导学生使用阶段2中所获得的素材来创造简明矛盾。尽管学生对于该模式已经很熟悉了,但你仍然需要为定义"简明矛盾"做准备,也需要继续引出素材直到大量的例子都包含有明确矛盾特征的逻辑联系。

　　请描述你会怎样开始阶段3,如果需要,请说明你会怎样解释"简明矛盾"。

_____

_____

_____

_____

　　现在我们要求学生选择一些可以彰显矛盾的组对,并使用类比描述这些矛盾。例如,我们会要求他们提出类似"温柔的折磨"的例子。

　　请简要地描述你将会怎样把这些任务呈现给学生。

_____

_____

_____

_____

阶段 4:生成新结果

　　简明矛盾和矛盾分析提供了再次认识初始问题或主题的材料。有时候我们可仅选择或让学生选择一个矛盾去再次认识初始材料。有时候多元的视角也是可以的。采取什么方式需要结合考虑初始问题或概念的复杂性,以及学生掌控新视角的能力。例如,如果一个中等层级的社会研究小组试图为国际关系中的问题制定潜在的解决方案,那么我们正在处理的就是一个非常复杂的问题,进行多个类比是适当且必要的。确实,帮助学生获得和评估各种类比的任务非常复杂,这些类比要可用于重新定义问题并生成可选择的解决方案。

　　请描述你会怎样将"再认识初始问题"这一任务呈现给学生。你会让学生做什么?

_____

_____

_____

现在,需要对新成果进行检验。如果学生以个人或小组的形式进行工作,那么我们需要共享每一个单独的成果;如果有问题要解决,那么需要安排新的定义和解决方案;如果是以书面形式呈现,那么可能需要再进一步的编辑。除非这堂课是某个研究主题的结尾,否则通常会做进一步的研究。

请描述学生如何分享和使用提喻法的成果。这些成果可不可以引出进一步的阅读和写作,或是进一步的资料收集,抑或是进一步的实验?

_____

_____

_____

_____

最后,你想给观摩者提供一个关注点吗? 如果是,是什么关注点?

_____

_____

_____

_____

_____

观摩者的任务

阶段 1:原始材料

请对学生对于原始材料的反应予以评论。学生的设想的本质是什么?

_____

_____

_____

_____

_____

阶段 2:直接类比和拟人类比

请对这些刺激因素和学生反应做出评论。学生是否明白了具有隐喻意义的"悬在空中",是否产生了更多的类比比较,减少了字面的比较。

_____

_____

_____

_____

阶段3:简明矛盾修辞法和矛盾分析法

请讨论学生对简明矛盾概念的理解以及他们选择更高级的示例能力。此外,评论他们尝试写出的矛盾类比。

_____

_____

_____

_____

阶段4:生成新成果

请对学生的成果予以评论。你对这种隐喻训练的效果有什么看法?

_____

_____

_____

_____

请就新成果的用途予以评论。学生可以看到隐喻活动的效果吗? 如果要求他们参加更进一步的活动或去组织这些活动,他们能不能通过这些任务生成其他的观点和方案?

_____

_____

_____

_____

学生训练需求评价

终究是学生在学习,学生完成该模式中认知型和社会型任务的技能越高,学习收获越大。实践就可以提高技能,我们希望给学生提供足够的实践。在学生对该模式有了彻底的了解之后,我们就应该开始具体的训练以提高他们的实践能力。

请评论学生活动中的技能表现,并指出你认为训练可能会有用的地方。尤其要考虑的是他们进行比较的能力,他们扮演拟人类比所需角色的能力,以及他们如何理解简明矛盾修辞的结构,如何使用简明矛盾修辞。回顾整个过程,是否有任何需要进一步训练的部分?

_____

_____

_____

_____

观后讨论

进行一次深入讨论下一步你们将运用该模式达到什么效果,讨论目前本单元所教授的内容。

_____

_____

_____

_____

4. 概念获得

该指导表旨在帮助同事互助小组成员掌握概念获得模式。

教学过程

多数课程都有内容目标和过程目标。内容目标是指学生要掌握的内容(信息、观念、概论、关联),而过程目标指为了让学生达到内容目标或辅助性的社会目标(如学习任务中的合作)需要的技巧和方法。

施教者的任务

你想给观摩者提供一个中心吗？

内容目标

请告诉观摩者本节课中涉及的目标概念。它的本质特点是什么？你将给学生展现什么样的资料？这些资料和概念对于学生来说是新的吗？

_____

_____

_____

_____

过程目标

学生对这个模式熟悉吗？关于过程的各个方面他们需要专门的帮助或训练吗？

_____

_____

_____

_____

阶段1：范围

这个范围为学生划定了要探究的内容。这样可以排除不相关的内容。通常,它处在比范例更抽象的水平上(比如"文字技巧"可以划定"隐喻"这个概念的范围)。确定范围并不容易,因为你不想直接说明要探究的概念或名称。但学生们需要帮助,因为他们对概念的理解还停留在先前的范例中。请在下面写下范围。

_____

_____

_____

_____

阶段2：呈现学习材料

学习材料应该设计成正面与反面相对应的范例,要求学生通过比较正面范例与相对应的反面范例来辨别概念的本质特点。

请描述这些范例的性质(它们属于单词、短语、文献或者其他? 比如:"这些都是19世纪绘画的复制品。其中一半出自印象派画家[雷诺阿、莫奈、德加],另外一半出自现实主义、浪漫主义或抽象主义的画家")。

_____

_____

_____

_____

当学生观察材料时,他们观察每个范例并形成有关概念的假设。他们需要问自己,正面范例有什么共同的属性。正是这些属性定义了这个概念。

请提供一个范例,说明您将如何陈述和呈现这个范例。

_____

_____

_____

_____

有时我们会要求学生记录他们的思考过程,你想这样做吗?

_____

_____

_____

_____

随着课程的进行,我们需要知晓是否学生正在形成和检验假设。在没有让他们分享自己假设的情况下,你需要告诉他们将要怎么做。请举例说明你将要讲解的内容。

_____

_____

_____

_____

阶段3:分享观点和假设

当学生非常确定他们的假设时,可以要求他们描述自己的思考过程以及所获得的概念。

什么时候去做这件事需要做好判断。你将如何做出判断呢? 你会说什么?

_____

_____

_____

_____

阶段4:命名和应用概念

一旦概念得以确定(或者不同的观点得以修正),就需要给之以名称。学生总结名称后,施教者再给出专业的或通用的术语(比如"我们称这种风格为印象派")。应用就是要求学生判断其他的范例是否符合这一概念,或者他们是否能自己举例。

本堂课接下来的任务通常是让学生把概念应用到新的材料中去。例如,如果引入了隐喻的概念,那么可能会要求学生阅读文学性的文章,并在其中找出隐喻。

你计划有这样一个任务吗? 如果有,请简单描述一下。

观摩者的任务

阶段1:范围

施教者有没有给出范围陈述?

是(　　　　)　　　否(　　　　)

在你看来,学生理解它了吗? 它在帮助学生专注于课程中心内容方面有作用吗?

完全有(　　　　)　　　有一些(　　　　)　　　没有(　　　　)

阶段2:呈现材料

学生对比和对照范例了吗? 他们有没有带着要改写这些范例的目标做出假设? 他们是否运用反面范例排除其他选择? 有没有为他们提供具体的练习? 提供了什么样的练习?

_____

_____

_____

阶段 3：分享观点和假设

学生是否能阐述他们的观点？他们是否明白不同的假设如何产生相似或不同的结果？他们是否有形成概念的迹象？他们是否能自己找出范例并加以运用？是否有必要为他们提供具体的练习？这些练习是什么？

_____

_____

_____

_____

阶段 4：命名和应用概念

请讨论学生们命名概念的情况,包括他们是否考虑到概念的属性以及他们就如何运用属性来命名概念提出了什么好的建议。

_____

_____

_____

_____

观后讨论

施教者：你建议给此次分析一个中心点吗？如果是,是什么？

_____

_____

_____

_____

讨论时的主题通常是学生在教学过程中的需求。为了让学生表现更好,我们

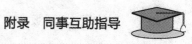

首先要考虑的是能否通过实践来满足需求。也就是说,简单重复实践该模式就能让学生有机会迎刃而解。其次,我们可以直接向学生传授关于完成认知和社会任务所需的技能。您的大部分讨论可能都是为了培养学生的需求并满足它。

_____

_____

_____

_____

5. 探究训练

我们在计划课程时就为教师设计了任务,所以请记住在本节课后就此加以讨论。与此同时,观摩者的任务主要与学生对该模式的各个阶段的反应紧密相关。

教学过程

多数教学过程既有内容目标也有过程目标。内容目标包含学生应该掌握的基本内容(信息、观念、概论、关联),而过程目标指学生为达到内容目标或辅助性的社会目标(如学习任务中的合作)所需要的技巧和方法。

探究训练中所包含的内容目标如信息、概念和理论体现在学生所遇到的问题或令其费解的情境。学生需要发现信息、形成概念并提出理论。过程目标包括完成这些任务所需要的技能,如解决合作问题所需的社交技巧。

施教者的任务

你想给观摩者提供一个中心点吗?

内容目标

你想让学生从这项任务中获得什么?你希望他们学习哪些信息、概念和理论?

_____

_____

_____

_____

过程目标

学生熟悉这个模式吗？关于过程的各个方面他们需要特殊的帮助或训练吗？（比如,他们知道怎样通过探究获得信息吗？他们能和同伴协同合作解决问题吗?）

阶段1:呈现问题

探究训练模式的第一阶段首要任务是呈现问题。

请描述在这节课中将采用的问题以及问题的呈现方式。

阶段2:资料收集和验证

在这一阶段,学生通过提问收集有关问题的信息。在开始时,你认为学生能否辨别直接找到事实和通过推论得出可能的因果联系之间的区别?

阶段3:实验

如果学生不能自发进行实验,教师可通过提出可能的假设引导他们。

请举例说明你将如何阐述这个点。

_____

_____

_____

阶段4:提出可能的解释

　　现在学生要做的就是分析这些假设并评定该现象最可能的解释是什么。如果这不是自发的,那么就需要教师来引导本阶段。你会怎么做呢?

_____

_____

_____

_____

　　请演示你将如何引导这一阶段。

_____

_____

_____

_____

　　如果学生针对他们的数据能顺利地做出推论并总结,那么施教者可再帮助学生更进一步,通过询问"如果……将会发生什么?"这类问题让他们的数据中推测结论。

　　根据这些资料,请写出一两个你可能会向学生提出的假设性问题。

_____

_____

_____

_____

阶段5:探究过程的分析

　　在第五阶段,施教者将引导学生去分析他们的探究过程并思考如何改进这一过程。这一活动给施教者提供指导学生的机会,向学生解释甚至示范如何协同工作来收集和查找资料,构建概念以及提出假设并加以检验。

观摩者的任务

阶段1:面对问题

学生是否理解了这个问题并找到了疑惑点? 他们是否能够通过提问来澄清问题? 当向他们提问时他们能对问题进行总结吗?

_____

_____

_____

_____

阶段2:资料收集和验证

在你看来,学生是否理解在这一阶段中他们将要运用的方法? 他们有没有提出基于事实的问题? 当施教者示范怎么提问时学生能否做出回应? 他们能区分基于事实直接提问和推论提问吗? 他们在"召集会议"、总结所学以及计划提问方面做得如何? 他们是否会相互听取对方的建议?

_____

_____

_____

_____

阶段3:实验

请对学生组织信息和提出假设的能力进行评价。描述他们对社会型任务以及认知型任务的反应能力。

_____

_____

_____

_____

阶段4:提出可能的解释

讨论学生在这一任务中的反应。他们能否清晰地陈述假设、总结所得并分析有矛盾的解释?

　　学生能否在前述分类和讨论的基础上做出合理的推测？

　　对于整节课,学生是如何回应的？他们做什么是最顺利的？有陷入困境的时候吗？

观后讨论

　　施教者:你想就所要讨论的内容给出建议吗？如果是,是什么？

　　观摩者:请对学生从事这些活动所需的技能进行评述,并从任一方面提出你认为对训练有用的建议。

_____

_____

_____

通常,对话会适当地回到学生的技能问题上。为了让学生表现更好,我们首先要考虑的是它是否能改善学生的实践。也就是说,模式的简单重复可使学生有机会学会更恰当地回应。其次,我们可直接向学生传授关于完成认知和社会任务所需的技能。

讨论结束时,小组成员开始构思下节课的计划。

_____

_____

_____

_____

6. 辅助记忆

在过去的 20 年里,在帮助学生掌握并记忆信息的策略研究领域中,有许多新的研究和发展。在记忆科学领域已经有了一些引人注目的研究成果。

机械记忆(一遍又一遍地背诵直到记住为止)直到现在仍然是教师教学生记忆信息的主要方法,同时,它也是教师在与学生的互动中采用的主要手段。实际上,因为如此频繁地使用,人们已经将机械记忆等同于记忆。人们通常认为记忆就是通过机械的方法进行重复。

记忆策略

尽管机械记忆仍旧是重要的记忆策略,但是,许多其他的记忆策略也在使用。这些策略极大地提高了学习并掌握所学材料的可能性。这些策略以学习的材料为基础,通过多种方式结合。下面介绍一些相关的策略。

学习材料分类

事实上,信息越整合,越容易习得和记忆。学习材料可以通过分类组织起来。概念获得模式、归纳模式和先行组织者模式可以让学生把分类的材料联系起来,从而帮助学生记忆。下面是一个按照拼写课本所呈现的顺序排列的常见单词拼写表：

soft plus cloth frost song

trust luck club sock pop

cost lost son won

我们可以让学生以单词的首字母、尾字母和元音发音进行分类。这就要求学生仔细观察单词，将含有相似成分的单词联系起来。随后他们可以把联系起来的单词分类命名（例如，"c"组和"st"组），并且注意每一类单词的共同属性。他们还可以进行词组搭配，如"pop song（流行音乐）"和"soft cloth（柔软的布料）"等。然后，他们可以继续进行练习，每次练习一类词汇的拼写。该方法对其他类型的学习材料也适用，比如数字等。不管是给学生提供分类还是让他们自己进行分类，其目的都是一样的。另外要注意的是，我们会依靠已有的归类选择信息。上面这份单词表从表面上看显然是随机的，而一张经过深思熟虑、系统展现出变化的单词列表会很容易组织整合（它本身已经隐含了不同分类）。

学习材料排序

当学习材料以序列的形式出现，尤其这一序列具有某种意义时，它就更容易被识记和保存。以我们想学习澳大利亚各州的名称为例，如果我们的学习总是从同样的名称（如最大一个州的名称）开始，并且按照同样的次序进行，那么记忆起来将更加容易。同样地，按时间顺序排列的历史事件记忆起来更轻松。排序仅是另一种组织信息的方法。我们可以让学生按字母顺序排列他们要学习的单词拼写表。

发音联想

假如我们正在学习各大州的名称，我们可以把"佐治亚州（Georgia）"和"乔治（George）"，"路易安那州（Louisiana）"和"路易斯（Louis）"，"马里兰州（Maryland）"和"玛丽（Mary）"联系起来，等等。将州的名称分类、按他们的面积大小或地区进行排序，还可以产生更多的联系。

视觉联想

把马里兰州（Maryland）想象成结婚（marriage）的画面；俄勒冈州（Oregon）联系到一把枪（gun）；缅因州（Maine）联系到一段爆裂的自来水管（water main）；等等。字母和数字同样可以和与其发音和影像类似的事物相联系。例如：把 one（一）和 bun（小圆面包）联系起来，头脑中出现一个男孩吃面包的画面；把 b 和 bee（蜜蜂）联系起来，眼前出现一只蜜蜂的形象。这些联想可以不停地反复使用。把"四月是最残酷的月份,正如在贫瘠的土地种植着紫丁香花"想象成"一根晦气的金属弹簧恶毒地缠绕在春天的花朵上",那么,这句话将更易记住。

关联信息联想

将一个人的名字与其他相关信息(如与某名人同名同姓或发音相似,或是与一些个人信息联系)相联系起来,比死记硬背更易记住。例如,路易斯联想到路易斯·阿姆斯特丹(美国宇航员,第一个登上月球的地球人)就比他的出生地杰克逊维尔有名得多;在学习澳大利亚各州名称时,想着指南针指向的方向和其中很多州名的英国起源(例如新南威尔士)就比仅利用顺序记忆容易。

信息形象化

信息形象化的策略同样有效。罗拉尼和卢卡斯偏好"天马行空的联想",即把信息以荒诞的形式联想起来。(诸如"两个傻瓜背着他们的两个双胞胎,所以实际上有 4 个人"来记住"2 加 2 等于 4"。)有的人则偏好利用场景化的生动例证(比如,数一下两个队的篮球运动员人数得出 5 加 5 等于 10)。

练 习

练习也很有用,学生能够从结果反馈中获益。在需要记忆的任务中,过去没有获得成功的学生,可以从小任务以及获取成功时明确及时的反馈中获益。

施教者的任务

你想给观摩者提出一个关注的焦点吗?

设计记忆活动

施教者的任务就是设计一些活动以帮助学生从记忆策略中获益。一个由这些策略,或者部分策略组织的教学过程包含了所要识记的内容。施教者和学生应清楚要尽力地掌握它们(学生需要尽力识记所有的信息并且永久地把它们保持在记忆中)。

请确认学生将要在某一特定时期内记忆的某些课程领域的材料。

为了促进记忆,哪些记忆策略需要着重强调?

_____

_____

_____

_____

在向学生呈现识记材料时,有使用到这些记忆策略吗?如果使用了,是如何运用的?

_____

_____

_____

_____

_____

如何安排练习和反馈?

_____

_____

_____

_____

观摩者的任务

在一段教学情境中,使自己处于可以观察到一部分学生(大约 6 个)行为的位置。集中观察他们对指定任务的反应。

评价他们对任务的反应。他们看起来对任务目标清楚吗?

_____

_____

_____

_____

_____

他们参与给予他们的认知任务中了吗?

_____

_____

_____

_____

他们能成功完成这些任务吗?

_____

_____

_____

_____

他们看起来意识到任务的发展进程了吗?

_____

_____

_____

_____

_____

观后讨论

讨论应侧重于学生如何回应以及如何帮助他们更有效地做出回应。

练习总能使学生在没有进一步指导的情况下做出具有创造性的反应。在需要指导的时候,演示是有用的。也就是说,施教者可以在整个任务中用少量的材料引导学生。

为了使学生顺利完成,施教者可以简化任务。我们希望学生能够形成把记忆策略运用到学习任务之中的一套技能。对这一过程的清晰意识是走向自主学习的重要步骤。因此,我们应探索一些方法帮助学生理解这些任务的本质,以及它们对自己的作用。

7. 角色扮演

教学过程

大多数课程都具有内容目标和过程目标。内容目标是学生应该掌握的客观知识(包括事实、概念、规律、关系),而过程目标规定了学生达到内容目标或辅助性的社会目标(如在学习任务完成过程中进行合作)所需要的技巧和方法。

施教者的任务

你想给观摩者提供一个关注点吗?

内容目标

请陈述本节课的目标。你将给学生呈现什么问题? 建构哪个领域的问题? 这个问题或其主导价值观对学生而言是否新颖?

_____

_____

_____

_____

过程目标

学生对这个模式是否熟悉? 在这个过程是否需要特别的帮助或训练?

_____

_____

_____

_____

阶段 1:小组准备活动

角色扮演以一个社会问题为开端。问题往往产生于学生自我的互动或与他人在其即时情境中的互动,或问题可能是在真实的或学生引发的人际关系情境中产生。也可能是他们生活中产生但需要探究的问题。

怎样把问题呈现给学生或者帮助他们形成问题?

_____

_____

_____

_____

阶段2:挑选参与者

请描述如何选择参与者(角色扮演者和观众)。

_____

_____

_____

_____

阶段3:安排场景

你将如何做到这一点? 你希望在第一次角色扮演中凸显出价值观的某一方面吗?

_____

_____

_____

_____

_____

阶段4:组织观众

一旦确定了人物角色并且创建出情节,就要做好组织观众的准备。

你将要求观众集中观察什么?

_____

_____

_____

_____

_____

阶段5:表演

现在学生首次对这个问题进行表演。

阶段 6：讨论

必要时你可能需要说些话才能让表演继续，你会说什么？

_____

_____

_____

_____

阶段 7 和阶段 8：重复表演

从这里开始，第五阶段和第六阶段将重复表演几次。施教者指导学生，确保其提出有价值的问题。

_____

_____

_____

_____

阶段 9：分享经验和总结

当施教者认为已经拥有了足够的材料时，就应当组织一次讨论（这一阶段在需要的情况下可以运用合作学习模式，以便最大限度地使学生参与进来），以确保学生有了自己的价值定位；同时施教者要推动学生定位到如何处理特定问题；这些价值定位的提出是基于价值观而不是与基于对辩论和冲突的对抗。

请准备好你给学生的指导以便开始阶段 9 的活动。

_____

_____

_____

_____

观摩者的任务

阶段 1：小组准备活动

在你看来，学生对这个问题清楚吗？他们能否理解问题的性质和人际关系问题的类型？他们能否识别场域中的扮演者以及他们如何表演？他们能否明白问题的各个方面？

_____

_____

_____

_____

阶段2：挑选参与者

当学生们被选中时是如何回应的？他们准备好并愿意吗？

_____

_____

_____

阶段3：安排场景

他们能否创建出一个合理的、有意义的故事情节？请注意记录下他们面临的所有困难。

_____

_____

_____

_____

阶段4：组织观众

观众明白他们要做什么吗？他们准备好专注于表演吗？

_____

_____

_____

_____

阶段5：表演

学生的角色扮演得怎么样？他们的情绪能够进入正在扮演的角色吗？观众是否专心、严肃？对角色扮演者或观众存在的问题做出评论。

阶段6：讨论

学生是否能够分析冲突的性质和所涉及的价值观？他们是否明了自己的价值立场？他们对论证的策略、技巧和价值观有什么困惑吗？

阶段7和阶段8：重复表演

请评论学生在随后的环节中，在表演和讨论方面的表现。学生是否越来越能够区分价值立场？

观后讨论

接下来互助小组成员应该讨论如何帮助学生对该模式做出更加积极的反应。最初的尝试一定很困难，但这种尝试是有效果的。而且，问题应加以调整来简化随时需要成员应对的难题。将该模式的步骤展示给学生也是有用的。为了给学生做示范，互助小组成员可以担当观众或演员。或者两位老师可以一起展示。

请总结讨论的结果——你们可得出一个或两个主要结论,这可以指导你接下来怎样使用该模式。

_____

_____

_____

_____

8. 归纳思维

教学过程

大部分课程都有内容目标和过程目标。内容目标指学生要掌握的内容(事实、概念、归纳、关系),而过程目标指学生为了达到内容目标或辅助性的社会目标(如学习任务中的合作)所需要技巧和方法。

归纳思维的内容目标存在于信息与概念组成的材料库中。学生根据材料类别的共同属性来对材料的内容进行分类。例如,在一个由不同种类的植物组成的材料库中,学生可能通过植物的叶子(大小、纹理、叶脉、形状及叶子与茎的连接等)来对它们分类。其内容目标既包括获得具体植物的有关知识,也包括对它们类型的确定。过程目标包括对该学科的科学技能(观察与分类)的学习,同时也包括合作解决问题的社会能力的培养。

施教者的任务

你想为观摩者提供一个关注点吗?

内容目标

你想让学生通过这样的分类任务学到什么? 你认为这个材料库最重要的属性是什么? 你用什么样的方式对这些材料分类?

_____

_____

_____

过程目标

学生对这个模式熟悉吗？对流程的各个方面,学生是否需要特殊的帮助或训练?（例如,学生是否知道怎样通过共同属性来对材料进行分类？在分类任务中,他们是否能与同伴合作学习?）

阶段1:材料的收集与呈现

归纳思维模式的阶段1的基本活动包括资料的收集和呈现。施教者可能会提供一个资料库或者指导学生去收集需要分类的信息。学生详细观察信息的环节是极其重要的,因为这包含了学生将要从这个教学过程中学习的大部分知识。是选择收集材料或者是呈现材料也很重要。例如,如果学生收集叶子,将会得到一个不同于呈现给他们的资料库。一旦学生收集了一定量的资料或者施教者呈现给学生一个资料群,施教者就可以引导学生,根据相关属性为学生的分类活动提供一个参考范围。比如,如要分类的是植物,施教者可以让学生通过叶子的类型进行分类,以此缩小观察的范围。另一种情况是,施教者不设置参考范围,仅仅指导学生按照事物的共同属性进行分类。一般来说,越是开放性的指导,越能得到好的效果。

一个材料库中的内容可能属于一个或多个种类。对于材料的分类,你可能想要尝试不同的指导,观察不同的分类结果。一般来说,材料库中的内容能够进行分类的可能性越大,观察者发挥能力的空间越大。

请描述在课堂上会用到的材料库。你会直接提供材料还是让学生去收集呢？如果是后者,哪些信息资源是他们所需要用到的?

阶段2:概念形成

一旦收集并对材料进行了编码,而且学生也已经学到了材料收集的步骤,施教者就需要开始分组活动。学生可以自主学习、结对学习、分成小组学习,甚至集体学习。自主学习对学生社交能力的要求最低,小组学习则对社交能力的要求最高。如果我们的目标是培养学生的合作学习能力,以及在坚持自己的分类的时候,为了小组达成共识进行妥协的能力,那么就需要对学生进行指导和训练。如果施教者选择将整个班级作为一个组进行分类活动,那么施教者要采取谨慎态度,避免使分类信息在不经意之中透露给学生。而让学生成对地进行分类活动是让所有的学生都积极参与任务的最简单方式。施教者可能想要尝试用不同的方式去指导分类活动,这样每个阶段的利弊以及产生的问题都可以与同伴进行讨论。

请描述你会用什么样的方式来组织学生进行分类活动?

_____

_____

_____

_____

另外,请描述你将如何指导学生对你提供的材料或他们收集的材料进行分类。

_____

_____

_____

_____

学生为他们的分类类属所取的名字往往能够很准确地描述事物的特征,但是常常与专业术语或科学名称不符。例如,学生可能会为某类叶子命名为"有凹口的叶子",但是它的专业术语却是"锯齿状叶子"。施教者可以在适当时候告诉学生专业术语或科学名称,但是不要在学生尝试自己命名之前就把术语告诉他们。

有些课程的内容目标会在第二阶段完成。当施教者希望学生通过对材料进行分类,并通过命名的方式来获得事物的概念时,他可以选择在这个阶段稍做停留。或者当目标是了解学生从材料库中获取的信息或了解学生有哪些不清楚的地方,

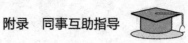

分组活动就能达到这一目标。然而,当目标是对在第二阶段形成的概念的解释和应用时,归纳思维模式其余的阶段就非常合适。这个模式后面的阶段能够引导学生对材料库中的信息和概念更进一步加工,因此通常能够顺利完成。

_____

_____

_____

_____

阶段3:解释材料

本阶段的目标是帮助学生理解他们在第二阶段所形成的各种分类之间的关系。要想有效率地进行这样的讨论活动,学生就需要形成一个共同的分类。为了理清学生在第二阶段所形成的分类概念,施教者需要问一些问题,将学生的注意力和思考点集中到各类分类之间的共同点和不同点上。通过问一系列的"为什么",施教者尝试在各分类之间建立因果关系。这一阶段的成功与否取决于在第二阶段进行的整个分类活动,第三阶段所需要的时间相对较短。

虽然你在预设的时候并不知道学生会得到什么样的分组,也要猜测一下学生可能会构建出怎样的分类。然后要设计两个能够引导学生探索分类之间的因果关系的样题。

_____

_____

_____

_____

如果学生能成功地进行推断并得出结论,施教者可以通过提问"如果……会发生什么?"来将学生推进一步,要求他们从材料中得出结论。

请写下你可能会问学生的关于该材料的一两个假设性问题。

_____

_____

_____

_____

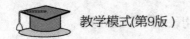

观摩者的任务

阶段1:材料收集和呈现

通过编码,材料更容易分类。继续沿用我们用过的例子——植物,施教者可以在每个植物下放置一个编号卡片,这样学生就可以用植物的编号1,4,7和14而不是名称来讨论植物的共同属性,因为学生可能还不知道植物的名称。

施教者或学生是否在试图分类之前对材料进行了编码?

_____

_____

_____

_____

阶段2:概念形成

在你看来,学生是否理解他们在分类活动中所用到的标准和方法? 施教者是否在不经意中给学生提供了正确的分类方式的线索?

_____

_____

_____

学生是否创造性地进行分类活动?

_____

_____

_____

如果施教者让学生以两人结对或者小组进行活动,学生是否能够在其他小组汇报分类结果时认真聆听?

_____

_____

_____

学生能否解释他们对各种类别的内容进行分组的依据？

_____

_____

_____

_____

学生能否给他们的类别提供一个能够代表类别形成特点的名称？

_____

_____

_____

_____

阶段 3:解释资料

学生是否有能力探索各分类之间的因果关系？

_____

_____

_____

_____

施教者是否要求学生总结材料做出相关的推断和得出结论？

_____

_____

_____

_____

如果是,学生是否能做到？

_____

_____

_____

_____

　　如果学生不能做出推断并得出结论,你能想出什么好方法来帮助他们达到目标吗?

_____

_____

_____

_____

观后讨论

施教者:你想给本次分析提供一个关注点吗? 如果想,它是什么?

_____

_____

_____

_____

　　为了提高学生的成绩,我们首先探索的做法就是实践。换言之,模式的简单重复可以使学生做出恰当反应。其次是直接传授给学生实现该模式的认知目标和社会目标所需要的技能。如何提高学生的反应能力是随后讨论的中心。

　　在这点上,施教者和观摩者都可以评价学生在活动中所用到的技能,并提出建议在哪些部分需要对学生进行训练。特别注意学生根据事物属性分类的能力,以及准确地描述分类或根据事物特有的综合特征对给定分类进行分类命名的能力。还要注意他们对各分类之间可能的因果关系的理解能力,以及对他们的类别做出推论和得出结论的能力。

_____

_____

_____

_____

9. 图—文归纳模式

正在研究图—文归纳模式的同事互助小组应当注意周期,该模式通常需要三周或更长时间。

图—文归纳模式周期起始日期:

班级描述(年级水平、学生数量、特殊需求):

_____

_____

_____

_____

施教者的任务

你想给观摩者提供一个中心点吗?

(1)描述你的图片——主要在于分享:

_____

_____

_____

(2)列举出图片涉及的词汇:

_____

_____

_____

附加到图文表格中的词汇以及在第一个环节之后确定的词汇:

_____

_____

_____

(3)举例学生得出的词汇或者短语的类别：

_____

_____

_____

_____

(4)举例你挑选的所要指导的概念或类别：

_____

语音分析类别或概念：

_____

_____

_____

结构分析类别或者概念：

_____

内容分类与概念：

_____

其他：

_____

(5)举例学生概括生成的标题：

_____

_____

_____

_____

(6)举例学生概括生成句子：

_____

_____

（7）你从学生的想法中得出的多个段落之一：

确保和学生一起讨论你是如何把这些想法汇总起来以形成段落的。

（8）学生作品样本：确保在可用的情况下，从学生作品中选取一些范例用于你和同事互助小组在互助共同体期间进行研究工作。你可以从整个班级或是小组中选取范例；但是，我们认为，从整体研究角度看，最好在你所观察的六名学生中选取范例，因为，相比整个班级，你可能对这六名学生的反应了解更清楚，他们因而更有分析价值。

（9）如果你使用图—文归纳模式期间同时用到了参考书，尽可能地列出标题、作者及其所使用的策略（如果可用的话）。

图—文归纳模式周期的课程数目：

图—文归纳模式周期截止日期：

在图—文归纳模式周期中你与同事互助共同计划的次数：

在图—文归纳模式周期中你与同事互助实际互动的次数：

图—文归纳模式:学生表现研究

重点:词汇扩展

描述六名学生,他们的学习作为图—文归纳模式研究的正式部分:

1.姓名:_____ 出生日期:_____ 性别:男/女

其他有助于了解这名学生的信息,如他的学习经历等。

_____

_____

_____

_____

2.姓名:_____ 出生日期:_____ 性别:男/女

其他有助于了解这名学生的信息,如他的学习经历等。

_____

_____

_____

_____

3.姓名:_____ 出生日期:_____ 性别:男/女

其他有助于了解这名学生的信息,如他的学习经历等。

_____

_____

_____

_____

4.姓名:_____ 出生日期:_____ 性别:男/女

其他有助于了解这名学生的信息,如他的学习经历等。

_____

_____

_____

_____

5. 姓名:_____　出生日期:_____　性别:男/女

其他有助于了解这名学生的信息,如他的学习经历等。

_____

_____

_____

_____

6. 姓名:_____　出生日期:_____　性别:男/女

其他有助于了解这名学生的信息,如他的学习经历等。

_____

_____

_____

_____

学生性别	词汇总数	辅导日期	阅读词汇量	词汇总数	辅导日期	阅读词汇数量	成绩
1.							
2.							
3.							
4.							
5.							
6.							

参考文献

Achieve, Inc. (2013). *Next generation science standards*. Washington, DC: Author. Retrieved from www. achieve. org/next-generation-science-standards.

Adey, P. , with Hewitt, G. , Hewitt, J. , & Landau, N. (2004). *The professional development of teachers: Practice and theory*. London, UK, and Boston, MA: Kluwer.

Adey, P. , & Shayer, M. (1990). Accelerating the development of formal thinking in middle and high school students. *Journal of Research in Science Teaching*, 27(3), 267 – 285.

Adkins, D. C. , Payne, F. D. , & O'Malley, J. M. (1974). Moral development. In F. N. Kerlinger & J. B. Carroll (Eds.), *Review of research in education*. Itasca, IL: Peacock.

Akiki. (1989). *My five senses*. New York: HarperCollins.

Alexander, P. , & Judy, J. (1988). The interaction of domain-specific and strategic knowl-edge in academic performance. *Review of Educational Research*, 58(4), pp. 375 – 404.

Alfasi, M. (1998). Reading for meaning: The efficacy of reciprocal teaching in fostering reading comprehension in high school students in remedial reading classes. *American Educational Research Journal*, 35(2), 309 – 332.

Allington, R. (2002). *Big brother and the National Reading Curriculum*. Portsmouth, NH: Heinemann.

Almy, M. (1970). *Logical thinking in second grade*. New York, NY: Teachers College Press.

Anderson, H. , & Brewer, H. (1939). Domination and social integration in the behavior of kindergarten children and teachers. *Genetic Psychology Monograph*, 21, 287 –

385.

Anderson, L. M. , Evertson, C. M. , & Brophy, J. E. (1979). An experimental study of effec-tive teaching in first grade reading groups. *Elementary School Journal*, *79* (4), 191 – 223.

Anderson, L. W. , Scott, C. , & Hutlock, N. (1976). *The effect of a mastery learning program on selected cognitive, affective, and ecological variables in grades 1 through 6.* Paper presented at the annual meeting of the American Educational Research Association, San Francisco, CA.

Anderson, R. (1983). A consolidation and appraisal of science meta-analyses. *Journal of Research in Science Teaching*, *20*(5), 497 – 509.

Anderson, R. , Kahl, S. , Glass, G. , Smith M. , & Malone, M. (1982). *Science meta-analysis project.* Boulder, CO: University of Colorado Laboratory for Research in Science and Mathematics Education.

Antil, L. , Jenkins, J. , Wayne, S. , & Vadasy, P. (1998). Cooperative learning: Prevalence, conceptualizations, and the relation between research and practice. *American Edu-cational Research Journal*, *35*(3), 419 – 454.

Applebee, A. , Langer, J. , Jenkins, L. , Mullis, I. , & Foertsch, M. (1990). *Learning to write in our nation's schools.* Washington, DC: U. S. Department of Educa-tion.

Aristotle. (1912). *The works of Aristotle* (J. A. Smith & W. D. Ross, Eds.). Oxford, UK: Clarendon Press.

Arlin, M. (1984). Time variability in mastery learning. *American Educational Research Journal*, *21*(4), 103 – 120.

Arlin, M. , & Webster, J. (1983). Time costs of mastery learning. *Journal of Educational Psychology*, *75*(3), 187 – 196.

Aronson, E. , Blaney, N. , Stephan, C. , Sikes, J. , & Snapp, M. (1978). *The jigsaw classroom.* Beverly Hills: Sage.

Aspy, D. N. , & Roebuck, F. (1973). An investigation of the relationship be-tween student levels of cognitive functioning and the teacher's classroom behavior. *Journal of Educa-tional Research*, *65*(6), 365 – 368.

Aspy, D. N. , Roebuck, F. , Willson, M. , & Adams, O. (1974). *Interpersonal skills training for teachers*. (Interim Report No. 2 for NIMH Grant No. 5PO 1MH 19871.) Monroe, LA: Northeast Louisiana University.

Atkinson, R. C. (1975). Memnotechnics in second language learning. *American Psychol-ogist*, *30*, 821 – 828.

Augustine. (1931). *The city of God*. (J. Healy, Trans.). London, UK: J. M. Dent.

Ausubel, D. P. (1960). The use of advance organizers in the learning and retention of meaningful verbal material. *Journal of Educational Psychology*, *51*, 267 – 272.

Ausubel, D. P. (1963). *The psychology of meaningful verbal learning*. New York, NY: Grune & Stratton.

Ausubel, D. P. (1968). *Educational psychology: A cognitive view*. New York: Grune and Stratton.

Ausubel, D. P. (1980). Schemata, cognitive structure, and advance organizers: A reply to Anderson, Spiro, and Anderson. *American Educational Research Journal*, *17* (3), 400 – 404.

Ausubel, D. P. , & Fitzgerald, J. (1962). Organizer, general background, and antecedent learning variables in sequential verbal learning. *Journal of Educational Psychology*, *53*, 243 – 249.

Baer, J. (1993). *Creativity and divergent thinking*. Hillsdale, NJ: Erlbaum.

Baker, R. G. (1983). *The contribution of coaching to transfer of training: An extension study*. Doctoral dissertation, University of Oregon.

Baker, R. G. , & Showers, B. (1984). *The effects of a coaching strategy on teachers' transfer of training to classroom practice: A six-month followup study*. Paper presented at the annual meeting of the American Educational Research Association, New Orleans, LA.

Bandura, A. (1969). *Principles of behavior modification*. New York, NY: Holt, Rinehart & Winston.

Bandura, A. (1971). *Social learning theory*. New York, NY: General Learning.

Bandura, A. , & Walters, R. (1963). *Social learning and personality*. New York,

NY: Holt, Rinehart & Winston.

Barnes, B. R., & Clausen, E. U. (1973). The effects of organizers on the learning of struc-tured anthropology materials in the elementary grades. *Journal of Experimental Edu-cation*, *42*, 11 – 15.

Barnes, B. R., & Clausen, E. U. (1975). Do advance organizers facilitate learning? Rec-ommendations for further research based on an analysis of 32 studies. *Review of Edu-cational Research*, *45*(4), 637 – 659.

Barnett, W. S. (2001). Preschool education for economically disadvantaged children: Ef-fects on reading achievement and related outcomes. In. S. B. Neuman & D. K. Dickin-son (Eds.), *Handbook of early literacy research* (pp. 421 – 443). New York, NY: Guilford.

Barron, F. (1963). *Creativity and psychological health: Origins of personal vitality and creative freedom.* Princeton, NJ: Van Nostrand.

Barron, R. R. (1971). *The effects of advance organizers upon the reception, learning, and retention of general science concepts.* (DHEW Project No. IB-030.)

Bascones, J., & Novak, J. (1985). Alternative instructional systems and the development of problem-solving in physics. *European Journal of Science Education*, *7*(3), 253 – 261.

Baumert, J., Kunter, M., Blum, W., Brunner, M., Voss, T., Jordan, W., et al. (2010). Teach-ers' mathematical knowledge, cognitive activation in the classroom, and student progress. *American Educational Research Journal*, *47*(1), 97 – 132.

Baveja, B. (1988). *An exploratory study of the use of information-processing models of teaching in secondary school biology classes.* Ph. D. thesis, Delhi University.

Baveja, B., Showers, B., & Joyce, B. (1985). *An experiment in conceptually-based teaching strategies.* Saint Simons Island, GA: Booksend Laboratories.

Beatty, A., Reese, C., Persky, H., & Carr, P. (1996). *NAEP 1994 U. S. history report card.* Washington, DC: U. S. Department of Education.

Becker, W. (1977). Teaching reading and language to the disadvantaged—What we have learned from field research. *Harvard Educational Review*, *47*, 518 – 543.

Becker, W., & Carnine, D. (1980). Direct instruction: An effective approach for educa-tional intervention with the disadvantaged and low performers. In. B. Lahey & A. Kazdin (Eds.), *Advances in child clinical psychology* (pp. 429 – 473). New York, NY: Plenum.

Becker, W. , & Gersten, R. (1982). A followup of follow through: The later effects of the direct instruction model on children in the fifth and sixth grades. *American Educa-tional Research Journal*, *19*(1), 75 – 92.

Becker, W. , Engelmann, S. , Carnine, D. , & Rhine, W. (1981). In W. R. Rhine (Ed.), *Mak-ing schools more effective*. New York, NY: Academic Press.

Bellack, A. (1962). *The language of the classroom*. New York, NY: Teachers College Press.

Bencke, W. N. , & Harris, M. B. (1972). Teaching self-control of study behav-ior. *Behavior Research and Therapy*, *10*, 35 – 41.

Bennett, B. (1987). *The effectiveness of staff development training practices: A me-ta-analysis*. Ph. D. thesis, University of Oregon.

Bennett, L. , & Berson, M. (Eds.). (2007). *Digital age: Technology-based K-12 lesson plans for social studies. NCSS Bulletin 105*. Silver Spring, MD: National Council for the Social Studies.

Bennis, W. G. , & Shepard, H. A. (1964). Theory of group development. In. W. G. Bennis, K. D. Benne, & R. Chin (Eds.), *The planning of change: Readings in the applied behav-ioral sciences*. New York, NY: Holt, Rinehart & Winston.

Bereiter, C. (1984a). Constructivism, socioculturalism, and Popper's World. *Edu-cational Researcher*, *23*(7), 21 – 23.

Bereiter, C. (1984b). How to keep thinking skills from going the way of all frills. *Educa-tional Leadership*, *42*, 1.

Bereiter, C. (1997). Situated cognition and how to overcome it. In D. Kirshner & W. Whitson (Eds.), *Situated cognition: Social, semiotic, and psychological perspectives* (pp. 281 – 300). Hillsdale, NJ: Erlbaum.

Bereiter, C. , & Bird, M. (1985). Use of thinking aloud in identification and teaching of reading comprehension strategies. *Cognition and Instruction*, *2*(2), 131 – 156.

Bereiter, C. , & Englemann, S. (1966). *Teaching the culturally disadvantaged child in the preschool.* Englewood Cliffs, NJ: Prentice-Hall.

Bereiter, C. , & Kurland, M. (1981 – 82). Were some follow-through models more effective than others? *Interchange*, *12*, 1 – 22.

Berger, P. , & Luckmann, T. (1966). *The social construction of reality.* Garden City, NY: Doubleday.

Berman, P. , & McLaughlin, M. (1975). *Federal programs supporting educational change*: *Vol. 4. The findings in review.* Santa Monica, CA: Rand Corporation.

Biemiller, A. (2000, Fall). Teaching vocabulary early, direct, and sequential. *Interna-tional Dyslexia Quarterly Newsletter*, *Perspectives*, *26*(4), 206 – 228.

Bird, M. (1980). *Reading comprehension strategies*: *A direct teaching approach.* Doctoral dissertation, The Ontario Institute for Studies in Education.

Bishop, M. (2000). *Tunnels of time.* Regina, Saskatchewan: Coteau Books.

Block, J. W. (1971). *Mastery learning*: *Theory and practice.* New York, NY: Holt, Rine-hart & Winston.

Block, J. W. (1980). Success rate. In C. Denham & A. Lieberman (Eds.), *Time to learn.* Washington, DC: Program on Teaching and Learning, National Institute of Education.

Bloom, B. S. , ed. (1956). *Taxonomy of educational objectives. Handbook I*: *Cognitive do-main.* New York, NY: McKay.

Bloom, B. S. (1971). Mastery learning. In J. H. Block (Ed.), *Mastery learning*: *Theory and practice.* New York, NY: Holt, Rinehart & Winston.

Bode, B. (1927). *Modern educational theories.* New York, NY: Macmillan.

Bonsangue, M. (1993). Long term effects of the Calculus Workshop Model. *Cooperative Learning*, *13*(3), 19 – 20.

Boocock, S. S. , & Schild, E. (1968). *Simulation games in learning.* Beverly Hills, CA: Sage.

Borg, W. R. , Kelley, M. L. , Langer, P. , & Gall, M. (1970). *The minicourse.* Beverly Hills, CA: Collier-Macmillan.

Borman, G. D. , Slavin, R. E. , Cheung, A. , Chamberlain, A. , Madden, N. , &

Chambers, B. (2005). Success for all: First year results from the national randomized field trial. *Educational Evaluation and Policy Analysis*, 27(1), 1 –22.

Bradford, L. P., Gibb, J. R., & Benne, K. D. (Eds.). (1964). *T-Group theory and laboratory method*. New York, NY: Wiley.

Bredderman, T. (1983). Effects of activity-based elementary science on student out-comes: A quantitative synthesis. *Review of Educational Research*, 53(4), 499 –518.

Brookover, W., Schwitzer, J. H., Schneider, J. M., Beady, C. H., Flood, P. K., & Wisen-baker, J. M. (1978). Elementary school social climate and school achievement. *American Educational Research Journal*, 15(2), 301 –318.

Brooks, J. G., & Brooks, M. G. (1993). *The case for constructivist classrooms*. Alexandria, VA: Association for Supervision and Curriculum Development.

Brophy, J. E. (1981). Teacher praise: A functional analysis. *Review of Educational Research*, 51, 5 –32.

Brown, A. (1985). Reciprocal teaching of comprehension strategies (Technical Report No. 334). Urbana-Champaign, IL: University of Illinois Center for the Study of Reading.

Brown, A. L. (1995). Guided discovery in a community of learners. In K. McGilly (Ed.), *Knowing, Learning, and Instruction* (pp. 393 –451). Hillsdale, NJ: Erlbaum.

Brown, A., & Palincsar, A. (1989). Guided, cooperative learning individual knowledge acquisition. In L. Resnick (Ed.), *Knowing, learning, and instruction* (pp. 234 –278). Hillsdale, NJ: Erlbaum.

Brown, C. (1967). *A multivariate study of the teaching styles of student teachers*. Ph. D. dissertation, Teachers College, Columbia University.

Brown, C. (1981). The relationship between teaching styles, personality, and setting. In B. Joyce, L. Peck, & C. Brown (Eds.), *Flexibility in teaching* (pp. 94 –100). New York, NY: Longman.

Bruce, W. C., & Bruce, J. K. (1992). *Learning social studies through discrepant event in-quiry*. Annapolis, MD: Alpha Press.

Bruner, J. (1961). *The process of education*. Cambridge, MA: Harvard University

Press.

Bruner, J. , Goodnow, J. J. , & Austin, G. A. (1967). *A study of thinking*. New York, NY: Science Edition.

Burkham, D. , Lee, V. , & Smerdon, B. (1997). Gender and science learning early in high school: Subject matter and laboratory experiences. *American Educational Research Journal*, *34*(2), 297 – 331.

Burns, S. , Griffin, P. , & Snow, C. (1998). *Starting out right*. Washington, DC: National Academy Press.

Calderon, M. , Hertz-Lazarowitz, R. , & Tinajero, J. (1991). Adapting CIRC to multiethnic and bilingual classrooms. *Cooperative Learning*, *12*, 17 – 20.

Calhoun, E. (1997). *Literacy for all*. Saint Simons Island, GA: The Phoenix Alliance.

Calhoun, E. (1998). *Literacy for the primary grades: What works, for whom, and to what degree*. Saint Simons Island, GA: The Phoenix Alliance.

Calhoun, E. F. (1994). *How to use action research in the self-renewing school*. Alexandria, VA: Association for Supervision and Curriculum Development.

Calhoun, E. F. (1999). *Teaching beginning reading and writing with the picture word inductive model*. Alexandria, VA: Association for Supervision and Curriculum Development.

Calhoun, E. (2004). *Using Data to Assess Your Reading Program*. Alexandria, Virginia: Association for Supervision and Curriculum Development.

Calkins, L. (2000). *The art of teaching reading*. Boston: Pearson.

Calkins, L. & Harwayne, S. (1987). *The writing workshop: A world of difference*. New York, NY: Heinemann.

Cambourne, B. (2002). Holistic, integrated approaches to reading and language arts instruction: The constructivist framework of an instructional theory. In A. Far-strup & J. Samuels (Eds.), *What research has to say about reading instruction*. New-ark, DE: International Reading Instruction.

Cameron, J. , & Pierce, W. (1994). Reinforcement, reward, and intrinsic motivation: A meta-analysis. *Review of Educational Research*, *64*(2), 363 – 423.

Carr, N. (2010). *The Shallows*. New York, NY: Norton.

Carroll, J. B. (1963). A model of school learning. *Teachers College Record*, *64*, 722 – 733.

Carroll, J. B. (1964). *Language and thought*. Englewood Cliffs, NJ: Prentice-Hall.

Carroll, J. B. (1971). Problems of measurement related to the concept of learning for mastery. In J. H. Block (Ed.), *Mastery learning: Theory and practice*. New York, NY: Holt, Rinehart & Winston.

Carroll, J. B. (1977). A revisionist model of school learning. *Review of Educational Research*, *3*, 155 – 167.

Chall, J. S. (1983). *Stages of reading development*. New York, NY: McGraw-Hill.

Chamberlin, C., & Chamberlin, E. (1943). *Did they succeed in college?* New York, NY: Harper & Row.

Chesler, M., & Fox, R. (1966). *Role-playing methods in the classroom*. Chicago, IL: Science Research Associates.

Chin, R., & Benne, K. (1969). General strategies for effecting change in human systems. In W. Bennis, K. Benne, & R. Chin (Eds.), *The planning of change* (pp. 32 – 59). New York, NY: Holt, Rinehart & Winston.

Clark, C., & Peterson, P. (1986). Teachers' thought processes. In M. Wittrock (Ed.), *Handbook of research on teaching* (pp. 225 – 296). New York, NY: Macmillan.

Clark, C., & Yinger, R. (1979). *Three studies of teacher planning*. (Research Series No. 55.) East Lansing, MI: Michigan State University.

Clark, H. H., & Clark, E. V. (1977). *Psychology and language: An introduction to psycho-linguistics*. New York, NY: Harcourt, Brace, Jovanovich.

Clauson, E. V., & Barnes, B. R. (1973). The effects of organizers on the learning of struc-tured anthropology materials in the elementary grades. *Journal of Experimental Education*, *42*, 11 – 15.

Clauson, E. V., & Rice, M. G. (1972). *The changing world today*. (Anthropology Curriculum Project Publication No. 72 – 1.) Athens, GA: University of Georgia.

Coiro, J. (2011). Talking about reading: Modelling the hidden complexities of on-line reading comprehension. *Theory into Practice 50*(2), 107 – 115.

Coleman, J. S., Campbell, E. Q., Hobson, C. J., McPortland, J., Mood, A. M., Weinfield, E. D., et al. (1966). *Equality of educational opportunity*. Washington, DC: U. S. Government Printing Office.

Collins, K. (1969). The importance of strong confrontation in an inquiry model of teaching. *School Science and Mathematics*, *69*(7), 615 – 617.

Comenius, J. (1967). *The great didactic*. Brasted, Kent, UK: Russell and Russell Publishing.

Cook, L., & Cook, E. (1954). *Intergroup education*. New York, NY: McGraw-Hill.

Cook, L., & Cook, E. (1957). *School problems in human relations*. New York, NY: McGraw-Hill.

Cooper, L., Johnson, D. W., Johnson, R., & Wilderson, F. (1980). The effects of coopera-tive, competitive, and individualistic experiences on interpersonal attraction among heterogeneous peers. *Journal of Social Psychology*, *111*, 243 – 252.

Cornelius-White, J. (2007). Learner-centered teacher-student relationships are effective: A meta-analysis. *Review of Educational Research*, *77*(1), 113 – 173.

Counts, G. (1932). *Dare the school build a new social order?* New York, NY: John Day.

Courmier, S., & Hagman, J. (Eds.). (1987). *Transfer of learning*. San Diego, CA: Academic Press.

Crosby, M. (1965). *An adventure in human relations*. Chicago, IL: Follet Corporation.

Cunningham, J. (2002). The national reading panel report. In R. Allington (Ed.), *Big Brother and the national reading curriculum*. Portsmouth, NH: Heinemann.

Cunningham, J., & Stanovich, K. (1998). What reading does for the mind. *American Educator*, Spring/Summer, 1 – 8.

Cunningham, P. M. (1990). The names test: A quick assessment of decoding ability. *The Reading Teacher*, *44*, 124 – 129.

Cunningham, P. M. (2005). *Phonics they use: Words for reading and writing* (4th Ed.). Boston: Pearson/Allyn & Bacon.

Daane, M., Campbell, J., Grigg, W., Goodman, M., & Oranje, A. (2005). *The Nation's Report Card*. Washington, DC: National Center for Educational Statistics.

Dale, P. (2007). *Ten in the bed*. Cambridge, MA: Candlewick.

Dalton, M. (1986). *The thought processes of teachers when practicing two models of teaching*. Doctoral dissertation, University of Oregon.

Dalton, M., & Dodd, J. (1986). *Teacher thinking: The development of skill in using two models of teaching and model-relevant thinking*. Paper presented at the annual meeting of the American Educational Research Association, San Francisco, CA.

De Jong, T., and van Joolingen, W. (1998). Scientific discovery learning with computer simulations of conceptual domains. *Review of Educational Research*, 68(2), 179–201.

Deal, T. E., & Kennedy, A. A. (1984). *Corporate cultures: The rites and rituals of corporate life*. Boston, MA: Addison-Wesley.

Deshler, D., & Schumaker, J. (2006). *Teaching adolescents with disabilities*. Thousand Oaks, CA: Corwin.

Dewey, J. (1910). *How we think*. Boston, MA: Heath.

Dewey, J. (1916). *Democracy and education*. New York, NY: Macmillan.

Dewey, J. (1920). *Reconstruction in philosophy*. New York, NY: Holt.

Dewey, J. (1937). *Experience and education*. New York, NY: Macmillan.

Dewey, J. (1956). *The school and society*. Chicago, IL: University of Chicago Press.

Dewey, J. (1960). *The child and the curriculum*. Chicago, IL: University of Chicago Press.

Dickinson, D. K., McCabe, A., & Essex, M. J. (2006). A window of opportunity we must open to all: The case for preschool with high-quality support for language and literacy. In D. K. Dickinson & S. B. Neuman (Eds.), *Handbook of early literacy research: Vol. 2*(pp. 11–28). New York, NY: Guilford.

Downey, L. (1967). *The secondary phase of education*. Boston, MA: Ginn and

Co.

Duffelmeyer, F. A. , Kruse, A. E. , Merkley, D. J. , & Fyfe, S. A. (1994). Further validation and enhancement of the Names Test. *The Reading Teacher*, *48*(2), 118 – 128.

Duffy, G. (2002). The case for direct explanation of strategies. In C. Block & M. Pressley (Eds.), *Comprehension instruction* (pp. 28 –41). New York, NY: Guilford.

Duffy, G. (2009). *Explaining reading: A resource for teaching concepts, skills, and strate-gies* (2nd Ed.). New York, NY: Guilford.

Duffy, G. , Roehler, E. , Sivan, E. , Racklife, G. , Book, C. , Meloth, M. , et al. (1987). The effects of explaining the reasoning associated with using reading strate-gies. *Reading Research Quarterly*, *22*, 347 – 367.

Duffy, G. , Roehler, L. , & Herrmann, B. (1988). Modeling mental processes helps poor readers become strategic readers. *The Reading Teacher*, *41*, 762 – 767.

Duke, N. , & Pearson, P. D. (undated). *Effective practices for developing reading compre-hension*. East Lansing, MI: College of Education, Michigan State University.

Duke, N. , Pearson, P. D. , Strachan, S. , & Billman, A. (2011). Essential ele-ments of foster-ing and teaching reading comprehension. In A. E. Farstrup & S. J. Sam-uels (Eds.), *What research has to say about reading instruction* (pp. 48 – 93). New-ark, DE: Interna-tional Reading Association.

Dunn, R. , & Dunn, K. (1975). *Educators' self-teaching guide to individualizing instruc-tional programs*. West Nyack, NY: Parker.

Durkin, D. (1966). *Children who read early*. New York, NY: Teachers College Press.

Durkin, D. (1978/1979). What classroom observations reveal about reading com-prehension instruction. *Reading Research Quarterly*, *14*(4), 481 – 533.

Eastman, P. D. (1961). *Go, Dog, Go*. New York, NY: Random House.

Edmonds, R. (1979). Some schools work and more can. *Social Policy*, *9*(5), 28 – 32.

Ehri, L. , Nunes, S. , Stahl, S. , & Willows, D. (2001). Systematic phonics in-struction helps students learn to read. *Review of Educational Research*, *71*(3), 393 –

447.

Ehri, L. C. (1999). *Phases of acquisition in learning to read words and instruction-al implications.* Paper presented at the annual meeting of the American Educational Re-search Association. Montreal, Canada.

Ehri, L. C. (2005). Learning to read words: Theory, findings, and issues. *Scien-tific Stud – ies of Reading*, *9*(2), 167 – 188.

Elefant, E. (1980). Deaf children in an inquiry training program. *Volta Review*, *82*, 271 – 279.

Elementary Science Study (ESS). (1971). *Batteries and bulbs: An electrical sug-gestion book.* New York, NY: Webster-McGraw-Hill.

Elkind, D. (1987). *Miseducation: Preschoolers at risk.* New York, NY: Knopf.

Ellis, A., & Harper, R. (1975). *A new guide to rational living.* Englewood Cliffs, NJ: Prentice-Hall.

El-Nemr, M. A. (1979). *Meta-analysis of the outcomes of teaching biology as in-quiry.* Boulder, CO: University of Colorado.

Emmer, E., & Evertson, C. (1980). *Effective classroom management at the begin-ning of the year in junior high school classrooms.* (Report No. 6107.) Austin, TX: Re-search and Development Center for Teacher Education, University of Texas.

Emmer, E., Evertson, C., & Anderson, L. (1980). Effective classroom manage-ment at the beginning of the school year. *Elementary School Journal*, *80*, 219 – 231.

Englert, C., Raphael, T., Anderson, L., Anthony, H., and Stevens, D. (1991). Making Strategies and Self-Talk Visible: Writing Instruction in Regular and Special Educa-tion Classrooms. (1991). *American Educational Research Journal*, *28* (2), 337 – 372.

Englemann, S., & Osborn, J. (1972). *DISTAR language program.* Chicago, IL: Science Research Associates.

Erikson, E. (1950). *Childhood and society.* New York, NY: Norton.

Estes, W. E. (Ed.). (1976). *Handbook of learning and cognitive processes: Vol-ume 4: Attention and memory.* Hillsdale, NJ: Erlbaum.

Farstrup, A. E., & Samuels, S. J. (Eds.). *What research has to say about read-*

ing instruction. Newark, DE: International Reading Association.

Fisher, C. W., Berliner, D. C., Filby, N. N., Marliave, R., Ghen, L. S., & Dishaw, M. (1980). Teaching behaviors, academic learning time, and student achievement: An over view. In C. Denham & A. Lieberman (Eds.), *Time to learn*. Washington, DC: National Institute of Education.

Flanders, N. (1970). *Analyzing teaching behavior*. Reading, MA: Addison-Wesley.

Flavell, J. H. (1963). *The developmental psychology of Jean Piaget*. Princeton, NJ: Van Nostrand Reinhold.

Flesch, R. (1955). *Why Johnny can't read*. New York, NY: Harper Brothers.

Flint, S. (1965). *The relationship between the classroom verbal behavior of student teachers and the classroom verbal behavior of their cooperating teachers*. Doctoral dissertation. New York, NY: Teachers College Press.

Fromm, E. (1941). *Escape from freedom*. New York, NY: Farrar & Rinehart.

Fromm, E. (1955). *The sane society*. New York, NY: Rinehart.

Fromm, E. (1956). *The art of loving*. New York, NY: Harper.

Fuchs, D., Fuchs, L., Mathes, P., & Simmons, D. (1997). Peer-assisted learning strategies. *American Educational Research Journal*, *34*(1), 174 – 206.

Fuchs, L., Fuchs, D., Hamlett, C., & Karns, K. (1998). High-achieving students' interactions and performance on complex mathematical tasks as a function of homogeneous and heterogeneous pairings. *American Educational Research Journal*, *35*(2), 227 – 267.

Fullan, M. (1982). *The meaning of educational change*. New York, NY: Teachers College Press.

Fullan, M. G., Bennett, B., & Bennett, C. R. (1990). Linking classroom and school improvement. *Educational Leadership*, *47*(8), 13 – 19.

Fullan, M., & Park, P. (1981). *Curriculum implementation: A resource booklet*. Toronto, ON: Ontario Ministry of Education.

Fullan, M., & Pomfret, A. (1977). Research on curriculum and instruction implementation. *Review of Educational Research*, *47*(2), 335 – 397.

Gage, N. L. (1979). *The scientific basis for the art of teaching*. New York, NY: Teachers College Press.

Gage, N. L., & Berliner, D. (1983). *Educational psychology*. Boston: Houghton Mifflin.

Gagné, R. (1965). *The conditions of learning*. New York, NY: Holt, Rinehart & Winston.

Gagné, R., & White, R. (1978). Memory structures and learning outcomes. *Review of Educational Research*, 48(2), 137 – 222.

Garan, E. (2002). Beyond the smoke and mirrors: A critique of the National Reading Panel report on phonics. In R. Allington (Ed.), *Big brother and the National Reading Curriculum* (pp. 90 – 111). Portsmouth, NH: Heinemann.

Garan, E. (2005). Murder your darlings: A scientific response to the voice of evidence in reading research. *Phi Delta Kappan*, 86(6), 438 – 443.

Gardner, H. (1983). *Frames of mind: The theory of multiple intelligences*. New York, NY: Basic Books.

Garner, R. (1987). *Metacognition and reading comprehension*. Norwood, NJ: Ablex.

Gaskins, I., & Elliot, T. (1991). *Implementing cognitive strategy instruction across the school*. Cambridge, MA: Brookline Books.

Gentile, J. R. (1988). *Instructional improvement: Summary and analysis of Madeline Hunter's essential elements of instruction and supervision*. Oxford, OH: National Staff Development Council.

Gersten, R., Fuchs, L., Williams, J., & Baker, S. (2001). Teaching reading comprehen-sion strategies to children with learning disabilities: A review of research. *Review of Educational Research*, 71(2), 279 – 320.

Giese, J. R. (1989). The progressive era: *The limits of reform*. Boulder, CO: Social Science Education Consortium.

Gilham, N. (2011). *Genes, Chromosomes, and Disease*. FT Press.

Glade, M. E., & Giese, J. R. (1989). *Immigration, pluralism, and national identity*. Boulder, CO: Social Science Education Consortium.

Glaser, R. (Ed.). (1962). *Training research and education*. Pittsburgh, PA: University of Pittsburgh Press.

Glass, G. V. (1975). Primary, secondary, and meta-analysis of research. *Educational Researcher*, 7(3), 33 – 50.

Glynn, S. M. (1994). *Teaching science with analogies*. Athens, GA: National Reading Research Center, University of Georgia.

Goffman, I. (1986). *Gender advertisements*. New York, NY: Harper.

Good, T., Grouws, D., & Ebmeier, H. (1983). *Active mathematics teaching*. New York, NY: Longman.

Goodlad, J. (1984). *A place called school*. New York, NY: McGraw-Hill.

Goodlad, J., & Klein, F. (1970). *Looking behind the classroom door*. Worthington, OH: Charles. A. Jones.

Gordon, W. J. J. (1955, December). *Some environmental aspects of creativity*. Paper delivered to the Department of Defense, Fort Belvoir, VA.

Gordon, W. J. J. (1956). *Creativity as a process*. Paper delivered at the First Arden House Conference on Creative Process.

Gordon, W. J. J. (1961). *Synectics*. New York, NY: Harper & Row.

Graves, M. (2006). *The Vocabulary Book: Learning & Instruction*. New York, NY: Teach-ers College Press.

Graves, M. F., Juel, C., & Graves, B. B. (2001). *Teaching reading in the 21st century* (2nd Ed.). Boston: Allyn & Bacon.

Graves, M. F., Watts, S. M., & Graves, B. B. (1994). *Essentials of classroom teaching: Elementary reading methods*. Boston: Allyn & Bacon.

Greenberg, J. (2006) *Biological Sciences Curriculum Study: Blue Version—A Molecular Approach*. Glencoe, IL: McGraw-Hill.

Gunning, T. (1998). *Best books for beginning readers*. Boston, MA: Allyn & Bacon.

Halberstam, D. (1998). *The children*. New York, NY: Random House.

Halberstam, D. (2002). *Firehouse*. New York, NY: Hyperion.

Hall, G. (1986). *Skills derived from studies of the implementation of innovations in education.* Paper presented at the annual meeting of the American Educational Research Association, San Francisco, CA.

Hall, G. , & Loucks, S. (1977). A developmental model for determining whether the treatment is actually implemented. *American Educational Research Journal, 14(3)*, 263 – 276.

Hall, G. , & Loucks, S. (1978). Teacher concerns as a basis for facilitating and personal-izing staff development. *Teachers College Record, 80(1)*, 36 – 53.

Hanson, R. , & Farrell, D. (1995). The long-term effects on high school seniors of learn-ing to read in kindergarten. *Reading Research Quarterly, 30(4)*, 908 – 933.

Hart, B. , & Risley, T. R. (1995). *Meaningful differences in the everyday experi-ence of young American children.* Baltimore, MD: Paul. H. Brookes.

Harvey, O. J. , Hunt, D. , & Schroeder, H. (1961). *Conceptual systems and per-sonality organization.* New York, NY: Wiley.

Hawkes, E. (1971). *The effects of an instruction strategy on approaches to problem-solving.* Unpublished doctoral dissertation, Teachers College, Columbia University.

Hertz-Lazarowitz, R. (1993). Using group investigation to enhance Arab-Jewish re-la-tionships. *Cooperative Learning, 11(2)*, 13 – 14.

Hill, H. , Rowan, B. , & Ball, D. (2005). Effects of teachers' mathematical knowledge for teach-ing on student achievement. *American Educational Research Journal, 42(2)*, 371 – 406.

Hillocks, G. (1987). Synthesis of research on teaching writing. *Educational Lead-ership, 44(8)*, 71 – 82.

Hoetker, J. , & Ahlbrand, W. (1969). The persistence of the recitation. *American Educational Research Journal, 6*, 145 – 167.

Holloway, S. D. (1988). Concepts of ability and effort in Japan and the United States. *Review of Educational Research, 58(3)*, 327 – 345.

Hopkins, D. (1987). *Improving the quality of schooling.* London, UK: Falmer Press.

Hopkins, D. (1990). Integrating staff development and school improvement: A study of teacher personality and school climate. In B. Joyce (Ed.), *Changing school* culture through staff development. *1990 Yearbook of the Association for Supervision and Curriculum Development.* Alexandria, VA: ASCD.

Hrycauk, M. (2002). A safety net for second grade students. *Journal of Staff Development, 23*(1), 55 – 58.

Huberman, M., & Miles, M. (1984). *Innovation up close.* New York, NY: Plenum.

Huhtala, J. (1994). *Group investigation structuring an inquiry-based curriculum.* Paper presented at the annual meeting of the American Educational Research Association, New Orleans, LA.

Hullfish, H. G., & Smith, P. G. (1961). *Reflective thinking: The method of education.* New York, NY: Dodd, Mead.

Hunt, D. E. (1970). A conceptual level matching model for coordinating learner charac-teristics with educational approaches. *Interchange: A Journal of Educational Studies, 1*(2), 1 – 31.

Hunt, D. E. (1971). *Matching models in education.* Toronto, ON: Ontario Institute for Studies in Education.

Hunt, D. E. (1975). The B-P-E paradigm in theory, research, and practice. *Canadian Psychological Review, 16*, 185 – 197.

Hunt, D. E., Butler, L. F., Noy, J. E., & Rosser, M. E. (1978). *Assessing conceptual level by the paragraph completion method.* Toronto, ON: Ontario Institute for Studies in Education.

Hunt, D. E., & Joyce, B. (1967). Teacher trainee personality and initial teaching style. *American Educational Research Journal, 4*, 253 – 259.

Hunt, D. E., & Sullivan, E. V. (1974). *Between psychology and education.* Hinsdale, IL: Dryden.

Hunter, I. (1964). *Memory.* Hammondsworth, Middlesex: Penguin Books.

International Reading Association. (1998). *Position statement on phonemic awareness and the teaching of reading.* Newark, DE: Author.

International Reading Association & The National Association for the Education of Young Children. (1998). *Position statement on learning to read and write: Develop-men-*

tally appropriate practices for young children. Newark, DE: International Reading Association.

Ivany, G. (1969). The assessment of verbal inquiry in elementary school science. *Science Education*, *53*(4), 287 – 293.

Johnson, D., Johnson, R., & Holubec, E. (1994). *Circles of Learning*. Alexandria, VA: Association for Supervision and Curriculum Development.

Johnson, D. W., & Johnson, R. T. (1974). Instructional goal structure: Cooperative, com-petitive, or individualistic. *Review of Educational Research*, *44*, 213 – 240.

Johnson, D. W., & Johnson, R. T. (2009). An educational psychology success story: Social interdependence theory and cooperative learning. *Educational Research*, *38* (5), 365 – 379.

Joyce, B., Bush, R., & McKibbin, M. (1982). *The California Staff Development Study: The January report*. Sacramento: The California Department of Education.

Joyce, B., & Calhoun, E. (1996). *Learning experiences in school renewal: An exploration of five successful programs*. University of Oregon, Eugene, OR: ERIC Clearinghouse on Educational Management.

Joyce, B., & Calhoun, E. (2010). *Models of professional development*. Thousand Oaks, CA: Corwin Press.

Joyce, B., Calhoun, E., & Hrycauk, M. (2003). Learning to read in kindergarten. *Phi Delta Kappan*, *85*(2), 126 – 132.

Joyce, B., Calhoun, E., Jutras, J., & Newlove, K. (2006). Scaling up: The results of a literacy curriculum implemented across an entire 53-school education authority. Paper presented at the Asian Pacific Educational Research Association, Hong Kong.

Joyce, B., Hrycauk, M., Calhoun, E., & Hrycauk, W. (2006). The tending of diversity through a robust core literacy curriculum: Gender, socioeconomic status, learning disabilities, and ethnicity. Paper presented at the Asian Pacific Educational Research Association, Hong Kong.

Joyce, B., & Showers, B. (2004). *Student achievement through staff development*. Alexandria, VA: Association for Supervision and Curriculum Development.

Joyce, B., Weil, M., Calhoun, E. (2009). *Models of Teaching*. Boston, MA:

Pearson Education.

Juel, C. (1988). Learning to read and write. *Journal of Educational Psychology*, *80*(4), 437 – 447.

Juel, C. (1992). Longitudinal research on learning to read and write with at-risk students. In M. Dreher & W. Slater (Eds.), *Elementary school literacy: Critical issues* (pp. 73 – 99). Norwood, MA: Christopher-Gordon.

Kagan, S. (1990). *Cooperative learning resources for teachers*. San Juan Capistrano, CA: Resources for Teachers.

Kahle, J. (1985). *Women in science: A report from the field*. Philadelphia, PA: Falmer Press.

Kahle, J. , & Meece, R. (1994). Research on gender issues in the classroom. In D. L. Gabel (Ed.), *Handbook of research on science teaching and learning* (pp. 542 – 557). New York, NY: MacMillan.

Kamii, C. , & DeVries, R. (1974). Piaget-based curricula for early childhood education. In R. Parker (Ed.), *The preschool in action*. Boston, MA: Allyn & Bacon.

Kaplan, A. (1964). *The conduct of inquiry*. San Francisco, CA: Chandler.

Karplus, R. (1964). *Theoretical background of the science curriculum improvement study*. Berkeley, CA: University of California Press.

Kay, K. (2010). 21st Century Skills: Why they matter, what they are, and how we get there. In Bellanca, J. , & Brandt, R. (Eds.), *21st Century skills: Rethinking how students learn* (pp. xiii – xxi). Bloomington, IN: Solution Tree Press.

Keyes, D. K. (2006). Metaphorical voices: Secondary students' exploration into multidi-mensional perspectives in literature and creative writing using the synectics model. Unpublished doctoral dissertation, University of Houston.

Kilpatrick, W. H. (1919). *The project method*. New York, NY: Teachers College Press.

Klauer, K. , & Phye, G. (2008). Inductive reasoning: A training approach. *Review of Educational Research*, *78*(1), 85 – 123.

Klein, S. (1985). *Handbook for achieving sex equity through education*. Baltimore, MA: Johns Hopkins University Press.

Klinzing, G. , & Klinzing-Eurich, G. (1985). Higher cognitive behaviors in class-room discourse: Congruencies between teachers' questions and pupils' responses. *Austral-ian Journal of Education*, *29*(1), 63 – 74.

Knapp, P. (1995). *Teaching for meaning in high-poverty classrooms.* New York, NY: Teachers College Press.

Knowles, M. (1978). *The adult learner: A neglected species.* Houston, TX: Gulf.

Kohlberg, L. (1966). Moral education and the schools. *School Review*, *74*, 1 – 30.

Kohlberg, L. (1976). The cognitive developmental approach to moral education. In D. Purpel & K. Ryan (Eds.), *Moral education . . . It comes with the territory.* Berke-ley, CA: McCutchan.

Kohlberg, L. (Ed.). (1977). *Recent research in moral development.* New York, NY: Holt, Rinehart & Winston.

Kramarski, B. , & Maravech, Z. (2003). Enhancing mathematical reasoning in the class-room: The effects of cooperative learning and metacognitive training. *American Edu-cational Research Journal*, *40*(1), 281 – 310.

Kucan, L. , & Beck, I. (1997). Thinking aloud and thinking comprehension re-search: Inquiry, instruction, and social interaction. *Review of Educational Research*, *6*(3), 271 – 299.

Kuhn, D. , Amsel, E. , & O'Loughlin, M. (1988). *The development of scientific thinking skills.* New York, NY: Academic Press.

Kulik, C. C. , Kulik, J. A. , & Bangert-Drowns, R. L. (1990). Effectiveness of mastery learning programs: A meta-analysis. *Review of Educational Research*, *60*, 265 – 299.

Lavatelle, C. (1970). *Piaget's theory applied to an early childhood education curric-ulum.* Boston, MA: American Science and Engineering.

Lawton, J. T. (1977a). Effects of advance organizer lessons on children's use and under-standing of the causal and logical "because." *Journal of Experimental Education*, *46*(1), 41 – 46.

Lawton, J. T. (1977b). The use of advance organizers in the learning and retention of logical operations in social studies concepts. *American Educational Research Journal*,

14(1), 24 – 43.

Lawton, J. T., & Wanska, S. K. (1977a). Advance organizers as a teaching strategy: A reply to Barnes and Clawson. *Review of Educational Research*, *47*(1), 233 – 244.

Lawton, J. T., & Wanska, S. K. (1977b, Summer). The effects of different types of advance organizers on classification learning. *American Educational Research Journal*, *16*(3), 223 – 239.

Levin, J. R., McCormick, C., Miller, H., & Berry, J. (1982). Mnemonic versus nonmne-monic strategies for children. *American Educational Research Journal*, *19* (1), 121 – 136.

Levin, J. R., Shriberg, L., & Berry, J. (1983). A concrete strategy for remembering ab-stract prose. *American Educational Research Journal*, *20*(2), 277 – 290.

Levin, M. E., & Levin, J. R. (1990). Scientific mnemonics: Methods for maximizing more than memory. *American Educational Research Journal*, *27*, 301 – 321.

Levy, D. V., & Stark, J. (1982). *Implementation of the Chicago mastery learning reading program at inner-city elementary schools*. Paper presented at the annual meeting of the American Educational Research Association, New York, NY.

Lewin, T. (1998, December 6). U. S. colleges begin to ask, Where have the men gone? *The New York Times*, pp. 1, 28.

Lindvall, C. M., & Bolvin, J. O. (1966). *The project for individually prescribed instruction*. Oakleaf Project. Unpublished manuscript, Learning Research and Development Center, University of Pittsburgh.

Linn, M., & Hyde, J. (1989). Gender, mathematics, and science. *Educational Researcher*, *18*(8), 17 – 19, 22 – 27.

Lippitt, R., Fox, R., & Schaible, L. (1969a). *Cause and effect: Social science resource book*. Chicago, IL: Science Research Associates.

Lippitt, R., Fox, R., & Schaible, L. (1969b). *Social science laboratory units*. Chicago, IL: Science Research Associates.

Locke, J. (1927). *Some thoughts concerning education* (R. H. Quick, Ed.). Cambridge, UK: Cambridge University Press.

Lorayne, H. , & Lucas, J. (1974). *The memory book*. Briercliff Manor, NY: Lucas Educational Systems.

Lortie, D. (1975). *Schoolteacher*. Chicago, UK: University of Chicago Press.

Loucks, S. F. , Newlove, B. W. , & Hall, G. E. (1975). *Measuring levels of use of the innovation: A manual for trainers, interviewers, and raters*. Austin, TX: Research and Devel-opment Center for Teacher Education, University of Texas.

Loucks-Horsley, S. (2003). *Designing professional development for teachers of science and mathematics*. Thousand Oaks, CA: Corwin Press.

Lucas, J. (2001). *Learning how to learn*. Frisco, TX: Lucas Educational Systems.

Lucas, S. B. (1972). *The effects of utilizing three types of advance organizers for learning a biological concept in seventh grade science*. Doctoral dissertation, Pennsylvania State University.

Luiten, J. , Ames, W. , & Ackerson, G. A. (1980). A meta-analysis of the effects of advance organizers on learning and retention. *American Educational Research Journal*, *17*, 211 – 218.

Lunis, N. , & White, N. (1999). *Being a scientist*. New York, NY: Newbridge Educational Publishing.

Maccoby, E. , & Jacklin, C. (1974). *The psychology of sex differences*. Stanford, CA: Stanford University Press.

Madaus, G. F. , Airasian, P. W. , & Kellaghan, T. (1980). *School effectiveness: A review of the evidence*. New York: McGraw-Hill.

Madden, N. A. , & Slavin, R. E. (1983). Cooperative learning and social acceptance of mainstreamed academically handicapped students. *Journal of Special Education*, *17*, 171 – 182.

Mahoney, M. , & Thoresen, C. (1972). Behavioral self-control: Power to the person. *Educational Researcher*, *1*, 5 – 7.

Maloney, D. (1994). Research on problem-solving: Physics. In D. L. Gabel (Ed.), *Handbook of research on science teaching and learning* (pp. 327 – 354). New York: Mac-Millan.

Martin, M. O. , Mullis, I. V. S. , Foy, P. , in collaboration with Olson, J. F. ,

Erberber, E. , Preuschoff, C. , & Galia, J. (2008). *TIMSS 2007 international science report: Findings from IEA's Trends in International Mathematics and Science Study at the fourth and eighth grades*. Chestnut Hill, MA: TIMSS & PIRLS International Study Center, Boston College. Available from *http://timss. bc. edu/timss2007/intl_reports. html*.

Maslow, A. (1962). *Toward a psychology of being*. New York, NY: Van Nostrand.

Mastropieri, M. A. , & Scruggs, T. E. (1991). *Teaching students ways to remember*. Cambridge, MA: Brookline Books.

Mastropieri, M. A. , & Scruggs, T. E. (1994). *A practical guide for teaching science to students with special needs in inclusive settings*. Austin, TX: Pro-Ed.

Mayer, R. F. (1979). Can advance organizers influence meaningful learning? *Review of Educational Research*, *49*(2), 371 – 383.

McCarthy, B. (1981). *The 4mat system: Teaching to learning styles with right/left mode techniques*. Barrington, IL: Excel.

McDonald, F. J. , & Elias, P. (1976a). *Beginning teacher evaluation study: Phase II, 1973 – 74. Executive summary report*. Princeton, NJ: Educational Testing Service.

McDonald, F. J. , & Elias, P. (1976b). *Executive summary report: Beginning teacher evaluation study, phase II*. Princeton, NJ: Educational Testing Service.

McGill-Franzen, A. , Allington, R. , Yokoi, I. , & Brooks, G. (1999). Putting books in the room seems necessary but not sufficient. *Journal of Educational Research*, *93*, 67 –74.

McGill-Franzen, A. (2001). In S. Neuman & D. Dickinson (Eds.), *Handbook of early literacy research* (pp. 471 –483). New York, NY: Guilford Press.

McGill-Franzen, A. , & Allington, R. (1991). The gridlock of low achievement. *Remedial and Special Education*, *12*, 20 –30.

McGill-Franzen, A. , & Allington, R. (2003). Bridging the summer reading gap. *Instructor*, *112*(8), 17 –19.

McGill-Franzen, A. , & Goatley, V. (2001). Title I and special education: Support for children who struggle to learn to read. In S. Neuman & D. Dickinson (Eds.),

Handbook of early literacy research (pp. 471 – 484). New York, NY: Guilford.

McGill-Franzen, A., Lanford, C., & Killian, J. (undated). *Case studies of litera-ture-based textbook use in kindergarten.* Albany, NY: State University of New York.

McKibbin, M., & Joyce, B. (1980). Psychological states and staff development. *Theory into Practice*, *19*(4), 248 – 255.

McKinney, C., Warren, A., Larkins, G., Ford, M. J., & Davis, J. C. III. (1983). The effectiveness of three methods of teaching social studies concepts to fourth-grade students: An aptitude-treatment interaction study. *American Educational Research Journal*, *20*, 663 – 670.

McNair, K. (1978/1979). Capturing in-flight decisions. *Educational Research Quarterly*, *3*(4), 26 – 42.

Medley, D. M. (1977). *Teacher competence and teacher effectiveness.* Washington, DC: American Association of Colleges of Teacher Education.

Medley, D. M. (1982). Teacher effectiveness. In H. Mitzel (Ed.), *Encyclopedia of educational research* (pp. 1894 – 1903). New York, NY: Macmillan.

Medley, D. M., Coker, H., Coker, J. G., Lorentz, J. L., Soar, R. S., & Spaulding, R. L. (1981). Assessing teacher performance from observed competency in-dicators de-fined by classroom teachers. *Journal of Educational Research*, *74*, 197 – 216.

Medley, D., Soar, R., & Coker, H. (1984). *Measurement-based evaluation of teacher perfor-mance.* New York, NY: Longman.

Merrill, M. D., & Tennyson, R. D. (1977). *Concept teaching: An instructional design guide.* Englewood Cliffs, NJ: Educational Technology.

Metz, K. E. (1995). Reassessment of developmental constraints on children's sci-ence instruction. *Review of Educational Research*, *65*(2), 93 – 127.

Miles, M., & Huberman, M. (1984). *Innovation up close.* New York, NY: Prae-ger.

Millar, G. (1956). The magical number seven, plus or minus two: Some limits on our capacity to process information. *Psychological Review*, *63*, 81 – 87.

Minner, D., Levy, A., & Century, J. (2009). Inquiry-based science instruc-tion—What is it and does it matter? Results from a research synthesis years 1984 – 2002.

Journal of Research in Science Teaching 47(4), 474 – 496.

Mitchell, L. S. (1950). *Our children and our schools*. New York, NY: Simon & Schuster.

More, T. (1965). *Utopia*. New York, NY: Dutton.

Morris, R. (1997, September). How new research on brain development will influence educational policy. Paper presented at Policy Makers Institute, Georgia Center for Advanced Telecommunications Technology. Atlanta, GA.

Nagy, W., & Anderson, P. (1987). Breadth and depth in vocabulary knowledge. *Reading Research Quarterly*, *19*, 304 – 330.

Nagy, W., & Anderson, R. (1984). How many words are there in printed English? *Read – ing Research Quarterly*, *19*, 304 – 330.

Nagy, W., Herman, P., & Anderson, R. (1985). Learning words from context. *Reading Research Quarterly*, *20*, 233 – 253.

Natale, J. (2001). Early learners: Are full-day kindergartens too much for young children? *American School Board Journal*, *188*(3), 22 – 25.

National Center for Education Statistics. (2011). *The Nation's Report Card: Reading 2011* (NCES 2012 – 457). Washington, DC: U. S. Department of Education, Institute of Education Sciences. Available from *http://nces. ed. gov/nationsreportcard. pdf/main2011/ 2012457. pdf*.

National Council for the Social Studies. (2010). *National curriculum standards for social studies: A. framework for teaching, learning, and assessment*. Silver Spring, MD: Author. (See also *www. socialstudies. org/standards/introduction.*)

National Governors Association Center for Best Practices & Council of Chief State School Officers. (2010a). *Common core state standards for English language arts & literacy in history/social studies, science, and technical subjects*. Washington, DC: Authors. Retrieved August. 24, 2012, from *www. corestandards. org/assets/CCSSI_ ELA%20St*.

National Governors Association Center for Best Practices & Council of Chief State School Officers. (2010b). *Common Core State Standards for English language arts and literacy in history/social studies, science, and technical subjects: Appendix A: Research supporting key elements of the standards and glossary of key terms*. Washington, DC: Authors. Retrieved from *www. corestandards. org/assets/Appendix_A. pdf.*

National Governors Association Center for Best Practices & Council of Chief State School Officers. (2010c). *Common Core State Standards for English language arts and literacy in history/social studies, science, and technical subjects: Appendix B: Text exemplars and sample performance tasks.* Washington, DC: Authors. Retrieved from *www . corestandards. org/assets/Appendix_B. pdf.*

National Governors Association Center for Best Practices & Council of Chief State School Officers. (2010d). *Common Core State Standards for English language arts and literacy in history/social studies, science, and technical subjects: Appendix C: Samples of student writing.* Washington, DC: Authors. Retrieved from *www. corestandards. org/ assets/Appendix_C. pdf.*

National Governors Association Center for Best Practices & Council of Chief State School Officers. (2010e). *Common Core State Standards for mathematics.* Washington, DC: Authors. Retrieved from *www. corestandards. org/assets/CCSSI_Math% Standards. pdf.*

National Research Council. (2012). *A framework for K – 12 science education: practices, crosscutting ideas, and core ideas.* Washington, DC: The National Academies Press.

Neill, A. S. (1960). *Summerhill.* New York, NY: Holt, Rinehart & Winston.

Neuman, S. , & Dickinson, D. (Eds.). (2001). *Handbook of early literacy research.* New York, NY: Guilford Press.

New Standards Primary Literacy Committee. (1999). *Reading and writing: Grade by grade.* Pittsburgh, PA: National Center on Education and the Economy and the University of Pittsburgh.

Newby, T. J. , & Ertner, P. A. (1994). *Instructional analogies and the learning of concepts.* Paper presented at the annual meeting of the American Educational Research Asso-ciation, New Orleans, LA.

NGSS Lead States. (2013). *Next generation science standards: For states, by states.* Washington, DC: The National Academies Press.

Nicholson, A. M. , & Joyce, B. (with D. Parker & F. Waterman). (1976). *The literature on inservice teacher education*. (ISTE Report No 3.) Syracuse, NY: National Dissemina-tion Center, Syracuse University.

Nucci, L. P. (Ed.). (1989). *Moral development and character education*. Berkeley, CA: McCutchan.

Oakes, J. (1986). *Keeping track: How schools structure inequality*. New Haven, CT: Yale University Press.

Oczkus, L. (2010). *Reciprocal teaching at work*. Newark, DE: International Reading Association.

OECD. (2007). Science competencies for tomorrow's world. *OECD briefing note for the United States*. Retrieved from *www. oecd. org/dataoecd/16/28/39722597. pdf*.

OECD. (2009). *OECD programme for international student assessment (PISA) 2009 re – sults*. Retrieved from *www. oecd. org/edu/pisa/2009*.

Oliver, D. W., & Shaver, J. P. (1971). *Cases and controversy: A guide to teaching the public issues series*. Middletown, CT: American Education Publishers.

Oliver, D., & Shaver, J. P. (1966/1974). *Teaching public issues in the high school*. Boston, MA: Houghton Mifflin.

Olson, D. R. (1970). *Cognitive development: The child's acquisition of diagonality*. New York, NY: Academic Press.

Parker, L., & Offer, J. (1987). School science achievement: Conditions for e-quality. *International Journal for Science Education*, 8(2), 173 – 183.

Pavlov, I. (1927). *Conditioned reflexes: An investigation of physiological activity of the cerebral cortex* (G. V. Anrep, Trans.). London, UK: Oxford University Press.

PBS Teacherline. (2005). An introduction to underlying principles and research for effective literacy instruction. PBS Electronic Catalog. Washington, DC: Author.

Pearson, P. D., & Dole, J. A. (1987). Explicit comprehension instruction: A review of research and a new conceptualization of instruction. *The Elementary School Journal*, 88(2), 151 – 165.

Pearson, P. D., & Gallagher, M. C. (1983). University of Illinois at Urbana-Champaign. Center for the Study of Reading.

Perkins, D. N. (1984). Creativity by design. *Educational Leadership*, 42(1), 18

– 25.

Perls, F. (1968). *Gestalt therapy verbatim*. Lafayette, CA: Real People Press.

Peterson, P. , & Clark, C. (1978). Teachers' reports of their cognitive processes while teaching. *American Educational Research Journal*, *15*(4), 555 – 565.

Peterson, P. , Marx, R. , & Clark, C. (1978). Teacher planning, teacher behavior, and stu-dent achievement. *American Educational Research Journal*, *15*(4), 417 – 432.

Phenix, P. (1961). *Education and the common good*. New York, NY: Harper.

Piaget, J. (1952). *The origins of intelligence in children*. New York, NY: International University Press.

Piaget, J. (1960). *The child's conception of the world*. Atlantic Highlands, NJ: Humanities Press.

Piksulski, J. , with Taylor, B. (1999). *Emergent literacy survey/K – 2*. Boston, MA: Houghton Mifflin.

Pinnell, G. S. (1989). Helping at-risk children learn to read. *Elementary School Journal*, *90*(2), 161 – 184.

Pinnell, G. S. , Lyone, C. A. , Deford, D. , Bryk, A. , & Seltzer, M. (1994). Comparing instructional models for the literacy education of high-risk first graders. *Reading Research Quarterly*, *29*(1), 9 – 38.

PISA 2006: Science competencies for tomorrow's world. (2007). *OECD briefing note for the United States*. Retrieved from *www. oecd. org/dataoecd/16/28/39722597. pdf*.

Plato. (1945). *The Republic* (F. M. Cornford, Trans.). New York, NY: Oxford University Press.

Pollack, G. (1975). *Leadership in discussion groups*. New York, NY: Spectrum.

Pressley, M. (1977). Children's use of the keyword method to learn simple Spanish words. *Journal of Educational Psychology*, *69*(5), 465 – 472.

Pressley, M. (1995). *Cognitive strategy instruction that really improves student performance*. Cambridge, MA: Brookline.

Pressley, M. (2002). Metacognition and self-regulated comprehension. In A. Farstrup & J. Samuels (Eds.), *What research has to say about reading instruction* (pp.

291 – 310). Newark, DE: International Reading Association.

Pressley, M. (2006). *What the future of reading research could be*. Paper presented at the International Reading Association's Reading Research, Chicago, IL.

Pressley, M., & Brainerd, C. (Eds). (1985). *Cognitive learning and memory in children*. New York, NY: Springer-Verlag.

Pressley, M., & Dennis-Rounds, J. (1980). Transfer of a mnemonic keyword strategy at two age levels. *Journal of Educational Psychology*, *72*(4), 575 – 607.

Pressley, M., & Levin, J. R. (1978). Developmental constraints associated with children's use of the keyword method of foreign language learning. *Journal of Experimental Child Psychology*, *26*(1), 359 – 372.

Pressley, M., Levin, J. R., & Delaney, H. D. (1982). The mnemonic keyword method. *Review of Educational Research*, *52*(1), 61 – 91.

Pressley, M., Levin, J. R., & McCormick, C. (1980). Young children's learning of foreign language vocabulary: A sentence variation of the keyword method. *Contemporary Educational Psychology*, *5*(1), 22 – 29.

Pressley, M., Levin, J., & Ghatala, E. (1984). Memory-strategy monitoring in adults and children. *Journal of Verbal Learning and Verbal Behavior*, *23*(2), 270 – 288.

Pressley, M., Levin, J., & Miller, G. (1981a). How does the keyword method affect vocabulary, comprehension, and usage? *Reading Research Quarterly*, *16*, 213 – 226.

Pressley, M., Levin, J., & Miller, G. (1981b). The keyword method and children's learning of foreign vocabulary with abstract meanings. *Canadian Psychology*, *35*(3), 283 – 287.

Pressley, M., Samuel, J., Hershey, M., Bishop, S., & Dickinson, D. (1981). Use of a mne-monic technique to teach young children foreign-language vocabulary. *Contemporary Educational Psychology*, *6*, 110 – 116.

Purkey, S., & Smith, M. (1983). Effective schools: A review. *Elementary School Journal*, *83*(4), 427 – 452.

Purpel, D., & Ryan, K. (Eds.). (1976). *Moral education: It comes with the territory*. Berkeley, CA: McCutchan.

Qin, Z. , Johnson, D. W. , & Johnson, R. T. (1995). Cooperative versus competitive efforts and problem solving. *Review of Educational Research*, 65(2), 82 – 102.

Resnick, L. B. (1987). *Education and learning to think*. Washington, DC: Academic Press.

Resta, P. , Flowers, B. , & Tothero, K. (2007). The presidential timeline of the 20th century. *Social Education*, 71(3), 115 – 119.

Rhine, W. R. (Ed.). (1981). *Making schools more effective: New directions from follow through*. New York, NY: Academic Press.

Richardson, V. (1990). Significant and worthwhile change in teaching practice. *Educational Researcher*, 19(7), 10 – 18.

Rimm, D. C. , & Masters, J. C. (1974). *Behavior therapy: Techniques and empirical findings*. New York: Academic Press.

Ripple, R. , & Drinkwater, D. (1981). Transfer of learning. In H. E. Mitzel (Ed.), *Encyclopedia of educational research* (Vol. 4, pp. 1947 – 1953). New York, NY: Free Press, Mac-Millan.

Roberts, J. (1969). *Human relations training and its effect on the teaching-learning process in social studies.* (Final Report.) Albany, NY: Division of Research, New York State Education Department.

Roebuck, F. , Buhler, J. , & Aspy, D. (1976). *A comparison of high and low levels of humane teaching/learning conditions on the subsequent achievement of students identified as having learning difficulties.* (Final Report: Order No. PLD6816 – 76 re the National Institute of Mental Health.) Denton, TX: Texas Woman's University Press.

Rogers, C. (1961). *On becoming a person*. Boston, MA: Houghton Mifflin.

Rogers, C. (1969). *Freedom to learn*. Columbus, OH: Merrill.

Rogers, C. (1971). *Client centered therapy*. Boston, MA: Houghton Mifflin.

Rogers, C. (1981). *A way of being*. Boston, MA: Houghton Mifflin.

Rogers, C. (1982). *Freedom to learn in the eighties*. Columbus, OH: Merrill.

Rolheiser-Bennett, C. (1986). *Four models of teaching: A meta-analysis of student outcomes*. Ph. D. thesis, University of Oregon.

Romberg, T. A. , & Wilson, J. (1970). *The effect of an advance organizer, cogni-*

tive set, *and postorganizer on the learning and retention of written materials*. Paper presented at the annual meeting of the American Educational Research Association, Minneapolis, MN.

Rosenholtz, S. J. (1989). *Teachers' workplace: The social organization of schools*. White Plains, NY: Longman.

Rosenshine, B. (1985). Direct instruction. In T. Husen & T. N. Postlethwaite (Eds.), *International Encyclopedia of Education* (Vol. 3, pp. 1395 – 1400). Oxford, UK: Pergamon Press.

Rosenshine, B., & Meister, C. (1994). Reciprocal teaching: A review of the research. *Review of Educational Research*, *64*(4), 479 – 530.

Rousseau, J. J. (1983). *Emile*. New York, NY: Dutton. (Original work published 1762.)

Rowe, M. B. (1969). Science, soul, and sanctions. *Science and Children*, *6*(6), 11 – 13.

Rowe, M. B. (1974). Wait-time and rewards as instructional variables: Their influence on language, logic, and fate control. *Journal of Research in Science Teaching*, *11*, 81 – 94.

Rutter, M., Maughan, R., Mortimer, P., Oustin, J., & Smith, A. (1979). *Fifteen thousand hours: Secondary schools and their effects on children*. Cambridge, MA: Harvard University Press.

Sadker, M., & Sadker, D. (1994). *Failing at fairness*. New York, NY: Touchstone (Simon & Schuster).

Sanders, D. A., & Sanders, J. A. (1984). *Teaching creativity through metaphor*. New York, NY: Longman.

Sanders, W., & Rivers, J. (1996). *Cumulative and residual effects of teachers on future student academic achievement: Research progress report*. Knoxville, TN: University of Tennessee Value-Added Research and Assessment Center.

Sarason, S. (1982). *The culture of the school and the problem of change* (2nd ed.). Boston, MA: Allyn & Bacon.

Scanlon, R., & Brown, M. (1969). *In-service education for individualized instruc tion*. Unpublished manuscript. Philadelphia, PA: Research for Better Schools.

Scardamalia, M. , & Bereiter, C. (1984). Development of strategies in text processing. In H. Mandl, N. Stein, & T. Trabasso (Eds.), *Learning and comprehension of text* (pp. 370 – 406). Hillsdale, NJ: Erlbaum.

Schaefer, R. (1967). *The school as a center of inquiry*. New York, NY: Harper & Row.

Schaubel, L. , Klopfer, L. E. , & Raghavan, K. (1991). Students' transition from an engineering model to a science model of experimentation. *Journal of Research on Science Teaching*, 28(9), 859 – 882.

Schlenker, R. (1976). Learning about fossil formation by classroom simulation. *Science Activities*, 28(3), 17 – 20.

Schmuck, R. A. , & Runkel, P. J. (1985). *The handbook of organizational development in schools* (3rd ed.). Palo Alto, CA: Mayfield Press.

Schmuck, R. A. , Runkel, P. J. , Arends, R. , & Arends, J. (1977). *The second handbook of organizational development in schools*. Palo Alto, CA: Mayfield Press.

Schön, D. (1982). *The reflective practitioner*. New York, NY: Basic Books.

Schrenker, G. (1976). *The effects of an inquiry-development program on elementary schoolchildren's science learning*. Ph. D. thesis, New York University.

Schroeder, H. M. , Driver, M. J. , & Streufert, S. (1967). *Human information processing: Individuals and groups functioning in complex social situations*. New York, NY: Holt, Rinehart & Winston.

Schroeder, H. M. , Karlins, M. , & Phares, J. (1973). *Education for freedom*. New York, NY: Wiley.

Schutz, W. (1967). Joy: *Expanding human awareness*. New York, NY: Grove Press.

Schutz, W. (1982). *Firo*. New York, NY: Holt, Rinehart & Winston.

Schutz, W. , & Turner, E. (1983). *Body fantasy*. Irvington, IL: Irvington Press.

Schwab, J. (1965). *Biological sciences curriculum study: Biology teachers' handbook*. New York, NY: Wiley.

Schwab, J. (1982). *Science, curriculum, and liberal education: Selected essays*.

Chicago, IL: University of Chicago Press.

Schwab, J. , & Brandwein, P. (1962). *The teaching of science.* Cambridge, MA: Harvard University Press.

Shaftel, F. , & Shaftel, G. (1967). *Role playing of social values: Decision making in the social studies.* Englewood Cliffs, NJ: Prentice-Hall.

Shaftel, F. , & Shaftel, G. (1982). *Role playing in the curriculum.* Englewood Cliffs, NJ: Prentice-Hall.

Sharan, S. (1980). Cooperative learning in small groups: Recent methods and effects on achievement, attitudes, and ethnic relations. *Review of Educational Research,* *50*(2), 241 –271.

Sharan, S. (1990). *Cooperative learning: Theory and research.* New York, NY: Praeger.

Sharan, S. , & Hertz-Lazarowitz, R. (1980a). Academic achievement of elementary school children in small-group versus whole-class instruction. *Journal of Experimental Education,* *48*(2), 120 –129.

Sharan, S. , & Hertz-Lazarowitz, R. (1980b). A group investigation method of cooperative learning in the classroom. In S. Sharan, P. Hare, C. Webb, & R. Hertz-Lazarowitz (Eds.), *Cooperation in education* (pp. 14 – 46). Provo, UT: Brigham Young University Press.

Sharan, S. , & Hertz-Lazarowitz, R. (1982). Effects of an instructional change program on teachers' behavior, attitudes, and perceptions. *Journal of Applied Behavioral Science,* *18*(2), 185 –201.

Sharan, S. , & Shaulov, A. (1990). Cooperative learning, motivation to learn, and academic achievement. In S. Sharan (Ed.), *Cooperative learning: Theory and research* (pp. 173 –202). New York: Praeger.

Sharan, S. , Slavin, R. , & Davidson, N. (1990). The IASCE: An agenda for the 90's. *Cooperative Learning,* 10, 2 –4.

Sharon, S. , & Shachar, H. (1988). *Language and learning in the cooperative classroom.* New York, NY: Springer-Verlag.

Shaver, J. P. (1995). Social studies. In G. Cawelti (Ed.), *Handbook of research on improving student achievement* (pp. 272 – 300). Arlington, VA: Educational Research Service.

Showers, B. (1980). *Self-efficacy as a predictor of teacher participation in school decisionmaking*. Ph. D. thesis, Stanford University.

Showers, B. (1982a). *A study of coaching in teacher training*. Eugene, OR: Center for Educational Policy and Management, University of Oregon.

Showers, B. (1982b). *Transfer of training: The contribution of coaching*. Eugene, OR: Center for Educational Policy and Management, University of Oregon.

Showers, B. (1984). *Peer coaching and its effect on transfer of training*. Paper presented at the annual meeting of the American Educational Research Association, New Orleans, LA.

Showers, B. (1985). Teachers coaching teachers. *Educational Leadership*, 42(7), 43 – 49.

Showers, B. (1989, March). *Implementation: Research-based training and teaching strategies and their effects on the workplace and instruction*. Paper presented at the annual meeting of the American Educational Research Association, San Francisco, CA.

Showers, B. , Joyce, B. , & Bennett, B. (1987). Synthesis of research on staff develop-ment: A framework for future study and a state-of-the-art analysis. *Educational Leadership*, 45(3), 77 – 87.

Showers, B. , Joyce, B. , Scanlon, M. , & Schnaubelt, C. (1998). A second chance to learn to read. *Educational Leadership*, 55(6), 27 – 31.

Shymansky, J. , Kyle, W. , & Alport, J. (1983). The effects of new science curricula on student performance. *Journal of Research in Science Teaching*, 20(5), 387 – 404.

Sigel, I. E. (1969). The Piagetian system and the world of education. In J. Hunt (Ed.), *Intelligence and experience*. New York, NY: Ronald.

Sigel, I. E. , & Hooper, F. H. (1968). *Logical thinking in children*. New York: Holt, Rinehart & Winston.

Sill, C. (2013). *About birds*. Atlanta, GA: Peachtree.

Simon, A. , & Boyer, E. G. (1967). *Mirrors for behavior: An anthology of class-*

room observation instruments. Philadelphia, PA: Research for Better Schools, Inc.

Sitotnik, K. (1983). What you see is what you get: Consistency, persistence, and mediocrity in classrooms. *Harvard Educational Review*, *53*(1), 16 – 31.

Sizer, T. R. (1985). *Horace's compromise: The dilemma of the American high school*. Boston, MA: Houghton Mifflin.

Skinner, B. F. (1953). *Science and human behavior*. New York, NY: Macmillan.

Skinner, B. F. (1957). *Verbal behavior*. New York, NY: Appleton-Century-Crofts.

Skinner, B. F. (1968). *The technology of teaching*. Englewood Cliffs, NJ: Prentice-Hall.

Skinner, B. F. (1971). *Beyond freedom and dignity*. New York, NY: Knopf.

Skinner, B. F. (1978). *Reflections on behaviorism and society*. Englewood Cliffs, NJ: Prentice-Hall.

Slavin, R. E. (1977a). How student learning teams can integrate the desegregated classroom. *Integrated Education*, *15*(6), 56 – 58.

Slavin, R. E. (1977b). *Student learning team techniques: Narrowing the achievement gap between the races*. (Report No. 228.) Baltimore, MD: Center for Social Organization of Schools, Johns Hopkins University.

Slavin, R. E. (1977c). A student team approach to teaching adolescents with special emotional and behavioral needs. *Psychology in the Schools*, *14*(1), 77 – 84.

Slavin, R. E. (1983). *Cooperative learning*. New York, NY: Longman.

Slavin, R. E. (1991). Are cooperative learning and "untracking" harmful to the gifted? *Educational Leadership*, *48*(6), 68 – 70.

Slavin, R. E., & Madden, N. (2001). *One million children: Success for all*. Thousand Oaks, CA: Corwin Press.

Slavin, R., Madden, N., Dolan, L., & Wasik, B. (1996). *Every child, every school: Success for all*. Thousand Oaks, CA: Corwin.

Slavin, R. E., Madden, N. A., Karweit, N., Livermon, B. J., & Dolan, L. (1990). Success for all: First-year outcomes of a comprehensive plan for reforming urban education. *American Educational Research Journal*, *27*, 255 – 278.

Smith, D. (2012). *State of the world atlas*. New York, NY: Penguin.

Smith, L., & Keith, P. (1971). *Anatomy of an innovation*. New York, NY: Wiley.

Smith, M. L. (1980). *Effects of aesthetics educations on basic skills learning*. Boulder, CO: Laboratory of Educational Research, University of Colorado.

Snow, C., Burns, M., & Griffin, P. (Eds.). (1998). *Preventing reading difficulties in young children*. Washington, DC: National Academy Press.

Soar, R. S. (1973). *Follow through classroom process measurement and pupil growth (1970 – 71)*. (Final Report.) Gainesville, FL: College of Education, University of Florida.

Soar, R. S., Soar, R. M., & Ragosta, M. (1971). *Florida climate and control system: Observer's manual*. Gainesville, FL: Institute for Development of Human Resources, University of Florida.

Social Science Consortium. (1971, 1972, 1973). *Data handbook*. Boulder, CO: Author.

Spaulding, R. L. (1970). *E. I. P*. Durham, NC: Duke University Press.

Stallings, J. (1980). Allocating academic learning time revisited: Beyond time on task. *Educational Researcher*, *9*, 11 – 16.

Stallings, J. (1985). A study of implementation of Madeline Hunter's model and its effects on students. *Journal of Educational Research*, *78*, 325 – 337.

Stauffer, R. (1969). Directing reading maturity as a cognitive-learning process. New York, NY: Harper and Row.

Stauffer, R. (1970). *The language-experience approach to the teaching of reading*. New York, NY: Harper and Row.

Staver, J. (1989). A summary of research in science education. *Science Education*, *70*(3), 245 – 341.

Steinbeck, J. (1952). *East of Eden*. New York: Viking.

Stenhouse, L. (1975). *An introduction to curriculum research and development*. London, UK: Heinemann.

Stenhouse, L. (1980). *Curriculum research and development in action*. London,

UK: Heinemann.

Sternberg, R. (1986). Synthesis of research on the effectiveness of intellectual skills programs. *Educational Leadership*, *44*, 60 – 67.

Stevens, R. J., & Slavin, R. E. (1995). The cooperative elementary school: Effects on students' achievement, attitudes, and social relations. *American Educational Research Journal*, *32*(2), 321 – 351.

Stevenson, H. W., Lee, S., & Stigler, J. W. (1986). Mathematics achievement of Chinese, Japanese, and American children. *Science*, *231*, 693 – 699.

Stevenson, H. W., & Stigler, J. (1992). *The learning gap*. New York, NY: Summit Books.

Stone, C. L. (1983). A meta-analysis of advance organizer studies. *Journal of Experimen-tal Education*, *51*(4), 194 – 199.

Suchman, R. (1981). *Idea book for geological inquiry*. Chicago, IL: Trillium Press.

Sullivan, E. (1967). *Piaget and the school curriculum: A critical appraisal*. (Bulletin No. 2.) Toronto, ON: Ontario Institute for Studies in Education.

Sullivan, E. V. (1984). *A critical psychology: Interpretations of the personal world*. New York, NY: Plenum.

Swartz, S., & Klein, A. (1997). *Research in reading recovery*. Portsmouth, NH: Heinemann.

Taba, H. (1966). *Teaching strategies and cognitive functioning in elementary school children*. (Cooperative Research Project 2404.) San Francisco, CA: San Francisco State College.

Taba, H. (1967). *Teacher's handbook for elementary school social studies*. Reading, MA: Addison-Wesley.

Taub, E. (2010). The web way to learn a language. *New York Times*, October. 27. Technology, p. 1.

Taylor, C. (Ed.). (1964). *Creativity: Progress and potential*. New York, NY: McGraw-Hill.

Tennyson, R. D., & Cocchiarella, M. (1986). An empirically based instructional design theory for teaching concepts. *Review of Educational Research*, 56, 40 – 71.

Tennyson, R., & Park, O. (1980). The teaching of concepts: A review of instructional design research literature. *Review of Educational Research*, 50(1), p. 55 – 70.

Thelen, H. (1954). *Dynamics of groups at work*. Chicago, IL: University of Chicago Press.

Thelen, H. (1960). *Education and the human quest*. New York, NY: Harper & Row.

Thelen, H. (1981). *The classroom society: The construction of education*. New York, NY: Halsted Press.

Thompson, C. (2013). *Smarter than you think*. New York, NY: The Penguin Group.

Thoreson, C. (Ed.). (1973). *Behavior modification in education*. Chicago, IL: University of Chicago Press.

Thorndike, E. L. (1911). Animal intelligence: An experimental study of the associative process in animals. In *Psychological Review*, 8(Suppl. 2). New York, NY: Macmillan.

Thorndike, E. L. (1913). *The psychology of learning: Volume II: Educational psychology*. New York, NY: Teachers College.

Tobias, S. (1993). *Overcoming math anxiety*. New York, NY: Norton.

Tobin, K. (1986). Effects of teacher wait time on discourse characteristics in mathe-matics and language arts classes. *American Educational Research Journal*, 23(2), 191 – 200.

Torrance, E. P. (1962). *Guiding creative talent*. Englewood Cliffs, NJ: Prentice-Hall.

Torrance, E. P. (1965). *Gifted children in the classroom*. New York, NY: Macmillan.

Urdan, T., Midgley, C., & Anderman, E. (1998). The role of classroom goal structure in students' use of self-handicapping strategies. *American Educational Research Journal*, 35(1), 101 – 102.

Vance, V. S., & Schlechty, P. C. (1982). The distribution of academic ability in the teach-ing force: Policy implications. *Phi Delta Kappan*, *64*(1), 22 – 27.

Vellutino, F., & Scanlon, D. (2001). Emergent literacy skills, early instruction, and individual differences as determinants of difficulties in learning to read: The case for early intervention. In S. Neuman & D. Dickinsons (Eds.), *Handbook of early literacy research* (pp. 295 – 321). New York, NY: Guilford.

Vellutino, F., Scanlon, D., Spay, E., Small, S., Chen, R., Pratt, A., et. al. (1966). Cognitive profiles of difficult-to-remediate and readily-remediated poor readers. *Journal of Educational Psychology*, *88*, 601 – 638.

Voss, B. A. (1982). *Summary of research in science education*. Columbus, OH: ERIC Clearinghouse for Science, Mathematics, and Environmental Education.

Vygotsky, L., (1986). *Thought and Language*. Cambridge: MA: MIT Press.

Wade, N. (2002, June 18). Scientist at work/Kari Stefansson: Hunting for disease genes in Iceland's genealogies. *The New York Times*, p. 4.

Wadsworth, B. (1978). *Piaget for the classroom teacher*. New York, NY: Longman.

Walberg, H. J. (1985). *Why Japanese educational productivity excels*. Paper presented at the annual meeting of the American Educational Research Association, Chicago, IL.

Walberg, H. J. (1986). What works in a nation still at risk. *Educational Leadership*, *44*(1), 7 – 11.

Walberg, H. J. (1990). Productive teaching and instruction: Assessing the knowledge base. *Phi Delta Kappan*, *71*(6), 70 – 78.

Wallace, K. (2000). *Born to be a butterfly*. New York: Dorling Kindersley.

Wallace, R. C., Lemahieu, P. G., & Bickel, W. E. (1990). The Pittsburgh experience: Achieving commitment to comprehensive staff development. In B. Joyce (Ed.), *Changing school culture through staff development*. Alexandria, VA: Association for Supervision and Curriculum Development.

Walston, J., & West, J. (2004). *Full-day and half-day kindergarten in the United States*. Washington, DC: U. S. Department of Education, National Center for Education Statistics.

Wasik, B. A., & Slavin, R. E. (1993). Preventing early reading failure with one-to-one tutoring: A review of five programs. *Reading Research Quarterly*, *28*(2), 186 – 207.

Watson, J. B. (1916). The place of conditioned reflex in psychology. *Psychological Review*, *23*, 89 – 116.

Watson, J. B., & Rayner, R. (1921). Conditioned emotional reactions. *Journal of Experimental Psychology*, *3*, 1 – 14.

Weikart, D. (Ed.). (1971). *The cognitively oriented curriculum: A framework for preschool teachers*. Washington, DC: National Association for Education of Young Children.

Weil, M., Marshalek, B., Mittman, A., Murphy, J., Hallinger, P., & Pruyn, J. (1984). *Effective and typical schools: How different are they?* Paper presented at the annual meeting of the American Educational Research Association, New Orleans, LA.

Weinstein, G., & Fantini, M. (Eds.). (1970). *Toward humanistic education: A curriculum of affect*. New York, NY: Praeger.

Wentzel, K. (1991). Social competence at school: Relation between social responsibility and academic achievement. *Review of Educational Research*, *61*(1), 1 – 24.

Wertheimer, M. (1945). *Productive thinking*. New York, NY: Harper.

White, B. Y. (1993). ThinkerTools: Causal models, conceptual change, and science education. *Cognition and Instruction*, *10*(1), 1 – 100.

White, S. (2002). *Developmental Psychology as a Human Enterprise*. Worcester, Massachusetts: Clark University Press.

Whitehead, A. (1929). *The aims of education*. New York, NY: Macmillan.

Wiederholt, J. L., & Bryant, B. (2001). *Gray oral reading tests*. Austin, Texas: Pro-Ed.

Wilford, J. (2013). Scull fossil suggests simpler human linkage. *The New York Times*. October 17, 2013, Science, p. 1.

Wilson, C. D., Taylor, J. A., Kowalski, S. M., & Carlson, J. (2010). The relative effects and equity of inquiry-based and commonplace science teaching on students' knowledge, reasoning, and argumentation. *Journal of Research in Science Teaching*, *47*

(3), 276 – 301.

Wing, R. (1965). *Two computer-based economic games for sixth graders*. Yorktown Heights, NY: Board of Cooperative Educational Services, Center for Educational Services and Research.

Wolfe, P., & Brandt, R. (1998). What do we know from brain research? *Educational Leadership*, 56(3), 8 – 13.

Wolpe, J. (1969). *The practice of behavior therapy*. Oxford, UK: Pergamon Press.

Wood, K., & Tinajero, J. (2002, May). Using pictures to teach content to second language learners. *Middle School Journal*, 47 – 51.

Worthen, B. (1968). A study of discovery and expository presentation: Implications for teaching. *Journal of Teacher Education*, 19, 223 – 242.

Xue, Y., & Meisels, S. (2004). Early literacy instruction and learning in kindergarten. *American Educational Research Journal*, 41(1), 191 – 229.

Young, D. (1971). Team learning: An experiment in instructional method as related to achievement. *Journal of Research in Science Teaching*, 8, 99 – 103.

Zhao, Y., Lei, J., Yan, B., Lai, C., & Tan, H. (2005). What makes the difference: A practi-cal analysis of research on the effectiveness of distance education. *Teachers College Record*, 107(8), 1836 – 1884.

Ziegler, S. (1981). The effectiveness of cooperative learning teams for increasing crossethnic friendship: Additional evidence. *Human Organization*, 40, 264 – 268.

Relevant NAEP and Other U. S. Government Reports

Campbell, F., & Ramey, C. (1995). Cognitive and school outcomes for high-risk African-American students at middle adolescence: Positive effects of early intervention. *American Educational Research Journal*, 32(4), 743 – 772.

Campbell, J., Donahue, P., Reese, C., & Phillips, G. (1996). *NAEP 1994 reading report card for the nation and the states*. Washington, DC: U. S. Department of Education.

Campbell, J., Voelki, K., & Donohue, P. (1997). *Report in brief: NAEP 1996 trends in reading progress*. Washington, DC: National Center for Educational Statistics.

Donahue, P. (1999). 1998 NAEP Reading Report Card for the Nation and the States. Washington, DC: U. S. Department of Education.

Donahue, P., Flanagan, R., Lutkus, A., Allen, N., & Campbell, J. (1999). *1998 NAEP reading report card for the nation and the states.* Washington, DC: U. S. Department of Education.

Donahue, P., Flanagan, R., Lutkus, A., Allen, N., & Campbell, J. (2001). *The national report card: Fourth grade reading 2000.* Washington, DC: U. S. Department of Education, Office of Educational Research and Improvement, National Center for Educational Statistics.

National Assessment of Educational Progress. (2004). *Reading Highlights, 2003.* Washington, DC: National Center for Educational Statistics.

National Assessment of Educational Progress (NAEP). (1992). *The reading report card.* Washington, DC: National Center for Educational Statistics, U. S. Department of Education.

National Center for Education Statistics. (2000). *The condition of education.* Washington, DC: U. S. Department of Education.

National Institutes of Education. (1975). *National conference on studies in teaching (Vols. 1 – 10).* Washington, DC: U. S. Department of Health, Education and Welfare.

National Reading Panel (2000). *Teaching children to read: An evidence-based assessment of the scientific research literature on reading and its implications for reading instruction.* Rockville, MD: National Institute of Child Health and Human Development.

National Center for Educational Statistics (1998). Long term trends in reading performance. NAEP Facts. Washington, DC: Office of Educational Research and Improvement, U. S. Department of Education.

National Reading Panel. (1998). *Teaching children to read.* Washington, DC: U. S. Department of Education.

O'Sullivan, C., Reese, C., & Mazzeo, J. (1997). *NAEP 1996 Science report card for the nation and the states.* Washington, DC: U. S. Department of Education.

Reese, C., Miller, K., Mazzeo, J., and Dossey, J. (1997). *NAEP 1996 mathematics report card for the nation and the states.* Washington, DC: U. S. Department of

Education.

U. S. Department of Education. (1998). *NAEP Facts*, *3*(1), 1.

Weiss, I. R. (1978). *Report of the 1977 national survey of science, social science, and mathematics education. National Science Foundation.* Washington, DC: U. S. Government Printing Office.

Selected Authors' Publications

Calhoun, E. (1997). *Literacy for all.* Saint Simons Island, GA: The Phoenix Alliance.

Calhoun, E. (1998). *Literacy for the primary grades: What works, for whom, and to what degree.* Saint Simons Island, GA: The Phoenix Alliance.

Calhoun, E. F. (1999). *Teaching beginning reading and writing with the picture word model.* Alexandria, VA: Association for Supervision and Curriculum Development.

Joyce, B. (1999). Reading about reading. *The Reading Teacher*, May, 1999.

Joyce, B., & Calhoun, E. (2010). *Models of professional development.* Thousand Oaks, CA: Corwin Press.

Joyce, B., & Calhoun, E. (2012). *Realizing the promise of 21st century education.* Thousand Oaks, CA: Corwin Press.

Joyce, B., Calhoun, E., Carran, N., Simser, J., Rust, D., & Halliburton, C. (1996). University town. In B. Joyce & E. Calhoun (Eds.), *Learning experiences in school renewal.* Eugene, Ore. : ERIC Clearinghouse for Educational Management.

Joyce, B., Calhoun, E., & Hopkins, D. (1998). *Models of learning: Tools for teaching.* Buckingham, UK: Open University Press.

Joyce, B., Calhoun, E., & Hopkins, D. (1999). *The new structure of school improvement.* Buckingham, UK: Open University Press.

Joyce, B., Calhoun, E., & Hopkins, D. (2000). *The new structure of school improvement.* Philadelphia, PA: The Open University Press.

Joyce, B., Calhoun, E., & Hrycauk, M. (2001). A second chance for struggling readers. *Educational Leadership*, *58*(6), 42 – 47.

Joyce, B., Calhoun, E., Jutras, J., & Newllove, K. (2006). Scaling up: The results of a literacy curriculum implemented across an entire 53-school education authority. A paper delivered to the Asian Pacific Educational Research Association. Hong Kong.

Joyce, B. , & Clift, R. (1984). The Phoenix agenda: Essential reform in teacher education. *Educational Researcher*, *13*(4), 5 - 18.

Joyce, B. , & Harootunian, B. (1967). *The structure of teaching*. Chicago: Science Research Associates.

Joyce, B. , Hersh, R. , & McKibbin, M. (1983). *The structure of school improvement*. New York, NY: Longman.

Joyce, B. , Hrycauk, M. , Calhoun, E. , & Hrycauk, W. (2006). The tending of diversity through a robust core literacy curriculum: gender, socioeconomic status, learning disabilities, and ethnicity. A paper delivered to the Asian Pacific Educational Research Association. Hong Kong.

Joyce, B. , Hrycauk, M. , & Calhoun, E. (2001). A second chance for struggling readers. *Educational Leadership*, *58*(6), 42 - 47.

Joyce, B. , McKibbin, M. , & Bush, R. (1983). *The seasons of professional life: The growth states of teachers*. Paper presented at the annual meeting of the American Educational Research Association, Montreal.

Joyce, B. , Murphy, C. , Showers, B. , & Murphy, J. (1989). School renewal as cultural change. *Educational Leadership*, *47*(3), 70 - 78.

Joyce, B. , Peck, L. , & Brown, C. (1981). *Flexibility in teaching*. New York, NY: Longman.

Joyce, B. , & Showers, B. (1980). Improving inservice training: The message of research. *Educational Leadership*, *37*, 163 - 172.

Joyce, B. , & Showers, B. (1981a). *Teacher training research: Working hypothesis for program design and directions for further study*. Paper presented at the annual meeting of the American Educational Research Association, Los Angeles.

Joyce, B. , & Showers, B. (1981b). Transfer of training: The contribution of coaching. *Journal of Education*, *163*, 163 - 172.

Joyce, B. , & Showers, B. (1982). The coaching of teaching. *Educational Leadership*, *40*(1), 4 - 10.

Joyce, B. , & Showers, B. (1983). *Power in staff development through research on training*. Washington, DC: Association for Supervision and Curriculum Development.

Joyce, B. , & Showers, B. (2002). *Student achievement through staff development* (3rd ed.). Alexandria, VA: Association for Supervision and Curriculum Development.

Joyce, B. , Showers, B. , & Bennett, B. (1987). Synthesis of research on staff development: A framework for future study and a state-of-the-art analysis. *Educational Leadership*, *45*(3), 77 – 87.

Joyce, B. , Weil, M. , & Wald, R. (1981). Can teachers learn repertoires of models of teaching? In B. Joyce, L. Peck, & C. Brown, *Flexibility in teaching*. New York, NY: Longman.

Joyce, B. , & Wolf, J. (1996). Readersville: Building a culture of readers and writers. In B. Joyce and E. Calhoun (Eds.), *Learning experiences in school renewal*. Eugene, OR: The ERIC Clearinghouse in Educational Management.

Joyce, B. , Wolf, J. , & Calhoun, E. (1993). *The self-renewing school*. Alexandria, VA: Association for Supervision and Curriculum Development.

本版译者与作者的对话

在翻译《教学模式(第9版)》的过程中,兰英教授及其研究生团队多次与布鲁斯·乔伊斯进行视频访谈,以探究其教学模式的研究思想。基于此,西南大学教育学部博士研究生姜文静和毕业于麦考瑞大学的马康博士完成了这份笔谈。布鲁斯·乔伊斯谈及了"教学模式"研究的契机、来源与应用。

笔者:您是首提"教学模式"的学者,并且持续关注教学模式研究,请问您是基于何种考虑提出这一术语的?

布鲁斯·乔伊斯:我主要基于两方面考虑将"模式"一词引入教育研究。

第一,我对当时局限于教育理论、心理学和教学法的教师教育课程的有效性持怀疑态度。20世纪70年代,美国教师教育项目过于关注教师课堂管理、学生组织等具体技能,忽视对更具推广性的高层次教学能力的培养。与技巧(Skill)和策略(Strategy)等术语相较,"模式"以某种理论为基础而形成,可以应用于多种教学情境,具有更好的推广价值。"教学模式"解决了一个困扰我和我的同事们长期思考的问题,即"什么才是教师教育项目中最值得教授的内容?"

第二,经过长期的课堂教学观察和研究,我们发现相较普通教师而言,优秀教师尤其是顶尖教师,更为关注如何教会学生学习,而非局限于传授具体知识。因此,教师教育亦不应局限于单一学科知识与教学技巧的传授,而应更加关注对教师更具迁移性的教学能力的培养。我们认为帮助学生学会学习是所有教学行为的基本特征之一,任何教学模式皆应注重增加学生学习策略的积累。教师在运用教学模式时,也应当研究学生如何学习和如何开发学生的学习能力。为了实现教学模式对学生学习能力的提升,同时为了使教师了解学生学习规律和对自身使用教学模式及其运行的自省力,我们将支架式、最近发展区、元认知、建构主义等学习理论融入教学模式的研发中。由此,"教学模式"亦是"学习模式"。

笔者:您的《教学模式》一书包括各种教学模式,而且您不断对已有教学模式进行更新,请问您所开发的教学模式源自何方?

布鲁斯·乔伊斯:教学模式的开发建立于很多教育研究者、教师的共同努力之上,我主要从三个方面构建自己的教学模式体系:一是传统教育智慧的挖掘;二是已有成熟的教学模式继承与改造;三是基于教学实践开发新的教学模式。

首先,充分挖掘蕴藏在传统教育思想中的教学模式。两千多年的西方教育发展和研究史,为教学模式开发积累了丰富经验。我分析了自古希腊和罗马始的教学模式(详见本版前言)的发展,亦梳理了美国历史及教育史,并从中汲取了本杰明·富兰克林(Benjamin Franklin)、托马斯·杰弗森(Thomas Jefferson)、贺拉斯·曼(Horace Mann)、亨利·詹姆斯(Henry James)和约翰·杜威(John Dewey)等人的教育教学理念。我发现归纳、演绎等方法古已有之,而对话、合作等方式亦是传承已久的知识获取方式,探究、小组学习,以及学习共同体自近代以来便在美国的教育教学中广为应用。

其次,借鉴和改造当代优秀教学模式。自20世纪30年代始,教育研究领域相继开始了对新的教学法的研究,但主要代表人物多来自各自然科学学科的专家。他们大都基于本学科自身规律而提出相应的教学模式,而对于其他学科的教学模式则不甚了解。例如:布鲁姆(Benjamin Bloom)基于对人类认知过程的基本阶段,提出了掌握学习模式;施瓦布(Joseph Schwab)从生物学的学科教学出发,构建了探究型教学模式。这类模式主要由自然科学领域的专家依据科学发现与研究过程而提出。赫伯特·赛伦(Herbert Thelen)的社会团体探究模式(Models of Group Investigation),则是基于对团队协作在社会学研究中的价值而提出。这些基于不同学科背景而提出的教学模式,多为我所接纳和改善,从而丰富了教学模式体系。

最后,立足优秀教师教学实践开发新的教学模式。我不断对优秀教师的教学进行观察,不断对其进行提取和分析总结,从而构建出初步的教学模式。我们已经进行了四十年的研究,对数百名教师进行了观察和研究。通过教师不断实践这些新的教学模式,进行教学模式的检验和重构,也是十分必要的。教师实践教学模式中存在的问题比比皆是。所以,当与学区合作的时候,我们仍然通过观察教师教学进行教学模式的改善。

笔者:我们注意到,您在各个版本的教学模式中都对戴维德·亨特(David Hunt)的概念系统理论进行了阐释和说明,您可以详细说一下概念系统理论与您的教学模式研究之间的关系吗?

布鲁斯·乔伊斯:第一,概念系统理论与教学模式互相成就。亨特与我是同事关系,分别发展了概念系统理论和教学模式。亨特的概念系统理论旨在提升个人在信息加工以及他人的信息互动中的复杂性和灵活性,核心是人们如何收集信息、处理信息并将其整合以应用到已有的信息和概念库中;而教学模式作为我当时所负责的教师教育项目的衍生结果,是被教师教育改革运动中旨在革新教学方式的个人和机构所推进和发展的核心工具而被应用到学生学习方式的改进之中的,只是在后来我发现教学模式还可以应用于教师特别是新手教师的教学能力的提升之中。我也将亨特的概念系统理论纳入我的教学模式分类之中,它隶属于个体类教学模式,因为它是基于不同个体的差异化概念层级而对课堂教学效果、教师学习、学生学习的相关关系予以研究。

　　第二,亨特的概念系统理论为具备不同概念层级的教师掌握和应用教学模式提供了理论依据。在我和亨特刚开始合作研究的时候,许多的教育者错误地认为教师不可能适应不适合他们"本然"教学风格的教学模式,实则不然。虽然高层级概念水平的教师可以更容易地通过教学模式拓展他们的教学技能,但是概念水平较低的教师仍然是可以学习新的教学模式,并进行较为概念化的思考。因为我们的研究发现,教师具备不同的概念水平会影响到他们的教学风格,最明显的表现为:当我们把教学模式教给高层级概念水平的教师时,他们可以更容易地学会这些新模式。相比之下,概念水平较低的教师在接触新的教学模式时,则倾向于机械性地运用。因此,在承认个体差异性的前提下,我们发现:(1)所有的教师都可以学习不同教学模式,并通过与学生的互动发展出独特的教学风格;(2)教师在学习教学模式的时候,不仅能够发展出具有个人特质的教学风格,还能在此基础上发展出超越个体风格的教学技能;(3)教师们的概念水平也会在学习不同层级概念水平的教学模式的过程中得以提升。

　　笔者不断反思,发现布鲁斯·乔伊斯思想具有以下特征:即以"学"定"教";教学模式是教师实践智慧的产物;教学模式的多样化和动态化。

译后记

布鲁斯·乔伊斯（Bruce Joyce, 1930—）是美国当代著名的教育学家和教师培训顾问，曾为德拉华大学、芝加哥大学、哥伦比亚大学教育学专业教授，后任佐治亚州圣西蒙斯岛布克森德实验室主任。他主要研究教学法、教学风格、学习风格以及教师教育，长期参与北美和国际间的学校革新项目。他率先使用"教学模式"这一术语，并于1972年出版了《教学模式》。之后，他和他的研究团队一直致力于对教学模式的研发、革新、修正和完善。他们的每一版《教学模式》都能有效地反映出社会发展对学校教学目标、教学任务、环境条件以及教师专业化要求的变化。依据他们对教学模式的理论基础、案例运用、程序总结以及应用影响的阐释，各类教育者能深切体会到乔伊斯及其团队应对现实学校教育和教师专业发展的种种主张。

我和我的研究生们有幸翻译了布鲁斯·乔伊斯与其团队成员的著作《教学模式》（第8版、第9版）。2012年，当我们接受了《教学模式》第8版的翻译任务后，就与布鲁斯·乔伊斯本人建立起了邮件往来，并以翻译该书为契机，把学习、研究、实践其教学模式融为一体。换言之我们不仅翻译了它，也研究了它，更是实践了它。第8版的翻译稿由中国人民大学出版社于2014年出版。之后，我们一直追踪着他们的研究步伐。在这期间，我们组织了多次有关他们教学模式研究思想的访谈；开展了对他们教学模式的研究，有的研究生还撰写了相关的硕士论文。2018年，我们欣然接受了华东师范大学出版社曾睿编辑的邀请，翻译他们的《教学模式（第9版）》。

在整个翻译工作中，我和我的研究生们由衷地钦佩他们持续时间长达50多年对教学模式的不懈探索；对已是91岁高龄的布鲁斯·乔伊斯，我们更是万分地感激！因为，他不厌其烦，一一满足我们的翻译和研究中提出的各种需要，并且有问必答，及时回复。我们经过多轮翻译、修改和校对，终于完成了布鲁斯·乔伊斯的《教学模式(第9版)》的翻译工作。面对译稿,这时的我既感到欣慰,又有些颇为不安。欣慰的是我们再次完成了布鲁斯·乔伊斯的《教学模式》最新版的翻译;不安的是译者大多数是初涉教学研究领域的学习者,加之中西方文化差异阻隔其间,尽管我们已尽力,但仍感到无法完全有效地诠释和传递出他们的思想。

我们认为,乔伊斯及其团队的教学模式犹如研发者为教学理论研究者和教育实践者建立起了一个共同的"家"。一方面,模式研发者把教育理论研究者散落在各处零星碎片状的理论搜集整理出来,以逻辑化、规范化、程序化和可操作化的方式把它们打包成型,放入教学模式"家"里,供教育实践者取用。另一方面,模式研发者又帮着成百上千的教育实践者归纳、提炼、升华他们的经验,以理论化的方式重组这些经验,把它们归入教学模式的"家"里,为模式的深加工提供原材料,使教育实践者"个"的经验有了"类"的属性。乔伊斯及其团队通过教学模式的研发和运用,把初任和经验型教师、学校和学区管理者、学校和读写指导教师、专业发展的促进者以及大学教师联系了起来,解决了教育理论与实践无法协同的世界性难题。

我们发现,乔伊斯及其团队的教学模式对于促进教师的教学、影响学生的学习具有重要作用。可以促使教育者与管理者,中小学与大学之间的多边联动;具备推进教师专业发展与学校教育改革等多项功能。在模式的研发上,他们示范了教学模式多边联动的可能性与有效性。在模式的运用中,他们主张"教"服务于"学"这一教学模式研发的宗旨。在他们看来,教学模式其实就是学习模式,如何"生成最优于学生学习环境的新形态"一直是他们模式研发的主要任务。在模式有效运用的保障上,他们特别强调教师的专业发展和自我成长。他们视教学模式为"'以研究指导实践'的专业化教学的基础",为此,还专门研发了供教师相互观摩学习的同事互助教学模式。他们认为教师通过互助学习,能同时提升自身以及其他教师的专业发展。

此外,我们在翻译中还发现,《教学模式(第9版)》出现了不同于其他版次的新变化。在模式的功能上,它增加了在模式使用中如何与信息技术和远程教育资源融合等方面的阐述;它拓展了教学模式的运用范围,使其成为"多媒介教学方法探究系统中的核心部分",可用于线上教学(在概念获得模式和小组调查中有阐释);它被广泛用于教师教育中,成为初任教师和经验型教师熟悉教学方式、提升教学能力、实现专业发展和自我成长的核心文本；它还为其他模式研究者提供了拓展性指导，成为他们探究教学模式的重要理论来源。另外，在对模式的阐释中，《教学模式（第9版）》强调了建立学习共同体的重要性；对各类模式间的承接关系进行了说明，本版提出：“信息加工类模式是后续模式的基础。”信息通信技术（ICT）成为本版《教学模式》的运用基础和手段。

在我国，学校教学主要是基于有限的教学资源和“教”的便利而形成的教学形态，在教学过程中更加注重教师个体“教”的技术和能力的施展。在当前学校教育应促进学生身心全面发展的理念下，重“学”的布鲁斯·乔伊斯的教学模式对我国中小学教学实践的偏颇无疑具有一定的矫正作用。教师的专业发展与自我成长是中美教师教育研究者共同关心的话题，这也是他们在《教学模式》一书中着力想解决的问题，相信他们的做法有助于启发我国的教师教育探索。乔伊斯及其团队能持续50年不断开展教学模式研发的动力和推广机制是什么，至今激励着我们不断探寻，为此，我们对他们的模式研发的追踪也仍将持续下去。

本版《教学模式》的翻译经过了初译、校译和统校三个阶段。参加本书翻译工作的全部是西南大学我指导的比较教育专业、课程与教学论专业的硕士研究生和博士研究生。

初译分工如下：前言，第一、二章：王佑，姜文静；第三、四、五章：漆兴洪；第六、七章：张瀚文；第八章：范栖银；第九、十、十一章：王婷婷；第十二、十三、十四章：罗婷；第十五、十六、十七章：幸秋伶；第十八、十九、二十章：朱爱玲；附录：王佑。

校译由我完成。我全面审读了各章原文和译稿内容，对错译、漏译以及用词不准、词不达意、句子不通顺、行文格式不规范等问题进行了修改和校正，并根据曾睿编辑的反馈意见删改了部分章节的译文。

统校由我组织同学们完成。同学们以读者的身份对全书进行了完整阅读。我们采取原文比对的办法修改和完善了意思不清晰、表达不明确之处。参加统校工作的有：姜文静、查姝蕾、仇淼、王佑、杨霞、朱睿、车雨、肖静琳、何林玲。

特别感谢参加过第8版翻译的澳大利亚麦考瑞大学的马康博士。他和姜文静博士一同负责与布鲁斯·乔伊斯保持邮件联系。所有的访谈及其他相关材料的整理皆由他们组织完成。

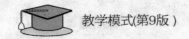

　　华东师范大学出版社的曾睿编辑从翻译工作的开始到结束一直辛勤地为我们服务,帮助我们联系专家指导我们的翻译工作,及时传达来自各方面的修改意见。我们对她的专业能力和敬业精神表示由衷敬佩,也对她热情周到的服务表示衷心的感谢!

　　非常荣幸本书能入选北京外国语大学王定华教授主编的《教育治理与领导力丛书》,期待它能够助推我国教育工作者专业化水平的提升。

西南大学教育学部教授、博士生导师　兰英

2021 年 4 月 5 日于重庆北碚学府小区